JN440100

예수 그리스도의 교회

(Ecclesiology of Jesus Christ)

신학박사 박귀환

Poimen

신학박사 **박귀환**

건국대학교 법과대학 법학과 졸업
대구대학교 사회개발대학원 사회복지학과 수료
고려신학대학원 신학과 수학
장로회신학대학교 신학대학원 신학과 졸업(신학석사)
연세대학교 연합신학대학원(상담고급과정)
미국 United Theological Seminary 졸업(신학박사)

대구대학교, 서울고려신학교 강사
성민대학교 겸임교수
충남성서신학원, 한국복음신학연구원 교수
필리핀 마닐라장로회신학대학교 초빙교수
한국복음신학회 부회장
한국상담학회 정회원
아산가정성통합상담소 대표소장
동천교회 위임목사

논문_한국정교관계에서의 종교의 자유와 종교법에 관한 연구(신학석사)
예수 그리스도의 복음적인 교회론(신학박사)
저서_하나님의 뜻을 따라(공저)
예수 그리스도의 복음에서 나온 제5복음서(공저)

예수 그리스도의 교회

초판1쇄 발행일 : 2006년 1월 10일

지은이: 박귀환 펴낸이: 이규동
발행처: 도서출판 포이맨(제22-2818호, 2005.10.13)
주 소: 서울 서초구 양재동 319-3
전화(팩스겸용) : 02-573-7941
편집디자인: onAir Communication

ISBN 89-957644-0- 6 03210
책값은 뒤표지에 있습니다.

예수 그리스도의 교회
(Ecclesiology of Jesus Christ)

0_서언

예수 그리스도의 교회

교회, 어떠한 곳이며 누구의 교회인가? 이러한 의문점을 예수 그리스도의 복음신학으로 연구하게 되었다. 이에 대한 해결방안으로 먼저 교회의 정체성을 정립하고자 한다. 교회에 사람들은 많으나 교인은 적으며, 교인은 있으나 진정한 교인이 얼마나 되는가? 기독교와 교회에 '기독교회가 무엇이며 어떠한 곳인가' 라고 묻는다면 대답할 사람이 얼마나 되겠는가. 둘째로 교회가 나아갈 방향을 제시하고자한다. 어떻게 시작되었으며, 21세기 교회의 나갈 방향이 어디인가를 제시하고자한다. 셋째로 교회의 근본 원리를 찾고자 한다. 저마다 교회에 대한 생각이 달라 교회 안에서도 다툼과 분쟁이 끊이지 않는다. '교회가 ..하다' 고는 말은 하는데 문제는 그 원리와 원칙과 리듬이 교회의 근본 의미와 다른데 문제가 있다. 결론적으로 21세기 기독교와 교회는 교회론의 한계에 있다. 현재의 교회론에 대하여 '이것이 아니다' 고 한다면 다시 시작해야 한다. 근본으로 돌아가서 새롭게 시작해야 할 것이다. 잘못된 것에 대하여 수정이나 보충은 오히려 더 깊은 수렁을 파는 것이기 때문이다. 이에 지금까지 교회 역사가 만든 것이 아닌 교회의 근본인 예수의 복음으로 돌아가 기초를 새롭게 해야 할 것을 제시하고자 한다.

한국교회는 지난 한 세기 동안 세계 교회사에서 괄목할만한 성장을 이루었다. 그러나 한국교회는 일방적으로 유대주의에 편승한 왕국과 성전과 회당을 모방하였다. 예수 이후에는 유대교의 연장선에서 서구화된 율법과 교리에 전통과 전승과 신학, 그리고 인간들의 사상과 주장으로

덧입혀졌다. 이에 사랑의 복음이 생명을 살리는 일보다는 천국의 열쇠를 가지고 가르고 자르고 죽이는 역사를 남겼다. 가볍게 하시는 예수의 복음을 오히려 무거운 짐이 되는 교리와 율법적인 종교로 만들었다. 예수의 복음인 신앙의 바른 관계 속에서 사랑과 용서와 섬김이 아닌 다툼과 분쟁 중에서도 '믿습니다' 로 모든 것을 넘기는 믿음의 교회로 만들어 버린 것이다. 인간 중심의 교회는 가장 세속주의적(世俗主義的)이며 욕구만족의 육적(肉的)이고 업적중심의 가시적(可視的)이며 기업적(企業的)이면서 제국적(帝國的)이며 왕국적(王國的)인 기독교와 교회로 전락하고 말았다. 이것은 바로 기독교와 교회의 근본인 "예수 그리스도의 복음" 을 잃어버리고 율법적이고 헬레니즘적인 교회로 변질된 결과이다.

이에 대하여 본서는 교회론에서 베드로노선의 교회론과 바울노선의 교회론 중심이었는데 여기에다가 요한노선의 교회론을 추가하는 3분법으로 기술하였다. 여기에 교회론의 3기둥을 예수 그리스도의 복음(유앙겔리온)과 교회(에클레시아) 그리고 하나님의 나라(바실레이아)로 정립하였다. 예수 그리스도의 교회는 창세기에 "카할"(קהל)의 형태로 나타난 구약의 아담 교회에서부터 아브라함교회, 모세교회, 사사교회, 성전교회, 회당교회와 신약시대로 와서 예수 그리스도가 말씀하신 교회와 사도교회, 교부교회, 로마가톨릭교회, 개혁교회와 한국교회에 이르기까지 필자는 교회론의 시발(始發)을 성서적 역사적 신학적인 고찰을 함으로써 진정한 의미에서의 "예수 그리스도의 교회론" 을 발견하고자 하였다. 특히 성서를 구약과 신약으로 분류하던 2분법적 방식에서 예수 그리스도의 복음을 담고 있는 4복음서를 복음서로 구별하여 분류함으로 3분법적 관점에서 구약시대의 교회론과 신약시대의 교회론 사이에 예수 그리스도의 교회론을 성서적 역사적 신학적으로 논하였다. 또한 마태가 말한 교회는 과거형이나 현재형이 아닌 미래형이라는데 관점을 가지고, 예수 그리스도의 교회가 역사적으로 예수 당시에 선포되었으나 아직도 구체성을 띠기에는 미흡한 상태임으로 앞으로 계속하여서 추구되어야 할 "예수 그리스도의 교회론"으로 한국교회를 진단하며 논하였다.

이제 기독교와 교회는 근본으로 돌아가야만(Back to the Basic) 한다. 이는 예수 그리스도의 복음이 제시하는 교회로 거듭나는 것이다. 이는 예수 그리스도의 복음의 본질을 재발견하고 예수 그리스도께서 친히 말씀하신 길과 진리와 생명의 복음을 회복하는 예수 그리스도의 교회를 되찾는 것이다. 예수 그리스도의 교회를 모든 교회론에서 추구해야 할 본질적이고 핵심적인 내용으로 세우고자 한다. 이 책은 성서적, 역사적, 신학적인 "카할"과 "에클레시아"(*εκκλησια*)를 살펴보고, 4복음서의 마가복음을 예수 그리스도의 원(原)복음으로, 누가복음을 인류구원의 복음으로, 요한복음을 세계화와 우주화를 위한 복음으로 본다면, '교회의 복음'이라 할 수 있는 마태복음에 나타난 오직 예수 그리스도의 교회 즉 "내 교회를 세우리니(마16:18)"하신 말씀과, 마18장 17절의 "교회(에클레시아)"를 연구하여 예수 그리스도의 교회론의 본질을 새롭게 하고자 하였다.

이러한 목적 아래서 가장 중요한 명제의 연속은 주님이 선포하신 예수 그리스도의 '복음'과 '교회'와 '하나님의 나라'이다. 여기서 예수 그리스도의 '유앙겔리온'(*ἐυαγγελιον*)과 '에클레시아'(*ἐκκλησια*)와 '바실레이아(*βασιλεια*)'를 뜻이 하늘에서 이루어진 것같이 땅에서도 이루어지게 하는데 삼위 일체적 역할을 하는 것으로 보았다. '예수 그리스도의 복음'을 핵심으로 하고, '예수 그리스도의 교회'를 도구로 하여 '하나님의 나라'를 삼위일체적으로 이루어지도록, 길과 진리와 생명이 내재된 사랑과 용서와 섬김의 "예수 그리스도의 복음적 교회론"을 내어놓음으로써 음부의 권세가 이기지 못하는 교회, 하나님 나라의 열쇠를 소유한 교회론을 제시하고자 하였다. 이로서 유대교회나 로마 가톨릭교회나 서구 개혁교회의 교회론을 수입하여 답습하는 악순환을 막을 수 있게 된다. 예수 그리스도의 교회는 성전과 회당과 성당에서 뿐 아니라 심지어 개혁교회에서조차 나와야(Called Out) 오직 "예수 그리스도의 복음"에 기초한 "예수 그리스도의 교회"를 회복할 수 있다. "예수 그리스도의 교회론"을 연구하고 바로 세우는 일은 "예수 그리스도의 하나님 나라"를 이 땅에 이루는 것이다.

이 책은 한국교회의 현실을 직시하며 "이대로는 아니다"라는 문제를 가지고 연구한 신학박사 학위 논문을 편집한 것이다. 교회를 사랑하는 목회자의 관점에서, 신학을 연구하는 학자로서 법학과 종교법을 전공하고 복음신학을 통하여 예수 그리스도의 교회론을 발견하게 된 결실이다. 바라기는 이 작은 책이 기독교와 교회에 하나의 디딤돌이 되기를 바란다.

___덧붙이는 글

이 책을 내면서 많은 분들이 생각납니다. 특히 예수 그리스도의 복음적인 교회론을 정립할 수 있도록 가르치시고, 지도하시며 이끌어 주신 손병호박사님과 이 책이 나오도록 사랑과 격려를 해 주신 동천교회 교역자들과 교우들에게 감사를 드립니다. 목회의 어려운 시간들을 한결같이 소망을 가지고 사랑과 용서와 섬김의 자세로 나아갈 수 있었던 것은 예수 그리스도의 교회론이 있었기 때문임을 고백합니다. 서로 사랑하고 섬기는 예수 그리스도의 교회론을 통해 우리 동천교회 교역자들과 장로님들과 온 교우들이 평화를 이루고 서로 사랑하고 존경하는 교회로 성숙하게 성장하는 역사를 남기게 된 것입니다. 무엇보다도 우리 생명의 샘인 동천교회 설립 45주년을 맞으며 이 책을 출간하게 되어 기쁘고 감회가 새롭습니다. 또한 50주년 희년을 바라보며 우리 생명의 샘인 동천교회가 예수 그리스도의 복음적인 교회로 계속 성장해 나가기를 소망합니다.

끝으로 이 책을 출간하도록 도와주신 한국복음신학연구원의 이규동 박사님께 감사를 드립니다. 그리고 존경하는 어머님과 형제들 그리고 사랑하는 아내 김혜린, 믿음직한 두 아들 하랑이와 하림이, 예쁘고 사랑스런 딸 예랑이에게 사랑과 고마운 마음으로 두 팔을 벌려 품으렵니다.

신학적 학문의 열매인 이 책을 구원의 길로 인도하시어 목회자와 학자로 세워주신 창조주 하나님, 길과 진리와 생명의 복음을 주신 예수 그리스도께 겸손히 바칩니다.

2006. 1.
생명샘 목양실에서
신학박사 박귀환

목차

예수 그리스도의 교회

제 1 장

1

구약 교회의 성서적 역사적 신학적 고찰

'기독교회의 본질적인 기원(紀元)과 출발을 어디에 두는가' 는 교회론을 정립하는데 중요한 질문이다. 즉, 구약성서에서 찾을 것인가, 아니면 신약성서에서 그 기원을 찾을 것인가. 또는 바울의 서신인가, 아니면 복음서인가. 이에 따라 다양한 관점과 입장이 있다.

제1절_아담의 교회

교회는 창세로부터 지금까지 구원의 표상(表象)으로 역사 속에서 에덴동산, 갈대아 우르생활, 애굽의 노예생활, 바벨론 포로 생활, 성전종교, 회당종교로부터 끊임없이 부르심을 통해 표상적으로 가시화(可視化) 되었다. 창조주 하나님으로부터 출발한 교회는 역사속에 가시적(visible) 또는 불가시적(Invisible)[1]으로 존재하면서, 뜻이 하늘에서 이루어진 것 같이 땅에서도 이루어지는 하나님 나라를 위한 유일하고 한시적인 수임기관이다. 이 교회는 창세로부터 구원의 표상으로 역사 속에서 죄(罪)와 우상(偶像)으로부터 끊임없이 부르심(Calling Out)[2]을 통해 표상적으로 가시화 되었다.

구속사학파[3]의 경우에는 구약성서의 아담의 이야기에서 교회의 기원을 본다. 이는 소위 원복음 이라고도 불리는 창세기 3장 15절에서 나타난 "여인의 씨와 뱀의 머리가 반목을 시작하였던 그 순간부터 교회는 존재하였다"[4]고 주장함으로써, 사실상 교회의 기원을 구약의 아담에서 보는 경우이다. 원역사인 창조역사와 함께 하나님은 인간을 창조하시면서 아담과 하와를 불러내어 가정 제도를 만드시고 이 가정의 구성원인 가족을 통하여 예배하는 공동체인 교회의 모형을 보여준다는 것이다.

구약에서 "에클레시아"의 "클레토이"적 관점에서 본 "카할-야웨"(קהל־יהוה)로 시작된 "에클레시아"의 본질적 표상은 인류(Mankind)의 상징으로, 사람(Man) 그 자체로, 원죄(Sin)의 출발자로, 구원의 가시적 표상으로 볼 수 있는 "아담"(אדם)[5]의 부르심에서 시작된다. 이는 우주적인 부르심인 동시에 구체적인 개인의 부르심으로 인류를 향한 구원(救援)의 서막(序幕)인 동시에 하나님의 "사랑과 용서"의 복음을 표상적으로 계시하였다.[6] 뿐만 아니라 궁극적인 구원자요, 복음의 본체이신 예수 그리스도[7]의 "에클레시아"의 본질적 요소를 가시화한 것이다. 그리고 아담의 부름과 선택[8]이 있었고, 제의적 관점에서는 아벨의 제사[9]를 들 수 있으며, 죄를 통한 구속의 기점인 여인의 씨와 뱀의 머리가 반목이 시작되었던 순간부터 교회의 시작으로 본다.

제의적 관점에서 보면 제의는 구약종교와 제사종교의 본질로서 "성전", "성소", "단"을 통해 행하여지는 의식행위로서 하나님께 대한 예배행위이다. 이러한 제의적 관점에서 볼 때, 구약성서의 최초의 제사는 아담과 하와의 가죽옷 사건[10]에서 하나님께서 어린양을 통한 피의 제사를 보여 주시고 이를 아담의 가정교회에서 시행함으로 가인과 아벨이 제사를 드리므로 이를 교회의 출발로 보는 것이다.

1560년 「스코틀랜드인 신앙 고백서」에는 "교회는 아담 때부터 시작되었다"고 하였다.[11] 에클레시아의 세계성은 구약성서 가운데 표상적 계시로 가시화 되었다. 창조주 하나님의 우주적인 부르심은 아담의 부르심에서 시작된다. "아담"은 "인류" 또는 "사람"을 뜻하며, "아브라함" 또한 "열국의 아버지"로의 부르심이며, 그를 통한 언약 역시 "큰 민족"(all nation)으로 계시되었다. 이는 민족과 인종의 세계성을 말하는 것으로 온 인류가 모두 하나님의 사랑과 용서와 봉사의 복음으로 "클레토이"와 "에클레토이"와 "피스토이"할 대상인 것이다.

제2절_아브라함 시대의 교회

하나님의 부르심을 받아 아브라함은 세속(世俗)에서 떠나 하나님의 거룩한 세계로 출발한 것은 에클레시아의 뜻을 내포하는 사건이다.

구약에서 에클레시아의 표상적 계시는 "부르심"과 "선택하심"과 "신실한 자들"의 모임적 의미가 충족되고, 또 그들은 부름 받은 하나님의 언약의 백성에서, 또 아브라함의 제단(祭壇) 에서, 또 우주적이면서 개인적인 의미로 가시화된 아브라함과 그의 부족들의 모임에서 에클레시아의 그 가시적 표상의 출발로 볼 수 있다. 따라서 고대 아브라함의 전승(傳承)에 대한 역사적 배경과 이스라엘의 전통(傳統)에서 아브라함의 전승과 신앙의 특징을 살펴보고 에클레시아의 본질적 요소들을 살펴보고자 한다.

1. 고대 아브라함의 전승과 신앙

Georg Fohrer에 의하면 "성서적인 태고사(太古史; 창1-11장)를 자연과학적으로 증명할 수 없듯이 족장사회 역시 역사적으로 증명하기에는 근거가 희박하다",[12] "다만 족장 전승들은 설화(說話) 재료로 고찰되어야 한다",[13] "아브라함의 조상인 이스라엘인들의 유래(由來)는 이스라엘 전승에서 민족의 조상이 북부 메소포타미아에 있는 하란의 지경으로부터 출현하였음을 가능하게 해준다. 이같은 심증(心證)은 하란의 근처에 아브라함의 조상의 이름과 일치하는 지역명이 있었다는 것이다. 즉, '세룩(스룩)-사루기', '데라흐(데라)-틸 투라히' 이다. 이러한 명칭에서 메소포타미아에 거주하였음을 추론하게 한다.[14]

아브라함이 이스라엘의 전체 족장 전승의 본질적인 정수(精髓)가 된 것은 하나님의 현현으로 그를 선택하여 부르시고, 땅의 소유와 큰 민족의 후손으로 약속에서 이삭 전승의 결합, 그리고 다른 전승이 첨가됨으로서 비롯되었다. 또 하나의 족장 전승의 본질적인 정수는 아브라함의 제단의 설립[15]과 하나님이 아브라함의 믿음에 대한 시험에서[16] 신앙 지도자로서의 위치를 점하고 있기 때문이다.

2. 아브라함의 부르심과 선택과 언약

하나님께서 아브라함을 부르시고 선택(選擇)하시며 언약(言約)하심은 "에클레시아"의 본질적 요소들을 표상적으로 계시하고 있다. 하나님은 아브라함을 그의 혈육의 본질인 본토 친척 아비 집으로부터 "클레토이"(κλητοι), "에클레토이"(εκλεκτοι), "피스토이"(πιστοι)한 것이며,[17] 동시에 이방신들을 섬기던 곳인 우상의 지역 갈대아 우르에서 불러내신(Calling Out) 것이다.

히브리 전승(傳承)에 의하면 아브라함의 족속은 유프라테스 강 건너편에서 살면서 신(God)이 아닌 신들(gods)을 섬겼음을 상기(想起)할 필요가 있다.[18] 우상은 사탄의 표상이요 우상은 하나님과 대적이다. 사탄은 저 창세(創世)로부터 에덴동산에 살던 아담의 유혹에서부터 하나님과의 반역(叛逆)이 시작되었고, 아브라함의 갈대아 우르에서 우상 잡신들로 그들의 삶을 지배하여왔다.

이같은 우상으로 포장된 사탄의 반역은 역사의 종말(終末)까지 하나님이 부르시고 택하신 그의 신실한 백성들과 끊임없는 유혹과 대적으로 가시화 된다. 그러나 예수 그리스도는 그가 부르시고 택하시고 신실한 그의 백성들을 보호하시고 인도하기 위하여 사탄에 종속된 무리와 사탄의 반역으로 타락(墮落)과 변질된 무리로부터 하나님의 나라의 권능성의 임재를 통해 또다시 종말론적이며 궁극적인 부르심을 통해 그의 "에클레시아"를 가시화 한다.

아브라함의 교회는 바로 우상과 혈육으로부터 나온(Calling Out) "에클레시아" 의 본질적 표상이요. 죄로부터의 구원의 서막(序幕)이며 복음의 전주곡(前奏曲)이다. 이는 유대민족만이 아닌 전 인류의 부름인 동시에 선택이며 우주적인 구원의 표상을 계시한 것이다. 뿐만 아니라 하나님은 아브라함과 그의 족속에게 언약하신 표상적 하나님의 나라를 미완료시제로 "3중(三重)의 言約" 즉, 내가 네게 보여줄 그 "땅"(אשר אראך הארץ)과 큰 민족의 "후손"과 그리고 그들이 누리게 될 "복"을 언약하시므로 에클레시아의 백성으로서의 "순례의 백성"(Pilgrim' s People)[19]임을 또한 계시하였다.

3. 우주적인 "에클레시아"의 표상

아브라함의 교회는 우주적인 에클레시아를 표상적으로 가시화하였다. 아브라함의 교회의 우주성(宇宙性)은 아브라함의 이름에서부터 그 우주성이 계시되고 있다.

J문서에서 나타나고 있는 "아브람"(אברם)은 "라팜"(רפם)과 "아브"(אב)의 합성어로서 "고귀한 아버지"[20]로 개인적 의미가 강한 반면에 하나님이 계시하신 이름 "아브라함"(אברהם)은 "라함"(רהם)과 "아브"(אב)의 합성어로서 "열국의 아비" 또는 "다수의 아버지"[21]란 뜻으로 우주적인 의미로 개명되었다. 또 아브라함의 부인 "사래"(שר)가 하나님이 계시하신 "사라"(שרה)로 개명되어 그 뜻이 "열국의 어미"[22]로 우주적인 의미를 계시하였다. 뿐만 아니라 아브라함 교회의 우주성은 하나님과 아브라함과의 언약 가운데서도 계시되고 있다. J문서에서 "큰 민족" 즉, "가돌-고이"(גדול-גוי, LXX 에는 *εθνοζ μεγα*, K.J.V.에는 A great nation로 번역됨)는 단수로서 하나의 큰 민족이란 뜻이고,[23] 또 땅위의 모든 족속(All families of the earth, K.J.V., all the families of the earth, R.S.V.)은 우주적인 신학의 의미를 내포하고 있다. 그러므로 아브라함 교회는 모든 민족이 구원받는 "에클레토이"(부르심), "클레토이"(선택하심), "피스토이(신실하심)"한 "에클레시아"의 우주성의 표상적 계시임에 틀림이 없다. 특히 아브라함에게 명한 약속의 땅은 영적이고 우주적인 미완료의 의미로 언약되었다.[24]

또 E문서에서는 할례(割禮)의 보편주의를 계시하고 있다. 이 할례는 부르심과 구별됨과 순종과 정결적 의미를 지닌 것으로, 열국의 아비와 그의 후손과 하나님 사이에 지킬 언약의 증표(證票)로서(창17:9-10) 할례(Circumcision)를 실시하였다. 이 할례가 처음에는 유대인들의 육체적 할례를 표하였으나 차차 이방인과 더불어 마음의 할례인 영적할례[25]로 전환되면서 우주적 의미를 지니게 되었다.

신약성서에서는 육체할례의 무용론(無用論)과 더불어 마음의 할례와 영적 할례로 재해석하였다.[26] 이는 유대인의 특수주의가 무너지고 유대인과 이방인의 모두 개념인 보편주의(普遍主義)로 우주적이고 영적인 "예수 그리스도의 할례"[27]를 지향한다. 사도 바울은 세상으로부터의 끊임없는 새 창조의 부름으로 구원받은 무리들에게 할례 대신에 "성도"(聖徒)로 구별하였다.

4. 불가시적이며 가시적인 교회

창세 이후 시작된 "카할"은 아담에서 아브라함으로 시작하여 제2의 "카할"인 출애굽과 바벨론으로부터의 남은 자들의 부름까지를 말한다. 이는 구약의 마지막 부분까지 미래시제로 쓸 수밖에 없는 구원의 대역사 속에서, 궁극적이고 종말론적이며 본질적인 세상으로부터의 에클레시아와 변질된 구약의 이스라엘 종교(성전과 회당)로부터 나온(Calling Out) 바로 완전한 계시자이신 예수 그리스도를 정점(定點)과 종점(終點)으로 하는 것이다. 이처럼 야웨의 신실성은 구체적이고 적극적이며 직접적인 부름으로 시작하여 인간의 생각을 초월한 우주적이고 끊임없는 사랑과 용서의 복음으로 가시화되었다(사55:7-9). 이같은 신뢰의 관계는 하나님과 인간, 인간 상호간의 필연적 관계로 볼 수 있다.

아브라함의 교회는 불가시적(不可視的)이며 가시적(可視的)[28]인 교회의 근본인 "에클레시아"의 본질적 요소를 표상적으로 계시한다. J문서에 나타난 우주적 신학(창12:1-3) 즉, 하나의 큰 민족은 단수적 의미로 불가시적인 교회(전체로서의 교회)의 기초가 되며, P문서의 많은 족속들

(הסותגריס)은 복수적(複數的) 개념이나 한 아버지를 지향하고 있는바, 본질은 하나이고 가시적 교회(개체로서의 교회)를 기초로 한다.

5. "열국의 아비"가 되는 언약교회

"카할 야웨"는 부르심과 선택하심을 우주적인 표상적 복음 안에서 아브라함(창12:1-3)과 그의 후손에게 가시적인 언약 행위를 선포하셨다(창17:7-9). 아브라함의 교회는 이기적인 부족적 교회에서 우주적이고 세계성을 띤 교회로의 표상적 언약적인 교회로의 구체화였다. 이 "언약"은 "에클레시아"의 영원성(永遠性)과 주께 속한 "에클레시아"의 의미를 표상적으로 계시하고 있다. 즉, 야웨의 언약의 영원성은(창9:16) "에클레시아"의 영원한 권세(權勢)의 약속의 표상을 계시하고 있기 때문이다. 구원사에서 본 언약의 가시성은 그 속성에 있어 통시성(通時性)을 띠고 있으므로 아브라함의 언약은 예수 그리스도의 "에클레시아"에서 궁극적이며 본질적인 계시로 가시화 하였다. 다시 말하면 아브라함과 언약이후 그의 자손(창17:7-9)과 언약 즉, 이삭(창24:17)과 야곱과 요셉(창45:5)까지의 족장사를 면면히 이어오면서 모세를 통한 그 언약이 재확인되고(출3:6) 시내산 모임에서 그 언약과 소유로서의 백성임을 재 선포 되었다(출19:5). 이같은 언약은 메시야적 계보(系譜)인 다윗의 언약으로 이어지면서 그리스도에서 완전히 계시된다(마1:1-17).

이 약속된 언약은 계명과 다르며 약속된 언약의 참뜻을 실현하기 위한 가장 근본적인 윤리의 명령으로서의 계명인 것이다. 그러므로 언약은 계명(誡命)의 원천(源泉)이고, 계명은 언약의 유출(流出)로서 "바실레이아" 없는 "에클레시아"가 없듯이 언약 없는 계명은 존재할 수 없다. 그러므로 율법은 언약 안에서 이해되어져야 한다. 언약은 하나님의 부르심과 선택하심의 복음에서 시작되기 때문이다. 계명은 언제나 반드시 지켜야 하는 당위적 개념이나 언약의 근본적인 요소는 당사자의 약속과 조건과 보증이 전제된 쌍무계약(雙務契約)이다.

그러나 하나님의 언약의 가시적 출발은 사랑과 용서의 복음에서 시작된 은혜의 언약으로 하나님 편에서 인간에게 맺어주신 약속과 조건과 보증(保證) 그 자체이다. 다음으로 언약의 소유로서의 의미이다. 하나님의 언약은 언제나 소유를 전제하고 있으며 이는 모세를 통해 가시화 되었다(출19:5; 사43:2; 벧전2:9).

이같은 언약의 표징(標徵)으로 구약에서 할례(창17:10)로 가시화 되었고 신약에서는 성례(Sacraments)로 나타났다. 이는 하나님의 소유된 백성으로서의 거룩한 표시로서 "에클레시아"의 백성들을 말한다. 따라서 이 언약의 소유성은 "에클레시아"의 본질적 의미인 "주께 속한 교회"(κυριακη),[29] 또는 나의 교회(My church)를 계시하였다.

6. "부족 공동체"의 교회

하나님의 복음은 창세로부터 본질적 요소들로 가시화하여 그 복음 안에서 "에클레시아"를 표상적으로 그 맥(脈)을 유지하여 왔다. 족장사에 나타난 가족교회는 비록 국가교회 형태, 또는 고정된 예배처소 또는 정규적인 예배의식은 없었으나, "에클레시아"의 본질적인 요소들을 계시한 하나님의 가족교회였다.

하나님의 가족교회는 "셋"의 가정에서 주(主)의 이름을 부르므로 시작되었고(창4:26), "에녹"은 하나님의 인도와 동행의 대명사(창5:24)로 나타났으며, 노아의 가족은 타락한 세상으로부터 구원의 방주교회(창6:1-2)로 그 가족교회의 표상을 면면히 이어오면서 "아브라함"때에 이르러 구체적이고 우주적인 "에클레시아"로 향하게 된다. "아브라함"의 교회 가운데서 표상적인 "에클레시아"의 본질적 요소들은 다음과 같이 볼 수 있다.

1) 우주적인 장막교회(Mobile Tabernacle church)

장막의 건물적 의미는 하나님의 나라를 확장하기 위한 예배의 처소요, 본질을 위한 기능이요, 부차적 의미였다. 장막교회는 하나님과 인간의 만남의 장이였고 철저한 유일신(唯一神) 중심의 교회로서 하나님의 인도와 보호와 권위의 교회[30]로서 장막이 머무는 곳마다 하나님께 "예배"와 "단"을 쌓았던 그야말로 자유하는 교회였다.

이처럼 장막교회는 하나님의 임재와 응답이 있는 교회요, 생활 속에 꾸밈이 없는 모습 그대로의 교회를 지향하는 주님의 "에클레시아"로서, 제도와 구조 속에서 복음이 질식하는 오늘의 교회에 참된 한 줄기의 복음의 빛이요, "에클레시아"의 계시임에 틀림없다. 특히 가시적 교회만이 참 교회로 생각하고, 생명 없는 교회당을 신성시하며, 엄격하고 제도적인 행위만을 강조하는 성전주의 교회와 율법주의 교회를 넘어 거기서 나온(Calling Out) 하나님의 "에클레시아"의 계시였다.

주님의 "에클레시아"의 우주성은 예배처소로서의 건물을 상징하지 건물 그 자체를 의미하지는 않는다. Walter Oetting은 그의 「The Church of the Catacombs」에서 "1세기의 교회는 특별한 건물도 없었으며, 교회와 손을 맞잡은 다른 구체적 부(富)의 흔적도 없었고, 오직 사람만 있었다"고 하였다. 이런 의미에서 오늘날의 교회는 교회건물 그 자체로의 건물교회(The Cathedral Church)로 지향하는 경향을 경계해야 한다. 로마의 베드로 교회당(St. Peter church)이나 바울 교회당(St. Paul Church)은 인간의 혼(魂)이 깃든 최고의 걸작품으로 예수 그리스도가 오실 때까지 전무후무(前無後無)한 교회당으로 기록될 것이다. 그러나 예수 그리스도의 복음인 생명이 없는 텅 빈 교회는 유적(遺蹟)화와 관광 명소(名所)화 일뿐이다.

그러므로 오늘의 교회가 이처럼 생명력이 없는 건물교회를 고집하는 경우 교회의 크기에 관계없이 인간의 조직적 세포로 형성되고 운영되며, 순례자 백성이라기보다는 부동성(不動性)의 교회(Immobility Church)요, 부동성의 신자들로 의식화된다. 그 결과 가시적 건물 교회만이 참된 교회로 절대화함으로서 "에클레시아의 본질적인 삶에서 떠나게 될 뿐만 아니라 큰 건물의 비교로 열등의식 속에서 온갖 비본질적인 명분을 세워

중세(中世)의 면죄부 교회로 회귀하는 양상을 띠게 되고, 따라서 주님의 "에클레시아"는 요원한 상태인 것이다.

2) 이동하는 역동적인 교회

장막교회는 하나님의 권능성(權能性)의 임재로서 "에클레시아"의 표상적 계시이다. 아브라함의 가족교회는 갈대아 우르, 벧엘 장막,[31] 헤브론 장막[32]으로 이동하는 역동성의 교회로서, 오직 유일하신 여호와만을 의지하고, 언제나 그의 나타나심을 경험하며, 언제나 여호와의 이름을 부르며, 언제나 여호와를 위하여 단(Alter)을 쌓았던 그야말로 살아계신 하나님의 전이었다(딤전3:15). 예수의 교회는 인간의 고정된 관념 속에 있는 교회가 아니며, 제도와 형식 속에 포로 되어 자유함이 없는 예전과 의식 속에 예수의 복음을 가두지 않는다. 이동하는 역동성의 교회는 언제나 하나님의 권능성이 지배되고 음부의 권세를 다스리는 천국 열쇠의 소유로서의 "에클레시아"이다. 그러므로 하나님의 역동성의 본질과 은혜가 사라지고 본질보다 비본질로서의 제도화 규격화 프로그램화 성장화로 치닫고 있는 오늘의 교회에 아브라함의 교회는 "에클레시아"의 복음적 계시임에 틀림없다.

3) 하나님의 "집"과 "전"으로서의 교회

웨스트민스트 신앙고백서(Westminster Confesson of Faith)에는 교회를 "하나님의 가족과 집"(the house and family of God)으로 표현하고 있다. 이는 창세로부터 언약 즉, "베리트"(בית)와 "베리트-야웨"(בית־יהוה)로 표상적 계시로 가시화 되었다. "베리트"는 집(house)과 건물과 구성원의 유기성을 강조하는 가족(household)과 후손(창18:19), 그리고 종족과 집단까지를 포함하는 전체적이고 통전적인 개념으로 이해된다. 그 가시성이 "아브라함의 집"(אברהבמ־בית)과 "야곱의 집"(יצקב לבית)으로 표상화 되면서 "우주화"로 지향한다. "파사이"(*πασαι*)는 특수(Particularity)화의 차원을 넘어 보편적이고 우주적인 "에클레시아" 즉, "오이코도메"(*οικοδομη*)

의 기초적 원리를 계시한다. 또 "베리트-야웨는 하나님의 전(LXX : *εσται μου οικος θεου*)[33]을 "베델"(El-beth)에서 계시하였고, 이는 하나님의 계시와 응답의 장으로서의 교회로 볼 수 있다. 그러므로 교회를 가시적인 건물교회에 고집하지 않고, 예수 그리스도의 임재와 만남이 있는 곳에는 언제나 "에클레시아"가 가시화된다. 주님의 에클레시아는 "두 세 사람이 내 이름으로 모이는 곳에는 나도 그들 중에 있느니라"(마18:20)고 말씀하셨기 때문이다.

아브라함의 가족교회를 통한 또 하나의 "에클레시아"의 본질적 요소의 기초적 원리는 "하나님의 가족"(Family of God)이다. 이 "Family"는 "familia"에서 온 말로 가족(household)의 의미가 동반되며, 이는 한 장막 안에 노예와 종이 포함된 가족의 교회로서 우주성을 나타낸다. 가족교회의 내적 관계는 수직적(垂直的), 계급적(階級的) 관계보다 "섬김"과 "교제"이다. 그러므로 하나님의 가족은 언제나 교제(交際)의 의미를 동반한다. 이 교제는 영적 교통과 사귐으로 "에클레시아"의 본질적 요소인 "피스토이"를 계시한 것이다. 그러므로 "에클레시아"는 언제나 "피스토이"한 교회로서 "펠로쉽"을 동반하고 있다. 이 교제는 하나님과 그의 백성간의 "피스티스"의 수직관계와 신자 상호간의 "피스토이"의 수평관계로서 구조나 조직관계에 있어서 성립되는 것이 아니라, 예수 그리스도를 통한 영적인 연합이다.

이처럼 교제의 지향점(指向點)은 수직과 수평의 정점(頂點)이신 그리스도와 분리할 수 없는 역동적 연합체로서 하나님과 교회에서 이루어지는 성령의 초자연적인 경험이다. 이같은 교제는 구약에서 "야웨"의 부르심의 "사귐"으로부터 시작되었고(사1:18-20) 예수 그리스도는 이 교제를 삼위일체적인 상호 교통하심으로 기도 가운데 계시하셨으며(요17:11,12), 그 기도의 성취가 "에클레시아"의 시공(時空)의 교제로 가시화된다. 이 교제는 예수 그리스도의 가시적 교회인 열 두 제자들을 통해 친밀한 교제의 모습을 보여주고 있는데, R. E. Coleman에 의하면 "예수님은 복음사역(福音事役) 가운데 어떤 사람들보다도 많은 시간을 제자들과 함께 활동하셨다". 뿐만 아니라 주님은 언제나 그의 백성들 가운데 계셨고(마18:20) 자신과 그의 백성들의 관계를 포도나무와 가지로 교제를 비유하셨다(요15:1-8). 특히 예수께서 제자들과 나눈 마지막 만찬(막14:12-18)에서 말씀과 자유로운 대화의 모습은 영과 육과 삶의 나눔의 교제로 볼 수 있다.[34] 이같은 영적교통과 사귐은 예수 그리스도의 부활 승천이후 오순절 성령강림으로 다락방 교회를 중심으로 역동적으로 가시화 되었다. 이를 "코이노니아"란 말로 통용되었으며 특히 바울서신을 중심으로 기록되어 있다.[35]

4) 아브라함의 가족교회

아브라함의 가족교회는 축복 즉, "베라카"(ברכה)(창12:2)의 교회로 출발하였는데, 이는 "에클레시아"의 신앙고백을 한 "페트로스"를 향한 "마카리오스"(*μακαρις*)를 표상적으로 계시하고 있다.

야웨는 아브라함에게 복의 근원이 될 것임을 언약하셨다. 이 "유로게메노스"(*ευλογημενος*)는 완료 수동분사로서 축복(Blessed, K.J.V.)을 의미한다. 이 축복은 주님이 "에클레시아"를 선포하실 때 예수 그리스도를 주와 그리스도와 하나님의 아들로 신앙 고백한 베드로를 향하여 주님께서 "마카리오스"의 축복을 선언한다. 이 "마카리오스"는 "마카르"(*μακαρ*)에서 유래한 것으로 축복을 뜻한다. 물론 이 양(兩) 어휘(語彙)는 동일어는 아니나 유사어로서 그 뜻이 상통하며 특히 그 복을 선포하신 "야웨"(יהוה)가 LXX에서는 "큐리우"로 번역되었기 때문이다.

5) 부족공동체 교회

아브라함의 교회는 씨족적인 교회에서 부족적인 교회로 발전하여 우주적인 교회, 보편적인 교회, 불가시적이며 가시적인 교회, 열국의 아비가 되는 언약이 전제된 교회로서 자리매김을 할 수 있다. 소아(小我)를 넘어 대아(大我)를 지향하는 부족 공동체적인 교회는 공동체성을 가진 단일 민족에서 타(他)민족을 수용하는 다(多)민족 공동체 교회로 우주적 구원을 실현하기 위해 하나의 교회, 세계화를 지향하는 교회이다.

따라서 "세계화", "세계성"의 근본과 근원과 본질은 바로 예수의 우주적인 복음과 예수의 "에클레시아"에 있는 것이다. 이는 "우주적인 그리스도인" 또는 "세계적인 그리스도인"을 향하여 나아간다. 그러므로 "에클레시아"의 세계성은 인종과 민족을 초월하고, 문화적 제약성을 초월하며 시공의 제약성을 초월한 모임이다.

제3절_모세 시대의 교회

아담으로 출발된 부르심과 택하심과 신실하심이 아브라함을 넘어 모세로 연결되어진다. 아브라함과 이삭과 야곱을 넘어 요셉 때에 하나님께서 약속하신 대로 큰 민족을 이루게 하였다. 이스라엘 민족이 강성하자 위협을 느낀 애굽인들은 이스라엘 민족을 압박하고 학대하는 정책을 펴기 시작하였다. 그리하여 고통 속에 빠진 이스라엘은 애굽을 탈출하지 않으면 안 될 상황에 이르렀다. 이때 모세의 부르심과 택하심 그리고 세우심을 통하여 이루어진 출애굽의 대역사(大役事)는 하나님의 사랑과 용서와 섭리의 행동이었다. 아브라함과 이삭과 야곱을 지나 요셉을 통하여 민족에 대한 약속을 성취한 후, 모세를 통하여 구속사적인 하나님의 "부르심과 나오게 하심"(Called Out)으로 출애굽이라는 이동하는 "에클레시아"의 표상을 나타내었다.

앞에서 J문서를 언급하면서 아브라함을 갈대아-우르에서 "에클레시아"하여 선민신학(選民神學)의 관점에서 특수주의에 대립하는 우주적인 구속을 전제한 바 있다. 또한 아브라함의 교회는 혈육과 우상의 도시 메소포타미아로부터 "에클레시아"한 하나님의 가족교회와 역동적인 교회로서 "에클레시아"의 그 본질적인 요소를 표상적인 계시임을 전술(前述)한 바 있다.

모세의 교회는 아브라함 교회에서 표상적으로 계시되었던 우주적인 구원과 하나님의 가족교회를 염두에 두면서, 그 형태와 구조와 규모면에서 소위 "국가 교회"(Church- State)[36] 형태로 "신정"(Theocracy)과 "민정"(Democracy)이 함께 공존하고 있는 독특한 형태의 "에클레시아"를 표상적으로 가시화 하였다. 이같이 모세의 교회에서 가시화된 "에클레시아"의 본질적인 표상들을 다음과 같이 언급하고자 한다.

1. 모세의 교회는 "고통"과 "고역"으로부터의 "에클레시아"

출애굽(Exodus)은 예수 그리스도의 가시적인 구원의 표상이나, "야웨"의 "헤세드"에 기초한 고통으로부터의 구원 행위였다. 또 하나님의 대적의 상징인 우상으로부터의 "클레토이" 이다. 이스라엘 백성이 가나안 땅에서부터 이주하여 애굽의 고센 땅에 정착하여[37] 430년 동안 거주하면서(출12:40) 힉소스(Hyksos) 왕조가 무너지고 투트모스(Thutmose) 왕조가 등장하면서부터 이스라엘 백성에 대한 고통을 극대화한 시기였다(출1:11-14).

특히 고왕국(The Old Empire) 때부터는 볕에 말린 벽돌을 건축하는 건축술이 발달하였고 나일강의 관개사업(灌漑事業)으로 델타지대로부터 약 1300km나 떨어진 남쪽의 누비아 지방까지의 석조 기념물 사업과 동서고금(東西古今)의 최대인 기제-피라밋(Gizeh-The Pyramids)의 축조사업을 하였다. 당시 애굽 왕조의 이스라엘민족 말살정책의 일환으로 이 사업에 이스라엘민족을 투입시켜 고통의 일을 감당케 하였다(출1:14).[38] 특히 농사일은 유목민에게 있어서는 육신의 고통의 차원을 넘어 민족 정신문화의 말살정책이요, 이동하는 "야웨" 교회와의 단절이었다.

또한 이스라엘민족의 남아(男兒) 출생에 대한 애굽 왕조의 살해행위(출1:16)는 혈육을 단절시키는 야만적인 행위로서 이스라엘 백성들에게는 참을 수 없는 고통과 동시에 야웨를 향한 구원의 부르짖음으로 나타났다(출3:7-10). 하나님은 이스라엘 백성들의 고통과 고역의 대명사인 애굽 왕조의 통치하로부터 "에클레시아"하신 것이 "엑스도스"(Exodus)이다.

2. 모세의 교회는 잡신(雜神)들의 "우상"으로부터 나온 "에클레시아"

모세의 교회는 "파라오"(Pharahoh)와 "레"(Re)신과 "태양신" 등과 같은 잡신들의 "우상"으로부터 "에클레시아" 였다.

헤로도투스(Herodotus,484-425,B.C.)는 2400년 전에 에집트에 대하여 기록하기를 "이렇게 많은 경외(敬畏)로움을 소유한 나라는 없다"고 하였다. 수많은 성전유적과 셀 수 없는 수많은 불가사이한 유적과 유물, 그리고 그곳에 새겨진 신들의 이름 속에서 또 다른 위대한 그리스를 발견하였다고 극찬하였다.[39] 에집트(Egypt)는 유물과 유적과 조각상의 보고(寶庫)의 나라임에 틀림없다. B.C. 3,400년의 미이라 문화가 그것을 입증하고 있다.

이들의 문화는 크게 두 가지로 볼 수 있다. 그 첫째가 왕과 영원한 생명의 상징인 파라오와 이 왕조(王朝)와 관련된 피라밋(The Pyramids), 그리고 역대 왕조의 상(Dynasty)과 투텐크 아몬의 황금으로 된 마스크(Gold funerary mask of Tutenkhamon)[40] 등이다. 또 하나는 수많은 잡신(雜神)들이다. 이들 잡신들을 이름하여 창조의 신인 "레"(Re)신을 비롯하여, 스핑크스(Sphinx)를 태양(太陽)신 하르마키스의 화신(火神)으로 생각했다.[41] 또 식물과 대지의 신인 "오시리스"(Osiris)와 "오리시스"(Orisis)의 아들로 죽은 자를 저승으로 보내는 "언주비스"(Ansubis) 신상[42]과 쾌락의 신(The god Bed)[43]이 있으며, 어린이의 수호신인 "이시스"신과 사랑의 여신인 "하트호르", 그리고 사막과 태풍의 신인 "세트", 그 외 "네프티스", "호루스", "토토", "프타흐", "소베크", "아몬" 등이 있다.[44] 이처럼 파라오와 각종 神들은 430년 동안 종살이한 이스라엘 민족에게는 익숙한 잡신들이 되었으며, 이는 시내산 밑에서 일어난 금송아지의 형상에서 능히 짐작할 수 있다(출32:1-6).

시내산에서 모세에게 현현(顯現)하신 야웨는 애굽에서의 파라오의 잡신과 비교할 수 없는 야웨로 불과 지진이 강하게 일어나는 가운데 나타나서(출19장) 먼저 백성들에게 십계명을 선포하고(출20:1-17) 그 다음에 두려워 떠는 백성들의 대표자로 지명 받은 모세에게 또 많은 율례와 규례들이 산 위에서 전달되었다(출20:22-23:33). 이는 야웨와 이스라엘 백성간의 맺어진 계약으로 야웨 자신이 택한 그의 백성을 맞아들이는 약속의 암호로서 그 약속의 내용은 땅의 점령이였다. 이처럼 시내 산에서 야웨로부터 선포된 십계명은 야웨 자신이 애굽의 수많은 잡신과는 그 본질적으로 다른 권능자 이심을 이스라엘 백성에게 선포함과 동시에 파라오의 잡신으로부터의 "Calling Out"하고 또 금지함을 계시하신 것이다. 따라서 야웨는 십계명의 그 첫 번째의 계명에서부터 우상에 대한 금지계명으로 선포되었다.

이같은 정황(情況)으로 미루어 볼 때, 이스라엘 백성들이 애굽에서의 잡다한 우상을 섬겼을 것으로 짐작할 수 있다(출20:3-4). 더구나 금송아지 형상은 사랑과 기쁨의 신상인 소(牛)의 젖을 수유하는 여인의 조각상과 레(Re)신에게 스스로의 "사육우(飼育牛)"라고 칭하는 애굽인의 우상과 그 맥을 같이 하고 있다. 뿐만 아니라 파라오의 우상은 왕조들의 피라밋 속의 미라의 머리에 씌어 진 황금의 마스크상에 한결같은 코부라(Cobra)상을 볼 수 있으며, 언주비스(Anubis)상은 여러 벽화에서 판화(版畵) 되어 있다.[45]

오직 야웨만을 섬기기로 명하시는 질투하시는 하나님은 우상의 나라 애굽으로부터 그의 장자요(출4:22), 선택된 제사장의 나라(출19:6)의 백성인 이스라엘을 모세를 통해 "에클레시아"하신 것이다. 이는 "죄"와 "우상"과 변질된 "성전"과 "회당"과 세상으로부터 궁극적이고 본질적인 예수 그리스도의 "에클레시아"를 표상적으로 계시하고 있다.

3. 모세의 출애굽 교회는 예수 그리스도의 신성과 구주성을 계시

모세의 출애굽을 통해 계시된 "야웨"의 이름은 "에클레시아"의 본체이신 예수 그리스도의 신성과 구주성을 계시한 것이다. “야웨”란 이름은 구원의 계시자로 이해되는 신명(神名)으로 모세의 교회에 이르러서는 구체적이며 은밀히 계시되었다. 물론 “야웨” 명(名)이 모세 이전 족장사에서부터 그 기원을 볼 수 있다.

J문서[46]에 의하면 셋의 아들 “에녹”(אנוש)이 야웨의 이름을 불렀다고 언급하고 있다. 이 “에녹”은 아담과 같은 “사람”의 뜻이므로 태초에 존재하였던 인간으로부터 야웨의 이름을 부른 것이다. E문서[47]에 의하면 모세가 하나님으로부터 부르심을 받았을 때는 그 신명이 보통명사 “엘로힘”(להים)이었으나 출애굽을 명하신 하나님의 신명은 “야웨”로 계시되었다. 또 P문서[48]에 의하면 하나님은 “엘- 솨다이”(אל שדי)로 계시되면서 그 신명이 출애굽기 6장 2절까지는 자연스럽게 옮겨졌으나, 모세에게는 애굽에서 구속하신 새 신명인 “야웨”로 하나님 스스로 계시되었다(출6:7).

이처럼 J. P. E.문서에서 모세에게 계시된 “야웨”는 이스라엘 조상들의 신(神) 즉, “엘로힘”과 “엘 솨다이” 그리고 “엘 올람”(אל צלם) 또는 “엘리온”(אל אלין)등과의 단절이 아니라 이스라엘 조상들에게 계시한 신명을 상기하면서 친근감이 있는 “야웨” 명을 계시함으로서 신명의 연속적인 의미로 보아야 한다. 이는 유일하신 한 분의 신으로 계시하고 있다. 가령 “하나님이 모세에게 나아가 나는 네 조상의 하나님이니 아브라함의 하나님이요, 이삭의 하나님이요(창31:42-53), 야곱의 하나님이라(창49:24)”고 계시하신다(출3:6).

“야웨”의 하나님 명칭은 구약에서 약 6,700회나 언급되어 있으며, 그 “야웨”는 “하야”(היה)동사에서 유래함이 분명하다. “야웨”의 본질적 계시는 “스스로 있는 자”이다. 이 “스스로 있는 자”에 대한 본질적 이해는 “야웨” 스스로의 계시에서만 가능하나, “야웨”가 선포하신 말씀을 미루어 볼 때 “야웨”는 스스로의 주권자이시오(출33:19), 그의 이름이 계시된 곳에는 언제나 머물러 계시는 자유 하시는 분임을 알 수 있다. 또 “야웨”란 제한적인 이름이 아니라 그의 우주성과 전능성의 의미를 계시하고 있다. 즉, 창세기 32장 29절에 야곱에게 “어찌 내 이름을 묻느냐?”(창

32:29)의 질문 그 자체가 곧 야웨의 "스스로 있는 자"의 본질을 계시한 것이다. 또 하나의 특징은 야웨의 이름이 모든 사람에게 계시한 것이 아니고(시79:6) 오직 이스라엘에게만 은밀히 계시되었다. 그러므로 야웨의 이름을 부르는 것은 이스라엘 백성과 야웨와의 교제와 동행과 보호와 야웨의 뜻을 아는 의미를 지니고 있다(출33:19;34:6). 따라서 이스라엘 제사는 언제나 야웨의 이름을 부르며(창4:26;12:7-8;26:15) 단을 쌓았고(창12:7;13:18), 제물과 기도와 축복과 저주와 성전(聖戰)(시20:8)에서도 이스라엘의 신의 이름을 사용했다. 그리고 레위인들은 야웨의 이름으로 언제나 축복하였다(신10:8).

이처럼 "야웨" 이름의 은밀한 계시는 그리스도가 메시야(Messiah)이심을 은밀히 계시함과 그 맥을 같이 한다. 뿐만 아니라 "야웨"란 신명은 "에클레시아"의 근본이신 예수 그리스도를 계시한 점이다. 가령 "야웨"는 LXX에서 한결같이 '주' (ό κυριός)로 번역되었다. 그리고 "야웨"란 말의 본질적인 계시인 "스스로 있는 자(אהיה אשר אהיה)는 LXX에서 "에고 에이미" (εγε ειμι ό ων)로 번역되었다. 이 " 에고 에이미 "는 요한신학에서 예수 그리스도의 자신을 스스로 계시한 것이다. 그러므로 "야웨"란 신명과 "에고 에이미"는 그 주체와 본질과 신성에 있어서 그 맥을 같이하며 또 "야웨"의 신명의 계시는 "에클레시아"의 본체이신 예수 그리스도의 신성과 구주성을 계시하고 있다.

4. 모세 교회의 "카할 야웨"는 "에클레시아"의 표상적 계시

모세의 교회는 "카할"과 "에다"의 의미를 포함하나 "카할 야웨"는 공적인 부르심의 성격을 강하게 부각시키므로 "에클레시아"의 본질적인 요소들을 표상적으로 계시하고 있다.

"카할"은 창세로부터 하나님의 부르심에서 시작하여 족장사를 통해 가시화 되었고, 모세의 교회는 물론 예수 그리스도의 궁극적이고 종말론적인 "클레토이"의 그 본질을 표상하였다. "카할"은 원래 "부르다"의 폐쇄된 어근 "칼"에서 온 것이다. 이같은 모임은 신정아래서의 전국가적(全國家的) 또는 전국민적으로 중요한 일을 의논하기 위해 백성들을 불러 나온 공적인 전체모임으로 볼 수 있다. 이를 시내산 모임에서 찾아 볼 수 있다. 이는 하나님의 율법을 듣기 위해 온 이스라엘의 모임이었다.

"...모세가 온 이스라엘을 불러..."[49]라는 인용문에서 "카할"이 LXX에서는 "에클레시아"로 번역 되었고, LXX에서의 "파사"(*πασα*, all) 또는 "판타"(*παντα*, the whole)는 회중(Congregation)쪽보다 총회(Assembly)쪽에 가깝다. 물론 모든 "카할"이 "에클레시아"로 번역된 것은 아니다. 출애굽기 16장 3절은 "카할"이 LXX에서는 "수나고게"(K.J.V. : Assembly)로, 출애굽기 12장 6절에는 "카할"이 LXX에서는 "수나고게"(K.J.V. : the Whole Assembly)로, 레위기 16장 33절에는 "카할"을 LXX에서는 "수나고게"(K.J.V. : The Congregation)로 번역되었기 때문이다. 따라서 양 어휘가 공존하며 번갈아 번역되었음을 알 수 있다.

그러나 모세 5경의 대표격인 신명기서를 통해서 볼 때 애굽으로부터 '불러낸 무리'는 중다한 잡족(雜族)들로서 그들은 끊임없는 불평과 또다시 애굽으로 회귀(Called in)하려는 무리들이었다. 신명기서는 이들의 무리들이 새로운 땅인 가나안으로 또다시 "에클레시아"하기에 앞서서 이루어진 공식적인 총회였다. 그러므로 신명기서에는 한결같이 "카할"을 "에클레시아"로 번역하고 있다. 단 한 곳 신명기 5장 22절에만 "카할"을 LXX에서는 "수나고게"로 번역했을 뿐이다. 특히 신명기 23장 1절에는 "카할"을 LXX에서는 "에클레시안 큐리우"(*εκκλησιαν κυριου*)로 번역되었음에 주목할 필요가 있다.

그러므로 "에클레시아"의 줄기는 "카할"에 두며, "에다"적 의미를 포함하나 변질된 "에다"의 무리로부터 끊임없이 새로운 "Called out"로 보아야 한다. 왜냐하면 "에다"는 일반적으로 회중의 모임이나 중다한 잡족의 의미가 포함되어 있기 때문이다. 또 "에다"는 창세기에서는 전혀 언급되지 않았으며, 출애굽기 12장 3절에서 그 기원을 볼 수 있다. 그러나 "에다"는 "에클레시아"의 "에클레토이"를 표상하고 있으며, 모세 교회에서 "카할"과 함께 "모임으로서의 교회"를 표상적으로 계시한 어휘임에는 틀림없다. 이처럼 "에다" 또는 "수나고게"는 택함 받은 무리였으나 온갖 부분적인 모임과 세력과 고질적이고 고정된 장소적 의미로 변질됨으로서 또다시 "에클레시아"를 하여야 할 회중의 모임이다.

5. 모세 교회의 "크레도"(Credo)는 "에클레시아"의 표상적 계시

모세 교회는 출애굽한 이스라엘의 백성들의 "야웨"를 향한 원초적 신앙고백에서 비롯된다. 이 백성들의 크레도의 표상은 에집트에서의 고역과 잡다한 신과 우상으로부터 "에클레시아"(출20:2-4)와 홍해의 이적을 통한 야웨의 전능성의 고백(출14:31), 시내산에서 십계명의 율법계시에 대한 응답의 고백(출19:7-8), 광야의 인도에 대한 믿음의 고백 등이 있다. 이처럼 모세 교회는 야웨를 향한 이스라엘 백성의 분명한 신앙고백에 기초하였다. 이는 주님의 "에클레시아"가 "페터로스"의 신앙고백 위에서 "내 교회를 세우리니"(마16:18)라는 말씀을 표상적으로 계시하고 있다.

6. 모세 교회의 희생제물, 제사장, 성막은 예수 그리스도의 표상적 계시

모세 율법(the Mosaic Law)의 가시적 표현행위인 희생제물(the Sacrifice)과 제사장(the Priesthood), 그리고 성막(the Tabernacle)은 예수 그리스도에 의해 완성된다.

1) 모세 계약에 의한 제사종교와 성막

모세 계약에 의한 제사종교와 성막은 모세의 율법과 연관이 있을 뿐만 아니라 하나님과 이스라엘백성과의 계약관계에 대한 성실한 이행의 표증이다. 모세의 교회는 제사종교의 상징으로 가시화한 것이다. 물론 제사와 단의 기원은 이미 가인과 아벨(창4:1-4), 노아(창8:28)와 욥(욥

1:5) 그리고 이스라엘 족장사를 통해서 가시화 되었으나, 시내산 계시를 통해서 율법 계약에 대한 성실한 이행의 표현은 모세 때부터이다.

모세 교회에 있어서 제사종교의 본질은 제단에 희생제물을 드림에 있다. 모세 교회에서 제단이란 말은 "미즈베아흐(מזבח)로서 "희생을 드리다" 인 "제브아흐"(זבח)[50]에서 유래된 것으로서 "민하"(מנחה) 즉, 제물을 바침으로서 그 의미가 사용되었다. 이 "미즈베아흐"를 쌓을 것을 명했으며,[51] 또 광야생활에서 이동하는 놋 제단을 만들도록 구체적으로 계시하였다.[52] 이 놋 제단이 만들어진 후에는 오직 놋 제단에서만 피 있는 희생제물을 드렸다(출40장). 그러나 이같은 제사종교는 제사의 진정한 의미보다 율법화 내지 형식화되므로서 선지자들로 하여금 끊임없는 제사 종교화에 대한 비판을 받아왔다.[53] 신약성서에서는 모세 교회의 "미즈베아흐"나 "네초쉐"(nechosheth)를 LXX에서는 모두 "뚜유오(*θυω*)에서 유래한 "뚜유시아스테리온"(*θυσιαστνριον*) 즉, 단번으로 사용함으로서 예수 그리스도가 제사와 제물종교의 완성자임을 선포한다.[54] 이교(異教)에서는 "보모스"(*βωμος*, 단)란 말로 단 한 번만 사용되었다(행17:23).

제사종교의 또 하나의 본질은 제사장직이다. 족장시대에는 家長과 지파의 우두머리가 제사장 직분을 수행하였으나 제사장 직분의 가시적 기원은 모세시대부터이다. 그리고 초대 제사장은 아론이며, 아론의 가문에 속한 자들이 제사장 직분을 수행하였다.[55] 신약성서에서는 그 제사장직이 우주성을 띠면서 예수 그리스도가 대제사장직을 완성함으로서 예수 그리스도는 영원한 대제사장이 되었다. 따라서 누구나 하나님 앞에 나아갈 수 있는 만인제사장으로서 제사장직이 확대되었다. 이런 맥락에서 로마카톨릭 교회의 오직 사제만을 통한 고해성사를 비판하며, 또 제단을 신성시하고 향료의식은 구약종교의 회귀요, 잔재일 뿐이다.

2) 모세 계약에 의한 성막교회

모세 교회 가운데 가장 본질적 "에클레시아"의 표상적 계시는 바로 성막교회이다. 이는 가시적인 구조로서 자신을 계시할 뿐만 아니라 고정된 건물교회가 아닌 텐트(성막)였다. 이 성막교회는 아브라함 때의 단과 다르며, 왕정시대의 성전교회와도 다르다. 성막교회의 출발과 기원 그리고 그 설계와 이동은 "야웨" 스스로의 계시와 임재에 의한 것이기 때문이다. 하나님은 모세에게 성막을 세울 것을 명하셨을 뿐만 아니라, 무척이나 자세하고 세밀하게 계시하셨다.[56] 하나님에 의하여 세워진 성막교회의 본질은 다음과 같다.

성막이란 말은 "솨켄"(שכן)[57]에서 유래한 "미쉬칸"(משכן)[58]으로 "거주하다"는 의미이다. 하나님은 스스로 성소를 만들도록 명하였고, 또 하나님 자신이 내가 그들 가운데 거하리라고 하였다(출25:8). 여기서 "거하다"("솨켄")은 신약성서에서 "장막을 치다"(계7:15), "거주하다"(요1:14)의 의미인 "스케노스"(σκηνοω)와 같은 의미이다. 이 "스케노스"에 대하여 요한복음에는 "말씀이 육신이 되어 우리 가운데 거하시매(εσκηνωαεν) 우리가 그 영광을 보니.."(요1:14)로 사용하였다. 그러므로 성막의 궁극적인 완성자요, 종말론적인 영원한 장막의 계시자(계21:3)인 예수 그리스도를 표상적 계시이다.

예수 그리스도는 자신이 성전임을 선포하셨다.[59] 그리고 성도는 "성령 안에서 하나님의 거하실 처소가 되기 위하여 예수 안에서 함께 이어져 가느니라"(엡2:22)고 언급하였다. 예수는 우리와 영원히 함께 하시는 임마누엘이심을 약속하셨다. 또 "내 백성과 함께 거하신" 하나님은 그의 백성들의 마음속에 계시며, 그들의 삶 속에 계시며, 가시적인 성막 속에 계시며, 영원한 영적인 교통 속에 계시는 분이다. 그러므로 성막은 하나님의 역동적 임재로 가시화된 "에클레시아"의 본질적 계시를 표상하였다.

"야웨"는 스스로 자유하는 분인 동시에 역동적인 권능성 그 자체로서 그의 백성과 그가 계시한 성막을 통하여 그의 본질을 계시하였다. 성막은 언제나 여호와의 명에 따라 진행하였고 여호와의 명을 좇아 진을 쳤으며, 구름이 성막에 머물면 유진(留陣)하였고, 구름이 성막에 떠오르면 행진하는 이동하는 교회였다.[60] 이 성막은 "템풀"이 아닌 "텐트"로서 정지상태의 건물교회가 아니고, 언제나 주님의 뜻이 지배되고 어느 곳에서

나 하나님의 권능성 즉, 하나님의 나라의 역동적인 임재로 가시화되는 "에클레시아"의 모형을 표상적으로 계시하였다.

또 "야웨"는 이동하는 순례의 백성의 본질을 계시하셨다. 하나님을 떠난 인류는 새로운 에덴을 희구(希求)하는 이동하는 순례의 백성이다. 이스라엘의 40년 광야의 순례는 바로 그 모형이요 계시이다. 순례하는 백성은 뜻이 하늘에서 이루어진 것 같이 땅에서도 이루어지기를 기도하신 주님의 기도처럼, "바실레이아"를 위한 "에클레시아"의 삶의 순례이다. 그러므로 성막교회는 하나님 나라의 역동적 임재로 가시화된 "에클레시아"의 삶의 의미를 본질적으로 표상하였다.

7. 모세의 교회는 민정(Democracy)의 대의제도(代議制度)와 신정(Theocracy)의 대행제도(代行制度)가 함께 공존

모세의 교회는 민정의 대의제도와 신정의 대행제도가 함께 공존하는 "에클레시아"의 표상적인 정치원리를 제시했다. 모세의 교회는 하나님의 직접적 개입인 동시에 이스라엘 백성들의 대표자들을 부르시고 세워서 그의 교회를 가시화하는 그야말로 독특한 교회정치 원리를 제시하고 있다. 이를 민정의 대의제도라 할 수 있는 장로직과 의회제도에서 볼 수 있다. 또한 신정의 위임으로서 제사장직과 민정의 대행으로서의 행정직(行政職)과 사법직(司法職)의 태동에서 살펴 볼 수 있다.[61]

1) 민정(民政)의 대의제도(代議制度)

민정인 대의제도는 이스라엘 백성들의 역사와 의식 속에서 교육과 선지자들의 설교를 통해 이미 알려진 제도이기도 하다. 이러한 대의제도는 하나님의 백성으로서 하나님의 뜻을 가장 잘 수행할 수 있는 것이다. 왕은 먼 곳에 있고, 선지자들은 늘 일어나는 것이 아니었다. 제사장들은 성전이나 그들이 사는 곳에만 있었다. 따라서 백성들에게 있어서 가장 가까운 곳에 있으면서 그들의 민의(民意)를 수렴할 수 있는 자들은 장로들로서, 대의원으로서 보다 마을의 지도자로 부각되었다.[62] 따라서 장로직과 장로회는 의회제도의 태동에 기초가 되었다.

장로의 기원은 족장(族長)시대에서부터이다. 아브라함이 늙어서 그의 모든 소유를 늙은 종에게 맡김에서 그 기원을 볼 수 있다(창24:2). 장로란 말은 히브리어 "자켄"(זָקֵן)에서 그 유래를 보며, 그 뜻은 "턱수염" 또는 "늙은"(왕상13:11, 겔9:6) 또는 "장로"(출3:16,레4:15)를 의미한다. LXX에서는 이 "자켄"을 "프레스뷔데로"(*πρεσβυτερο*)로 번역되었다. 그 뜻은 "연장자" 또는 "장로" 또는 "늙은이"(Old man), 또는 "장로회"(Council of Elders)를 의미한다. 영어권에서는 장로를 "eldest"(K.J.V.), 또는 "elder"(LXX : English)로 번역되었다.

이상에서 살펴 본 바와 같이 장로의 기원을 족장인 아브라함에서, 그리고 장로제도의 가시화는 모세 교회에서 봄이 타당하다.[63] 왜냐하면 장로제도는 의회 제도를 태동케 한 모체이기 때문이다.

모세의 교회에서 의회제도의 태동은 하나님으로부터 시작되었다. 하나님은 이스라엘 백성들을 출애굽(Exodus)하기에 앞서서 모세에게 "너는 가서 이스라엘 장로들을 모으고"(출3:16)라고 말씀하셨다. 이 "이스라엘 장로"(זִקְנֵי יִשְׂרָאֵל, LXX : *γερουσιαν των υι ων Ισραηλ*)들은 단순히 늙은 자를 말하는 것이 아니고, 각 가문의 어른들로서(출6:14,25) 당시 특별한 정치체제를 갖추지 못했던 시대에서는 백성들의 공적인 대표자(신21:6)라는 점에서 민정의 의회제도가 가시화된 것이다. 뿐만 아니라 의회제도의 본질을 분명히 계시하고 있다.

의회제도의 본질은 요식행위나 기습처리나 단독적 행위를 말하는 것이 아니고, 하나님의 명령에 대하여 절차와 방법을 합의(合議) 내지 중지(衆智)를 모아 실행하는 것을 말한다. 이처럼 모세의 교회는 장로직의 등장으로 이들이 백성을 대신해서 말을 하고 행동하였고, 70인으로 구성하여(출24:1) 모세와 아론의 출애굽을 도왔을 뿐만 아니라, 온 이스라엘을 소집하는데 실행위원이 되었다. 그들은 모세로부터 명령을 받아 자기 직무를 수행하는 명실상부한 독특한 의회 제도를 정착했다.[64]

모세의 교회에서 의회의 조직은 하나님이 모세에게 의회 구성원의 정족수를 71인(장로 70인, 모세 1인)으로 구성케 하여 효율적인 대의제도를 수행케 하신 것이다. 이 의회는 국가 교회(State-Church)의 대표적 의미는 물론 국가의 왕을 선택하는 일에도 참여하였다(삼상8:4,5, 삼하3:17, 5:3).

그러나 민수기 11장 16절에서 보면 70인의 의회 구성원에 대한 변천을 볼 수 있는데, 장로만의 구성이 아닌 유사 즉, 서기관까지 포함된 대표들이 모인 의회제도였다. 이같은 의회제도는 회당시대의 예루살렘 산헤드린의 구성과 이스라엘의 명실상부한 국회의 기초적 배경이 되었다. 특히 산헤드린이라는 말은 마게도니아에서 사용되는 "Synedri" (원로원)에서 유래된 말로 헬라어로는 "수네드리온" (*συνεδριον*)이라 한다. 산헤드린은 당시 이스라엘의 각계 대표들이 모인 명실상부한 의회로서 대제사장 아래 제사장들과 서기관 그리고 장로들로 71인으로 구성되었다(마26:58, 막14:55, 눅22:66, 행22:5;5:15,21,27,34,41;6:12,15;22:30).[65]

2) 신정(神政)의 위임과 대행

모세의 교회는 신정과 민정이 함께 공존하는 독특한 "에클레시아" 의 표상으로 하나님의 뜻을 그의 종들을 세워 위임 또는 대행케 하시는 독특한 정치원리이다. 따라서 민정을 통한 신정의 가시화는 물론 신정의 위임 내지 중개자로서 제사장직과 신정의 대행자로서 직분이 세워졌으니 곧 행정직과 사법직이다.

제사장직의 기원(紀元)은 모세의 교회 이전의 족장사에 나타난 제사장직(창14:18)은 물론 이방 제사장들도 이미 존재하였다. 그러나 야웨를 통한 직접적 계시로 가시화된 제사장직은 모세의 교회에서 봄이 타당하다. 왜냐하면 제사장직의 기원은 야웨의 계시로 세워졌기 때문이다. 출애굽기 28장에 보면 야웨는 회막과 부속품들을 만들도록 명했고, 아론과 그의 네 아들을 제사장으로 세우고, 의복과 위임의 절차까지 상세히 기록하고 있다.

모세교회에 있어 제사장직은 장로직과 사법직과 행정직에 비해 후기에 세워진 직분이나, 민정의 대의직인 장로직과 재판관인 사법직이나 행정직과는 또 다른 직분이다. 그 제사장직의 상징성은 야웨의 위임으로, 야웨의 입법인 신정과 70인 의회인 민정의 중개자로, 때로는 판단자로, 때로는 야웨와 백성 간에 생명의 교제의 연결고리인 제의(祭儀)를 담당하였다. 이 제사장직은 회당시대까지 존속하였고, 특히 예루살렘 산헤드린의 대표적인 구성원이 되기도 하였다. 더 깊은 고찰은 성전종교에서 다루기로 한다.

전술(前述)한 바와 같이 모세의 교회는 입법과 의회와 제사장직이 존재하였다. 또 신정의 대행으로서 행정과 사법부의 역할인 천부장, 백부장, 오십부장, 십부장 제도를 통해 철저한 삼권분립으로 조직 운영되었다. 이 행정직과 사법직은 의회제도의 장로직과는 다른 새로운 제도였다는 것이다. 출애굽기 18장 13-17절과 신명기 1장 13절에 보면 행정직과 사법직은 철저하게 하나님과 종의 대행자라는 점이며, 교회는 직접 하나님이 다스리되, 필요에 따라서는 그의 대행자들을 세워서 교회를 다스리도록 하였다. 그러므로 교회의 다스림에 대한 주권은 오직 하나님 그 자신과 위임된 종들에게 있다.

행정적 기능으로는 지역사회의 기강(紀綱)을 세우는 일과 제반업무 즉, 정치, 경제, 종교, 군사적 지도자로서의 역할까지를 감당하였다.[66] 사법적 기능은 백성들을 치리하는 일로서 백성들 간에 다툼이나 분쟁이 생겼을 때 재판관 노릇을 함으로써 공의(公義)를 시행하였다. 이 사법적 제도는 모세 홀로의 지도력의 한계에 따른 것으로서 수많은 백성들의 재판사건을 홀로 감당키 어려우므로 그들로 하여금 재판하도록 대행 내지 위임한 것이다.[67]

이처럼 이스라엘의 장로직과 행정직과 사법직은 공동사회를 대표하는 관리자로서 그 사회의 중심적 인물이었으나, 분명한 사실은 하나님의 입법 명령을 이행하는 가운데서 민정의 중의를 모으고 또 하나님의 종 모세를 돕는 자로서의 대행 내지 위임된 장로였음을 기억해야 할 것이다. 이들은 소명적 차원보다는 백성들 가운데서 선택된 신실한 자들과 야웨 교회를 세우기 위한 공적인 모임의 일원으로 부르심(Called Out)이란 점에서 "에클레시아"의 본질적 요소들을 계시하고 있다.

8. 화해와 평화와 공존(共存)과 상생(相生)을 시도하지 못한 출애굽 교회

모세의 교회는 출애굽의 교회라 할 수 있다. 창세까지는 창조주 하나님의 인류 구원이 카할로 언급이 되었으나, 출애굽기부터는 교회족인 출애굽이 아니라 왕국적인 출애굽으로 양상을 달리한다. 출애굽기는 족장들 중심의 교회적 유기체보다는 군대조직과 대의정치와 의회정치적 조직으로 언급 되었다. 출애굽기는 군대화 된 것을 말한다.

모세의 교회는 출애굽기에서 "야웨" 신명이 본격적으로 언급되면서 "용사의 야웨", "야웨의 군대"가 전투와 전쟁과 살육과 학살을 하는 신과 백성들이 되는 출애굽으로 부각된다. 원래 "엘로힘 '이라는 복수(複數)의 신이 다로 있는데 새삼 신의 이름을 "야웨"라 하는 언급이 다시 나오므로, 교회나 왕국이 " 엘로힘 "과 "야웨" 신으로 양분되는 일이 불가피하게 되었다. 이것이 결국 두 나라와 두 성전과 두 역사와 두 성서를 쓸 수밖에 없게 하는 근본적인 원인이 된 것이다.[68]

아브라함과 이삭과 야곱에서는 아담과 가인 이후에 중시된 자생과 공생의 구원이 부족적으로나 주변들과 제대로 이루어 내지를 못한 것을 볼 수 있다. 그러나 요셉에 와서는 하나님의 구원 역사가 "하나님 사랑"과 "이웃 사랑"과 "원수 사랑"으로 이루어졌다. 하나님의 구원역사를 이적과 기적으로 오는 초능력적인 구원으로 연상하나, 하나님의 구원은 하나님이 창조하시고 섭리하신 원리나 이치나 사리나 순리나 자연의 법칙대로 오는 구원이 가장 큰 구원임을 말한다.[69] 하지만 요셉 이후의 구약의 역사나 이스라엘이나 유다의 구원 역사는 요셉의 구원을 외면하였고 역행하였으며 오히려 제외하였다.[70]

그러므로 출애굽시대의 모세교회는 예수 그리스도의 교회의 근본이자 율법과 선지자의 대강령인 사랑을 통한 평화와 용서와 공존과 상생을 이루지 못한 교회였다. 예수 그리스도의 복음적인 교회론에 근접하지 못한 비복음적인 모세의 교회였다.

제4절_사사시대의 교회

사사시대는 여호수아가 죽은 후(삿2:8)로 시작하여 사무엘 사사의 고별사(삼상12장)까지로 보며, 중앙국가 행정체제를 갖추지 못한 미분화 사회 속에서 사사들의 등장과 함께 성소[71]를 중심한 종교적인 지파연합(Amphictyony)체제를 형성하였다. 이같은 사사 교회의 태동에 절대적인 의미를 지닌 여호수아서는 육경신학(六經神學)[72]의 종결적 의미와 족장신학의 열쇠인 동시에 새로운 장의 기원을 제시한 점에서 성서적 역사적 신학적으로 중요한 의미를 갖는다(수21:43-45).[73]

이는 육경신학의 완성적 의미로 볼 수 있다. 창세로부터 야웨 하나님은 열조에게 언약하신 약속(창12:7;26:3,4;28:4,13,14)을 남김없이 실현시켰다(수1:12;15:23;21:43;23:1,4). 선행(先行)한 시대의 화려한 역사적인 결론과 함께 새로운 땅에서 전개될 역사의 여명(黎明)에서 야웨의 계명을 지킴으로 전승되어질 기업의 상속보장(수23:4)과 동시에 야웨를 떠남으로 오는 멸절의 위기를 경고하고 있다(수23:13).

1. 지파공동체와 "야웨"

여호수아서를 통해 기업의 보장과 멸절의 양면적 의미를 지닌 이스라엘의 백성은 새로운 역사의 지평을 여는 계시된 축복의 가나안 땅에서 야웨의 언약의 순종보다는 끊임없는 배교와 불순종으로 말미암아 이방나라에 병합됨으로서 고통의 눈물과 애원의 부르짖음으로 점철(點綴)된 암울(暗鬱)한 시대를 맞이하게 된다(삿21:25;17:1-21). 이러한 명암이 교차되는 악순환 속에서 언약에 신실하신 "야웨"는 구원의 도구인 사사를 세워 그의 백성을 "에클레시아" 하신 것이다. 그러므로 "쇼페트"(שפט)[74]의 세우심의 본질은 여호와의 대적자들과 우상과 고통으로부터 "에클레시아"의 도구에 있었다(삿2:16-23).

그들의 구원의 역사는 반복된 순환(Cycles)의 역사였다. 즉, 범죄에서 노예화로, 다시 간구에서 구원으로, 또다시 망각으로 이어지는 반복 속에서 언약에 신실하신 야웨의 끊임없는 "에클레시아"의 역사는 계속된 것이다(민23:19, 사55:11). "쇼페트"는 철저한 야웨의 주권의지에 따른 부름과 보냄을 받은 자들로 승계적으로 나타난 것이 아니라, 불연속적인 부름으로 야웨의 뜻을 전달하고 이행하는 야웨의 도구로서의 부름이다(암2:11).

그러므로 사사를 세우신 야웨는 그들과 함께 하셨고(삿2:18), 이들을 통해 예수 그리스도의 궁극적인 "에클레시아"를 예표하였다. "쇼페팀"에 대한 야웨의 부름 가운데는 제사장으로, 선지자로, 힘의 상징인 용장으로 부름을 들 수 있다. 이들 부름의 유형은 예수 그리스도의 3중직[75]을 예표하고 있다. 특히 나실인(삿13:5,7)인 삼손의 부름은 민수기 6장의 자원하는 나실인과는 구별되는 독특한 부르심으로, 하나님의 사사로 부르심과 선택하심과 성별된 자로 "에클레시아"의 "클레토이"와 "에클레토이"와 "피스토이"적 의미의 표상적 계시이다.

이들 사사들에 대한 야웨의 선택과 성별사상은 족장사에서부터 가시화 되었다. 가령 아브라함의 선택(창12:1-2)과 요셉이 형제들 가운데서 구별된 자로 언급되었다(창49:26). 모세의 교회에서는 모세의 축복(신33:1-29)이 선택과 성별 사상으로 볼 수 있고, 또 안식년과 희년제도(레25:5,11)도 본 사상과 결부되며, 신약에서는 성도(롬1:7)로 표상되었다.

2. 사사시대에 나타난 "성소"

사사시대에 나타난 "성소"는 성전종교의 "모티브"(Motive)인 동시에 "에클레시아"의 표상적 계시이다. 사사의 교회에서 "에클레시아"의 표상적 의미는 성소를 중심한 12지파의 "암픽지오닉" 이다. 이 "암픽지오닉" 의 기원은 족장사에서부터 그 기원을 볼 수 있다. 창세기 49장에 언급된 야곱의 12아들은 장차 이스라엘의 12지파로 발전하게 된다(창49:3-27), 그 후 모세도 가나안 땅에 들어가기 전에 그의 임종을 앞두고 전(全) 이스라엘 12지파에게 최후의 유언적 예언을 선포하였다(신33:1-29). 그 후 여호수아를 통해 각 지파별로 땅의 분할이 이루어지게 된다(수14-19:51). 이 12지파는 신약 시대의 예수 그리스도의 원형적인 "에클레시아" 인 12사도로 표상하였으며, 또 거룩한 성 새 예루살렘의 12기초석(基礎石)을 표상하였다(계21:14). 이같은 12지파는 세겜(수24:1), 실로(삿18:31), 벧엘(삿20:26,27)에 중앙 성소를 세워서 이 성소를 중심으로 하여 지파연합이 이루어진 것이다. 이 성소는 사사이후 왕정시대의 성전 종교의 "모티브" 가 되었다. 또 이 성소들은 공적인 모임과 집으로서의 모임인 "오이코스" 와, 모이고 흩어지는 역동적인 "에클레시아" 를 표상하였다.

1) 세겜은 지파의 중앙 성소

세겜이 중앙 성소였던 근거는 여호수아서 24장 1절에서 여호수아를 중심한 모든 지파연맹이 결성되었고, 또 그곳에서 가나안 땅에 들어가기에 앞서서 공적언약을 재 선포한 곳이며(25절), 또 증거의 돌(맛세바 입석)을 세우고(27절) 각각 기업으로 돌아가게 한 것이다(28절). 이 세겜이 중앙 성소였음을 인정하여 왔음에도 불구하고 전체적인 이스라엘에 전달된 것은 거의 일반적으로 일어났던 고대설화의 핵심에 근거한 것이고, 또 여호수아가 야웨의 이름으로 승리를 거둔 후에 야웨에 대한 일회적(一回的)이고 의무적인 차원에서의 제의 성소로 보는 부정적인 견해가 있다.[76] 이 세겜은 족장시대부터 성스러운 곳으로 여겨왔으며(창12:7,8,33:20), 애굽에서 가져온 요셉의 뼈를 이 곳에서 장사하였다(32절).

2) 벧엘의 중앙 성소

벧엘이 중앙 성소였던 근거는 사사기 20장 26-27절에서 볼 수 있다.

이 벧엘은 아브라함이 제단을 쌓았던 곳이고(창12:8), 또 야곱이 하나님을 만난 곳으로 "엘 벧엘" 이란 이름이 부여된 곳이다(창28:19;35:7). 이 "벧엘"(ביתאל)은 "집" 의 뜻인 "바이트"(בית)에서 온 말로서 "하나님의 집" 을 의미하며, 이는 "오이코스"(οικος)적 의미를 표상하고 있다. 특히 하나님의 법궤가 벧엘에 머물러 있었다는 점이다. 그럼에도 불구하고 벧엘이 결코 중앙 성소로 나타나지 않았으며 사사기 20장 27절 이하에 법궤가 그곳에 머무른 기록은 나중에 본문에 끼어든 것이기 때문이다.[77] 그러나 필자는 성서가 하나님의 말씀인 정경(正經)으로 되기까지는 하나님의 크신 섭리가 있었다고 보기 때문에 삽입설을 거부한다.

3) 실로는 지파연합의 중앙 성소

여호수아는 실로를 지파의 중심지로 만들어 놓았다(수18:1;21:2;22:9,12). 그리고 실로의 성소는 야웨 앞에서 일곱 지파의 영토를 분할하고, 그 곳에 회막까지 펼쳐 놓았다(수18:1,8;19:51). 실로는 성막은 없었으나 성소는 아주 일찍 세워진 곳이다.[78] 또 왕정시대 이전에 가장 뛰어난 성소가 바로 실로성소였다.[79] 이 실로가 지파연합의 성소였다는 근거는 사사기 18장 31절이다. 실로에는 하나님의 집이 있었다고 기록하고 있다. 또 실로에는 하나님의 법궤가 가장 오래 머문 곳이다. 특히 이스라엘의 지파연합의 중앙 성소는 법궤였다.

사무엘상 3장 3절에 법궤가 정식으로 성전에 모셔져 있다고 하는 것은 바로 실로에 머물고 있음을 말한다.[80] 이 실로의 성소는 사무엘시대까지 계속되었으나 블레셋에게 법궤를 빼앗기므로 실로의 성소가 사라진다. 그러므로 성소의 본질적 의미는 법궤가 머무는 곳마다 성소가 가시화 되었다. 이는 하나님의 나라의 권능성이 가시화 되는 곳에는 "에클레시아" 가 가시화되는 그 본질을 표상적으로 계시하고 있다.

이와 같이 성소를 중심한 지파연합의 본질적 의미는 군사적인 연합의 차원보다 중앙 성소에서 행하는 제의(祭儀)가 본질적 차원이고, 또 모인 자들의 상호간의 축제(자유인으로의 부름)와 더불어 상호간의 지켜야 할 관계 규정을 관습화하였다.[81] 이같은 지파연합은 때로는 공동의 군사적 연합을 형성하였으나, 지속적인 집결이 아니고, 단기적인 연합이었다. 중앙 성소를 중심해서 모인 무리는 언제나 "피스토이" 적 교제[83]를 표상하였고, 또 공동의 목표를 의논하며, 관계 규정을 어긴 지파 또는 적에게는 군사적인 동맹을 통해 적을 물리치고 승리하였으며(삿5, 19-21장), 또 지파의 공동적 목표가 끝나면 다시 자기의 고향으로 돌아가는 독특한 역동적인 모임으로 "에클레시아" 의 본질적 요소를 표상적으로 계시하고 있다.

그러므로 12지파의 연합은 족장들에게 언약되어 졌고, 그 언약의 백성들이 가시적이고 독특한 연합적 모임이 바로 "암픽지오닉" 이다. 이 12의 숫자는 이스라엘의 상징의 숫자로서 왕조와 대립되는 진리를 말하고 있다(삼상8장). 즉, 엘리야는 12돌을 취하여 여호와께 단을 쌓았고(왕상18:31), 묵시록에는 12지파가 언급되었다. 이는 예수 그리스도의 "에클레시아" 의 원형적인 구성원인 12제자를 예표하고 있는 점이다. 이처럼 사사교회는 모이는 지파연합이요. 교제하는 지파연합이요, 흩어져 가는 지파연합으로 "모이는 교회" (Coming Church)요, "교제하는 교회" (Fellowship Church)요, " 흩어지는 교회 "(Diaspora Church)인 역동성의 교회로서 예수 그리스도의 "에클레시아" 의 본질적 요소들을 표상하고 있다.

제5절_성전시대의 교회

구약의 대표적 종교 표상을 성전종교(Temple)로 이해하여 왔다. 이는 쥬다이즘(Judaism)의 본질적 종교요, 생명이기도 하다. 이는 유대인들의 삶의 본질이 "템플" 에서 비롯됨을 볼 수 있다 이같은 성전종교는 예수 그리스도의 "에클레시아" 와 깊은 관계가 있는데, 장막교회가 그 1차적 요소라면 성전종교는 그 2차적 요소로 보아야 할 것이다. 뿐만 아니라 오늘의 교회가 성전종교로의 회귀현상(回歸現象)을 "에클레시아"의 관점에서 새롭게 조명하는데 있어 필수불가결한 요체임에 틀림없다.

1. 성전(聖殿)에 대한 일반 이해

성전에 대한 일반 이해를 성전의 기원과 어원적 고찰, 성전의 약사와 성전의 본질적 요소로 논하고자 한다.

1) 성전의 기원

창세로부터 본질적 표상으로 가시화한 "에클레시아"는 구약성서 가운데서 우주적이며 역동적인 그야말로 독특한 모임이었다. 이같은 독특한 모임으로 가시화된 것이 장막교회이다. 장막교회는 하나님에 의해 창안된 "에클레시아"의 본질적 계시였다. 야웨는 그의 우주적 교회의 본질을 다음과 같이 계시하고 있다. "나의 보좌(寶座)는 하늘이요, 발을 놓는 발받침은 땅이다. 땅은 나의 발등상이니 너희가 나를 위하여 무슨 집을 지을꼬, 나의 안식할 처소가 어디랴"[83]라고 말씀하셨다.

이같은 우주적(宇宙的) 교회는 나단의 묵시를 통해서 가시화된 야웨의 성전에 대한 의중(Mind)에서 알 수 있다. 야웨 하나님은 건물로 지어진 성전 속에 가두어 두시는 자신을 원치 않으시며, 동시에 다윗의 성전을 거절하시고 솔로몬의 성전을 기다리는 분도 아닌 것이다(삼하7:3-17). 야웨는 이스라엘 백성을 애굽에서 "에클레시아"하신 후 한 번도 성전을 가져본 일이 없으시고, 또 성전을 짓도록 요구하신 적도 없다(삼하7:5,7). 물론 나단에 대한 비판적인 견해[84]가 있지만, 야웨 하나님의 본질은 하늘과 땅에 충만한 우주적 "에클레시아"를 계시하심에는 분명한 것이다.

그렇다면 성전의 기원을 어디에서 볼 것인가? 성전종교는 장막교회처럼 야웨가 직접 계시하신 것이 아니기 때문에,[85] 이스라엘 역사 속에 가시화된 성전을 통해서 그 기원을 찾아야 할 것이다. Michael Haran에 의

하면 이스라엘 역사 속에 나타난 성전의 소재는 왕국 이전에 이미 12곳 정도로 알려져 있으나,[86] 이스라엘 민족의 종교생활의 구심점이 되고, 그 양식, 규모, 기능면에서 표준이 될 수 있는 성전의 효시는 예루살렘 성전으로 보아야 할 것이다.

이 예루살렘 성전은 다윗 왕이 창안하였고(삼하7:2), 솔로몬 왕 때 완성한 것이다. 포오르에 의하면 "이 성전은 왕궁 안에 둘러싸인 복합건물로 왕실의 사적(私的) 예배실의 성격이 강하며",[87] 폰 라드에 의하면 "법궤 보관의 상징으로 국가 성소적 의미가 있다"[88]고 언급하였다. 이처럼 왕권에서 시작된 성전종교는 R. Ringgren에 의하면 "고대 근동지방의 보편적인 종교개념으로 표현하는 국가종교의 출발로 보아야 할 것이다."[89]

이처럼 왕국과 더불어 출발한 성전종교에 대하여, 야웨는 왕국제도 자체에 대한 하나님의 깊은 의중이 아님을 엿볼 수 있다(삼상8:4-9). 왜냐하면 하나님은 세속의 왕권에 머무르시는 분이 아니시기 때문이다. 그러나 언약에 신실하신 하나님은 그의 백성의 요망사항을 그의 계획 속에 조정하시므로 소극적 동의로 성전을 짓도록 허락하신 것이다. 이것이 성전 종교의 효시이며, 성전에 대한 적법성으로 볼 수 있다. 그러나 이는 영원한 하나님의 나라의 임재의 모형으로 다윗 왕국의 성전에 거하실(시11:4) 야웨 하나님의 새로운 약속의 의미로, 그들 자손과 또다시 계약을 하신 것이다. 이 계약은 그의 계명을 지켜 행하면 그들 자손 중에 거하시며, 네 백성을 버리지 않으시겠다는 약속을 하신 것이다(왕상6:12-13, 대하2:17, 삼하23:5). 이것이 다윗 왕조와 세운 영원한 언약으로 예수 그리스도를 다윗의 자손으로 오신 하나님의 표상적 계시로서의 영원한 사랑과 용서의 언약적 구원 행위로 본다(요3:16).

2) 성전에 대한 어원적(語源的) 고찰

성전에 대한 어원적 고찰은 구약성서에서 성전의 의미를 지닌 "바이트"[90]는 LXX에서 "오이코스"[91]로, "헤칼"(היכל)[92]은 LXX에서 "오이코스" 또는 "나오스"(*ναος*)[93]로, "코데쉬"(קדש)[94]는 LXX에서 "오이코스"

로, "미다쉬"(מקדש)[95]는 LXX에서 "오이코스"로 번역되었다. 이들 4어휘는 모두 성전의 의미를 기초하고 있으나, 성전의 의미를 어원적, 역사적, 신학적, 성서적 기원에서 볼 때 "에클레시아"의 가시적 표상의 출발점으로는 "아브라함의 집"에서 나타난 "바이트"에서 출발함이 타당하다. 그러나 이 "바이트"란 어휘 자체만으로는 단순한 "집"의 의미일 뿐 성전의 본질적 의미로 나타내지는 않는다. 다만 "바이트"와 신명(神名)이 합성함으로서 비로소 그 의미를 가지게 된다. 가령 야곱이 "벧엘"에서 서원한 "하나님의 전"(בית־אלהים)이 바로 "바이트"와 "야웨"가 합성함으로서 그 의미를 분명히 하고 있다.

전술(前述)한 바와 같이 성전의 기원을 예루살렘 성전으로 볼 때 성전의 어원적 신학적 고찰 또한 예루살렘 성전에서 출발한다. 이 예루살렘 성전은 "바이트-야웨"(בית־יהוה)로 "야웨의 집"이다. LXX에서는 "주님의 집"(*κυριου τον οικιν*)으로 번역되었다(왕상8:11). 후기 예언서나 시편에서는 "전" 또는 "성전"의 의미로 "헤칼"로 쓰여 졌는데 8회 정도 사용되었다. 신약에서는 신전(神殿), 집의 의미로 "오이코스", 성소와 성전의 의미로 "히에론"(*ιεροv*),[96] 사찰, 사당의 의미로 "나오스"로 사용되었다. 이는 예수가 선포한 "에클레시아"로 번역되지 않았음을 볼 때 "에클레시아"는 성전으로부터의 전승이 아닌 분리하여 나온 것이다.

3) 성전(Temple)

다윗의 창안으로 역사 속에 가시화된 야웨의 성전종교는 그 출발 자체부터 왕국성전의 의미를 가진 만큼 그 규모나 장식 면에서 웅장하고 화려했다. 성전의 약사는 "에클레시아"의 관점에서 볼 때, 아브라함의 마음의 성전인 "단"(Altar,창12:1-7)에서 시작하여 이동하는 모세 교회를 거쳐 "암픽지오닉"의 중앙 성소까지를 야웨의 계시와 현현에 의한 성전종교로, 대표라면(제사장의 승계, 아비아달까지) 다윗왕국으로부터 시작된 왕국성전은 혼합종교 즉, 야웨 종교(아비아달 제사장)와 여부스 족속 내지 가나안종교(사독 제사장)로 대표할 수 있다.[97]

최초의 왕국 성전인 솔로몬성전은 미래의 환상적인 성전으로 세워졌는데, 모든 제사가 이곳에서 이루어지고, 야웨가 말씀하는 곳으로 상징되었다. 솔로몬 성전의 구조면에서도 특별한 의미를 상징화하고 있다. 성전에는 두 개의 놋 기둥(The Bronze Pillars) 즉, 야긴(Jachin)과 보아스(Boaz)가 세워져 있는데, 이를 하나님의 권능의 상징으로 생명나무를 지키는 것으로 표상화 했다. 그러나 W. F. Stinespring에 의하면 에집트 신왕조(바로)는 태양상징인 2개의 석탑(Obelisk)을 아몬-레(Amon-Re)신전 앞에 세우는 관례가 있었고, 또 두로의 "헤라글레스"의 신전에도 두 개의 기둥이 존재하였음을 전하고 있다.[98)]

이처럼 고대 근동지방에서는 천체와 관련된 신화와 신전이 존재했음을 알 수 있으며, 이같은 사실이 솔로몬 성전의 구조물과 어떤 관계를 형성했는지에 관하여는 분명히 알 수 없으나, 요시아 개혁에서 우상과 산당을 섬기는 제사장을 폐하고 바알과 해, 달, 열 두 궁성(宮星)과 모든 별에게 분향하는 자들을 폐하였던 점을 보아 일월성신의 신격숭배와 구조물의 관련성을 유추할 수 있다(왕하23:5).

그러나 시편 19편 4절에 보면 하나님이 "해"를 위하여 "하늘에 장막을 베푸셨도다"로 기록되어 있다. 여기서 태양 숭배 흔적을 엿볼 수 있으나. 태양과 야웨는 동일적 대상이 아니고 오히려 태양의 창조주인 것이다. 또 솔로몬 성전의 놋바다(The Bronze Sea)의 구조물에 대하여도 유대인들은 넓은 우주적 의미를 함축하고 있다. 에집트에는 바다에 대하여 신화적 연관성을 맺고 있는 데, 신전 옆에 있는 신성한 호수를 세정식(洗淨式)과 정화(淨化)로 상징하고, 또 땅을 비옥하게 하는 나일강 또는 바다의 물의 표상인 눈(Nun)으로 상징하며, 페니키아인들은 바다를 "얌"(ים)으로 비유하기도 한다. 후기 히브리어 "얌"은 큰 통, 큰 대야의 의미를 지니며, 제사장의 몸을 씻음에 사용되었다.[99)]

이처럼 솔로몬 성전의 구조면에서 이방 종교적인 점에서 솔로몬 성전의 건축 과정을 살펴볼 필요가 있다. 이 성전 건축기술은 주로 페니키아 건축가와 장인(匠人)에 의해 건축되었고, 솔로몬의 외교에 따른 혼합정

책에서 그 원인의 관련성을 유추할 수 있다. 따라서 19C 후대 학자들에 의하면 솔로몬 성전의 출처는 이집트의 아몬-레(Amon-Re)신전에서 유사점을 찾고 있으며, 20C에 와서는 앗수리아의 "아나돌리아"와 "메소포타미아"의 신전을 연구하면서 성전의 용어인 "헤칼"이 아카더어 "에칼루"(Ekallu)에서 따온 것이 분명하고, 이 "에칼루"는 큰 집의 뜻인 "에갈"(E-gal)에서 온 것이다.[100)]

이상을 통해서 볼 때 문명의 유출은 분명하나, 솔로몬성전은 혼합된 신들 가운데서 유일신 야웨를 위해 세운 성전이며, 야웨의 권능성과 우주성, 그리고 거룩성에 대하여 새로운 의미를 부여하였다는 점을 간과(看過)해서는 안 된다. 이 솔로몬 성전은 그 위용이 대단하고 화려했으나 르호보암의 아들 시삭에 의해 약탈되었고(왕상14:25), 느부갓네살에 의해 파괴되었다(대하36:14-21).

이스라엘의 두 번째 성전이 스룹바벨 성전이다.[101)] 이 성전에 대한 자료 출처는 주로 학개서와 스가랴서이다. 이 성전은 솔로몬 성전 터 위에 세워졌으나 솔로몬 성전에 비해 화려하지도 못하고 간소했다. 그러나 솔로몬 성전보다 1C가 더 존속하여 500년간 존속하였다.

이스라엘 성전의 마지막 성전이 헤롯 성전이다.[102)] 이 성전은 왕국성전의 대표적 표상으로 정치적 맥락에서 유대인의 환심을 사기위해 세운 성전으로 화려하기로 유명한 성전이다. 헤롯 성전은 그 웅장함의 자태를 완성하지 못하고 소멸되었다. 왕국 성전의 역사는 끝났다. 그 가시적 성전의 위용과 화려함도 소멸되었다. 남아있는 것은 무너진 성전의 뚝(이름 하여 '통곡의 벽')과 또다시 성전의 복구를 희구하며 그들의 메시야를 기다리는 "쥬다이즘"과 우상의 상징인 이슬람의 사원이 그 터전을 메우고 있다. 결국 가시적 왕국 성전의 종말은 "우상"으로 끝났다.

그러나 종말론적인 영원한 성전을 예언자들은 한결같이 예표하고 있는데(겔43:13-27, 렘7:4, 사6장, 계4:1-11), 이것이 우상으로부터 종결된 가시적 왕국 성전으로부터 구별되어 나온 영원하고 궁극적인 "에클레시아"이다.

4) 성전종교의 본질적 요소

성전종교의 본질적 요소는 율법(Torah), 제의(Kultus), 법궤(Lade)로 볼 수 있다. 율법에 해당하는 가장 대표적인 구약 단어는 "토라"(תורה)[103]로 LXX에는 "노모스"(νομος)로 번역되었다. 이 "노모스"는 좁은 의미로 하나님의 계시인 모세오경을 지칭할 수 있으나, 더 구체적인 요약은 십계명을 가리킨다. 그러나 "쥬다이즘"에서는 가장 유일한 선택은 "미쯔하"(Mitzvah)[104]로 보며, 그의 핵심적 요체는 시내 산에서 하나님이 10계명(출20:1-17)과 613개의 계명을 가르쳤다고 믿고 있다.[105] 이들 계명 중에서 십계명을 특별히 다루고 있으나 본질상으로 모든 계명은 각각의 독특성이 주어져 있기 때문에 모든 "미쯔보쯔"(Mitzvot)는 동등하게 창조되었다.

이는 한 율법사가 예수를 시험키 위한 질문 즉, "율법 중에 어느 계명이 크니이까?"(마22:35-40)라는 질문에서 알 수 있다. 이들 613개의 "미쯔하"는 바벨론 탈무드(The Babylonian Talmud in Tractate Makot)에 613개의 계명을 가르치고 있으나, "게마트리아"(Numerology)[106]에는 "토라"(Torah)가 611개의 계명으로 구성되어 있다. 모세가 시내산에서 우리에게 가르친 것은 613개의 계명보다 611개의 계명이고, 2계명은 모세에게 주어진 것이 아니고, 하나님으로부터 직접 온 것으로 믿고 있다.[107] Hatam Sofer는 "율법의 첫 번째 단어"(The first word of Torah)인 "베리쉬트"(בראשית)로 613의 계명을 어휘로 명쾌하게 분석하였다. 특히 "베리쉬트"에 나타난 "쉰"(ש)은 모든 "메쯔하"에 나타나며, 하나님의 이름인 "샤다이"(Shadai)를 세우고 있는데 이 "쉰"을 기점으로 좌우 "베리쉬트"가 구성되었다.

이를 어휘적으로 분석하면, "타우"(ת, 400), "요드"(י, 10), "쉰"(ש), "알렙"(א, 1), "레쉬"(ר, 200), "베드"(ב, 2, Two that came directly from the Almightly Himself)가 되어 전체 합이 613이 된다. 이같은 613개의 계명인 "미쯔보쯔"는 10개의 계명 즉 6+1+3=10으로 요약 된다. 뿐만 아니라 십계명과 613개의 계명만이 유일한 계시로 믿고 있는 "쥬다이즘"에서는 시내 산에서 주어진 토라의 날을 1년 중에 하루를 정하여 자유의 날을 선포하고, 회당이나 성전에서 기도하며, 율법을 낭송하고, 선(善)을 행하며, "페싸흐"(פסח, 유월절)을 지키고, 사교적 모임을 가지며, 유월절 음식을 먹고 포도주를 4컵 마시는 행사를 가진다.[108)]

이와 같은 "쥬다이즘"은 율법이 곧 십계명이고, 이는 유일무이(唯一無二)한 것으로 생각하나, 이는 율법의 이해를 협의적 이해 차원으로 왜곡함으로서 율법의 본질에서 떠난 율법주의를 태동하게 되었다. 그러므로 그리스도인은 율법주의를 거부하고 시나이 계약에 대한 새로운 해석을 가지게 되었다. 율법은 확실히 시나이 산에서 유대민족에게 주어졌으나, 그 율법이 더 이상 그리스도인들이 따르도록 묶어 두지는 못했기 때문이다. 이는 율법의 의미를 시나이 계시에 한정 할 수 없으며, 또 구약에만 머무를 수도 없다. 왜냐하면 예수 그리스도는 율법의 완성자로 새 계명인 "사랑의 계명"을 완전히 계시하였기 때문이다.

그러므로 이 "노모스"는 넓은 의미에서 구약 전체를 가리키고 있는데, R. Bultmann은 이 "노모스"를 일반적인 규범을 의미하는 몇 구절을 제외하고는 구약의 법 또는 율법으로 간주되어지는 모든 구약성서를 가리킨다고 하였다.[109)] 더 나아가 이 "노모스"는 언제나 단수로 나타나고 있음을 볼 때 구약뿐만 아니라 신약과의 통일성과 단일성을 의미하고 있다(히8:10;10:16). 이는 사도 바울의 율법관에서 볼 수 있는데, 율법은 그리스도에게로 인도하는 몽학선생으로 보고 있다(갈3:24). 특히 예레미아스에 의하면 "예수 그리스도는 구약 속에 살았다".[110)] 그의 율법의 태도는 율법을 파괴하는데 관여하고 있는 것이 아니라 오히려 완성하고(마5:17), 그 율법을 종말론적인 분량까지 채우는데 관여하신 것이다.[111)]

그러면 율법의 본질은 무엇인가? 이에 대한 분명한 정의는 없다. 다만 바울은 그리스도 안에서 율법을 논하고 있다. 율법은 구원사에서 율법의 기능과 목적을 논하였고, 율법으로부터 자유를 신앙으로 보았다. 로마서 5장에 아담에서 모세까지 통틀어 율법을 논하면서 율법이 있기 전에 죄가 있었음을 전제한다. 그러므로 율법은 죄에 대한 지식과 폭로를 가져

다주며(롬3:20, 갈3:19, 롬5:20), 그 결과 율법은 조금도 흠이 없이 완전하게 모두 행한다는 것은 사람으로서는 누구나 불가능한 일임을 고지하였다(롬3:10-20, 갈3:11). 따라서 의인은 없나니 하나도 없다(롬3:10)는 바울의 결론과 함께 죄의 삯은 사망임을 선언하고 있다.

그러나 구원의 길은 예수 그리스도를 믿음으로 구원에 이르고(롬1:17) 우리 주안에 있는 영생이다(롬6:23). 또한 참된 자유는 죄와 율법으로부터의 자유이며, 이는 그리스도 안에 있을 때 가능하다(갈5:1). 그러므로 모든 율법은 하나님께로부터 온 것이나 그리스도에서 완성으로 끝났다. 이것이 예수 그리스도의 사랑의 계명이요, 율법의 종말이다.[112]

(1) "에클레시아" 관점에서 본 율법의 본질

사도 바울은 율법을 죄와 그리스도 사이의 중간적 조력기능으로 이해하였다(갈3:24, 롬10:4, 마5:17). 특히 아브라함으로부터 시작된 족장들의 언약을 생략하면서(창12:1-2) 아담에서 모세로 연결시켰다(롬5장). "에클레시아"의 관점에서 율법의 본질적 이해를 "죄"에서 출발한 바울의 입장과는 달리, 사랑과 용서의 "알케"의 복음에서 시작한다. 이 복음은 아담의 원죄가 있기 전에 이미 하나님의 사랑과 용서가 선행된 것이며, 이를 가시화한 것이 하나님의 부르심이다. 그러므로 "에클레시아"의 가시적인 표상은 원죄로부터 아담을 부르시고, 또 이스라엘 백성의 조상인 아브라함과 언약을 체결하셨다. 그리고 그 언약을 이루시기 위한 생활계명으로 시내산 계시를 본다. 야웨 하나님은 그의 백성을 부르시고 선택하셨다. "오늘 너는 네 신인 야웨의 백성이 되었다"(신27:9)고 선포했다. 동시에 야웨의 소리를 듣도록 하셨다. 그리고 그의 계명을 선포하셨다. "이제 네 신의 소리를 들어라"(신27:10)고 말씀하셨기 때문이다. 사실 구약성서에는 십계명이란 말이 없고, "열 마디 말들"[113]을 듣는 것이다.

그러므로 율법의 본질은 사랑과 용서의 "에클레시아"에서 출발하여, 언약 가운데 나타난 시내 산의 말들의 계시를 듣는 것으로 이해하여야 한다. 왜냐하면 죄나 시나이 율법 그 자체로서 율법의 이해는 언제나 죄의 종으로, 또는 형식과 외식으로 가득 찬 율법화 내지 율법주의로 회귀할 우려가 있으며, 율법과 삶의 괴리적 이중성을 초래함으로서 복음적인 삶을 기대하기 어렵기 때문이다. 따라서 그리스도인이 아닌 기독교 종교인들을 양산하게 되는 결과를 초래할 우려가 있다. 그러므로 시내산 계시의 본질은 예수 그리스도의 사랑과 용서의 새 계명인 프리즘을 통해서 율법을 조명하여야 한다.

예수 그리스도는 사랑의 본체로서 시내 산 십계명의 계시를 사랑의 대계명으로 완성하였다. 이는 하나님 사랑과 하나님 안에서 자기사랑, 그리고 원수 사랑을 포함한 이웃사랑을 말한다. Benjamin Blech가 십계명에 대하여 전술(前述)한 바와 같이 613개의 "미쯔보쯔"를 10계명을 즉, 6+1+3으로 요약한 바 있다.[114] 이를 필자가 예수 그리스도의 사랑의 대계명을 요약하면 하나님 사랑인 하나님을 향한 계명은 3가지 계명(십계명의 제1-3계명)이고, 이웃사랑인 인간 사랑의 계명은 6가지 계명(십계명의 제5-10계명)이며, 하나님 안에서 자기사랑은 1가지 계명(십계명의 4계명)으로 하나님과 인간의 공유의 계명이다. 즉, 안식일에 관한 계명을 말한다.

사랑의 본체이신 하나님은 안식일을 통해 그의 사랑을 선포하고 하나님과의 만남을 통해 하나님의 사랑 안에서 자애(自愛)하는 존재임을 깨닫게 된다. 그리고 하나님 안에서 자애는 바로 이웃사랑과 원수 사랑으로 나타난다. 그러므로 안식일의 본질은 인간을 위해 있다(막2:27). 동시에 안식일의 주인은 인자(Son of Man)이시므로 그 분을 향한 신령과 진정의 예배를 드림으로서 오직 하나님께 드리는 영광의 예배이다. 따라서 안식일은 하나님과 인간이 함께 공유하는 계명이다. 사도 바울 역시 사랑의 계명을 율법의 총합이요, 완성임을 증거 하였다. "남을 사랑하는 자는 율법을 다 이루었느니라"(롬13:8), "온 율법이 네 이웃 사랑하기를 네 몸 같이 하라 하신 말씀에 이루었나니"(갈5:14)라고 증거 한다.

(2) 제의(祭儀)

성전종교의 본질적 요소 가운데 하나가 바로 제의(祭儀)이다. 이스라엘 역사에서 나타난 제의에 대한 포괄적인 문서는 신명기서(D문서)와 사제문서(P문서)이다. D문서는 이스라엘적이며, 북 왕조에서 자료가 얻어지며 지파동맹의 전승이고, P문서는 유다중심 즉, 예루살렘 제의전승이다.[115] 이같은 D문서에는 야웨의 유일신 사상과 예배처소의 동일성을 강조한다. 이는 예언자의 이상이요, 오직 야웨만을 사랑하는 것이다. 반면에 P문서에는 특정한 제의적 법전이나 제사기구의 역사로 마치 역사화 된 제사로 일관하고 있다. 따라서 J. E. D.가 P와 단절적 의미로 보는 견해가 있으나 J. E. D가 야웨의 "신언(神言)"의 계시였다면, P는 야웨의 "신언"을 의식(儀式)적 행위로 가시화하였다.[116]

이같은 맥락은 신명에서도 가시화 되었는데, P는 E문서와 같이 하나님을 "엘로힘"으로 쓰고 있으며, 모세 때까지는 "야웨"를 사용치 않았다. 그러나 사용된 문체로 구별이 된다. 특히 P의 특징은 신관에서 나타나고 있는데 하나님을 의인적 표현(J문서), 천사를 통한 하나님의 계시로 부각시키지 않고(E문서), 하나님을 절대적 초월적 존재로 묘사한 것이다. 또 기사면에서 P는 창조기사(창1:1-4)에서 시작하여, 언약(창9:1-17,19)으로 그 맥을 전승하고 있는데, 이는 창조의 본질적 세계관을 꿰뚫고 있으며 여호수아의 가나안 점령까지의 기사로 맺고 있다.

그러므로 P는 J. E. D.의 단절적 의미보다 역사적 주석을 붙이고, 모세오경의 기초를 제공하고 있는 점에서 P를 새로운 측면으로 이해해야 한다. 특히 P는 시내산 계시가 이스라엘의 제사의 창설로 보는데,[117] 이는 P가 미래가 아닌 현재의 이상향(理想鄕)을 추구하는 점에서 그 근거를 시내산 계시에서 찾고자 한다. 이는 제사장의 임명과 규례가 시나이에서 선포되고 첫 번째 헌제(獻祭)가 이루어졌기 때문이다(출34:15-31;34:29-40, 레8:1-10:16, 민1:4;8:5-22;9:15-23;10/;1-10).

하나님의 사랑과 용서의 부르심으로 시작된 "에클레시아"는 그의 "피스토이"한 백성들이 야웨를 향한 숭경(崇敬)의 표현 행위가 제의로 가시화 되었다. 제의의 역사적, 성서적 고찰은 아벨의 제의(창4:3-4)에서 시작하여 언약의 조상 아브라함의 제의(창12:1-9)로 그 맥을 전승하면서 우상과 노예의 삶인 애굽으로부터의 "에클레시아"함으로써 제의에 대한 본질적 의미를 계시하였다. 이는 시나이 계시를 통한 " 열 마디 말들"로 구체적으로 가시화 되었고(출20:1-17) 이를 실천적 의식 행위로 제의 율법이 주어졌다(레26:45-46). 그러므로 제의의 기원은 아벨까지 거슬러 올라갈 수 있으나, 야웨의 그 본질적 계시는 율법의 선포와 함께 구체적 제의규례의 선포 즉, 토단을 쌓고 그 위에 번제와 화목제를 명한 시나이 계시에서 그 기원을 봄이 타당하다.

제의의 본질이 무엇인가? 전술(前述)한 바와 같이 제의는 야웨에 대한 숭경(崇敬)의 표현행위로서 그 본질적 요소가 있다. Von Rad는 「Theologie Des Alten Testaments」에 의하면 "쿨투스" 에 해당하는 히브리어는 "아보다"(עבדה)[118]로 신을 섬김, 신을 숭배함을 뜻한다. 이 "아보다" 는 "아바드"(עבד)에서 유래한 것으로, LXX에서는 "라테레우세테" 또는 "라테레우"(*λατερευσατε* 또는 *λατερεω*)로 섬김 또는 경배의 의미를 가진다(출3:12;9:6등). 또 "카라브"(קרב, 레1:2, 렘30:21)는 "드리다"(offering)로 "하크립"(הקריב) 즉, "가까이 가져오다" 의 동사로 자주 표현되며, "코르반"(קקרבנ)[119]을 유래하였다. 이 두 어휘의 합성어인 "코르반-하크립"(קקרבנ־הקריב)은 레위기 1장 2절에서 민수기 31장 50절까지 제사 본문구절에 25회 나오고 있다. 이 어휘는 LXX에서 "도론" 으로 번역되어 특별한 예물의 드리는 의미로 쓰였다.

신약에서는 마가복음 7장 11절에 "고르반"(*κορβαν*) 즉, "예물을 드림"(*ο εστιν δορον*)으로 나타나고 있다. 제의의 본질적 요소로 볼 수 있는 또 하나의 어휘는 "자카르"(זכר)로서 "기억, 회상" 의 의미이다. 언약에 대한 기억과 애굽에서 "엑스도스" 를, 그리고 고난의 떡을(신16:3), 미리암의 문둥병을(신24:9), 아말렉에게 행한 일을(신16:3)..등과 같이 각종 제의는 기억하는 의미를 지닌다.

그러므로 제의의 본질은 사랑과 용서로 "에클레시아"하신 야웨의 " 언약"과 "기억"을 회상하며 야웨에 대한 섬김과 숭경(崇敬)의 마음으로 예물을 드림에 있다. 이는 정신적인 야웨 신앙의 강조(예언자는 내적 태도 중시)와 생명의 교통의 희생 제사를 강조(제사장은 제의 표현 중시)하는 양자의 조화로운 제의를 말한다. 야웨 하나님이 시나이에서 율법이 선포되고 제사장과 제사규례가 선포되었듯이 조화로운 제의는 야웨에 대한 언약과 기억이 선결되고 그에 따른 숭경이 규례에 따라 제의로 표현되어야 한다. 이같은 제의에 대해 예언자들도 위선과 형식적 행위를 책망한 것이지 제사 그 자체를 반대한 것은 아니었다.

호세아 선지자는 다음과 같이 제사에 대해 선포했다. "나는 인애를 원하고 제사를 원치 아니하며, 번제보다 하나님을 아는 것을 원하노라". 이사야 선지자는 "여호와께서 말씀하시되 너희는 무수한 제물이 내게 무엇이 유익 하뇨 나는 수양의 번제와 살진 짐승의 기름에 배불렀고, 나는 수송아지나 어린 양이나 수 염소의 피를 기뻐하지 아니하노라…"(호6:6, 마9:13;12:7, 삼상15:22). 그러므로 제의의 본질이 형식적 제의와 제물 행위에 있는 것이 아니고 실제적인 사랑과 용서와 섬김의 산제사에 있음을 말한다.

예수 그리스도는 제의에 대한 태도가 분명했다. 예수는 성전과 제단에 대한 존중하는 태도를 요구하였다.[120] 이같은 태도는 제사적 예배 제도의 인정과 폐기를 요구치 않았다(마5:24). 특히 문둥병자의 정결규례에 기꺼이 참여하였다(마8:4, 눅17:14). 그러나 예수 그리스도는 당시 유대주의자들의 성전의 영원성을 주장한데 반해 예수 그리스도는 성전의 비영원성을 선언하였다. 가령 "이 성전을 내가 헐고 손으로 짓지 아니한 다른 성전을 사흘에 지으리라"(막14:58)고 선언하였다. 뿐만 아니라 예수 그리스도는 사랑의 계명을 성취하는 것이 다른 어떤 제사보다 중요함을 강조하였다.

예수 그리스도는 제사의 완성자로 오셨다. 이는 자신의 임박한 죽음을 제의적 희생으로 예표 했고(마20:28;26:28, 막10:45;14:24, 눅22:20), 사도 요한은 예수 그리스도를 하나님의 어린양으로 묘사했다(요1:29,36,

계13:8). 제의는 하나님이 계시하셨다. 그 본질 또한 하나님의 사랑의 "에클레시아"에 대한 언약과 기억의 표현인 동시에 만남과 교통의 감격의 장으로서 "에클레시아"의 본질적 요소들을 표상한 바 있다. 문제는 이같은 본질을 망각하고 제사(예배) 드리는 그 의식 자체에 치중하므로 본질이 상실되고 생명력이 없는 제사종교화(祭祀宗敎化)로 전락됨으로써, 예언자들의 끊임없는 비난의 예언이 있고 예수 그리스도는 이들 제사종교로부터의 "에클레시아"를 선포하신 것이다.[121)]

다음으로 제사장에 대하여 살펴보면, 이스라엘 제사직중 사제직(司祭職)만큼 오랜 역사를 가진 것은 없다. 이 직(職)은 야웨 제사 초창기로 소급되는 것은 의심할 바 없고, A. D. 70 로마 티투스(Roma Titus)에 의해 헤롯 성전이 파괴될 때까지 존속하였다. 제사장은 히브리어로 "코헨"(כהן)이며 LXX에는 "히에루스"로 번역되었다. 라틴어에서는 "코헨"을 "사케르도스"(sacerdos)로 사용되고 있는데, 이는 "제사장의 직무를 수행한다"는 "카할"(כהן)에서 유래하였다. 또 "서있는 자"의 뜻인 "쿤"(כהן)은 동사 "코헨"에서 온 것이다.

그러므로 제사장은 여호와 앞에서 섬기는 자로서 직무를 수행하는 것이다. 제사장직 제도의 기원을 시나이 계시 이전부터 존재하였다고 보는 입장이 있으나, 고대에는 제사장만이 희생제의를 드릴 수 있는 것이 아니고, 제사장적 역할 수행의 의미로 족장시대에는 각 가계의 가장(家長)이 희생 제사를 드림에 유추하나 입증될 수 없는 이론들이다. 또 시나이 계시 전에 이미 제사장의 역할 수행을 했던 백성의 종교 지도자들도 존재했음을 볼 수 있는데(출19:22-24), 이는 족장사에 나타난 제사장직은 물론 이방 제사장들도 존재하고 있었다.[122)] 특히 멜기세덱(Melchizedck)은 그가 누구인지에 대하여는 분명히 알 길은 없으나, 역사적으로 살렘(예루살렘)의 왕이고, 지극히 높으신 하나님의 제사장이며, 아브라함을 축복한 유일신론자였다(창14:18-20).

또 시편에 나타난 멜기세덱은 메시야직의 모형론으로 표상되고 있는데, 즉 신성의 표상(시110:1, 마22:41-46 참조)으로 왕권의 표상(시110:1

이하, 행2:34-36 참조)으로 제사장직을 표상(시110:4이하, 히5:6,10;6:20 참조)으로 본다. 뿐만 아니라 창세기와 시편 중심에 나타난 멜기세덱의 이름의 별칭에서 공의의 왕으로, 살렘과 평화의 상징으로, 기름부음을 받은 자로, 십일조와 축복의 전달자로 미루어 볼 때, 이방의 제사장들은 물론 시나이 계시로 세워진 아론의 제사장직과도 비교될 수 없는 완전한 계시자이신 대제사장 예수 그리스도를 표상하고 있음을 볼 수 있다.

문화사적으로는 아브라함의 가나안 이주와 멜기세덱과의 만남은 야웨만이 유일신임을 재확인하는 종교 문화적인 영향을 받았을 것이다. 그러나 신정과 민정 하에서 독특한 존재들로 세워진 여호와의 제사장들은 이방 종교의 제사장들로부터 전승이 아닌 새로운 "에클레시아"로서 모세와 아론을 시나이로 오르게 하심을 볼 수 있다(출19:24).[123]

그러므로 여호와의 제사장직 제도와 기원은 시내산 계시에서 출발한 것이다. P문서에 의하면 야웨는 회막과 부속품을 만들도록 명령했고, 모세는 그 형 아론과 네 아들을 제사장으로 세우고 위임식에 필요한 의복을 만들도록 지시했으며(출28장), 위임식에 대한 절차 지시가 상세히 기록되고 그대로 행하였다(출29장). 레위기에는 아론이 드린 첫 희생제가 묘사되어 있고(레9장), 민수기는 레위인이 제사장의 업무를 돕도록 기록되어 있다(민3장). 그럼에도 불구하고 D문서에는 아론과 그의 아들이 제사직에 전혀 언급이 없다. 다만 레위지파만 언급하고 있을 뿐이다(신18:1-8).

여기에 참 제사장에 대한 논쟁의 여지가 있다. 출애굽기 32장 25-29절을 보면 금송아지 우상을 만든 아론을 향한 모세의 진노가 기록되어 있다. "네가 그들로 중죄에 빠지게 하였느뇨"(21절), "아론이 그들로 방자하게 하여 원수에게 조롱거리가 되게 하였음이라"(25절)고 책망한데 반하여, 레위족에게는 축복이 선포되고 있다. 이는 "맛사와 므리바"에서 여호와의 편에 선 레위자손은 아론에 대항한 무리들로 레위인이 참 제사장이라는 것이다. 후대 족보에 의하면 아론은 레위지파에 속한 것으로 되어있지 않다. 신명기 33장 8-11절에 모세가 레위지파에 축복한 말도 레위인의 제사직에 관한 말이다. 이 축복은 레위인이 야웨를 섬기는 특권을 받은 것이다.[124] 이같은 관계로 미루어 보아 아론의 전권이었던 제사장직이 레위인들에게도 이관됨을 짐작할 수 있겠다.

제사장의 임명문제에 대한 또 하나의 신학적 쟁점은 다윗이 두 사람의 제사장을 동시에 임명함으로 야기된다. 엘리의 후손이며 야웨 종교의 대표격이며 "암픽지오닉"의 전승자인 아비아달과,[125] 가나안 여부스 출신인 사독을 제사장으로 임명하였다. 그 후 솔로몬 왕이 아비아달을 아나돗으로 추방함으로서(왕상2:26이하) 사독이 야웨의 유일한 참 제사장이 되었다.

여기서 사독 제사장의 등장에 대한 계시적 근거는 에스겔의 마지막 환상 가운데서(겔44:6이하) 여호와의 말씀으로 나타났다. 이 환상 가운데는 아론의 이름은 나오지 않고 타락한 레위인들의 직능을 박탈하고(겔44:13) 새로이 레위사람에게 제사장직을 맡김이 바로 사독제사장의 임명에 대한 유일한 여호와의 말씀이다(겔44:15). 그러나 에스겔서 44:6이하의 예언은 제사장과 레위인 간의 긴장관계로 몰고 갔으며, 그 예로 포로귀환 때에 레위인들을 천시하였으므로 귀환이 현저히 적었다는 점(에스라 8:15f)과 그 후 민수기 3장에는 그들을 성전을 섬기는 자로 높이 평가함으로써 서로의 협상에 의한 직능을 수행했을 것으로 사료된다.[126]

이상을 통해서 본 제사장직의 전(前) 역사는 시나이에서 임명된 아론, 맛사와 므리바에서 참 제사장으로 부각된 레위인, 그리고 에스겔의 예언의 성취로 나타난 사독 제사장으로 연결되었다.[127] 이같은 제사장의 맥의 전승에 대하여 다윗 이전까지를 야웨의 유일적 제사장직의 종결로 보고, 모세적 야웨 종교와 가나안종교 사이의 전승의 복합체를 이루지 못함을 시사하고 있다.[128] 다윗 이후 사독 제사장부터 타협, 혼합, 범벅, 궁중음모에 의한 왕실 제사장으로 봄으로서 제사장직의 차원을 넘어 신학적 분열을 초래하였다. 특히 다윗 이후 예언자들의 예리한 공격과 예수시대의 사두개인과 바리새인의 갈등으로까지 연결되었다.[129]

이처럼 제사장직의 역사 속에서 아론과 레위인, 아비아달과 사독, 신약 시대에 바리새파와 사두개파의 대립과 모순 속에서도 언약에 신실하신 야웨 하나님은 그가 세우신 제사장직 제도를 섭리 속에 전승케 했다. 또한 예수의 조상의 일원이 되게 함으로서 그의 끝없는 "헤세드"의 용서의 복음을 계시하였다. 이는 불완전한 제사장직을 알리는 동시에 근본적이며 궁극적인 영원한 대제사장이신 예수 그리스도를 예표 하였다(히 9:11-12). 따라서 예수 그리스도는 제사종교와 율법종교의 완성이 바로 예수 자신에게 있음을 선포했고, 제사장의 탐욕과 타락으로부터 제사종교화 내지 율법종교화로부터 새로운 "에클레시아"를 선포하신 것이다.

다음으로 야웨로부터 섬김의 직분(출28:1)으로 부름 받은 제사장은 그의 백성들을 야웨 앞에서 성실하게 살아가는 자로 세우기 위해서 도와주는 조력자요, 중재자요, 판단자이다. 제사장의 직무를 고찰하면 다음과 같다.

제사장은 제사의 주관자이다. 희생제사는 야웨와 이스라엘 백성 간에 끊을 수 없는 생명의 교제이며, 속죄의 표상이다. 이같은 희생제사의 주관자인 제사장은 하나님과의 교제 즉, 맹세(창28:10-22), 서원(삿11:30,삼하15:7-9), 감사의 표현이 하나님께 바쳐지고 또 하나님으로부터 용서와 응답의 선물이 주어지는 제사의 주관자이다.

또한 중보적 의미로 Von Rad는 회중을 위해 죄를 중보함 으로서 야웨 앞에 속제(레10:17)하게 하도록 하기 위해 세우신 자들로 표현했다. 이같은 생명의 교제로서의 희생제사는 히브리인들의 예배로서 신약의 복음적인 성례전을 기초하였는데, 이것이 주의 만찬의 교제(Communion of the Lord' s Supper)이다. 이 떡과 잔의 나눔의 교제는 그리스도와의 생명의 교제일 뿐만 아니라 성도들 상호간의 교제요, 삶이기도 하다.[130] 또 중보적 의미의 제사장은 예수 그리스도의 중보적 대속을 예표했으며, "에클레시아"의 본질적 요소인 "피스토이"적 "펠로쉽" (Fellowship)을 표상하였다. 이같은 희생제사는 5가지의 제사로[131] 가시화 되었다.

제사장은 백성들에게 율법을 가르치는 명을 받았다(학2:11이하). "내 백성에게 거룩한 것과 속된 것의 구별을 가르치며, 부정한 것과 정한 것을 분별하도록 가르치라"(에스겔44:23)고 명하셨기 때문이다. 따라서 제사장은 성전의 입출입(入出入)에 대한 규례를 가르치며(겔33:15), 장소의 성별(출3:5,수5:15). 입장의 문(시15;24:3-5), 의식(레1장 이하), 나병(레13장), 음식(신13:5 이하)의 규례를 가르쳤다. 사람들이 야웨에게 묻고 싶을 때 제사장을 통해 그 뜻이 전달된다(삼상14:18f,36f). 이에 대한 야웨의 뜻을 분별하는 추첨의 주문인 "우림"과 "둠밈"으로 조정했다(삼상28:6, 신33:8). 신명기 33장 8절에서 레위축복에서 다음과 같이 야웨에게 간청한다. "주의 둠밈과 우림이 주의 경건한 자에게 있도다" 이 추첨 주문은 제비적 의미를 나타내는데 가부를 판결하는 도구였다. 출애굽기 28장 15-30절에는 대제사장 아론의 옷에 판결흉패가 달려 있는데, 그 흉패 속에는 둠밈과 우림이 있다. 이처럼 제사장은 자신의 입으로 선포되는 결정이 최후의 지탱력을 가지기 때문에 어려운 결단을 내려야한다(fp13:15,17, 신17:8;23:1). 그러나 사무엘상 28장 6절에 의하면 하나님의 뜻을 아는 방법은 세 가지로 나타나고 있는데, 꿈과 우림과 선지자다. 이는 하나님의 뜻이 제비적 도구로서 이루어지는 것이 아니라 야웨의 뜻을 알고자 하는 한 방편이었다.

제사장의 고유직무 가운데 하나가 백성을 축복하는 것으로서 특권인 동시에 위임사항이다. 창세기 14장 19절엣 제사장 멜기세덱이 아브라함을 축복한 사례가 있다. 또 신명기 10장 8절에는 야웨가 레위지파를 구별하여 축복하고 있다. 또 민수기 6장 27절에는 아론이 축복을 할 때는 야웨의 이름으로 축복했다. 그러므로 제사장에게 부여한 축복의 근원은 야웨로부터 오며, 제사장은 단지 야웨의 축복을 전달하는 도구적 직무임이다.   제사장의 부패중의 하나가 야웨를 떠나 자기위주의 축복권을 남발함으로서 마치 자신이 축복을 주는 것으로 호도하는 것이다. 제사장은 오직 하나님의 도구로서의 제사장의 직무를 망각(忘却)해서는 안 된다. 오늘날 교회의 성직자들의 축복권의 남발은 이런 맥락에서 또다시 성전종교로의 회귀를 우려하지 않을 수 없다.

신명기 17장 8절에는 제사장과 재판장을 소수의 판결자로 지명하고 있으며 에스겔서 24장에도 제사장은 송사(訟事) 하는 일을 재판하되 야웨의 규례대로 재판토록 명하고 있다. 또 신명기 31장 9절 이하와 신명기 27장 14절에는 모든 백성에게 절기에 대한 법률을 선포하는 일을 담당하였다.

(3) 법궤(ארון)

법궤에 대한 "에클레시아" 적 고찰은 회막과 성전의 관계성을 살펴 본 다음 그 본질적 의미를 살펴보고자 한다. 성전종교는 다윗의 창안(創案)으로 된 야웨의 성전 종교이고, 법궤는 시나이의 야웨의 직접 계시로서 설계된 제사용구(祭祀用具)란 점에서 본질적 차이가 있다. 다만 법궤가 솔로몬 성전 가운데 안치되고 예루살렘 성전과 함께 A.D. 70년 로마 티투스(Roma Titus)에 의해 소실되었다는 점에서 관계적 공존성이 있다. 따라서 성전과 법궤는 그 기원과 본질론 적으로 동일하지 않으나, 법궤가 성전에 안치됨으로써 국가 성전으로서 그 민족 종교적 상징적 의미를 가진다.

그러나 초기 전승에서부터 다른 것으로 볼 수 있다. 왜냐하면 장막 안에 이미 법궤가 있었다고 볼 수 없고,[132] 또 두 그룹은 제사중심점으로 서로 무관하게 존재했기 때문이다.[133] 특히 회막은 현현신학(顯現神學)이라면, 법궤는 현재신학(現在神學)이다.[134] 그러나 P문서에 의하면 회막은 독자적 의미를 가지나 야웨의 법궤를 보관하는 처소로 이해되어 진다. 회막은 법궤에 비하여 그 전승의 자료가 빈약하고, 단지 모세와 야웨간의 만남의 장소인 "모에드"(מעד)는 "야드"(יעד)에서 유래하였는데 그 뜻이 "만나다" "정하다"는 의미이다. 법궤는 시나이에서 기원하여 광야의 유랑에서 현재하였고(민10:35), 가나안 땅의 전승에서도 보도되었으며(수3-6장), "암픽지오닉"의 제의의 중심점이 되고(삼상1-6장), 솔로몬 성전의 안치와 A.D. 70년 로마 티투스에 의해 예루살렘 성전의 소실 때까지 그 전승이 있다. 법궤는 히브리어 "아론"(ארון)으로 구약에서 195회 정도 나타나며, 그 어원은 불분명하나 그 뜻은 궤(상자) 또는 관(棺)이다.

"아론"은 LXX에서 "소로스"(*σορος*)와 "키보토스"(*κιβωτος*)로, KJV와 NIV에는 "Chest"로 번역되었다. 이 "소로스"는 "관(棺)"으로 요셉의 "미라"에 사용되었다(창50:26). 또 "키보토스"는 궤(櫃)의 의미로 법궤(The ark) 또는 여호와의 전에 비치된 금궤로 헌금 궤(왕하12:10) 또는 상자의 배로 방주를 의미하며, 또는 증거 판을 넣는 궤 등으로 광범위하게 사용되었다. 그러므로 "아론"은 법궤이나 상자(chest)를 뜻함에도 틀림없고, 성결한 여호와의 궤인 동시에 하나님의 용기(用器; container)이다. 후대 전승(신명기 P)에 의하면 이 용기에는 두 돌 판이 보관되어 있고(출40:20;25:16, 신10:5, 왕상8:9), 만나(민17:25)와 아론의 지팡이(출16:33,34)가 보관된 것으로 전승하나 신명기 사가(史家)는 법판의 보관적 표상으로 법궤 임무를 규정한다. 예루살렘 성전에 안치된 법궤에는 두 돌 판만 있었다. 그러면 "아론"의 그 본질은 무엇인가?

야웨의 "현재적 역동성"으로 "권능, 인도, 영광"의 증거의 계시이다. 야웨의 임재적 계시는 현현적 계시와 현재적 계시로 볼 수 있다. 현현적 계시 즉, 신 현현(神 顯現)은 족장사 에서부터 현현되었는데 아브라함이 단(壇)을 쌓은 곳과 야곱의 벧엘의 현현이 그 대표적인 "예"이다. 그러나 출애굽 전승을 통해서 야웨의 현현이 구체적으로 묘사하고 가시화 되었다. 특시 시내 산(J.P) 또는 호렙산(E)인 모세의 산의 야웨의 현현이 모세에게 불꽃(לבה) 가운데 현현하였고(출3:5;3:20), 십계명을 선포하신 모세의 산에서는 불(אש)가운데 현현하였으며, 출애굽기 19장 16절(E)에는 우레, 번개, 구름, 나팔소리 가운데 권능성으로 현현하신 야웨를 묘사한다.

그러나 가장 본질적이고 구체적인 장소적 의미를 동반한 야웨의 현현 계시는 "오엘 모에드"(אהל־מועד)[135]이다. 따라서 회막을 현현신학이라 부른다. 반면 법궤는 현재신학의 표상으로 나타난 제사용구로서 단지 하나님의 용기(Container of God)일 뿐이다. 법궤의 현재적 임재에 대해 고고학적으로 에집트의 잡다한 신들(가령, Anubis shrine)의 왕좌(가령, King' s gold throne)에 비유하여 법궤에 야웨의 임재를 그의 거처로서 그의 보좌로 제한해 버린다면 은혜의 발등상 위에 나타나시기로 한 야웨의 우주성을 (대상28:2) 제한하고, 법궤 그 자체를 우상화 할 것이다. 특히 신명기 신학에서는 야웨는 오직 하늘에 거하시며, 제사성소에는 이름만 두고 있다(왕상8:16-20,29,43-44,48, 신26:15;12:5,11,21). 그 이름은 율법의 천막(天幕 אהל־העדית)으로 이해하며, 왕좌의 표상과는 거리가 멀다(신10:1-5,왕상8:9).

그러나 법궤의 현재적 임재는 분명한 사실이다. 그 임재는 현재적 역동성으로 이해하여야 한다. 법궤의 현재적 역동적 임재(בתוך=μεσω)[136]로 바로 야웨의 권능성이며, 이는 권세(פח=ισχυς)와 능력(זהורה)으로 LXX에서는 "뒤나미스"(δυναμις)[137]로 번역되었다. 이는 하나님의 나라(Kingdom of God)의 본질인 "권능성"(δυνασθαι)과 예수 그리스도의 주의 만찬(고전10:16)의 현재적 임재를 표상적으로 계시한다. "아론"의 가시적 권세는 야웨의 열 마디 말들인 십계명의 보관인데, 이는 말씀 곧 "로고스"이다. "아론"의 능력은 요단강이 갈라지고, 여리고성을 무너뜨리고, 다곤이 엎드려지고, 웃사가 즉사하며, 베세메스로 가는 두 젖소의 인도가 있고, 오벳에돔의 집에 머물러 있을 때 축복을 내리는 그야말로 자유로운 능력을 가시화 하였다. 이같은 "아론"의 권능성은 그 본질적 근원이 만군의 야웨 이름과 결부되어 있는데, "만군"은 LXX에서 "뒤나미스"로 번역되었고 이는 만군의 이름위에 임재하신 분이 권능의 야웨이며 그 야웨의 본질이 곧 "능력"이다(삼하6:2).

야웨의 현재적 임재는 언제나 그의 말씀을 계시(출25:22, 레1:1)할 뿐만 아니라 광야의 인도와 보호(민10:10-35)의 계시였다. "그들이 여호와의 산에서 떠나 삼일 길을 행할 때에 여호와의 언약궤가 그 삼일 길을 앞서 행하며, 그들의 쉴 곳을 찾았고, 그들이 행진할 때에 낮에는 여호와의 구름이 그 위에 덮었었더라"(민10:33-34). 법궤가 머무는 곳에는 언제나 그의 영광과 증거가 나타났다. 야웨는 언제나 그의 영광 가운데 거하시며, 자신을 영화롭게 하는데는 어디서나 증거 되었다(출14:4,17f, 겔28:22). 이처럼 법궤의 영광과 증거의 임재는 바로 이 땅에서 이루어가는 하나님의 나라의 모형을 계시하였다. 하나님의 나라의 임재는 언제나 메시야의 증거였고(요1:34,마14:33), 그를 통한 하나님의 영광으로 나타났다.

이상을 통해 법궤의 "에클레시아" 적 고찰은 법궤의 인도와 보호와 능력과 영광과 증거는 하나님 나라의 권능성의 임재로 "에클레시아" 의 가시화를 표상하고 있으나, "에클레시아" 는 법궤나 상자나 제사용구나 아론의 지팡이 그 자체에 대한 신성적 내지 신적 의미의 부여로부터, 영적이며 살아계신 "로고스" 로의 의미를 말하며, 동시에 법궤만을 집착한 야웨의 거처에서 온 우주 어느 곳에서나 임재와 권능성으로 그의 "에클레시아" 를 가시화 하는 것이다.

특히 오늘날 성전 종교주의자들은 교회당 그 자체나 교회당 내의 각종 설치물에 대하여 법궤의 신성적 의미 이상으로 거룩성과 신적 의미를 부여함으로서, 성전 종교로의 회귀는 물론 동방정교회나 로마 가톨릭 교회로의 회귀와 심지어는 교회당에만 하나님이 계신다고 생각한다. 뿐만 아니라 교회의 예배 참석이 하나님의 임재의 경험에 응답하는 "에클레시아" 의 삶인 사랑과 용서와 섬김인 복음인(福音人)으로의 삶의 결단보다 기복(祈福)과 재앙(災殃)의 구도로 보는 이른바 무속(巫俗)의 신주(神主)처럼 생각하는 기독교 종교인들을 양성하는 변질을 초래하고 있음을 경계해야 한다. 주님의 "에클레시아" 의 가시화는 언제나 하나님의 역동적 임재와 그의 응답이 이루어지는 곳에 그의 나라와 그의 의를 가시화 하는 것이다.

2. 성전의 본질에 대한 "에클레시아"적 고찰

"쥬다이즘" 에서는 가시적 성전의 본질적 의미를 이미 언급한 바와 같이 성전에서 우주론이나 신화의 상징성에서 찾는다. 이는 묵시문학, 헬레니즘 사고, 중세 교부시대는 물론 현대신학에서까지 상징적인 해석을 정당화하려고 한다. 그러나 성전에 대한 신화, 우주적 의미를 부여한 성서 본문은 하나도 없다. 다만 에스겔의 환상 가운데 성전을 세계 중심점으로 보는 우주적인 상징성은 그 제단의 각 부분에서 부여된 이름에서 유래한 것이다. 또 이같은 성전이 한번도 건축된 일이 없는 이상적 성전으로 예표 할 뿐 가시적 성전은 아니다.[138)]

또 시편 78편 69절에 "그 성소를 산의 높음같이 영원히 두신 땅같이 지으셨으며"는 기록은 성소 자체의 우주적 의미보다 언약에 신실하신 야웨의 선택이 하늘과 땅처럼 영원함을 상징하는 것이다. 그러므로 성전의 본질적 의미는 신화나 우주론에서 찾을 것이 아니라, 말씀이 육신이 되어 우리 가운데 거하신 초월적이며, 역사적인 그리스도(요1:14)에서 하나님의 나라의 본질적 의미를 추구하듯이, 역사 속에서 가시화 하신 야웨 계시의 연장선상에서 성전의 그 본질적 의미를 찾아야 한다.

야웨의 성전은 역사 속에 가시화 되었다. 이는 아브라함으로부터 시작하여 시나이 계약, 또 다시 다윗 가문과의 영원히 통치하리라는 새 언약을 맺으시고(삼하:8이하), 예수 그리스도의 "에클레시아"의 선언을 통해 음부의 권세가 이기지 못함을 말씀하셨다(마16:18). 그 실천적 표상의 상징으로 솔로몬 성전을 짓는 가운데 또다시 계명과 율례와 법도를 강조하면서 이를 지킬 때 그들 가운데 영원히 거할 것을 언약하셨다(왕상 6:12-13). 이처럼 야웨의 허락으로 세워진 성전은 예언자들이 성전에 대한 언약을 존중하였다.

아모스는 야웨께서 시온산에서 울부짖으며 예루살렘에서 그 목소리를 덜어 주신다(암1:2)고 하였고, 이사야는 성전에서 그의 소명을 받았으며, 보좌에 앉으신 야웨의 환상을 보았으며, 성전 봉헌 시 구름이 성전에 가득하였다(사6:1-4). 특히 성전이 건축된 곳을 "야웨의 산"(사2:2이하)이라고 했고, 예레미야는 야웨의 영광스러운 보좌가 시온산에 있다(렘14:21)고 했다. 예수 그리스도는 성전을 부정한 것이 아니라 성전보다 큰 이가 자신임을 선포하였으며(마12:6) "내 교회"를 가시적으로 세우신 것이다(마16:16;18:17). 그러면 "에클레시아"의 관점에서 본 성전의 본질적 의미가 무엇인가?

1) 성전은 야웨 임재의 상징

야웨의 임재적 계시는 단(壇)과 회막에 현현했으며, 그 계시의 연장선상에서 성전 가운데도 임재하신 것이다. "임재"의 본질은 그의 언약과 계명에 신실할 때 가시적 성전에 임재하신 것이다. 성전은 하나님의 임재의 한 장소였다. 이는 성전 그 자체적 의미보다 하나님나라의 권능성의 기초적 계시인 법궤(The ark)의 거처로서 또는 야웨의 계시 장소로서 의미가 있다. 야웨의 임재는 광야의 유랑에서 회막 가운데 권능의 구름으로 임재하기도 했고, 또 법궤가 성전으로 옮겨질 때 구름이 성전에 가득했다(왕상8:10). 뿐만 아니라 성전은 예언자들의 응답의 장소요(암1:2), 소명의 장소였으며, 야웨의 영광스러운 보좌가 있는 곳으로 이해되어졌다(렘14:21).

따라서 야웨의 성전 임재는 이스라엘로 하여금 하나님이 거하시는 거룩한 거처로서 성전은 유대인들의 신앙과 경건의 구심점이 되었고, 이곳에서 제사축제와 성지를 순례하는 삶이 되었다. 그러므로 성전은 언제나 야웨의 임재적 권능성이 나타나는데 이것이 성전의 본질적 요소로 하나님의 나라의 임재의 모형이고, "에클레시아"의 본질적 계시인 천국의 열쇠를 기초하고 있다.

2) 야웨의 선택

F. Horst에 의하면 "야웨께서는 자신을 위해 예배하기 위한 장소를 선택하기를 원했는데 예루살렘에 솔로몬 성전을 건축함으로 그것이 실현되었다"고 하였다.[139] 야웨는 그의 언약백성에게 영원한 선택을 약속했으며(시78:68,70), 시온성인 예루살렘을 하나님이 거하시는 거처(Habitation)로 선택하시고(시132:13), 또 자기의 체류지로 삼으셨으며(시68:17;76:2;78:68) 성전의 터까지도 선택하였다(삼하24:16,대하3:1). 그곳을 거룩한 성지로 이름하셨다.[140] 이같은 야웨의 성전의 선택은 다윗왕조와 맺은 언약의 결과적 산물이다.

포로 이후 예언자들은 다시 야웨께서 예루살렘을 선택하실 것이고(슥

1:17;2:12;3:2) 자기가 선택한 곳으로 흩어진 그의 백성을 모을 것이라고 약속의 말씀을 선포하셨다(느1:9). 그러므로 야웨의 선택 신학은 그 영원성을 의미하는데, 이는 가시적 성전을 의미하는 선택이 아니라 그의 언약과 임재, 그리고 그의 이름의 계시이다. 특히 신명기 12장 5절에는 "여호와께서 자기 이름을 두시려고 너희 모든 지파 중에서 택하신 곳인 그 거하실 곳으로 찾아 나아가서..." 라고 기록하고 있음은 바로 성전의 "터" 와 "건물" 그 자체적 의미보다 자기 이름계시에 그 본질적 의미가 있다.

그러므로 성전 선택의 본질적 의미는 야웨의 임재, 선택, 이름의 계시가 1차적 요소이고, 그 계시된 그 곳이 2차적 의미로 선택된 장소의 계시요, 성전이다. 이는 "에클레시아" 의 선택적 기초를 계시하고 있고, "두 세 사람이 내 이름으로 모인 곳에는 나도 그들 중에 있느니라" (마18:20)고 말씀하신 예수 그리스도의 "에클레시아" 의 가시적 본질을 계시한 것이다.

3) 보호와 인도의 "영광" 계시

야웨의 임재와 선택의 성전은 보호와 인도로서 그 영광 가운데 역사하셨다. 광야의 회막 교회는 "구름의 영광" 으로 그들의 백성을 인도와 보호로 영광 가운데 나타났다(민9:17-23). 여호와는 "나의 종 다윗을 위하여 이 성을 보호하여 구원하리라" (왕하19:34)고 하였고, 이사야는 신탁(神託)을 통하여 시온성은 영원한 불가침을 선포하였다(왕하19:29-34, 사14:24-27;17:12-14;31:4-9). 그러나 가시적 성전은 소멸되었고 성전의 본질인 인도와 보호의 영광은 바로 영원하고 종말론적인 "에클레시아" 를 예표하고 있는 것이다.

3. 성전의 변질과 "에클레시아"

야웨 성전에 대한 존중과 "에클레시아" 의 본질적인 표상적 계시임에도 불구하고, 성전에 대한 빗발치는 예언자들의 비판적 목소리와 예수 그리스도의 성전에 대한 경고적 말씀을 선포하였다. 이는 그 본질을 떠나 왕국 종교화와 성전 종교화, 그리고 성전 왕국화로 전락했기 때문이다. 이에 성전의 본질적 변질이 어디에 있는가를 고찰하고자 한다.

1) 야웨 종교의 왕국 종교화

야웨 종교의 왕권 예속화는 왕국 종교화의 변질을 초래하였고, 왕국의 혼합정책과 혼합제의의 결과적 산물인 "우상" 그 자체였다. 왕권에 의해 출발한 야웨의 성전은 언제나 왕권의 특징인 궁중음모[141]하에 있는 종교로서 야웨 성전의 본질적 노선보다 상황과의 접목 내지 접변을 중시하는 왕국정책에 일관하게 된다. 가령 다윗이 예루살렘을 정복한 후 여부스 족속을 학살하지 않고 추방하지도 않았으며(삼하24:18-25) 오히려 가나안 전통의 사제적 기능을 획득(사독계열)함으로서 예루살렘 제의는 가나안 의식을 채용하게 되는 결과를 초래하였기 때문이다. 이것이 왕국 종교화로의 본질적 변질로 보아야 할 것이다. 이는 예루살렘 내의 정치적 긴장을 피하기 위해서 내린 왕권의 정치적 결정이었다.[142]

뿐만 아니라 이같은 혼합적 왕권정책은 대외적으로 확산 되었는데, 그 대표적인 것이 외교적 수단의 일환으로 실시한 혼합 결혼정책이다. 솔로몬은 애굽의 바알의 딸(왕상3:1)을 비롯하여 햇족속, 암몬, 모압, 에돔 족속까지 혼합적 결혼정책을 실시하였다.[143] 그 결과 외교적 신뢰관계는 돈독(敦篤)하였으나 야웨 종교와 이방종교 간의 모순적 갈등을 초래하였다. 특히 그들이 섬기는 신(Baal, Hadah, Anat, Astarte, 아세라 등)들이 유입됨으로써 야웨 종교와 함께 이방제의를 성전에 끌어들임으로써, 이스라엘 제의에 야웨사상의 선명성을 찾아보기 어렵게 되었다.[144] 따라서 보수적 집단에게도 신당건축(山堂)이 허락됨으로서(왕상5장 이하, 대하2장 이하, 왕상11:7) 혼합종교(Syncretism) 내지 혼합제의 결과를 초래하였다(왕하16:10 이하, 왕하26:4 이하). 솔로몬의 기브온 산당(대상16:39)에서 기도는 국가적인 배려 하에 수많은 산당이 존재하였음을 알 수 있다. 또 솔로몬 이후 분열왕국에는 이방제의가 가시화 되었다. 유다의 암몬식 제의와 아세라 제의,[145] 북왕국 오므리 왕조에 의해 도입된 바

알 제의, 앗시리아의 성신신(星辰神) 제의와 바벨론의 담무즈 제의를 들 수 있다.[146] 특히 유다왕 아하스는 국가보호를 위해 앗시리아 성신 신을 솔로몬 성전에 설치함으로써 야웨의 번제단(燔祭壇)은 빛을 잃고 말았다(왕하6:8-18). 왕권의 본질은 왕권의 유지와 존속을 위해 필요와 상황에 따라서는 언제든지 그 본질을 떠날 수 있다. 왕국성전은 왕실의 사적 예배실의 성격이 강함을 볼 수 있는데, 왕상 3-11장에 성전 건축과 왕궁 건축에서 볼 수 있다.[147] 성전은 거대한 왕궁의 한 부분에 불과한 것이다. 이것이 왕국 성전의 본질적인 면이다. 이처럼 왕국의 혼합정책으로 나타난 혼합종교는 혼합, 범벅의 궁중음모의 결과적 산물로 "우상숭배"로 전락하고 말았다.

신명기 사가(史家)는 국가의 존폐는 하나님의 뜻의 복종에 있고 이방 제의의 파괴를 명했으며(신12:1-3) 우상숭배가 가장 큰 죄악임을 규정했다(신13). 그럼에도 불구하고 왕국 종교의 우상화의 실상은 히스기야 왕이 성전을 정결케 하고, 이방산당을 제하고 우상을 깨뜨림으로 성전예배를 회복(왕하18:4, 대하29:3;26:30)하는 노력을 하였으나, 보다 근본적인 개혁의 시도는 요시야 개혁(왕하:22-23)을 통해 밝힐 수 있다.

예레미야는 역대왕조 가운데 이상적인 왕을 요시야 왕으로 보았는데, 이는 이방종교와 우상에 대한 금지와 파괴 통한 개혁 때문이다.[148] 요시야는 성전수축 때에 발견한 율법책(왕하22:8;23:3)이 진정으로 야웨의 말씀임을 확인하고(왕하22:14-20) 백성들로 하여금 읽게 했다(왕하23:1-3). 이 율법을 개혁의 근본으로 삼고 이방종교와 혼합제의, 그리고 산당의 폐쇄(閉鎖)를 시작하였다(왕하23:1이하).[149]

개혁의 시작은 우상을 섬기는 제사장을 폐하였고(왕하23:5) 힌놈의 골짜기 도벳[150]에서 행하고 있는 야만적인 이방제의를 배격했다(왕하23:10-12). 그리고 수없이 산재하고 있는 산당을 제거했다(왕하23:15-20). 그러나 요시야 개혁은 다윗계약의 성취의식이 고조되었으나 다윗계약의 재천명에 그쳤을 뿐 시나이 언약의 생활로의 계명까지는 이르지 못했다.

2) 야웨 종교의 성전 종교화

야웨의 역동적 임재를 물리적 성전공간으로 제한하는 성전에 대한 맹목적 신앙은 성전 종교화로 변질 시켰다. 솔로몬성전 봉헌 시 성전에 나타난 영광의 구름은 야웨의 역동적 임재로 보아야 한다. 야웨는 그의 역동적 임재를 영광스러운 그 구름으로 가시화 하였는데, 이 "아브"(עָב)는 하나님의 나타나심과 연관되어 있다(시18:11,사4:5,단7:13,마17:5,계1:7). 가령 시내산과 출애굽의 여정 속에 야웨의 임재는 구름이 그 분을 둘러싸고 있는 것으로 묘사된다. 이러한 "아브"는 성막 봉헌 시에도 나타났고(출4:34-35), 솔로몬 성전의 봉헌식에도 임재하심으로 성전에 대한 그의 임재의 영광을 가시화 한 것이다. 그러나 야웨의 역동적 임재의 본질을 어떻게 이해하느냐에 따라서 야웨를 우주적이고 무소부재하신 분으로, 또는 물리적 성전 공간으로 제한해 버리는 소위 성전 종교화로 변질하게 된다. 야웨의 본질적 임재는 고정적인 성전보다 이동하는 장막이었지(민9:17-23), 고정된 성전이 아니다(삼하7:5-7).

그러므로 야웨의 거처는 거룩한 지역이나 물리적 공간일지라도 결코 제한을 받지 않는다.[151] 그러나 야웨는 그 성전에 임재 하셨다. 이것이 야웨의 역동적 임재이다. 솔로몬의 성전 봉헌식의 기도 가운데서 신의 초월성과 임재성에 대한 모순관계를 노출시키고 있는데(왕상8:27), 성도는 성전에서 기도를 드리고 야웨께서는 그가 사시는 하늘에서 들으십니다(왕상8:30-40)라는 표현이다. 이는 가시적 성전에 대한 영원한 야웨의 처소로 성전의 영구성과 다윗왕조와의 맺은 언약의 영구적 왕위를 세워주시겠다는 약속(삼하7:14-16)으로 이해해야 하나, 오직 성전에서만 야웨가 거하시고(왕상8:13) 또 성전에서만 기도를 응답하시는(왕상8:30), 즉 성전 그 자체에 대한 절대적 거룩성으로 비화해서는 안 된다. 유대교는 성전에 대한 맹목적 의지(렘7:1-15;26:1-15)로 자만과 부패의 성전종교화로 전락되고 말았다. 성전은 야웨의 역동적 임재의 상징이며, 하나님 나라의 모형인 법궤의 거처일 뿐이다. 그러므로 물리적 성전 종교로 국한하고, 우상화하고, 의식화하고, 제도화하고, 율법화 함으로써 성전

종교화해서는 안 된다.

창세로부터 시작된 "에클레시아"는 메소포타미아의 "우상"에서 아브라함을 "에클레시아"했고, 에집트의 파라오의 "우상"에서 이스라엘 백성을 "에클레시아" 하였으며, 또다시 성전 종교화로부터 혼합된 "우상화"와 강도의 굴혈로 변질된 성전으로부터의 궁극적이며, 본질적인 하나님의 나라의 도래를 준비하는 "에클레시아"를 예수 그리스도께서 선포하신 것이다.

3) 야웨 종교의 성전 왕국화

성전의 본질적 변질을 가져온 왕국 종교화와 성전 종교화는 분열 왕국의 앗수르와 바벨로니아와 예루살렘 멸망으로 로마 정치체제하의 새로운 성전 왕국시대로 이어 진다. 교회의 성전 왕국화는 역사적으로 로마 카톨릭의 중세사에서 신성 로마황제인 하인리히 4세가 교황 그레고리 7세에게 굴복하고 사면을 받은 카노사(Canossa) 사건에서 볼 수 있다.[152)]

로마 속국화에 있던 당시의 예루살렘 산헤드린은 대제사장을 중심으로 한 성전 왕국화의 표본으로 볼 수 있다. 예루살렘 산헤드린은 성전 종교의 지도자들이 모인 대표적 의회적 기능을 수행했기 때문이다. 특히 왕을 선택하는 일에도 참여하였다(삼상8:4-5, 삼하3:17;5:3).

성전 왕국화는 성전을 통한 제사장들의 온갖 지배와 계급과 노략과 착취의 무대로 상징이 된다. 에스겔은 악인이 우굴 거리는 성전에서 야웨의 영광이 떠나는 장면을 보았다고 전하였고(겔48:35), 미가는 예루살렘 성전이 파괴될 것을 예언하였다(미가4:1). 특히 예언자들의 목소리는 성전과 성전제의에 대한 비판이 빗발쳤다. 아모스는 "나는 너희 제물들을 기뻐하지 않는다"(암5:21-22)라고 하였고, 호세아는 "나는 인애를 원하고 제사를 원치 아니하며 번제보다 하나님을 아는 것을 원하노라"(호6:6, 마9:13;12:7)고 언급하였으며, 예레미야는 "내 이름으로 일컬음을 받는 이 집이 너의 눈에는 도적의 굴혈로 보이느냐?"(렘7:11) 또 "너희는 이것이 여호와의 전이라 하는 거짓말을 믿지 말라. 너희가 만일 길과 행위를 참으로 바르게 하여 이웃들 사이에 공의를 행하며 이방인과 고아와 과부를 압제하지 말며 다른 신들을 좇아 스스로 해하지 아니하면 내가 저희를 이곳에 거하게 하리니 곧 너희 조상에게 영원 무궁히 준 땅이라”(렘7:4-8)고 하였다. 에스겔은 성전 문간에서 “담무스”와 “해”를 보고 절하는 하나님의 진노가 이 백성을 멸할 것이라는 음성을 들었다(겔8:4이하). 이사야는 초두부터 형식적 제의와 성전 종교를 비판하고 회개를 촉구하였다(사1:11-20). 말라기선지는 주의 날에 그 전을 정결케 할 것을 예언하였으며(말3:1-3). 스가랴선지도 성전의 성결이 여호와의 날에 이루어짐을 예언하였다(슥14:21). 이는 예수 그리스도를 통해서 재현되었는데 이는 이사야서를 인용하여 “내 집은 만인이 기도하는 집”이라고 하셨고, 예레미야서를 인용하여 성전을 “강도의 굴혈”로 만들었다고 책망하셨다.

성전 왕국화의 본질은 언제나 힘과 세력과 계층화를 지향한다. 따라서 왕권과 음모와 타협으로 세력화를 추구한다. 예수 그리스도를 십자가에 죽게 한 결과가 성전 왕국화로부터이다. 주님은 이같은 세력과 왕권과 지배하에 있는 성전 왕국화로부터 그의 백성을 불러내기 위해서 그의 “에클레시아”를 선언하신 것이다. “에클레시아”는 나눔과 섬김의 도(導)에 있지 소유와 지배의 도가 아니다.

4. 제사와 예배

성전종교는 왕국화 제국화 되었고 제사종교화 되었다. 예수 그리스도는 제사와 예배를 구별[153]하면서 장소적 의미나 성역화 내지 우상화를 거부하였다. 구약의 제사를 단번에 종결하시고 해결하신 예수 그리스도는 영과 진리로 예배하는 자를 찾고 있다. 그리고 성전은 파괴되어야 할 것이고 하나님의 나라가 임하는 사랑과 용서와 화해와 봉사의 복음적인 교회를 의중에 두시고 ‘내 교회’를 세우겠다고 말씀하셨다.

예수 그리스도의 복음적인 교회론은 지금까지의 기독교신학이나 교회신학이나 성서신학에서의 환골탈태(換骨奪胎)는 물론 구약의 성전종교와 제사종교와 회당종교와 율법종교에서의 분골쇄신(粉骨碎身)을 말한다. 이는 제물과 제사적인 대속(代贖)의 구원과 십자가의 피를 통한 대속의 은혜를 믿는 이신득의로부터 오는 구원보다, 누구든지 "서로 사랑"하라 하신 예수의 복음으로 하나님을 사랑하고 이웃을 사랑하며 원수까지 사랑하는 애천애인(愛天愛人)으로 오는 구원을 알게 하는 교회론 이다. 나아가 하나님의 나라는 요한처럼 위에서 내려오거나, 바울처럼 공중으로 들려 올라가는 것이 아니라, 사람들이 세상과 더불어 땅에서 서로 사랑하며 이루어내는 것임을 깨닫게 하는 교회론이다.

제6절_회당시대의 교회

"수나고게"는 B.C. 587년 솔로몬 성전이 파괴된 후에 생성된 유대주의(Judaism)의 종교행위를 위한 장(場)이다.[154] 따라서 "수나고게"를 논급하기에 앞서서 "쥬다이즘"에 대한 본질적 이해가 필요하다.

1. "쥬다이즘"(Judaism)의 생성과 시대적 특징

"쥬다이즘"이 생성되어진 그 시대적 특징을 다음 몇 가지로 논하고자 한다.

1) 예수 그리스도의 "에클레시아"를 본질적으로 선포하는 시기

B.C. 721년의 앗시리아(Assyria)의 사르곤(Sargonll)에 의해 북 이스라엘의 멸망(왕하17:3-4)과 B.C. 587년 또는 589년 바벨로니아(Babylonia)의 느브갓네살(Nebuchadnelzzar)에 의해 유다왕국의 멸망(렘34:21;37:5;52:5-6, 왕하25:1-21)과 포로로부터 예수 그리스도의 "에클레시아"의 선포까지 교회론적인 입장에서 매우 중요한 본질적 원리를 규명하는 시기이다. 성서적으로는 구약성서 말라기서 4장에서 신약성서

마태복음 1장까지 약 4C 동안의 공백을 교회론적으로 이해해야 한다. 이 시기를 예언 활동의 단절 때문에 암흑의 세기(Silent Centuries), 또는 암흑의 시대(A dark of age)로 지칭하나, 예수 그리스도의 "에클레시아"의 선포는 "성전종교"와 "회당종교"로부터 "Called Out"이다.

2) "헬레니즘"(Hellenism)의 세계 문화의 접목 시기

예루살렘의 파괴와 바벨로니아의 포로는 이스라엘 민족의 세계 문화와의 접목되는 시기였다. 따라서 그들의 시야를 확대하는 계기가 되었다. 특히 성서적, 신학적, 역사적인 자료를 얻게 되는데, 70인역의 역본을 비롯하여 사해사본(The Dead Sea Scrolls)과 사독의 문서들(Zadokite documents), 그리이스 폴리비우스(Polybius)의 역사서와 요세푸스(F. Josephus)와 필로(Philo)등의 저작물이다. 또 그들의 신관에 대한 변화를 가져오는 위기도 맞이하게 된다. 즉 야웨의 신보다 더 위대하다고 믿어지는 바벨로니아의 마르둑(Marduk), 느보(Nabu), 아문-레(Amun-Re)의 이방신들을 접하게 되었고, 오직 그들의 삶과 신앙의 지주였던 솔로몬 성전보다 장엄한 신전을 접했기 때문이다.

3) 민족의 위기(Crisis)와 "쥬다이즘"의 태동 시기

이 시기의 가장 중요한 특징은 한마디로 유대민족의 위기(危機)로 보아야 한다. 예언의 단절과 헬레니즘의 문화와의 접목 그리고 성전의 파괴와 제의의 중단, 이방신의 접목은 그들의 영적, 국가적, 문화적 위기였다. 이러한 위기 가운데 있는 이스라엘백성에게 언약에 신실하신 야웨는 "흩어진 유대인"(*διασπορα*, 신28:15)[155]에게 "에클레시아"[156]의 비젼을 예언자들을 통해 예언케 했다. 예언자 예레미야는 이스라엘 민족과 나라의 회복에 대한 소망을 선포하였으며, 에스겔은 신국(神國)의 환상을 예언하였다(겔37;40-48;43;10-11장 참조). 제2이사야는 이스라엘의 새날을 예언하였다(사40-66장).

이처럼 예언자들의 예언의 내용은 바벨론의 임박한 멸망과 느부갓네

살의 사망, 그리고 여호야긴의 출옥과 고레스왕의 귀환조서(歸還調書, 스1:1-4;6:3-5)의 선포는 이스라엘의 야웨에 대한 신앙과 민족회복의 소망을 더욱 강화시켜주는 계기가 되었다. 이 소망은 이스라엘 민족에게 굴절(屈折)시킬 수 없는 생명력, 즉 여호와의 신앙으로 남은 자들의 씨(사53:10)로 전승시킨 것이다. 이것이 "쥬다이즘"의 태동의 동기가 되었으며, 묵시(?示)적 계시로 메시야니즘(Messianism)으로 발전시키는 계기가 되었다. Von. Rad의 주장처럼, 이스라엘의 두 차례 대파국(B.C.721,587)은 야웨의 계명이 멸시당할 때 야웨의 위협과 심판이 이스라엘과 유다위에 떨어졌다는 신학적 설명이 남은 자들에게 계속 전승되고 있음을 의심할 여지가 없었다.[157]

2. 유대인과 "쥬다이즘"

유대인이란 원래 인종적인 개념으로서 유대 나라에 거주하고 유대인으로서의 민족적 신분을 가진 자들이었다. 성서에서 유대인이라는 용어가 구약성서에는 유대인의 원수 하만(에8:1,9,10)에만 국한되어 나타날 뿐 다른 곳에는 언급되지 않고 있다. 그러나 신약에서는 여러 곳(갈2:14 등)에서 사용되고 있다. 역사적으로 "Jew"라는 말은 바벨로니아의 포로 이후이다.[158] 이 유대인들은 바벨로니아의 포로 가운데서 "에클레시아"한 참 이스라엘(Remnant)이다. 이들이 유다지파의 후손들이었다는 점에서 유대인이 발생하였다고 Werner Forster가 지적한다.[159] 그러므로 유대인의 명칭은 포로와 "디아스포라"에서 생성된 것으로 사료된다.

"쥬다이즘"이란 말은 유대 백성들의 종교와 문화를 말한다. 이 "쥬다이즘"이란 용어는 성서적으로 갈라디아서 1장 13-14절에 두 번 사용 되어졌다. 역사적으로 "쥬다이즘"의 용어는 B.C. 587년 솔로몬 성전이 파괴된 후에 있었던 모든 형태의 유대 종교들에 대하여 사용되어 졌다. 또한 신구약 중간기에도 "쥬다이즘"의 형태의 종교가 이미 존재하였으며, A.D. 70년에 헤롯 성전이 파괴된 후에도 "쥬다이즘"이 존속되었다. 그러나 3세기 초엽부터 19세기 중엽까지 대부분의 유대종교를 "쥬다이즘"으로 적용되었다. 이 당시의 대표적 "쥬다이즘"을 정통적 유대교(Orthodox Judaism) 또는 랍비적 유대교(Rabbinic Judaism)였다. 그러나 근대화와 르네상스(Renaissance)의 영향으로 "쥬다이즘"은 "토라"의 계명을 완전 존속 내지 변형 또는 제거하는 경향에 따라 3가지 형태의 "쥬다이즘"으로 가시화 되었다. 즉, "토라"의 계명을 절대적으로 존속시키는 정통적 유대교인들(The Orthodox Jews)과 근대화된 시대에 무의미하게 된 "토라"를 제거해 버리는 보수적 유대교인들(The Conservative Jews), 그리고 "토라"보다 선지서들을 앞세워서 과거의 합리주의적인 것들만을 그대로 남겨둔 개혁적 유대인들(The Reform Jews)이다. 그러나 대부분의 유대인들은 회당과의 관계를 가지고 있든 없든 거의 無神論者들이라고 할 수 있다. 왜냐하면 이들 "쥬다이즘"자들 가운데 국수주의자들은 시오니즘(Zionism)으로 종교를 대치하는 경향이기 때문이다.

3. "쥬다이즘"의 본질

유대인들은 성전의 상실과 희생제의가 불가능하자 그들의 정체성을 보존 유지키 위해 율법을 준수하였다.[160] 또 성전상실로 인한 지역별 가족단위의 종교의식의 의무수행의 장으로서 회당이 태동되었으며, 이 회당을 통해서 기도, 찬송, 율법강론 등 회당예배가 등장하게 되었다.[161] Werner Forster는 "쥬다이즘을 바치는 세 기둥을 경전(The Canon), 회당(Synagogue), 그리고 랍비(Rabbis)로 지적한다."[162]

1) 율법(Torah)

"쥬다이즘"의 본질은 "토라"이다. 이 "토라"는 생성과 태동의 차원이 아니라 전승과 보존의 차원으로 이해되어야 한다. 바벨로니아의 포로기(捕虜期)에서 유대인들은 회당 또는 회당 집(겔8:1;20:1-3)에 모여 그들에게 유일하게 남겨진 신성한 모세 율법인 "토라"를 읽고, 낭송하고 또 그

지방의 언어로 해석과 통용과 가르침과 배우는 일을 하였다.

"쥬다이즘"의 본질인 "토라"를 전승과 보존케 하는 유대교의 신학적 의미는 단적으로 예수 그리스도에 대한 대항과 "쥬다이즘"의 보존에 있다. 가령 "쥬다이즘"에서 "토라"의 영감성은 선지서나 성문서 보다 높으며, 하늘에서 땅에 주어진 개념으로 예수 그리스도의 성육신의 논리에 대항하고 있다. "쥬다이즘"의 메이야 사역은 "토라"를 완전히 시행함으로써 하나님의 나라를 실현시키는 것이다. 뿐만 아니라 "쥬다이즘"의 신관은 예수 그리스도의 성육신을 부인하는 일원론(Monism)인 초월주의 신관을 주장한다. "쥬다이즘"의 구원관은 예수 그리스도의 성육신에서 비롯되는 것이 아니라 "토라"의 가르침을 받아 자신의 구원을 이루어야 하며, 또 "토라"의 가르침을 최고로 실천하는 것은 이웃을 구제하는 것이라고 생각한다.[163)]

다음으로 "쥬다이즘"의 보존적 차원에서 율법을 획일화 하여 자기들과 의견을 달리하는 영지주의(Gnostic)와 자유사상을 제거하는 동시에, 예수를 메시야 구주로 받아들이는 것을 실제로 불가능하게 만들기 위하여 구전 율법을 성문화하였다. 즉 미쉬나(Mishnah)[164)]와 게마라(Gemara)[165)]를 합쳐서 탈무드를 형성하여 틀에 박힌 생활을 지배하였다. "쥬다이즘"의 본질인 "토라"는 포로된 심판의 원인과 그 역사를 명상하는데 있다(사42:9;48:3,슥1:6,시78). 특히 느헤미야 통치 밑에서 율법을 지키겠다는 언약을 상기하면서 여호와께서 이스라엘을 향한 역사를 명상케 하고 있다(시78). 또 심판의 원인에 대하여 예레미야는 "너의 신들이 너의 성읍 수와 같도다"(렘2:28)라고 함으로서 "우상"그 자체가 심판의 원인으로 예언하였고, 다니엘은 유다 왕 여호야김을 느부갓네살에게 붙일 것임을 예언하였다. 시편 137편에서는 바벨론의 유수(幽囚)에서 그들이 눈물의 기도와 노래로 예루살렘을 사모하고 귀환을 고대하는 삶의 모습을 나타내고 있으며, 예레미야는 그들의 생활이 오래될 것이므로 그 성읍의 평안함을 여호와께 기도할 것을 가르친다(렘29:5-7).

2) 랍비(Rabbi)

"쥬다이즘"의 이해하는데 중요한 것이 "랍비계층"의 등장이다. 이 "랍비"들은 쥬다이즘을 생성, 보존, 발전시킨 자들이다. 랍비는 '구전 토라'에서 '성문 토라'로 전승시켰으므로 토라와의 관계에서 이해되어야 한다. 랍비의 주된 업무가 토라를 해석, 유지, 적용하는 '토라의 사람들'이다. 이들은 율법의 해석과 준수의 동기는 하나님께 보상하는 것보다 하나님을 사랑하는 것이었다. 또 신비주의인 카발라주의(Kabbalism)[166]나 18세기에 성행했던 하시딤주의 운동(Chasidic Movement)[167] 역시 하나님과 더욱 가까이 하려는 의도였다.

그럼에도 불구하고 랍비들은 탈무드와 미드라쉼(Midrashim)을 통한 틀에 박힌 생활의 강조는 율법주의와 쥬다이즘화한 집단적 신앙 이기주의로 변질시켰다. 랍비들은 원래 평신도 계층으로 출발하였다(시1:1). 바벨로니아 포로 이후에는 서기관의 계층으로 대치되었다. 당시 서기관의 업무는 회당의 일과 율법을 가르치는 일을 담당하였다. 따라서 성전종교의 제사장들과 업무상의 균열과 갈등으로 나타났다. 이에 랍비들은 율법의 전수와 해석에 전념하게 되었다. 그러나 헬레니즘과 쥬다이즘이 접목 되면서 율법의 해석과 적용(타협)에 따라 "쥬다이즘"의 종파적 기원을 가져왔다는 점이다.

그 첫 번째 종파가 바리새(Pharisee) 또는 바리새주의의 등장이다. 이들은 친(親)헬라파 혹은 헬라주의자들로서 율법에 대한 타협적인 입장을 취하였다. 이에 반하여 반(反)헬라주의자인 바리새파의 전신(前身)인 하시딤(Hasidim), 또는 앗시디안(Assidians)이라고 불리는 자들이다. 이들은 "경건한 자들"로 율법을 범하느니 차라리 순교(殉教)를 각오한 극단적 율법주의자들이다.[168] 이들의 계승자들이 바로 바리새, 또는 바리새주의자들이다. 바리새는 히브리어 페루쉬(Perush)에서 유래되었고 "구별되다" 혹은 "분리되다"의 뜻이다. 이들은 전 재산의 십일조를 준행하였고, 불결한 사람과 접촉을 피하며, 이방인과 통혼을 금하며, 복장을 구분하고 있는데 그들은 경문(Phylactery)을 차고 다니며, 그 속에는 쉐마(Shema)가 들어 있었고 이마와 손목에 매고 다녔다(신6:6-8,11,출13:1-16). 그들은 구약성경을 하나님의 영감의 말씀으로 받아들이고, 부활 교리와 의인의 상급과 악인의 멸절을 믿었다. 요세푸스에 의하면, 6000명에 달하는 바리새인이 있었고, 그리스도의 생존시 본디오 빌라도가 바리새인을 두려워한 것은 72명으로 구성된 산헤드린 공회에 많은 바리새인이 포함되어 있었기 때문이다. 특히 이들이 바리새주의로 발전하게 된 것은 철저한 율법주의와 바벨론에서 생성된 "쥬다이즘"의 구전전승(The Oral Tradition), 그리고 바벨론 포로시의 박해 속에서 생성된 국가회복주의와 "하시딤"의 출현으로 볼 수 있다. 이들에 대해 그리스도의 관점은 이방인에 대한 진정한 선교의 열의를 가졌으나 엄격한 율법준수가 있었고(마23:15), 따라서 위선주의자들로 책망을 받았다[169](마23). 이들이 예수에 대한 적대감은 바로 구약의 메시야로 자처했기 때문으로 볼 수 있다. 특이한 점은 대부분의 바리새인들이 소수의 제사장을 제외하고 대부분이 평신도 서기관들이었다는 점이다.

두 번째 종파가 사두개파이다. 사두개(Sadducee)라는 명칭에 대하여 다양한 견해가 있다. 헬라어 "사두카이오이"(Sadukaioi)는 "의로운"이란 뜻을 가진 히브리어 "체데크"(צדק)를 근간(根幹)으로 만들어진 히브리어 "차두킴"(צדוקים)이 파생되었다라고 보는 견해[170]가 있으나, "체디크"의 "i"에서 "차두킴"의 "u"로 변하는 모음변화의 과정을 설명해 주지 못하고 있다. 따라서 필자는 구약의 솔로몬시대의 대제사장이었던 사독(צדוק)[171] 이름의 전승에서 그 명칭을 찾는다. 히브리어 "체데크"는 의로운, 공정한 의미를 지니고 있으며 이는 "차도크"(צדוק)와 동일한 어원이며, LXX에는 "사독"(*Σαδωκ*)으로 번역되었다. 이는 신약에 나타나는 "사두카이오스"(*Σαδδουκαιοσ*, 마3:7;16:1,막12:18등)와 그 맥을 같이 하며 "사두카이오스"가 "체데크"에서 번역되었기 때문이다.

이 사두개인들은 숫자 면에서 바리새 보다 열세에 있으나 대체로 지배계급이었고 A.D. 60년과 70년 사이에 대제사장이 항상 사두개파였다는 점에서 짐작할 수 있다. 그들의 본거지는 언제나 성전인 반면에 바리새인들은 회당중심이었다. 또 이들은 구전(口傳)을 용납하되 서기관과 바리새파의 구전은 용납하지 않았으며, 오직 성서에 기록만을 중시하는 입장이었다. 사두개인들은 육체부활, 미래심판을 믿지 않으며, 메시야 대망과 천사와 영들의 존재를 반박하였다(눅20:27-40,행23:8). 이들 역시 그리스도를 반대하는데 바리새파와 합류하였다.

세 번째 종파의 기원은 열심당(Zealots)이다. Robert F. pfeiffer는 그의 「History of New Testament Times」에서 마카비 일파의 후예로 열심당으로 보았다.[172] 요세푸스에 의하면 이들은 로마에 대항한 무리로 볼 수 있는데, A.D. 66년에서 A.D. 73년까지 로마에 항전했으며 마사다의 요새의 멸망과 함께 그들은 사라졌지만 그 정신은 계승되고 있다.

그 외의 종파로 에세네파(the Essenes)를 들 수 있다. 이 에세네파는 "경건한"(the Pious)의 뜻으로 그들의 법과 생활방식이 사해의 서쪽 동굴에서 발견된 쿰란 공동체와 같은 시기에 나타났다.[173] 이들은 극단적인 금욕생활자들로 바리새파와 같이 하나님 외에는 어떤 왕에게도 충성을 거절하였고, 어려운 이웃을 도와주는 생활을 실천하였다. 가령 여행자를 위해 숙박시설을 제공하였으며, 노예가 없는 공동사회였다. 그들의 관습은 매일 식사 때마다 찬물로 목욕을 하였다. 아마 쿰란공동체와 매우 유사점이 많음을 볼 때 동일한 종파로 유추할 수 있겠다.

3) 선민(Chosen People)

"쥬다이즘"의 본질은 "선민의식(選民意識)"이다. 유대인들은 바벨로니아의 포로기에도 철저한 여호와의 선민의식을 고수하였다. 그 이유는 토라의 언약이 있었기 때문이다. 그러므로 토라의 준수는 쥬다이즘의 생명이다. 선민사상은 구약성서에서 야곱의 자손을 택한 백성이라에 근거를 두고 있다(대상16:13,시105:6,사43:20). 또 이스라엘 백성은 세상의 모든 민족들 가운데서 하나님의 언약적 특권과 축복을 가진 자신의 백성을 선택하셨다는 것이다. 이같은 선민사상은 한 가족의 집단으로, 집단적 인격체 내지 신앙공동체로 "쥬다이즘화" 되었다.[173]

4) 땅(Land)

"쥬다이즘"의 본질은 아브라함과 맺은 영원한 기업인 가나안 지경을 말한다(창17:7-8). 이 땅은 언약의 땅으로 유대인들의 가슴속에 새겨진 동경과 회복의 소망이었다. 이같은 언약의 땅은 구약성서와 선지자들을 통해서 예언되었다(창12:1, 신30:20). 특히 예레미야는 바벨로니아에 포로 된 유대인들에게 그 열조에게 준 그들의 땅으로 인도하여 들이리라고 예언하였다(렘3:18;16:15;25:5) . 그러므로 여호와의 토라는 그들의 생명이요, 소망이었다.

5) 회당(Synagogue)

"쥬다이즘"의 본질은 "회당"을 통해 더 심화 내지 강조되었다. 이 "회당"에 대하여는 "회당종교"와 "에클레시아"의 장(章)에서 구체적으로 논하고자 한다.

4. 회당종교와 "에클레시아"

회당종교는 "쥬다이즘"의 본질적 의미를 지니고 있는 동시에 예수 그리스도의 "에클레시아"와 매우 밀접한 위치에 있다. 뿐만 아니라 회당종교는 신학적 의미에서 구원사적인 연속성의 의미(:남은 자,Remnant)를 지니고 있다. 그러나 예수 그리스도의 "에클레시아"는 신실한 남은 자들을 우상과 변질된 회당종교로부터의 전승이 아닌 궁극적인 "Called Out"인 것이다.

1) 회당의 기원(起源)

회당의 기원에 대한 정확한 자료가 없다. 다만 고고학적으로 가장 최초의 회당을 골란 공원에 있는 가물라(Gamla)와 맛사다(Massada), 그리고 헤로디움(Herodium)으로 A.D. 1C에 건설된 것으로 추정된다.[175] 그러나 회당의 시작은 어디에서 볼 것인가에 대하여는 여전히 견해가 다양하다.

먼저, 모세와 족장시대까지 거슬러 올라가는 입장이다. 이는 주로 유대 전통으로 보는 견해(F. Josephus, Philo, J. H. R. Biesenthal, L. Finkelstein)이다. 요세퍼스(F. Josephus)에 의하면 "모세가 모든 사람들이 율법을 듣기 위해 일주일에 한번씩 일정한 거주지를 떠날 것을 정했다"고 했는데 이것을 일반적 회당의 기원으로 보는 입장이다.[176] 성서적 근거는 시편 74편 8절에 "하나님의 모든 회당"(כל־מועדי־אל)에서 근거하며, "모에드"(מועד)는 "지정하다", "정하다"의 의미를 지닌 "야아드"(יעד)에서 유래한 것으로 "지정된 모든 장소의 회집"의 의미를 지닌다. LXX에는 "모에드"를 "카이로스"(*καιρος*, 시간) 또는 "헤오르테"(*εορτε*, 절기, 축제)로 번역되었고, 영어권에서는 "회중"(Congregation, K.J.V., R.S.V., NASB, N.I.V.) 또는 "정해진 시간"(Appointed Time, NASB) 또는 "정해진 절기"(Appointed Feast, R.S.V., N.A.S.B.) 또는 "시간을 정함"(Set Time, R.S.V., N.A.S.B., N.I.V.)의 의미로 번역되었다. 시편 74편 8절에 나타나는 "모에드"는 LXX에 "헤오르타스 큐리우"(*εορτας Κυριου*)로 "주님의 축제" 또는 "잔치" 또는 "명절"의 의미를 나타내고 있다. 그러나 "모에드"는 "회중"이나 "정해진 시간", "절기", "축제적 의미"로 의미적 기원은 충족하나 "모임의 장소적 의미"를 충족시키지 못하고 있다. 따라서 회당의 어원적 기원은 LXX에서 "수나고게"로 한결같이 번역하고 있는 "에다"(עדה)에서 봄이 타당하다(출12:3-6;14:40;16:1,9,22, 민27:17;31:16, 수24:17). "에다"는 대개 전체적 국가적인 공적 모임의 성격보다 잦은 소규모의 모임으로 유대인이 모이는 회당 집을 지향하고 있다. 이 견해는 본질적 의미와 어원적 의미를 유추할 수 있으나 가시적 기원에는 근거가 없다.

또 하나의 입장은 모세시대는 아니지만 포로이전에 가시적 회당이 존재하였고, 이 회당은 학교나 법정의 구실 또는 지방자치 기구로 존재하다가 포로시대에 예배하는 장소로 변경됨을 피력한 바 있으나 설득력이 없다.[177]

또 하나의 입장은 마카비우스 시대를 전후하여 보는 입장이다. M.

Friedlander, Bousset, Gressmann 등은 주로 문서비평, 고등비평학적으로 시편의 연대를 추정하여 그 기원을 추정하나 고고학적 유적 발굴로 연대 상에 일고의 가치가 없다.[178]

또 다른 입장은 포로와 "디아스포라" 때를 가시적 회당의 기원으로 보는 입장이다. J. Bright가 그의 「A History of lsrael」에서 그들은 유배생활에서 기도를 드리기 위해, 또 교사들과 예언자들의 이야기를 들을 수 있는 장소로 모이곤 했을 것이다(겔8:1;14:1;33:30f).[179] 이를 회당의 가시적 기원으로 보고 있다.

이상의 입장에 대하여 필자는 브라이트의 입장을 지지하면서 "쥬다이즘"의 본질적 의미에서 이미 전술한 바와 같이 회당의 어원으로 유추하면 그 기원을 "에다"에까지 거슬러 올라가나(에다는 LXX에서 한결같이 수나고게로 번역됨) 키텔의 입장에서 그 가시적 기원은 성전파괴로 그들의 종교의식 수행을 위해 포로 또는 "디아스포라" 기간 중에 세워졌다고 본다.[180]

왜냐하면 "토라"의 연구와 기도는 국경을 초월하였기 때문이다. 따라서 그들의 모임은 필연적이었으며, 회집된 모임과 장소는 지극히 평범한 가정단위(회당 집, 에스겔서에는 에스겔 집에 모인 이스라엘 장로들에 관한 기록이 있음, 겔8:1;20:1-3)에서 시작되어 점차로 확대 발전하는 가운데 비공식적인 예배장소로 또는 마을회관 또는 공회당의 역할을 담당함으로서 그들의 삶의 중심으로 발전하게 되었다. 팔레스타인에서는 호주 열명만 모이면 회당을 조직할 수 있었다. G. Kittel에 의하면 "에집트, 북아프리카, 스페인, 그리스, 이태리, 메소포타미아, 바벨로니아, 시리아, 갈릴리 등지에 이미 150개소의 회당이 있었고, 티투스(Titus)에 의해 성전 파괴 시 예루살렘에도 480여 개가 존재하였다.[181]

2) 회당의 명칭

회당이란 명칭은 히브리어로 "모임의 집"이라는 의미의 "베잇트-케네세트"(Bayith- Kenese-th)로서 희랍어 "수나고게"(συναγωγη)에서 유래된 말이다. 이스라엘이 "바벨로니아"의 포로와 "디아스포라"를 통한 "헬레니즘"의 세계화와 접목되면서 그들의 집회 모임을 "수나고게"로 명칭하였다. 일반적으로 "수나고게"는 "수나고"(συναγω)로 이는 "순"(συν, 같이)과 "아고"(αγω, 내가 인도하다)와 같고, 단순히 "아고"를 여러 가지 다른 것을 끌어내는 것과는 같지 않다. 그러므로 "수나고게"는 집회나 모임(Gathering) 또는 인도하다(to lead), 또는 함께 오다(Bring together), 또는 연합(union)의 뜻을 지닌다.[182] 헬라 유대교의 번역 성경인 LXX에는 "수나고게"는 20개 이상의 "히브리어"로서 200회 이상 사용되었다. 가장 대표적인 어휘가 "에다"(עדה)와 "카할"(קהל)이다. "에다"는 구약에 145회가 나오고 그중 80%이상 해당하는 127회가 "수나고게"로 번역되었는데,[183] G. Kittel은 130회로 보며 주로 "회중" 또는 "모임"의 의미로 번역되었다.[184]

"카할"은 "총회"(Assembly)로서 구약의 35회 이상 사용되고 오경 안에서만 나타난다(T.D.N.T). 두 어휘에 대하여 G. Kittel과 T.D.N.T에는 본질적 의미는 구분이 없다고 하였다.[185] 그러나 일반적인 모임이라는 점에서 본질적 공통점이 있으나 "에클레시아"의 관점에서는 분명한 구분을 필요로 한다. "에클레시아"는 부름의 주체가 하나님이며, 그 부르심과 선택하심과 신실한 자들의 모임으로서의 목적과 구별이 분명하다.

이는 사람들의 온갖 작은 모임(공적보다 비공식적 의미가 강함)인 "수나고게"와 구별된다. 뿐만 아니라 "에클레시아"는 "공적"이며 "우주적"인 부르심의 모임으로 구약에서 시나이산에서 모세의 율법을 듣기 위한 전 백성들의 모임(신5:1), 또는 솔로몬의 성전 봉헌식 때의 모임(왕상8:14)과 여호와 총회(신23:1)등 전체적이고 국가적인 공적 모임에 대해 "카할"을 사용하였다. 이 "카할"은 "에클레시아"의 "공적 모임"과 그 맥을 같이 한다. 반면에 "에다"는 주로 비공식적인 모임인 "수나고게"와 그 맥을 같이 한다고 볼 수 있다.

두 단어의 어휘(御諱)가 LXX에 번역과정을 살펴보면 "에다"는 "수나고게"로 번역되면서 K.J.V.에서 "회중", "교제", "집회"로 다양하게 번역되어 졌다. 반면에 "카할"은 대개 "에클레시아"로 번역되었다. 물론 출애굽기 16장 3절의 경우는 "수나고게"로 번역된 경우도 있으나, 영어권에서는 대개 "Assembly"이다. 또 하나의 구별점은 언약 신학의 관점에서 볼 때 "에클레시아"는 부르심과 선택하심과 신실한 언약의 백성들과의 그 구속의 언약을 체결함으로서 부르심의 근원이 족장사에서부터 가시화 되었고, 여기에 사용된 어휘가 바로 "카할"이고 "에다"는 전혀 나타나지 않았다는 점이다. 따라서 궁극적으로 "수나고게"는 또다시 "에클레시아"로 "Calling out"하여야 할 모임이다. 유대인들은 "수나고게"를 히브리어 케네세트(Keneseth)의 의미 즉 "지방 집회" 또는 "집회의 집"(Beath hakkeneseth)[186]으로 사용하였으며 오늘날 이스라엘의 "의회"를 가리키는 이름으로도 사용되었다. 또 "벧 데필라" 즉 "기도하는 집"의 뜻도 가진다.

3) 회당의 본질

회당의 본질은 "쥬다이즘"의 본질적 가르침을 더 강화하기 위한 기능의 장(場) 으로서 이해되어져야 한다. 이미 전술한 바와 같이 회중(Congregation), 건물(Keneseth), 집회의 집(Beath-hakkeneseth)이라는 명칭에서 그 의미를 찾을 수 있다. 따라서 회당의 본질적 기능을 "토라의 집", "예배의 집", "모임의 집" 이다.[187]

(1) 토라의 집

회당은 "쥬다이즘"의 생명으로 상징되는 "토라"의 집이다. 한 마디로 "교육의 장"이다. 특히 율법을 가르치는 학교였다.[188] Philo는 회당을 학교로 칭했으며, Schuler는 회당을 예배보다 기록된 율법을 교육하는 곳이라고 했다. W. Schrage는 회당의 목적은 율법을 낭송하고 계명을 가르치는 교육의 장으로 보았다.[189] 그러므로 회당은 "토라"를 배우기 위한 장으로서의 본질이 있다.

(2) 예배의 집

회당은 "토라"의 배움과 관련하여 하나님께 예배하는 장으로서 본질적 의미를 지닌다. 회당의 예배는 희생제의를 드릴 수 없는 "디아스포라"의 삶 가운데서 정규적, 의식적, 성전예배를 드릴 수 없었던 그들에게 유일한 선택인 비정규적 약식예배였다. 따라서 회당예배는 성전종교에서 볼 수 없는 새로운 형태의 회당 본질을 볼 수 있다.

A. 회당예배의 본질은 "디아스포라"의 삶 가운데서 유일하게 전승되고 남겨진 하나님의 말씀을 듣기 위하여 회당예배가 시작되었다. "하나님의 말씀을 듣는 것" 즉, "쉐마"(Shema, 듣는다는 의미의 히브리어에서 유래, 신6:4-5;11:13-21, 민15:37) 신앙의 소유자들이기 때문이다. 이는 희생제의 제사종교에서 말씀의 종교로 지향하였다. 이는 예배의 근원적 줄기로 볼 수 있는 구약성서의 두 계열, 즉 제사장의 계열(Priestly line)에서 예언자의 계열(Prophetic line)로의 전향(轉向)을 의미하고 있다.[190] 초기의 회당예배는 말씀을 듣는 것과 기도 뿐 이었다. 특히 기도 자체도 말씀을 듣기 위하여 먼저 "요처"(Yotzer)와 "아하바"(Ahabah)[191]의 기도를 드리고, "쉐마"를 낭독 후 또다시 감사와 기쁨의 기도인 "게울라"(Geullah)를 드린다. "미쉬나"(Mishna, A.D.2-3)시대에 와서는 회당예배의 구성요소가 다소 확대되었다. "쉐마"(Shema)의 낭독, 기도, 율법낭독, 예언서 낭독 및 감사기도, 그리고 성서 교훈의 번역을 통독자가 아람어로 번역(Targum)해 주고 자유로운 설교 및 토론을 하였다.[192] 이처럼 회당예배는 의식 중심보다 말씀 중심으로 일관하고 있다.

B. 회당예배의 본질은 예배의 정신이 율법화 내지 형식중심, 즉 외형적 상징적인 성전종교에서 실제적이고 직접적인 복음적 정신으로 지향하고 있다. 다시 말하면 성전종교는 제사장 중심의 제사종교로 오직 제사장만이 성전에서 제의를 드리고 회중은 밖에서 무릎을 꿇고 기도하며 기다리는 소위 단절(斷折)된 제사였으나, 회당예배는 말씀중심의 전제하에 평신도 중심의 예배로서 모든 회중이 능동적으로 예배에 참여하는 만인 제사장의 정신을 제시하였다. 특히 누구든지 성경지식만 있으면 자

유로운 설교와 토론을 할 수 있고, 또 유대인과 이방인이 함께 드리는 예배는 참된 복음의 교제성과 나눔의 정신을 제시하고 있다.

C. 회당예배의 본질은 성전종교화로 고정된 고정관념, 즉 지역성(예루살렘)과 성전 건물자체의 제한성(예루살렘 성전)에서 복음의 우주성으로 지향해 나가고 있다. 회당예배는 성전종교처럼 오직 예루살렘 성전만을 야웨가 거하시는 곳이라는 고정관념에서 탈피하여 때와 장소와 사람과 제물에 관계없이 여호와의 이름을 불렀던 족장시대의 이동하는 예배처럼 마을마다 지역마다 회당예배를 드렸던 것이다.

D. 회당예배의 본질은 의식과 형식의 잡다한 성전제의에서 단순한 복음적 예배정신으로 나아가고 있다. 회당예배가 성전제사에 비해서 약식예배로 보는 경우가 있으나, 예배자체가 단순한 말씀 중심의 예배이고 또 예배의 근원적 노선인 예언자의 계열의 입장이므로 변칙 예배로 보는 경우는 성전 주의자들의 관점이다. 회당의 그 외형적 구조에 대하여는 확실한 자료가 없으나, 단지 다니엘 6장 10절에 다니엘이 예루살렘을 향해 기도한 점을 미루어 볼 때 회당의 문이 예루살렘을 향하고 있는 점은 분명하다. 회당의 외형이 단순하고 화려하지 않는 점을 미루어 보아 초기에는 개인의 집(회당장 집)이나 또는 집을 개조하여 사용했을 가능성이 크다.[193] 회당내부 또한 단순하게 설치되어 있다. 성경(Holy Scripture or Scroll)과 토라를 보관하는 궤(The Ark)와 강단(講壇, Platform, 느 8:4), 등대(燈臺), 나팔, 회중석 등이다. 이는 온갖 장식과 조각으로 채워진 동방 정교회나 로마 가톨릭 교회와 좋은 대조를 이루며, 개혁교회의 예배당의 한 면을 제시한 점이다.

(3) 모임의 집

회당의 본질은 "토라"의 집과 "예배의 집"일 뿐만 아니라 잡다한 기능을 수행하는 "모임의 집"으로서 만남의 장이요, 교제하는 곳이기도 하다. 특히 공적, 비공식적인 회의의 장(행26:11)과 재판소의 구실(마 10:17), 그리고 숙박기능까지 담당하였다. 이는 성전종교처럼 성전 자체를 신성시하여 성전제사 외에는 사용치 않는 것과는 다른 의미를 제시하고 있다.[194] 이는 회당의 건축 자체보다 "사람을 위한 장" 으로 그 본질이 있다. 성전의 완성자로 오신 주님은 안식일이 사람을 위해 있다고 말씀하신 그 정신과 맥을 같이 한다(마12:8;막2:27).

(4) 회당의 조직

회당의 조직은 회당정치의 태동이며 교회의 정치원리 내지 민주주의 기초적 원리를 제시한 점에서 그 의의가 있다. 회당에는 회중의 선거에 의해 장로들을 뽑고 그들 가운데 대표를 회당장이라 부른다. 선출된 장로들은 상회인 산헤드린의 임명을 받아 회당을 다스렸다. 회당장 밑에는 관리 및 보조자로서 하잔(hazzan)이 있었다.[195] 선출된 장로들은 회당을 다스리되 그 직무의 한계가 있었다. 즉, 회당장 아래에 가르치는(Teaching)직무와 다스리는(Ruling)직무로 구분되었다.

가르치는 장로는 특별히 성서에 대한 교육을 받은 자로서 "서기관" 들이며 "에스라" 가 그 대표적 예이다(스7:6). 다스리는 장로는 행정과 경영, 훈련, 구제사업을 담당하였다.[196] 회당조직의 상회구조는 회당들이 모여 지방 산헤드린(노회의 기능)을 조직하였고, 중앙에는 예루살렘 산헤드린이 구성되어서 최고의 의결기구로의 권위를 행사하였다. 회당의 조직과 직제, 그리고 형태면의 더 깊은 연구는 본 논문의 목적상 생략하기로 한다.

4) "수나고게" 에서 "에클레시아" 로

예수 그리스도의 "에클레시아" 선포는 반(反) 예수 그리스도의 입장에 선 "쥬다이즘" 과 할례와 토라를 강조한 "쥬다이즘화" 로부터의 "Called Out" 인 동시에 "쥬다이즘" 과 "쥬다이즘화" 를 심화 내지 강화시키는 장(場)인 "수나고게" 로부터의 "Called Out" 를 말한다. "수나고게" 는 전술한 바와 같이 복음과 "에클레시아" 의 본질적 요소를 기초하는 정신이 있음을 이미 논한 바 있다. 뿐만 아니라 이 회당은 신학적으로 구원사의 연속성의 의미를 제시하며, 선교활동의 중요한 근거지로서 의미를 부여해야 한다. 이는 예수님이 회당에서 천국 복음을 가르쳤고(마4:23), 병자를 고치시며(막1:21), 여러 가지 공적 사역을 회당에서 사역하셨다(요18:20). 사도 바울 역시 회당을 무대로 설교와 복음 선교를 하였기 때문이다(행22:19;9:19). 그러므로 "수나고게"의 경험은 "에클레시아"를 향하는데 공헌하였다.

이같은 본질과 원리와 정신에도 불구하고 "수나고게"는 끊임없는 부름을(Calling Out) 받아야 할 집단으로 그 본질과 정신과 원리의 변질되었다. 이같은 변질의 원인은 서기관과 바리새인들의 위선의 기도(막6:5)와 야심으로(막12:39) 회당을 그릇되게 이용하였다. 뿐만 아니라 세속적 통치자와 야합하는 성소(Aedes Sacrae)로 변질되었다. G. Kittel은 이러한 회당을 여왕벌을 중심한 벌들의 집단의 모임(Sect)으로 변질되었음을 지적한 바가 있다.[197] 예수님은 이 변질된 회당에서 사단의 세력과 싸웠다(막1:23ff). 따라서 요한계시록에는 변질된 유대인의 무리인 회당을 사탄의 회(Sunagogue of Satan, 계2:9;3:9)로 언급하고 있다. 또 회당 자체에 대한 비난이 언급되기도 하였다(막13:9). 스코틀랜드 신앙고백서(The Scots Confession)에는 "사단은 처음부터 그의 악독한 회당을 하나님의 교회로 지칭했고, 회당을 잔악무도한 살인자들로 지칭했다."[198] 어거스틴은 "에클레시아"를 사람들의 모임이고 "수나고게"를 소떼들의 무리(Exposition of the pasalms,81.1)로까지 표현하였다. 터툴리안은 회당을 박해의 근거지로 말하였고, 크리소스톰은 강도의 소굴로까지 표현한 바 있다.[199]

그러므로 예수 그리스도의 교회는 "수나고게"를 거부했다. 이는 회당 그 자체를 거부한 것이 아니고 산헤드린과 장로회의 위선과 사탄의 회를 거부한 것이다. 결국 반(反) 예수 그리스도로 향하는 "쥬다이즘"과 "쥬다이즘화"와 "수나고게"에 대한 거부였다. 왜냐하면 회당으로는 구원이 아니라 멸망이기 때문이다. 예수 그리스도의 "에클레시아"의 선포는 "수나고게"로부터의 신실한 남은 자들을 "부르심과 나옴"(Calling Out)인 것이다.

제1장_각주

1) Confession of The Church of Scotland, *The Confession of Faith*(Edinbergh and London : William Blackwood & Sons Ltd., 1969), pp.38-39. 손병호, 『교회 정치학 원론』, pp241-242
2) 손병호, 『교회 정치학 원론』, pp93-99
3) Otto Piper, *Biblical Theology of the New Testament*(New York : Macmillan, 1946), 또 *God in History*(New York : Macmillan, 1939)에 구속사적 역사관을 서술하고 있으며 이외에도 구속사학파에 속하는 학자들은 Hoffmann, J. C. K., Schlatter, A., Cullmann, O. 등이 있다.
4) 김득룡, 『개혁파교회 정치신강』(서울 : 총신대출판부, 1984), p.107
5) 창3:9, 아담의 뜻은 Man, Mankind
6) 창3:15, 예수 그리스도를 표상하는 "여자의 후손"은 구원의 예표임
7) 손병호, 『복음신학 원론』(서울 : 도서출판 그리인, 1992), p.20
8) 창3:9
9) 창4:2-8
10) 창3:21
11) 손병호, 『교회 정치학 원론』, p.36, Schaff, *Creeds of Christendom, The Scotch Confession of 1560*, Artiole 5,3
12) Georg Fohrer, *Geschichte Israels*, 방석종 역, 『이스라엘 역사』(서울 : 성광문화사, 1986), p.32
13) Ibid, p.41
14) Siegfried Herrmann, *Geschichte Israels in alttestament-licher Zeit*, 방석종 역, 『구약시대의 이스라엘 역사』(서울 : 나단출판사, 1991), p.65
15) 창13:4
16) 창22장
17) 계17:14, *κλητοι*(called;부르심), *εκλεκτοι*(chosen;택하심), *πιστοι*(faithfull followers); 진실한 자들), 부르심과 택하심을 받은 진실한 자들로 이는 "에클레시아"의 모임적 의미를 말한다.
18) 수24:2

19) 회교도의 메카나 유대인들의 이스라엘 성지를 순례하는 개념이 아니고 "바실레이아(βασιλεια)"를 위한 "에클레시아"의 백성들의 삶을 말하며 또 사탄과 우상들로부터의 끊임없는 "콜링 아웃(calling out)"의 삶을 말한다.

20) 창12:1, J문서

21) 창17:4, P문서

22) 창17:15-16, P문서

23) 창12:2-3, J문서

24) 창12:1, J문서

25) 신10:16 ; 30:6, 렘4:4, 겔44:7

26) 롬2:22-29 ; 4:9-13

27) 골2:11

28) Confession of The Church of Scotland, *The Confession of Faith*(Edinbergh and London : William Blackwood & Sons Ltd., 1969), pp.38-39. 『손병호, 교회 정치학 원론』, pp241-242

29) 고전11:20, 계1:10

30) Walter Oetting, *The Church of the Catacombs*(Concordia, 1964), p.25

31) 창12:8

32) 창13:18

33) 창28:22

34) 영과 육과 삶의 나눔의 교제는 요한복음 14장에서 잘 나타난다. 요14:5은 주님과 도마의 대화이고, 요14:8은 주님과 빌립과의 대화, 요14:22은 주님과 가룟이 아닌 유다와의 대화이다.

35) 행2:42, 고전1:9, 갈2:9, 빌1:5;2:1, 몬1:6

36) 국가교회 즉 Church-state는 씨족과 부족의 형태인 아브라함의 족장 규모를 넘어서 민족 또는 국가 형태를 띠면서 동시에 신정(神政)을 기초로 하고 있다.

37) 창46:26,27, B.C.1876년경 70인이 이주한 것으로 볼 수 있다.

38) N.Beecham & A.Goren, *This is Egipt*(Cairo : Egiptian Museum, 1994), p.6. 장재국, 『고대이집트』(서울 : 한국일보 타임라이프, 1978), pp.12-13

39) Peter P.Riesterer, *Zurich, Egiptian Museum*, translation, *Britta Charleston*(Cairo : Nuber Printing House, 1986), p.5

40) Ibid., No.1-14, No.47

41) 장재국, op.cit., p.18

42) Peter P.Riesterer, op.cit., No.60

43) Ibid., No.81

44) 장재국, op.cit., p.184

45) Peter P.Riesterer, op.cit., No.38

46) J(Jehwistic Document) 문서는 모세 이전의 하나님의 이름을 야웨(Jahweah)라 부름과 J문서의 기록된 곳이 Judah이었다는 사실에 근거하여 첫글자를 명명한 것이다. J의 신학사상은 민족주의 자부심, 하나님의 독특한 구원사, 평화사상 등을 표방하고 있다.

47) E(Eiohistic Document) 문서는 시내산 계시 이전의 하나님을 엘로힘으로 명명했고, E문서의 기록지가 Ephraim 이므로 그 첫글자를 따서 명명한 것이다. E의 신학사상은 신정통치, 초자연 계시를 강조하고 선민사상이 J보다 뚜렷하고, 제의 의식에 관심이 있다.

48) P(Priestly Document) 문서는 제의 문서로서 P자를 따서 명명하였다. 바벨론 포로에서 돌아와서 예루살렘에서 편찬한 것으로 보며, 대개 주전 470-400년경의 것으로 추정된다. P의 신학적 기초는 오경 전체의 기초가 되며, 현재의 이상향을 추구한다. 하나님은 절대 초월자로 오직 그의 영광을 통해서만 나타난다.

49) 신5:1

50) 출8:27, 34:15

51) 출20:24-26

52) 출25:40 ; 27:1-8

53) 사1:11, 렘7:22,23, 호6:6, 암5:21이하, 미6:6이하

54) 히4:4 ; 8:1, 벧전2:9, 계1:6

55) 히2:17 ; 4:14-16 ; 5:1-10

56) 출26:1-30

57) 출25:8, 신33:12

58) 출26:1, 민3:26

59) 요2:19-21

60) 민9:17-23

61) 손병호, 『교회정치학 원론』(서울 : 그리인, 1984), pp.55-58

62) Robert P. Kerr, *Presbyterianism for the People*(Philadelphia, 1926), p.17

63) R. M′cheyne Edgar, *Presbyterianism*(Belfast : W. Mullan & Son, 1984), p.23

64) 손병호, op.cit., pp.55-57

65) D. Bannermann, *The Scripture Doctrineof the Church*(Edinburgh, 1960), p.153. 의회 구성원은 71인(24제사장, 24서기관, 24장로)으로 구성되나 대제사장은 제사장 속에 포함된다. 예외적으로 아비아달과 사독(왕상2:26), 안나스와 가야바(요18:13,24; 행4:6)처럼 대제사장이 2인이 경우 72인으로 구성될 수도 있다.

66) 수8:10, 삼상4:3, 룻4:4

67) 출18:13-27, 신1:13-17

68) 손병호, 『복음과 구약』(서울 : 도서출판 유앙겔리오, 2003), pp.177-185

69) Ibid., pp.309-324

70) Ibid., p.311

71) 구약에 나타난 성소는 세겜성소(수24장), 벧엘성소(삿20:26), 실로성소(삿20:31)가 있다.

72) 소위 모세오경인 창세기, 출애굽기, 레위기, 민수기, 신명기에다가 여호수아서를 추가한 것을 말한다. 여호수아서는 모세오경시대와 사사시대의 역사를 이어주는 독립된 역사서이나 창세기의 아브라함에서 가나안 땅의 정착까지를 하나의 역사적 연속으로 보는 것이 육경신학의 관점이라 할 수 있다.

73) Israel Finkel Stein, Neil Asher Silberman, *The Bible Unearth*, 오성환 역, 『성경 : 고고학인가 전설인가』, 서울 : 까치, 2002. "제2부 고대 이스라엘의 흥망" 참조

74) "쇼페트"는 재판하다(출18:22, 왕상3:9), 판단하다(출18:16, 시51:4), 판결하다(민35:24, 왕상3:28), 다스리다(왕상23:22, 삼상8:5)의 뜻으로 쓰여졌다.

75) 예수 그리스도의 3중직은 왕, 제사장, 예언자적 직임을 말한다.

76) Georg Fohrer, op.cit., pp.102-103

77) Ibid

78) R.de Vaux, *Ancient Israel*, Vol.?, 이양구 역, 『고대 이스라엘』(서울 : 1992), P.217-218.

79) M. Haran, *Temple and Temple Servece in Ancient Israel*(London : Oxford, 1978), p.31

80) H. Ringgren, *Israelite Religion*, (tr), D.E. Green, *Israelite Religion*(Philadelphia, 1966), pp.48-50

81) 관습법에는 계명법(출22-23), 신명기법(신12-26), 성결법(17-26)이 있다.

82) 하나님과 인간간의 교제는 "피스티스적 교제"이고, 공동체 상호간의 교제는 "피스토이적 교제" 즉 "코이노니아"를 말한다.

83) 사66:1, 마5:34-35

84) 나단 선지자는 성전건축을 반대하는 여부스파에 속하였을 수 있다는 견해이다.

85) 출26:30, 행7:44, 히8:5

86) Michael Haran, op.cit., pp.28-31.

87) Georg Fohrer, op.cit., p.141

88) G. Von Rad, *Theologie Des Alten Testaments*, 허혁 역, 『구약성서신학』(왜관 : 분도출판사, 1976), p.522

89) R. Ringgren, *Israelitische Religion*, (tr.), D.E.Green, *Israelite Religion*(Philadelphia, 1980), p.59

90) "바이트"(창17:23;34:30, 왕하16:18, 대상29:3, 겔9:6;10:3)

91) "오이코스"(눅1:23;11:51, 행7:10), 신전, 집의 의미로 쓰여졌다.

92) "헤칼"(시79:1;138:2, 사6:1;44:28)

93) "나오스"(마23:16-17,21,35), 사찰, 사당의 의미로 사용되어진다.

94) "코데쉬"(시5:7;11:4)

95) "미다쉬"(대하36:17), 예배처소, 성소 등으로 쓰여진다.

96) "히에론"(마4:5;12:5,6;21:14,15, 요2:14), 성소, 성전의 뜻으로 쓰여 지고 있다.

97) 김철현, 『예언자 연구』(대구 : 이문출판사, 1983), pp.14-22.

98) W.F.Stinespring, *Temple Jerusalem*, IDB.V.4.(New York : 1962), p.541

99) R. de Vaux, op.cit., pp.268-269

100) W. F. Stinespring, op.cit., p.540

101) 스룹바벨 성전은 B.C. 539년 경 고레스의 귀환 조서에 의해 바벨론 포로 중에서 귀환한 사람들이 B.C. 538년에 착공하여 516년에 완공한 것으로 보며 성전의 규모에 대한 자세한 자료는 없다.

102) 헤롯 성전은 B.C. 20년에 착공하여 A.D. 62-64년 경에 완공한 것으로 전해지고 있으나, A.D. 70년 로마 티투스에 의해 파괴되었다.

103) "토라"는 공적대변자를 통해 계시된 하나님의 말씀(사1:10, 출18:16), 하나님의 훈계(잠1:8)을 뜻한다.

104) 유대교의 경전인 율법과 계율과 선행을 의미한다.

105) Benjamin Blech, *Understanding Judaism*(London : Jason Aronson Inc, 1991), p.25

106) 유대교 탈무드의 제1부인 미쉬나의 주해서로서 탈무드의 제2부를 이루고 있다.

107) Benjamin Blech, op.cit., p.26

108) Ibid., pp.27-29

109) R. Bultmann, *Theology of the New Testament*, Vol.1(London : SCM Press Ltd, 1952), p.259

110) J. Jeremias, *New Testament Theology*(London : SCM Press Ltd, 1971), p.205

111) Ibid., p.207

112) H. Conzelmann, *Grundiss Der Theologie Des Neuen Testaments*, 김철손, 박창환, 안병무 공역, 『신약성서학』(서울 : 한국신학연구소, 1984), p.269

113) 출34:28, 신4:13;10:4. "עשית הרברים"으로 쓰여진다.

114) Benjamin Blech, op.cit., p.29

115) G. Von Rad, op.cit., p.236

116) Ibid., p.238

117) Ibid., p.238

118) 창29:27, 민4:23, 하나님을 섬기고 봉사하다의 뜻이다.

119) 신에게 공물을 드린다는 의미로 느10:34;31:31에서 사용되었다.

120) J. Jeremias, op.cit., p.207

121) Ibid., p.208

122) 멜기세덱(창14:18), 이드로와 미리암 제사장(출2:16;3:1;18:1). 이방의 제사장으로는 애굽의 제사장(창41:45;47:22), 블레셋(삼상5:5), 모압(렘48:71), 암몬(렘49:3)

123) E. F. Harrison, *Baker's Dictionary of Theology*(Michigan : Baker Book House, 1960), pp.347-348

124) W. Zimmerli, *Grundriss Der Alttestamentlichen Theologie*, 김정준 역, 『구약신학』(서울 : 한국신학연구소, 1976), p.119

125) 김철현, op.cit., pp.15-19

126) W. Zimmerli, op.cit., pp.120-121

127) Ibid., p.119

128) G. Fohrer, op.cit., p.71, J. Jeremias, op.cit., p.184-5, 193-4, 김철현, op.cit., pp.15-19

129) 김철현, op.cit., pp.14-27

130) C.H. Dodd, *The Sacrament of the Lord's Supper in the New Testament*, Christian Worship(N. Micklem, 1990), 참조

131) 구약의 5대 제사는 "올라"인 번제, "민하"인 소제, "쉘라임"인 화목제, "하타트"인 속죄제, "아솸"인 속건제이다. 이는 구약시대의 각종 제물과 여러번 드려졌던 피흘림의 희생제의는 예수 그리스도의 몸을 단번에 십자가에 드림으로 영원한 제사가 되었을 뿐만 아니라, 제물 또한 영원한 속제물이 됨으로서 예수 그리스도는 제사종교를 완성하였다(히10:10-14)

132) W. Zimmerli, op.cit., p.96

133) G. Von Rad, op.cit., p.240

134) Ibid., pp.240-241

135) 회막을 의미하며 야웨와 모세의 회합장소였다(출40:34-38;29:42-43).

136) 김철현, op.cit., p.1. 참조. 현재적 역동적 임재란 공간적 중간에 거하시는 것을 말하는데, 마치 법궤에도 계시고 온 우주에도 계시는 야웨로서 거처하시면서도 자유하시는 분을 말한다.

137) 막9:1, 대하20:6, 신3:24, 대상29:12, 시89:13

138) 겔43:13-27

139) F. Horst, Gottes Recht, *Gesammelte Studien zum Recht im Alten Testament*(Muchen, 1961), p.14

140) G. Fohrer, op.cit., pp.140-141

141) W. H. Schmidt, *Einfuhurng in das AT*(1979), p.192

142) H. H. Rowlay, "Zedok and Nehustan", *Journal of Biblical Literature*. V.I.58(1939), p.127

143) G. Fohrer, op.cit., p.143

144) Ibid., p.132

145) Ibid., pp.129-132

146) Von Rad, op.cit., p.91

147) 왕상7:1(왕궁건축은 13년 걸림), 왕상6:38(성전건축은 7년 걸림)

148) John Bright, *The Kingdom of God*(Nashville : Abingdon Press, 1981), pp.105-106

149) Ibid., pp.103-104

150) "도벳"은 바알과 몰렉숭배의 중심지로서 아하스와 므낫세가 우상숭배에 빠져서 자기 아들을 제물로 바쳤던 곳이다.

151) J. Muilenburg, *"The Way of Israel Biblical Faith and Ethics"*, Religious Persprectives, V.5.(New York : 1961), p.109

152) Humiliation at Canossa(카놋사의 굴욕사건)는 1077년 독일(후에 신성 로마제국)의 왕에 대한 교황 그레고리 7세에게 굴복하여 파면을 받은 사건을 말한다. 당시 1077년 1월말 북 이탈리아 카노사 성에 머물러 있던 교황에게 찾아가 눈 속에서 맨발로 3일간 애원하여 파문 취하를 받은 굴욕적인 사건을 이르는 말이다.

153) 요4:19-26

154) 손병호, 장로교회사(서울 : 도서출판 그리인, 1993), pp.26-39

155) W.F. Albright, *Form the Stone Age to Christianity*(1957), p.316. 참조.
바벨론의 포로와 디아스포라는 이스라엘 민족의 중요한 부닉점이 되었다. 포로로 잡혀간 인원은 세 차례에 걸쳐 4600명(렘52:28-30)이나, 여자와 아이를 포함하면 약 3배로 추산된다. B.C.444년 느헤미야의 인도로 바벨론에서 팔레스타인으로 귀환한 자가 5만 명에 달하였는데 그중 제사장이 4229명(스2:2-67) 이었다. 이를 미루어 볼 때 이스라엘의 종교 핵심 지도자가 포로로 잡혀 갔음을 알 수 있다. 두 번째 디아스포라는 A.D.75년 이스라엘이 예루살렘 주의 마을(이두메)을 점령했으나 이미 에돔인이 거주하고 있었으므로 거주할 만한 땅이 부족하였다. 따라서 디아스포라의 역사가 이루어졌다(왕하25:12)

156) 사44:1;51:1,7;49:1-6,8-17;42:1-7. 디아스포라 가운데 "에클레시아"는 이스라엘 전체를 지칭하는 것이 아니고, 본국에 잔존한 무리도 아니다. 이들은 포로 가운데서 야웨의 신앙을 지키고 부르심과 순응 그리고 그의 능력을 증거하는 "렘넌트"(남은자, 참 이스라엘)를 의미한다.

157) Von Rad, op.cit., pp.91-92

158) Walter A. Elwell, *Evangelical Dictionary of Theology*(Michigan : Baker House, 1991), p.258

159) Werner Forster, *From the Exile To Christ*(Hamburg, 1940), 참고

160) G. Fohrer, op.cit., p.302

161) H. Ringgren, op.cit., pp.298-312

162) Warner Forster, op.cit., 참고

163) Warner Forster, op.cit., 참고

164) "미쉬나"는 랍비 예후다 나찌(Yehuda ha-Nazi)가 200년 경 구전 율법을 성문화 법전으로 편찬한 것이다.

165) "게마라"는 500년 경 미쉬나에서 다 취급하지 못한 것들이 논의 되어져 있다.

166) "카발라주의"는 유대교 내의 신비주의 운동의 일종이다. 규범적인 토라 해석을 통해서 하나님을 만나는 것이 아니라 내적인 신비적 체험을 통해 하나님을 만남을 말한다.

167) "하시딤주의"는 18세기 유대교 내의 신비주의의 일종이다. 하나님을 단순히 지적으로만 아는 것보다 신비적 체험을 통해 섬기려는 운동이다. 오늘날 대부분 Orthodox Judaism이 이 운동에 영향을 받았다.

168) C. F. Pfeiffer, 『신구약 중간사』, 조병수 역(서울 : 한국기독교교육연구원, 1982), p.156

169) Raymond F. Surburg, op.cit., pp.77-78

170) Ibid., p.83

171) Eduard Lohse, *The First Christians*(Philadelphia : Fortress Press, 1983), p.59

172) Robert F. Pfeiffer, *History of New Testament Times*(New York, 1949), p.36

173) Eduard Lohse, op.cit., p.61

174) Walter A. Elwell, op.cit., p.258

175) 주한 이스라엘 대사관, 『성서 고고학 유물전』(서울 : 1995), p.20

176) H. H. Rowley, op.cit., pp.213-215

177) Ibid., pp.216-217

178) Ibid., pp.218-223

179) J. Bright, *A History of Israel*, 김윤주 역, 『이스라엘의 역사』(서울 : 1979), p.308

180) Gerhard Kittel, *Theological Dictionary of New Testament* Vol.VII(Michigan : Erdmans Publishing Company, 1971), p.810. 이후부터는 G.K.T.D.로 약칭한다.

181) Ibid., p.812

182) Ibid., p.799

183) *Theological Dictionary of the New Testament*(T.D.N.T.), Vol. I, p.806.

184) *Gerhard Kittel Theological Dictionary of New Testament*(G.K.T.D.), p.802

185) T.D.N.T., p.802, G.K.T.D., p.802. "קהל and עדה are used with no essential distinction in meaning"

186) C. F. Pfeiffer, op.cit., p.79

187) Walter A. Elwell, op.cit., p.258

188) G.K.T.D., op.cit., pp.821-828

189) H. H. Rowley, op.cit., pp.229-230

190) 제사장 계열과 예언자의 계열 : 아론으로부터 시작한 제사장 계열은 솔로몬의 성전을 세우고 난 이후부터 본격적인 제사장 시대로 볼 수 있다. 사독 제사장에서부터 성전 파괴시 까지를 말하는 성전종교화로 의식(儀式) 중심의 계열을 말하는 반면에, 예언자의 계열은 모세에서 예언자까지를 말하는 주로 예언과 말씀의 선포(宣布)를 중심하는 계열이다.

191) "요처"와 "아하바"는 창조주 하나님께 우리를 선택해 주신 하나님께 사랑이란 찬양의 기도를 올리는 것이다.

192) C. F. Pfeiffer, op.cit., pp.81-84

193) H. Shanks, *Judaism in Stone*(New York, 1979), pp.50-51

194) G.K.T.D., op.cit., pp.821-828

195) H. H. Rowley, op.cit., p.233.

196) 손병호, op.cit., pp.59-70

197) G.K.T.D., pp.810-841

198) The General Assembly of The United Presbyterian Church in U.S.A.(U.P.C.), *Constitution*, p.3.18.

199) G. K. T. D., pp.838-841

제 2 장

2

예수 그리스도의 복음적인 교회론

제1절_예수 그리스도의 복음(ευαγγελιον)

지금까지 창세로부터 개혁교회에 이르기까지 교회의 표상적 계시와 본질, 그리고 그 변질에 대하여 고찰하였다. 본 장에서는 구약의 이스라엘종교 즉, 아브라함교회, 모세교회, 사사교회, 성전종교, 회당종교와 예수 그리스도의 부활이후 가시화된 사도교회, 교부교회, 로마 가톨릭교회, 개혁교회와 역사화 된 복음(Gospel about Jesus)으로 가시화된 신조, 교의, 신학, 주의(Ism)에 대한 근본적이며 본질적인 예수 그리스도의 복음(Gospel of Jesus)과 그의 교회를 논급하고자 한다.

한국복음신학연구원에서는 지금까지 성서를 "구약"과 "신약"으로 분류하던 2분법적 방식을 "구약"과 "신약"과 "복음"으로 3분하였다. 지금까지는 신약에 포함된 복음을 말하였으나, 이제는 신약에서 "복음"을 분리하여 "예수 그리스도의 복음"이 신약은 물론 구약의 본론이나 결론으로 대변하는 하나님의 마지막 말씀으로 하여야 한다.[200]

필자는 이 책에서 이것을 전제로 구약시대의 교회론을 언급한 후 예수 그리스도의 복음적인 교회론을 논하고 그 후에 신약시대의 교회론을 언급함으로 결론적인 한국교회의 교회론으로 대안을 제시하고자 한다.

예수 그리스도의 복음과 교회는 "쥬다이즘" 내지 "라비니즘"의 산물(産物)도 아니고, 또 헬레니즘 내지 사도적 산물도 아니며, 로마 가톨릭시즘 내지 개혁교회의 산물도 아니다. 오직 예수 그리스도(Sola Jesus),

오직 복음(Sola Evangelium), 오직 에클레시아(Sola Ecclesia) 그 자체로부터 시작되었다.

J. Moltmann는 그의 저서 「The Church in the Power of the Spirit」에서 "그리스도 없이는 교회가 없다"[201]는 명제에서 교회를 조명하여야 한다. 왜냐하면 교회의 첫째 말은 교회가 아니고 그리스도이다. 교회의 마지막 말은 교회가 아니고 자유의 성령 안에 있는 아버지와 아들과 영광이기 때문이다.[202] 그렇기 때문에 교회는 자기 자신의 발로 설 수도 없고, 또 서있을 수도 없다. 오직 예수 그리스도와 그의 복음으로 교회를 세우셨기 때문이다. 그러므로 교회의 근본은 예수 그리스도와 그의 복음뿐이다. 따라서 교회는 오직 그리스도만을 선포하고, 오직 그리스도만 믿으며, 오직 그리스도만 따라가야 한다.[203]

교회론의 본질 연구는 복음 그 자체이신 예수 그리스도가 누구인가를 놓쳐서는 안 되는 것이다. 비록 새삼스러운 질문 같으나 복음에 대한 분명한 이해가 없이는 예수 그리스도의 교회를 논할 수 없기 때문이다.

오늘날 예수전이 60,000이상이 나오고 있으나 예수 그리스도는 분명한 종결적인 계시자(Concluding Revelation)이다. 그의 복음과 교회는 독특한(Unikum) "엑수시아"를 가지고 있다. R. E. Coleman은 "그의 복음의 능력은 무한하다. 그의 가르침은 완벽한 선생으로 결코 실수함이 없는 분으로 우리의 삶의 목적으로 받아들여야 할 분이다"[204]라고 언급하였다. 그의 가르침은 "쥬다이즘"의 서기관(마7:29, 막1:22)이나 삶의 가치만큼 중요시 했던 소크라테스(Sokrates)의 철학적 권위나, 예정교리의 가르침으로 개혁신학의 거장이 된 칼뱅(J. Calvin)의 신학의 권위와도 다르다. 그리고 인도와도 바꿀 수 없다는 영국인의 우상적 자존심인 섹스피어(William Shakespeare)의 문학에 대한 가르침의 권위나, 중생의 고통에서 해탈하여 열반(Nirvana)에 이르는 길을 설파한 붓다(Buddha, 覺者)의 권위와도 다른 것이다.

예수 그리스도의 권위는 온 우주와 인류의 역사 속에 종결적 계시의 권위로서 모세율법의 재생도, 예언자의 모방도 제사장의 연장도, 왕의 유출도 아니다. 그는 오직 하나님의 나라의 여명(Ray of hope)의 권능성의 권세로서, 율법의 완성과 예언의 성취로의 권세이며(마5:17), 영원한 사랑과 용서로 십자가의 부활을 통해 사랑의 구원을 완성하였고(요 19:30), 세속적인 왕이 아닌 하나님 나라의 왕으로서의 권위일 뿐이다(눅 19:38).

이같은 예수 그리스도와 그의 복음은 그의 "바실레이아"를 선포하실 때 "에클레시아"를 가시화 하였다. 따라서 "에클레시아"의 위치는 참으로 각별하다. 이 "에클레시아"는 성전종교, 회당종교, 이스라엘 왕국, 유대 왕국, 또는 이방인과 열방의 왕국으로부터 유출, 전승, 답습이 아닌 "나옴"(Called Out)인 동시에 하나님이신 예수 그리스도로부터의 계시이다.

1. 예수 그리스도의 복음

손병호 박사는 "예수 그리스도 이후 20세기에 이르기까지는 성서 자체를 복음으로 보아왔다. 따라서 구약성서 그 자체나 선지자와 사도들의 복음도 복음으로 믿어 왔다. 그 결과 예수 그리스도의 복음은 주변에 있게 되었고, 선지자들과 사도들의 복음이 중심부에 있게 되었다"[205]고 언급하였다.

이같은 복음의 이해는 복음이란 어휘를 양산하는 결과를 초래케 하였다. 따라서 교파(教派), 교리(教理), 신학(神學), 주의(主義)에 따라서 서로의 관점과 해석에 따라서 정통복음 또는 비정통복음, 비복음적 또는 덜복음적이라는 구도의 복음이해를 양태하고 말았다. 그 결과 교회와 목회자, 교인들 상호간에 비복음적 현상으로 이질화 되어가는 경향을 진단할 수 있다. 뿐만 아니라 이 땅에 수많은 교회와 교인과 신학이 존재하고 있으나 복음화는 요원하며, 복음인으로서의 삶에서 유리되는 이른바 배타적이고 이기주의적인 기독교 종교인을 양산하는 결과를 초래하였다.

복음(福音)은 온 인류에게 죄와 죽음과 고통으로부터 자유와 평안과 믿음을 주는 하나님 나라의 구원의 기쁜 소식으로 인종, 민족, 문화, 지역, 종교까지 시간과 공간의 제약성을 초월하는 우주적이고 세계적인 열림의 복음이다. 때문에 복음은 언제나 사랑과 용서와 섬김으로 선포되었다.

그러므로 "에클레시아"의 근본인 복음의 시작과 그 어원과 본질이 무엇인가에 대하여 분명한 정의를 먼저 성서적, 어원적, 신학적으로 고찰하고자 한다.

1) 복음의 시작

마가복음 서두에 "시작(始作)"이라는 말 "알케"(*αρχη*)는 창세기 1장 1절의 "태초(太初)"라는 히브리어 "레쉬트"(ראשית)를 LXX에는 "알케"로 번역되면서 언급되었다. 그런데 창세기 1장 1절에 언급된 "알케"가 복음서 서두에 복음의 시작과 관련하여 일제히 언급되고 있다는 사실이다. 뿐만 아니라 요한계시록에 계시한 하나님은 자신을 "알케"로 계시한 바 있다. "나는 알파와 오메가요, 알케와 텔로스(*τελος*)이다"고 사도 요한은 언급하고 있다(계21:6;22:13).

이처럼 우주를 창조하신 하나님께서 온 인류를 구원하시고자 아들과 더불어 세계적이고 우주적인 구원의 역사를 예수 그리스도의 성육신(Incarnation)으로 복음의 "알케"를 가시화 하였다.

(1) "알케"는 태초요, 근본이요, 본질적인 모든 일의 새로운 시작

창세기 1장 1절의 "태초"라는 히브리어에서 "레쉬트"는 태초요, 근원적이고 본질적인 새로운 시작을 말하는 것이다. 이는 전무후무한 하나님의 창조를 말한다. 이 "레쉬트"를 LXX에서 "알케"로 번역되었다. 영어권에서는 이 두 어휘를 동시에 "The Beginning"(KJV, NIV, JB, RSV)로 번역되었다.

복음서 서두(序頭)에서 복음의 시작을 일제히 "알케"로서 언급하고 있다. 요한복음 1장 1절, 누가복음 1장 2절, 최초의 복음서인 마가복음 1

장 1절에서도 시작의 근원인 "알케"로서 "하나님의 아들 예수 그리스도의 복음의 시작"을 선포하고 있다. 그러므로 복음의 시작은 태초요, 처음이요, 근본이요, 근원인 "알케"의 시작이요, 본질적이며 종결적 계시자인 "하나님의 아들 예수 그리스도"로부터 시작을 말한다.

"하나님의 아들 예수 그리스도"는 어떤 성인(聖人), 왕, 선지자, 사도, 교부, 개혁자, 신학자들과 전혀 다른 참 신이시며 참 사람이신 하나님 자신을 말한다.

(2) "알케"는 언제나 "끝"과 "분명하게 나옴"이 전제된 새로운 출발

하나님의 창조의 시작은 흑암과 공허, 혼돈과 무질서, 무생물의 대단원의 막을 내린 새로운 모습, 모양, 형상, 생물로 아름다운 질서의 출발을 말한다. 따라서 창조 이전에 대하여는 미련과 회귀(回歸)를 생각할 필요가 없다. "알케"로 시작된 "하나님의 아들 예수 그리스도의 복음의 시작"은 바로 전무후무한 새로움의 시작을 말하며, 언제나 "끝"(End)과 분명하게 "나옴"(Called Out)을 전제하기 때문이다. 따라서 복음의 시작은 율법화와 율법주의를 종식하고 율법의 완성을 말하며, 유대종교, 성전종교, 회당종교로 되돌아가는 것이 아닌 분명하게 불러 나옴의 "에클레시아"를 말한다. 바울은 그리스도 안에서 옛 사람의 종식과 새로운 피조물임을 언급하였다(고후5:17).

(3) 하나님의 아들 "예수 그리스도의 복음의 시작"

"하나님의 아들 예수 그리스도의 복음"이란 "성육신한 하나님"으로부터 직접적으로 선포한 복음을 말한다. 이 복음은 완전한 계시자로부터 계시된 선재성의 "로고스"를 말한다(창1:1;눅1:2;요1:1;히1:10). 이 "로고스"는 태초부터 계신 그리스도시요(요일2:13,14), 복음의 시작이요, 생명의 빛이다(요일1:1).

"하나님의 아들 예수 그리스도의 복음의 시작"은 새로운 구원의 종결적 계시자로서 선택받은 백성들의 불순종과 타락(墮落)과 독선(獨善)으

로 구원의 자리에 이를 수 없는 지경에 이르렀을 때, 마지막에 아들로 구원의 복음을 시작케 하신 것이다.

그러므로 "하나님의 아들 예수 그리스도의 복음의 시작"은 왕국이나 제국적인 자기 나라에 빠져있는 종교인들과 온 이방인과 만민을 구원하는 "하나님 나라"의 시작을 말하며, 세속적 왕국의 통치자로부터의 연속적 시작이 아니고, 또 종교적으로 성전종교, 회당종교로부터 유전(遺傳), 답습(踏襲), 전통(傳統), 신화(神話)로부터 연장선상도 아니며, 모세의 율법, 유대종교, 구약의 예언자, 사도들의 복음과 동일 선상이 아닌 하나님의 아들 예수 그리스도로부터의 "유앙겔리온"을 말한다. 이 "유앙겔리온"은 유대종교와 결별하고 그들로부터 분명하게 나온(Called Out) "에클레시아"의 새로운 시작을 말한다.[206)]

2) "유앙겔리온" (*ευαγγελιον*)

복음은 그리스어(Greek)로 "투 유앙겔리온"(*το ευαγγελιον*) 또는 "타 유앙겔리아"(*τα ευαγγελια*)이다. 라틴어(Latin)의 "유안게리움"(Euangelium)과 영어의 "가스펠"(Gospel)과 한자의 "복음(福音)"은 "유앙겔리온"으로부터의 일반적인 번역이다. "유앙겔리온"을 앵글로 색슨족들이 "Gospel"로 번역하였고, 이 "Gospel"은 "God"과 "Spell"의 합성어인 동시에 "God-story"를 말한다.[207)] 이같은 번역의 의미는 "유앙겔리온"의 본래적인 뜻인 "기쁜 소식의 선포"의 차원보다 미약한 좋은 진언, 주문, 매력, 마력, 하나님의 이야기 차원을 의미하고 있다. 오히려 한문권의 복음으로 번역된 것은 잘된 것 같다.

20세기에 와서 "유앙겔리온"이 "Evangelism"으로 부각되었으나 이는 일종의 이즘(Ism)으로 평가절하(平價切下) 하는 경향이 있다.[208)] 따라서 "유앙겔리온"에 대한 어원적 본질적 어의를 신학적 성서적으로 살펴보고자 한다.

(1) 어원적 어의

"유앙겔리온"은 "유"(εν)와 "앙게리온"(αγγελιον)의 합성어다. "유"는 "좋은"(Good)의 뜻이고, "앙게리온"은 "소식", "뉴스", "사실"(Tiding, News, Message, Fact)을 말한다. 따라서 "유앙겔리온"은 좋은 뉴스(Good News), 좋은 소식(Good Tiding), 좋은 사실(Good Fact)이라는 어의적 의미를 지닌다. "유앙겔리온"은 처음부터 복음에 사용된 단어가 아니고, 헬라사회에서 황제숭배와 관련하여 사용되었다. 황제는 당시 신적 통치자로서 자연을 통제하고 치료를 베풀 수 있는 자로 상징되었다. 따라서 그 출생, 등극, 그 자체를 "유앙겔리온"으로 보았다.[209] 뿐만 아니라 게임의 승리, 세금 수납 시 장모가 오지 않겠다는 소식에도 사용되었다.[210] 이같은 의미를 지닌 "유앙겔리온"의 어휘가 예수 그리스도의 복음에 도입하여 사용하였다.

따라서 그 어원적 유래와 의미에서는 헬라사회와 공통점을 가지나, "알케"로 시작된 예수 그리스도의 복음과 그 시작, 주체, 내용과는 근본적으로 다르기 때문이다. 즉, 황제의 다양한 메시지, 출생, 즉위, 비영원성, 왕권의 지배의 도를 의미하나, "유앙겔리온"은 영원무변인 한 분의 하나님과 "바실레이아"로서 사랑과 용서와 섬김의 십자가의 도(道)가 임재 되는 곳이기 때문이다. 그러므로 "복음"은 오직 예수 그리스도를 통한 "사랑과 영생의 기쁜 소식"이며(요3:16), "하나님 나라의 소식"으로 예수 그리스도가 곧 복음인 것이다.

(2) 성서적 신학적 어의

"유앙겔리온"이란 어휘가 신약성서 가운데 76회 사용되어 졌다. 복음서 가운데서 마태복음서에 4회, 마가복음서에 8회 언급되어 있으나 누가복음서와 요한복음서에는 없다. 다만 동사형은 복음서에 10회 언급되었다. 바울서신에는 64회나 사용되었으나[211] 그 사용 범위가 예수 그리스도와 "로고스"에 국한된 "유앙겔리온"보다 넓은 의미로 사용되어졌다. 가령 "유앙겔리온"을 바울 자신이 전한 나의 복음(My Gospel, 롬2:16;16:25,

딤후2:18) 또는 내 복음(몬1:13)으로 사용되었음을 볼 수 있다. 따라서 바울은 갈라디아서에서 자기가 전한 복음은 사람에게서 받은 것이 아니라고 강조하고 있기 때문에(갈1:11), 때로는 바울의 복음을 일반적으로 사도적인 기독교 복음과 구별되어야 한다고 주장하는 입장이 있다.[212)]

그러나 다행히도 단수요 명사인 예수 그리스도의 "유앙겔리온"이 바울을 제외하고는 동사 내지 복음의 증거들로 사용되었다. 2세기 초대교회에서 예수 그리스도의 말씀과 행위 그의 십자가와 부활을 기록한 책들을 복음서라고 부르게 되었고, 2세기말에는 복음서의 책들을 마가에 의한 복음서로, 3세기에 와서는 복음의 선포자를 "유앙겔리스테스"(*ευαγγελιστης*, 행21:8, 엡4:11, 딤후4:5)로 사용되었다.

그러나 LXX에서는 복음의 의미를 표상하는 히브리어로 "부소흐"(בשׂה) 즉, 기쁜 사신(使臣)의 의미를 지닌 단어에서 번역하였는데, 이 어휘는 명사형 단수인 "유앙겔리온"이 아닌 동사형 "유앙겔리제사이"(*ευαγγελιζεσαι*) 즉, "복음을 선포한다"로 번역되었다.[213)] 또 "부소흐"는 기쁨, 사신, 선포의 의미를 지닌 동사형으로 LXX에서 다양하게 번역되었음을 볼 수 있다. 가령 "기쁨"[214)]와 "기쁜 소식의 전달자에 대한 보상",[215)] "기쁜 소식의 선포적 의미"[216)]로 사용되었다. 이는 단순한 전달적 차원[217)]에서 종교 제의적 의미[218)]와 하나님의 승리선포,[219)] 그리고 이방세계의 구원의 확산선포[220)]로 확대 사용되었다. 이처럼 구원의 소식을 선포한다는 동사형의 번역은 다양한 소식, 다양한 전달자 또는 예언자들로 하나요 단수인 예수 그리스도의 "유앙겔리온"의 명사가 될 수 없다. 다만 다양한 구원의 소식들로 이해할 수 있다. 따라서 LXX에서 번역된 구약의 복음적 의미는 여러 선지자들과 사람들로 하여금 다양한 의미에서 언급된 소식들로서 사용되었음을 볼 수 있다. 따라서 필자는 구약을 예수 그리스도의 복음의 표상적 계시로 보고, 이를 "복음의 요소들"(Elements of Gospel)이라 칭한다. 왜냐하면 단수요, 명사인 "유앙겔리온"은 오직 예수 그리스도 뿐이기 때문이다.

그러나 구약에 언급된 "복음의 요소들"은 예수 그리스도의 복음의 요소를 표상적으로 계시하는데 공헌하였다. 그러므로 "유앙겔리온은 구약(LXX)에서 단순과거 부정사 중간태 동사형으로, 예수 그리스도는 단수형 명사로, 그리고 예수 그리스도 이후는 중간태 동사형으로 변천하여 사용되었다. 그러므로 복음의 근본은 언제나 하나(One)이며 단수인 예수 그리스도 뿐이다. 그 외에는 복음 요소들(구약)과 복음의 증거(신약)일 뿐이다. 따라서 복음이란 어휘를 사용함에 있어 분명하고 신중을 기하여야 하며, 복음이라는 말의 난발, 오용, 형용사나 부사가 첨가된 복음, 즉, 참 복음, 진짜복음 등의 어휘를 말함은 또 다른 복음의 파생을 우려한다. 때문에 제2의, 제3의 가면적(假面的) 대리적(代理的) 그리스도의 등장과 "에클레시아"의 변질을 초래할 것임을 분명히 밝힌다.

(3) "유앙겔리온"의 의미와 본질

Stephen Mitchell은 "외형적 예수 그리스도는 가고 없다. 그러나 그의 절대적인 가르침은 남아 있다".[221] 이것이 복음이다. 복음의 본질은 예수 그리스도께서 이 땅에 오셔서 끊임없이 선포하신 말씀과 그의 의중(Mind)과 마음(Heart)가운데 그 본질을 규명할 수 있다.

A. "유앙겔리온"은 예수 그리스도

예수 그리스도가 곧 복음이다. 예수 그리스도는 구약에서 선지자나 예언자들에 의해 표상적 계시 내지 예언된 복음의 요소들과 사도들에 의해 "케리그마"로 선포된 복음의 증거들의 근원이요, 본질이요, 완전히 계시된 복음 그 자체를 말한다. 복음의 본체이신 예수 그리스도는 혈통이나 육정으로 난 자가 아닌 성결의 영으로 오신 하나님의 성육신이신 복음을 말하며, 그의 입술을 통해 선포된 "로고스" 즉, "이르시되"[222]의 복음으로 '예수 그리스도에 대한(About) 복음'이 아닌 '예수 그리스도의(Of) 복음'을 말한다.[223]

B. "유앙겔리온"은 예수 그리스도의 "기쁜 소식"

최초의 복음서인 마가복음서 1장 1절에는 "하나님의 아들 예수 그리스도의 복음의 시작이라"로 시작되었다. 이는 창세기 1장 1절에 "태초에 하나님이 천지를 창조 하시니라"와 그 시작인 "알케"와 "선포"와 "주체"에서 그 맥을 같이 한다.

"유앙겔리온"은 "기쁜 소식"(Good News)으로서, 동서남북으로 전파되는 예수 그리스도의 소식이다. 이 "기쁜 소식"은 생명과 자유와 기쁨과 구원을 주는 "살리는 소식"이다. 제국과 왕국과 율법과 타락된 유대종교의 "죽음의 소식"에서 "살리는 기쁜 소식"인 "하나님의 나라"(Kingdom of God, 마4:23)[224]에 들어가는 구원의 초청을 말한다. 이와 같이 '유앙겔리온'은 그의 탄생 그 자체로 말미암아 온 백성에게 미칠 큰 기쁨의 좋은 소식으로 누가 기자는 증거하고 있다(눅2:10-11). 이 복음은 "사복음서에 나타난 예수 그리스도의 선포된 말씀과 삶에 대한 아름다운 표현"[225]과 그의 죽음과 부활과 재림의 권능성까지를 말하는 것이다. 이 "유앙겔리온"을 통해 온 인류의 사랑과 용서와 섬김의 권능성으로 영생을 얻게 하는 기쁜 소식을 말한다(요3:16).

"유앙겔리온"의 "기쁜 소식"이 임하는 곳마다 하나님의 나라가 가시화 되었다. 하나님의 나라의 권능성의 임재는 빛처럼 물처럼 열처럼 소금처럼 공기처럼 하나님의 공의가 지배되며(암5:24), 길과 진리와 생명으로 충만 되어지고(요14:6) , 언제나 새로움으로 단장되어 새 창조와 새 존재(New being)와 새 기쁨과 새 소망과 새 사랑의 삶을 살게 하는 원천의 샘이다. W. Tyndal은 "유앙겔리온"의 "기쁜 소식"의 상태성을 "사람의 마음을 기쁘게 하고 사람들로 하여금 노래하고 춤추고 기쁨으로 뛰놀게 하는 좋고 즐겁고 기쁨에 가득 찬 기쁜 소식을 의미 한다"[226]고 하였다. 이같은 기쁜 소식의 "유앙겔리온"이 지난 10년 동안 여러 종파 안에서는 매우 추한 단어(Dirty word)에 지나지 않았으나, 1990년대 들어서면서 공인된 대부분의 교회에서 복음으로 충만 되어지고, 가시적인 교회들의 예배와 증거에 중요한 목적[227]으로 재발견하는 경향이 되었다. Donald G. Bloesch는 그의 「A Theology of Word & Spirit」에서 복음 쪽으로 성서를 재발견하여야 한다고 하였으며, Joachim Jeremias는 "초대

교회로부터 예수로 돌아가야 한다"고 하였다.

이처럼 "복음"은 시공을 초월하는 본질적인 "엑수시아"가 있으니 "천지는 없어지겠으나 내말은 없어지지 아니하리라"(마24:35)고 주님께서 선포하였다. 예수 그리스도의 선포된 말씀 즉, "복음"은 그 자체로서의 "엑수시아"와 영원성으로서의 "엑수시아"를 가지는 것이다.

C. "바실레이아"를 위한 "유앙겔리온"

예수 그리스도께서 이 땅에 오셔서 최초로 선포한 "로고스"와 그의 가르침은 바로 "바실레이아"였다(막1:15). 그리고 그의 공생애 가운데서 끊임없이 선포되어진 말씀 역시 "바실레이아"였다. 그러므로 "바실레이아"는 복음의 핵심이요, 예수 그리스도의 설교의 주제였다. 예수 그리스도의 복음은 세례요한의 다니엘적인 하나님 나라나 바울의 신국, 천국, 영지주의, 신비주의적인 하나님 나라가 아니라 이 땅에 교회를 통해 복음을 전파함으로 이루어지는 하나님 나라를 말씀하였다. 그러므로 마태복음의 마지막 지상명령은 선교이고, 요한복음의 마지막 최후명령은 사랑하라는 것이다. 모두가 이 땅에서 이루어지는 일들임을 확인시켜 준다. 유대교적 그리스도인(Jewish Christian)들은 이것이 스칸달론(*σκανδαλον*: 장애물, 걸림돌)이었다.

이 "바실레이아"는 성서 전체 162회나 언급되었다.[228] 공관복음서에만 126회나 언급되었다. 예수 그리스도의 3년간의 공생애 활동의 내용이 성서에 기록한 것은 30여 일간의 문서의 분량으로만 기록되었다.[229] 이는 "바실레이아"의 선포가 공관복음서에 126회로 언급되었다는 것은 예수가 하루에 4-5회 이상 반복으로 선포하였음을 알 수 있다. 때문에 이 "바실레이아"가 예수 그리스도의 복음의 핵심적인 메시지임에는 틀림이 없다. 이 하나님의 나라의 본질에 대하여는 다음 장에서 구체적으로 논급하고자 한다.

D. "유앙겔리온"은 "사랑의 대계명과 대명령"

한국복음신학연구원의 손병호 박사는 "사도행전 1장 8절에서 '…예루살렘과 온 유대와 사마리아와 땅 끝까지 이르러…' 에서 갈릴리는 언급하지 않고 있다. 이것은 이미 갈릴리는 자연과 더불어 사랑과 평화를 이루고 있기 때문에 예수 그리스도의 교회가 세워져 있는 것으로 보았기에 선교 대상에서 빠졌다" 고 한다.

태초부터 있는 생명의 말씀에 관하여는 우리가 들은 바요, 눈으로 본 바요, 주목하고 우리 손으로 만진바 된 사도 요한은 "하나님은 사랑이시라" (요일4:9-10)고 증거한다. 사랑의 본체이신 하나님께서 성육신 하시므로 그의 "아가페" 를 구체적으로 가시화 했다. 이처럼 성육신하신 하나님께서 줄기차게 선포한 것이 바로 "바실레이아" 였다. Victor Paul Furnish는 이 "바실레이아" 는 "하나님의 용서" 와 그 "명령되어지는 사랑" 으로 충만해진다. 그러므로 예수 그리스도가 선포한 말씀, 삶, 십자가의 죽으심이 바로 "사랑과 용서" 에서 출발한 복음이요, 동시에 복음의 본질이었다.

주님의 사랑은 주님 자신의 삶이요, 메시지요, 선교의 중심이었다.[230] 이는 사복음서와 요한서신에서 충분히 입증되고 있다. 공관복음서와 요한서신에 나타난 주님의 사랑은 그의 가르침의 특별한 주제요, 복음 선포의 중심이었다.[231] 주님의 사랑은 "하나님의 사랑" 과 "하나님 안에서의 자기사랑" 과 "원수사랑을 포함한 이웃사랑" 으로 이를 대계명(The Great Commandment)이라 한다.

이를 마태 기자는 다음과 같이 증거하고 있다.

> "네 마음을 다하고 목숨을 다하고 뜻을 다하고 힘을 다하여 주 너의 하나님을 사랑하라 하신 것이요, 둘째는 이것이니 네 이웃을 네 몸과 같이 사랑하라 하신 것이라 이에서 더 큰 계명이 없느니라" (마22:34-40, 막12:28-34).

복음서에 흐르는 주님의 가르침의 두 물줄기를 요약하면 대계명(The Great Commandment)과 대명령(The Great Commission, 마28:18-20)으로 볼 수 있다. John R. W. Stott에 의하면 대계명과 대명령을 평행

(Parallelism)으로 보았으나, Leonard Sanderson은 대계명이 먼저이고 대명령과 수직관계로 보았다.[232] 그러나 대계명과 대명령은 예수 그리스도의 십자가를 중심으로 나타나므로 평행과 수직의 만남은 그리스도이다. 그러므로 하나님의 나라의 임재는 바로 대명령과 대계명이 그리스도를 통해 가시화되나 용서가 전제된 사랑의 부르심이 곧 구원이요 선교인 것이다.

대계명인 사랑의 본질은 죄와 죽음과 율법으로부터의 자유함을 얻는 영생을 말한다(막8:35, 요일3:14;4:18). 왜냐하면 사랑의 본체이신 예수 그리스도 자신이 영생을 주시기 위해 십자가에 생명을 희생하시므로 그의 "아가페"를 완성했기 때문이다. 그러므로 사랑은 태도(Attitude)가 아니고 삶의 방법(Way of life)이다. 예수의 "아가페"는 "사랑할 가치가 없음에도 불구하고 사랑하는 것"을 말한다(롬5:8, 눅23:34). 이는 예수님께서 영적 무지로 자신이 메시야이심을 깨닫지 못하고 오히려 자신을 십자가에 못 박은 죄인을 향해 아버지께 저들을 용서해 달라고 도고(禱告)하시는 사랑을 말한다. 사도 바울은 로마서 5장 8절에서 "우리가 아직 죄인 되었을 때에 그리스도께서 우리를 위하여 죽으심으로 하나님께서 우리에게 대한 자기의 사랑을 확증 하셨느니라"고 증거하고 있다.

주님의 "아가페"는 "에로스"와 "필리아"와 "스톨케"와 구별된 사랑을 말한다. "에로스"는 자신을 위해 타자의 사랑을 갈망하는 에로틱한 도취의 사랑으로 서로 "주고받는" 조건적인 사랑으로, 조건이 파괴되면 사랑 그 자체가 상실되어지는 "러브"(Love)가 아닌 "라이크"(Like)를 말하나, "아가페"는 값없이 주는 무조건적인 사랑(Love)을 말한다. "필리아"는 배려와 우정간의 따사로운 나눔의 사랑을 말하나, "필리아" 사랑은 한정적이며 기호적이고 선택적 사랑을 말한다. 반면에 "아가페"는 제한과 기호와 선택은 물론 인종과 민족과 지역을 초월한 우주적인 사랑을 말한다. "스톨케"는 혈연적이며 인도주의적인 희생의 사랑을 말하나 "아가페"는 혈연과 인도주의의 "스톨케"를 넘어 선인은 물론 죄인까지도 값없이 동일하게 사랑하는 "아가페"를 말한다.

주님의 사랑은 유교의 인(仁)의 사상과 불교의 대자대비(大慈大悲)와 도 근본적으로 다른 사랑이다. 유교의 인(仁)은 인간 상호간의 관계적 사랑으로 한정하나, "아가페"는 하나님사랑과 원수사랑을 포함한 이웃사랑으로 우주적이며, 역동적인 사랑을 말한다. 불교에서 말하는 자비[233]는 이루어가는 완성적인 사랑을 지향하나 이는 추상적, 관념적, 이론적인 사랑을 말하고 있다. 그러나 "아가페"는 이론과 관념의 사랑이 아닌 구체적이며 행동적이며 단번에 성취한 십자가의 사랑을 말한다.

주님의 사랑은 율법주의(Legalism)를 배격하고 율법(Law)을 완성한 새 계명인 사랑을 말한다. 주님은 율법주의에 대하여 다음과 같이 경고한다.

"서기관과 바리새인들이 모세의 자리에 앉았으니 그러므로 무엇이든지 저희가 말하는 바를 행하고 지키되 저희가 하는 행위는 본받지 말라 저희는 말만하고 행치 아니하며 또 무거운 짐을 묶어 사람의 어깨에 지우되 자기는 이것을 한 손가락으로도 움직이려 하지 아니하며"(마23:2-4)라고 위선적인 율법주의를 배격했다.

율법주의는 언제나 타인을 향해 정죄와 심판과 얽어매는 짐을 통해 율법의 완전이행을 요구하나 정작 자신은 행치 아니하는 위선과 이율배반의 자들을 말한다. 주님은 이같은 율법주의를 배격하고 율법의 완성자[234]로 오셨으니 곧 새 계명인 주님의 사랑인 것이다(마22:36-40, 요13:34).

주님의 사랑은 사도들이 선포한 "케리그마"의 중심 메시지와 달랐다. 주님의 복음의 본질인 "아가페"는 사도들에 의해 선포 되어진 "케리그마"의 중심적 메시지와 그 본질적 강조점에서 달랐다. 주님의 복음의 초점은 바로 사랑 그 자체였다. 그 사랑은 관념적인 사랑이 아니고 현존하는 사랑으로 성령의 사역 안에서의 능력인 것이다. 그러나 사도들이 선포한 "케리그마"의 중심은 도래하는 "하나님의 나라"와 "회개"의 선포였다.

사도들은 주님의 현재적 사랑의 능력으로 하나님의 나라의 역동적 임재로 경험되어지는 "하나님의 나라" 보다 종말론적인 사건으로의 하나님의 나라를 선포하였다. 따라서 예수 그리스도는 예언에 대한 성취자로, 그의 생애 가운데 이적과 교훈을 중심으로, 그리고 예수 그리스도의 죽음과 부활과 승천과 재림과 심판이 케리그마의 중심이 되었다(갈 2:2).[235] 특히 사도 바울은 고린도전서 13장의 사랑의 찬가를 노래하나 그의 신학의 중심은 십자가와 부활이었다.

또한 사도들은 예수 그리스도의 십자가에 죽으심 이후 그의 사랑과 복음에서 떠나 방황하였고, 예수 그리스도의 부활을 목격하므로서 복음의 증거자들로 예수 그리스도의 십자가의 죽음에서 부활하신 그리스도를 목격하고 확증했기 때문이다. 그러므로 사도들의 복음은 사랑과 용서와 섬김의 구체적이고 실천적인 예수 그리스도의(Of) 복음보다 예수 그리스도의 십자가와 부활에 대한(About) 증거의 복음으로 볼 수 있으니 곧 "주기도문적 복음" 보다는 "사도신경적인 복음" 쪽으로 이해될 수 있다.

E. "유앙겔리온" 은 "정죄(定罪, *κατακρινω*)" 아닌 "용서(容恕, *αφεσις*)"

율법인 '토라' 는 LXX에서 '노모스' (*νομος*)로 번역되었다. 이 "노모스" 는 구약성서 내지 모세오경을 지칭할 수 있으나 핵심적 요약은 시나이산의 십계명으로 볼 수 있다. 그러나 "쥬다이즘" 에서는 그들의 유일한 선택인 "미쯔바(Milzvah)" 로 10계명과 613개의 계명으로 보고 있다. 율법의 기능은 죄에 대한 지식과 폭로에 있으며, 율법의 완전이행 여부에 따른 정죄와 심판의 기능이다. 따라서 율법의 완전이행을 위한 행위들이 때로는 위선(僞善)과 형식과 바리새인화의 신앙으로 변질되면서 율법으로 구원받지 못하는 지경에 이르게 되었을 때에 주님은 "정죄" 가 아닌 "용서" 의 복음으로 성육신 하셨다.

그리스도의 성육신은 하나님의 용서가 전제된 사랑의 계시였다(요 3:16,막20:28, 행20:28). 누가복음서의 탕자의 비유는 하나님이 이미 용서된 하나님의 사랑을 계시하고 있다. 주님의 용서는 행위 전에 태도가 전제된 "용서" 이다. '용서' 는 타자를 향해 용서의 행위 전에 하나님으로부터 자신이 이미 용서의 사랑을 받은 자임을 자각함에서 출발한다. 예수의 복음은 "정죄(심판)" 가 아닌 "용서" 이다. 주님은 현장에서 간음하다 잡힌 여인을 향해 "나도 너를 정죄하지 아니 하노니 가서 다시는 죄를 범치 말라" 고 하셨다(요8:11). 예수의 복음은 용서를 넘어 자유의 의미까지도 포함하는 하나님의 구체적인 구원의 사랑을 말한다(눅4:18, 사61:1;58:6). 이같은 하나님의 정죄가 아닌 용서의 복음은 태초에 범죄한 인류의(창3:1-7) 부르심에서 가시화 되었고, 이는 하나님의 용서가 전제된 복음의 전주곡이었다(창3:9;4:9). 그리고 마지막 때에는 하나님께서 그의 아들 예수 그리스도를 보내시므로 심판 아닌 구원으로 그의 용서를 구체화하였다.

성육신하신 하나님은 하나님나라를 선포하였으며 하나님 나라의 가시적 임재는 바로 용서받은 자들의 "에클레시아" 였다. 그러므로 용서는 하나님 나라로 향하는 표시요, 복음의 본질인 것이다. 따라서 예수 그리스도께서 전 생애에 걸쳐 가르치심은 하나님 나라로 초청하시는 "죄의 용서" 의 복음이었다. 주님은 제자들에게 용서의 기도를 가르쳐 주셨다. "우리가 우리에게 죄 지은 자를 사하여 준 것같이 우리 죄를 사하여 주옵시고" (마6:12)라고 가르치셨다. 그러므로 용서의 근본과 출발은 하나님께 있으며, 그 하나님은 성육신하심과 십자가를 지심으로서 모든 죄를 용서하셨기 때문이다. 때문에 용서는 이론적인 추론의 결과가 아니라 하나님의 본질적인 행위로 가시화 된 것이다.

인간에게는 언제나 정죄나 심판이나 멸망이 아닌 용서가 전제된 사랑의 구원이 필요한 것이다. 왜냐하면 용서는 "죄" 를 전제하며, "죄" 는 정죄와 심판의 요체이기 때문이다. 이사야 선지는 예수 그리스도의 십자가의 사건은 바로 죄의 사하심을 위한 공의적 행동이었음을 예언하였다(사53:4-6). 사도 바울은 주님 안에 있는 자에게는 결코 정죄함이 없다고 하였으며(롬8:1), "죄의 삯은 사망이요 하나님의 은사는 그리스도 예수 우리 주 안에 있는 영생이니라" (롬6:23)고 하였다. 그러므로 용서의 본질은 죄에서 자유함이요, 사망에서 영생이요, 율법에서 복음이요, 정죄에서 용서인 것이다.

주님의 용서는 언제나 대상의 관계를 전제하는 관계적 용서를 말한다. 그러므로 관계적 용서는 관계적 상실에서 비롯되는 것으로 그 상실의 원인이 바로 하나님과 인간, 또는 인간 상호간의 "죄"와 "과실"에서 비롯됨을 말한다. 동시에 "관계적 회복"의 길은 "죄"와 "과실"을 사할 수 있는 자의 용서에서 비롯되는 것이다. 하나님은 모든 인류를 이미 용서하셨다. 그 구체적이며 완성적인 용서의 가시화를 성육신과 십자가상에서 예수 그리스도의 용서의 선언인 것이다. 그러므로 용서는 "관계적 상실"에서 "관계적 회복"으로 이끄는 그 본질 자체인 것이다. 예수는 "관계적 용서"의 원리를 먼저 "용서하므로 용서함을 받는 것"임을 분명히 말씀하셨다.

> "너희가 사람의 과실을 용서하면 너희 천부께서도 너희 과실을 용서하시려니와 너희가 사람의 과실을 용서하지 아니하면 너희 아버지께서도 너희 과실을 용서하지 아니하시리라"(마6:14-15).
> "용서하라 그리하면 너희가 용서를 받을 것이요"(눅6:37).
> 또한 용서의 한계에 대하여도 끝없는 우주적인 용서를 말씀하셨다.
> "그때에 베드로가 나아와 가로되 주여 형제가 내게 죄를 범하면 몇 번이나 용서하여 주리이까, 일곱 번까지 하오리까, 예수께서 가라사대 네게 이르노니 일곱 번 뿐 아니라 일흔 번씩 일곱 번이라도 할지니라"(마18:21-22).
> "네 이웃을 사랑하고 네 원수를 미워하라 하였다는 것을 너희가 들었으나 나는 너희에게 이르노니 너희는 원수를 사랑하며 너희를 핍박하는 자를 위하여 기도하라"고 하셨다(마5:43-44).

이처럼 주님의 "관계적 용서"는 원수까지도 용서하는 사랑의 복음에서 비롯됨을 말한다. 사랑의 복음은 언제나 열린 마음과 열린 눈을 지향한다. 복음의 열린 마음은 열린 하늘을 바라보는 우주적인 마음이요(요

1:51), 언제나 화목 하는 직책을 소유한 마음이요(고후7:17-19), 십자가의 복음으로 새겨진 평화의 마음이요(엡2:15-16), 복음을 받아들이는 마음이다(눅24:45). 이같은 복음의 열린 마음은 용서하는 열린 눈으로 가시화된다.

예수 그리스도의 "에클레시아"는 죄와 고통과 죽음 가운데 있는 인류를 "불러 선택"(Calling Out)하여 한없는 용서로 사랑의 하나님의 나라를 가시화하는 사랑과 용서의 용광로이다. 곧 예수 그리스도의 복음적인 교회는 "삼위 일체적 사랑"[236]을 실현하는 하나님의 선한 도구이다.

F. "유앙겔리온"은 "지배의 도"가 아닌 "섬김의 도"

율법, 왕국, 제국, 성전종교, 회당종교, 성당종교는 종국적으로 지배의 도를 지향한다. 그러나 유앙겔리온, 바실레이아, 에클레시아는 지배의 도가 아닌 '섬김의 도'를 지향한다. "유앙겔리온"의 본체이신 하나님의 성육신은 그 자체가 인간을 섬기려 오신 섬김의 계시였다. 섬김의 주로 역사 속에 오신 예수 그리스도의 경의로움은 30세 된 그가 삶의 중심이요, 시간의 중심이요, 역사의 중심 가운데 주(主)로 오셨다는 것이다. 쿨만은 그리스도와 시간[237]에서 예수 그리스도는 "바실레이아"를 선포하였을 뿐만 아니라 과거, 현재, 미래의 유일회적인 구속사의 중심점이요, 인류역사의 중심이었다.[238] R. Bultmann은 예수 그리스도는 영원한 현재적 실체로서 종말론적인 현재적인 사건의 계시자로 오셨기 때문이다.[239] 마가 기자는 예수 그리스도는 유일회적인 구속사적 사건으로 이해함[240]은 물론 영원한 현재적 사건으로 이해하였다. 이는 "예수 그리스도의 복음의 시작이라"(막1:1)에서 "시작"인 "알케"는 영원한 현재적 기원 내지 근본 원리를 뜻하기 때문이다.

"유앙겔리온"의 "섬김의 도"는 그의 "바실레이아"와 "에클레시아"이다. "유앙겔리온"의 본질이신 예수 그리스도와 그의 "바실레이아"와 "에클레시아"는 "지배의 도"가 아닌 "섬김의 도"로서 가시화된 독특한 계시였다. 예수 그리스도는 왕도가 아닌 "섬김의 도"로서 그의 복음을 완전히 계시하였다. 복음서에서 예수 그리스도께서 언급하신 "섬김"에 관한 말은 "디아코노스"(διακονος)와 "라트류오"(λατρευω)이다. "디아코노스"는 명사형으로 영어권에서 "Servant"(마20:26;23:11, 막9:35;10:43)[241] 또는 "Minister"(마20:26, 막10:43)[242] 또는 "Serve"(요12:26)[243]로 번역되었다. 동사형인 "디아코니아"(διακονια)는 "디아코노스"에서 유래하였는데, 영어권에서는 "Ministered"(마2028, 막10:45)[244] 또는 "Serve"(마20:28, 막10:45)[245]로 번역되었다. 또 "라트류오"는 "라트리스"(λατρις)에서 온 말로 영어권에서는 "Worship"(마4:10)[246] 또는 "Serve"(눅1:74, 요12:26)[247]로 번역되었다.

이상의 어휘들을 통해서 예수 그리스도의 섬김의 본질을 살펴볼 수 있다. 예수 그리스도의 전 생애는 섬김의 삶이었다. 예수 그리스도는 인간을 섬기기 위하여 종(δουλος)의 형체로 오셨고(빌2:7), 섬김을 받기보다 섬기는 자로 온 것임을 분명히 선포하셨다. "인자가 온 것은 섬김을 받으려 함이 아니라 도리어 섬기려 하고"(막10:45)라고 말씀하셨다. 예수는 스승이 제자의 발을 씻기시는 섬김의 본[248]을 보이셨고, 그의 몸을 인류의 구원을 위한 대속물(λυτρον)[249]로 주시기까지 인간을 섬기셨다. 이같은 "섬김의 도"는 사랑과 용서의 복음을 이루었고, 하나님 나라의 생명구원의 권능성을 가시화 하였다. 이 섬김의 복음은 인자(Son of Man)인 예수 그리스도의 참 모습이요, 어찌 복음의 본질이 아니겠는가! 사도 바울은 예수 그리스도의 "섬김의 도"를 "십자가의 도"로 신학화 하였다(고전1:18). 그러므로 주님의 섬김의 본질은 종의 형체로 성육신 하셨고, 또 대속의 십자가로 인간을 섬겼으며, 또 끊임없는 섬김의 초대로 "바실레이아"와 "에클레시아"를 선포하신 것이다. 예수 그리스도의 섬김의 본질은 관계적 원리를 계시하고 있다.

인간을 섬기신 하나님은 섬김을 받은 온 우주와 그의 백성과 사단까지도 오직 경배와 영광을 자신에게만 "라트류오"토록 명하셨다. 그의 공생애의 출발점인 광야의 시험(πειρασθηναι) 사화에서 보면 사탄(Σατανας)은 예수 그리스도를 "지배의 도"로 유혹했다(마4:1-11). 그러나 예수 그리스도는 마귀를 향해 하나님의 경배와 "섬김의 도"를 가르쳤다. 또 구약성서 가운데는 하나님께 섬김을 명한 히브리어 "아바드"(עבד) 동사는 LXX에서는 "라트류세이스"(λατρευσεις)로 번역되었음을 볼 수 있다(출3:12, 신6:13). 그러므로 하나님을 향한 모든 인류의 "라트류오"는 하나님의 명령이며 본분이다.

섬김의 방법은 "Serve"와 "Worship"과 "아콜루데오"(ακολουθεω) 즉, 예수 그리스도를 따르는 것(Follow Jesus Christ)을 말한다. 이는 24시간 내내 모든 재능과 힘과 시간을 하나님을 위하여 봉사하는 것을 말한다.[250] 다만 "라테리아"의 가시화는 어떤 조직, 체제, 형식적 예배, 제사, 율법의 준수를 말하는 것이 아니고 오직 그의 사랑과 용서와 섬김의 복음 안에서 예배, 봉사, 복음을 따라가는 삶을 말한다. 사도 바울은 그리스도에 대한 섬김을 "디아코노스"에서 "둘류오"(δουλευω)로 신학화 하였다. 영어권에서는 "둘류오"를 한결같이 "Serve"로 번역되었다.[251]

주님은 인간 상호간의 섬김의 원리를 언제나 종(Servant)의 마음으로 주께 하듯이 서로 "Service" 또는 "Serve"토록 명하였다. 바울서신에서도 "둘류오"를 "Serve"(롬9:12) 또는 "Service"(엡6:7, 딤전6:2)로 번역되었다. 이는 하나님 나라의 백성간의 섬김의 봉사는 물론 세상을 향한 빛과 소금으로 나타나야 함을 말한다.

G. "유앙겔리온"의 목적은 우주와 세계와 만민의 구원

복음은 언제나 우주적이고 세계적이며 만민의 생명구원을 전제할 기쁜 소식이다. 하나님은 창세전에 이미 만민구원을 예정하시고 구원의 그루터기로 만민 중에 이스라엘을 선택하셨다. 선택받은 이스라엘 백성은 애굽의 우상과 바벨론의 우상으로, 또 성전종교와 회당종교로의 변질, 그리고 율법주의, 교리, 신조에 얽매여 주님의 복음과 새 계명에서 떠나 멸망의 자리에 이르게 되었을 때에 하나님께서 그의 아들(Son of God)을 보내사 유대인만이 아닌 "누구든지 주를 믿는 자들에게는 멸망치 않고 생명의 구원"을 약속하셨다(요3:16). 하나님은 새 이스라엘을 세우시

고 우주적이며 세계적인 종말론적 만민 구원의 "바실레이아"를 선포하셨다. 그리고 이 "바실레이아"를 위한 "에클레시아"를 세우신 것이다(막13:10, 롬1:16;8:18-23;10:12-13). 그러므로 주님의 오심은 바로 만민의 생명을 구원하시기 위해 세상에 잃어버린 자를 찾아 구원하려 하심에 있는 것이다(눅19:20).

"유앙겔리온"의 만민구원의 대상은 현재와 과거와 미래적인 우주적 구원이다. 창세기 12장 2-3절에 아브라함을 부르시고 계시한 언약의 복음 가운데 만민이 구원의 대상임을 계시하셨다. "내가 너로 큰 민족을 이루고... 땅의 모든 족속이..."라고 언약하셨다. 본문 가운데 "큰 민족"은 히브리어 "가돌 고이"로서 단수인 하나의 민족을 지향하며 LXX에서는 "에드노스 메가"(εθνος μεγα)로 번역되었는데 "나라"의 의미인 "에드노스"(εθνος)와 "큰"의 의미인 "메가"(μεγα)의 합성어로서 "큰 나라"를 의미하고 있다. K.J.V.에는 "A great nation"으로 번역하였음을 볼 수 있듯이 이는 만민이요, 하나님의 우주적 나라와 백성을 지향한다. 또 "땅 위의 모든 족속"은 K.J.V., R.S.V.에서는 "All Families of the Earth"로 역시 땅 위의 모든 족속(All Nations)[252]은 우주적 내지 만민을 지향하고 있다.

"유앙겔리온"의 만민구원의 대상은 현재적 구원이다. 주님의 현재적 구원의 대상은 "...저를 믿는 자마다..."(요3:16) 구원하시며 "헬라인이나 유대인이나 누구든지(πας) 주의 이름을 부르는 자"(롬10:12-13)는 현재적 구원으로 이르게 하시는 것이다. 또한 "유앙겔리온"의 만민구원은 미래적 우주적 구원이다. 주님은 지상사역을 마치고 승천하시면서 미래적 구원사역을 성령의 보내심과 더불어(행1:4,8-9) 그의 제자들과 "에클레시아"에 위임(Co-Work)하셨다. "너희는 가서 모든 족속으로 제자를 삼아..."(마28:19-20)로 분부하셨다. 본문에 나타난 "모든 족속"이란 말은 우주적인 의미를 함축하고 있으며, 이는 예수 그리스도의 승천 이후 역사의 종말까지 계속적으로 이루어질 미래적인 우주적 구원사역을 위임하신 것이다.

이상을 통해 "유앙겔리온"의 목적은 만민의 생명구원에 있으며, 과거와 미래와 현재를 관통하는 구원사역에 있음을 밝히면서 그의 구원의 동기와 사역과 결과가 바로 사랑과 용서와 섬김의 복음이요, 그 복음의 가시화가 바로 "바실레이아"와 "에클레시아"인 것이다.

2. 교회의 근본이시며 정점이신 예수 그리스도

태초부터 스스로 존재하셨고 창조사역에 함께 하셨던 예수 그리스도는[253] 구약과 신약과 복음의 근본이고 정점이다. 이 예수 그리스도는 그의 나라와 그의 의를 구하기 위하여 "에클레시아"를 세우셨다(마6:23). "에클레시아"의 근본은 예수 그리스도이며 그의 복음뿐이다. 그러므로 "에클레시아"에 있어서 예수 그리스도의 위치와 "엑수시아"는 참으로 각별하다 하겠다. 예수 그리스도를 독특한 위치와 "엑수시아"는 삼위일체 하나님, 성육신한 "로고스", 계시된 칭호 속에서 그 본질적 위치를 살펴보고자 한다.

1) 삼위일체 하나님으로서의 예수 그리스도

그리스도의 본질적 권위는 예수 그리스도가 단순히 한 인간이 아니라 하나님의 아들이요, 성자로서의 하나님이시기 때문이다. 만약 그리스도가 반신반인(半神半人)의 존재라면, 그리스도의 칭호적 그리스도론 즉, "하나님의 아들", "인자", "주", 메시야인 "그리스도"가 될 수 없으며, 그의 "에클레시아"는 세워지지 않았을 것이다. 그러므로 예수 그리스도는 성자 하나님이시며, 삼위일체의 하나님으로 본질적인 "엑수시아"가 있다. 그는 성부 하나님과 태초에 함께 계신 "로고스"이며(요1:1), 본질적으로 하나님과 같으신 분이다(빌2:6). 또한 성령의 하나님(요4:24, 롬8:9,11:14, 고전2:11,14)과 하나이신 성자 하나님이시다. 성령은 그리스도의 영, 주의 영, 하나님의 아들의 영(빌1:19, 고후3:17, 갈4:6), 예수 그리스도의 탄생의 영(마1:18,20), 그리스도를 살리는 영(고전15:45)이기 때문이다.

이처럼 성부, 성자, 성령은 "한 분의 하나님"으로, 하나님이 이 세계를 창조하시기 전, 또는 그리스도의 성육신 이전에 이미 선재하였다(요 1:1,10,15:26, 엡1:9, 빌2:6-7, 골1:15-17, 요일1:1-2, 히1:8-12). 이를 필자는 "근원적 삼위일체"라 칭한다. 또 하나님의 계시의 사역 즉, 성부의 창조사역, 성자의 구원사역, 성령의 역동적인 구원활동의 사역을 "계시적 사랑의 삼위일체"라 칭한다. "계시적 사랑의 삼위일체"는 삼위간의 역동적 "사랑의 사귐"으로 사랑의 창조(창1:31), 사랑의 구원(요3:16), 사랑의 생명 사역(요3:4-8)이기 때문이다. 이 모든 사역은 각위의 사역인 동시에 공동사역이다.

창조사역은 성부로부터 오는 것이지만, "로고스"의 성자와 수면에 운행하신 성령의 능력이 관련되어 있기 때문이다. 또 구원의 사역은 하나님과 인간을 화해시키고, 창조 세계의 구원과 완성으로서 성자 예수 그리스도의 성육신으로부터 오는 것이지만, 먼저 하나님의 인간 사랑에 대한 죄와 용서가 전제되므로 그의 아들을 보내셨고, 또 끊임없이 새 생명으로 초대하는 성령의 공동사역이기 때문이다. 성령의 역사는 성령으로부터 오는 것이지만 그의 역동적 사역은 성부, 성자의 공동의 사역이다. 성령은 하나님의 영이요(롬8:9,11,14, 고전2:11,14) 아버지께로 나오며(요15:26, 14:26, 요일4:1), 동시에 그리스도의 영이요, 아들의 영(고후3:17, 갈4:6, 빌1:19)이기 때문이다.

그러므로 일신론적 신관(Monotheismus)의 입장에서 위격을 무시한 칸트(I. Kant), 쉴라이에르마허(F. Schleiermacher), 또 하나님을 단일군주로 결합시킨 단일군주론,[254] 또 성자는 하나의 피조물이며 성부가 지으신 것이고 그 본질은 성부와 같지 않다는 종속론(Subordinatianism)의 아리우스의 입장, 또 본질은 한 분이나 세 인격은 한 분이신 하나님의 양태 속에서 활동 양식을 격하시켜 성부는 창조자, 성자는 구원자, 성령은 생명을 주시는 자로 나타낸 양태론(Modalism)의 사벨리우스, 또 그리스도의 계시에서 삼위일체론을 전개하다 양태론에 빠진 바르트(K. Barth)[255]를 거부하며, 한분의 하나님이요, 삼위일체 하나님의 사역 즉, 아버지와 아들과 성령의 사역이 성서 가운데서 분명히 나타나고 있다. 예수 그리스도는 삼위일체의 근본이신 하나님으로 그의 "에클레시아"를 세우셨다.

2) 말씀이 육신이 되신 예수 그리스도

예수 그리스도의 본질적 "엑수시아"는 "말씀이 육신이 되다"(*ο λογος σαρζ εγενετο*)[256]에서 비롯된다. 이는 두 개념적인 "엑수시아"로 볼 수 있다. 즉, "로고스"로서의 "엑수시아"와 "성육신"(*εν σαρκι*)[257]으로서의 "엑수시아"이다.

(1) "로고스" 그 자체로서의 "엑수시아"

"로고스"란 "말씀"으로 "하나님이신 그리스도"를 묘사한 요한신학에 있어서 독특한 표현이며, "에고 에이미"(*εγω ειμι*)란 용법으로 "로고스"를 계시하였다. 이 "로고스"는 영원전 태초에 계신 하나님의 선재성(先在性)에서 시작하여 "로고스"가 곧 하나님이심을 선포한다. "태초에 말씀이 계시니라 이 말씀이 하나님과 함께 계셨으니 이 말씀이 곧 하나님이시라"(요1:1). 하나님이신 "로고스"는 만물의 창조자로 나타난다. "만물이 그로 말미암아 지은바 되었으니..."(요1:3)라고 언급되어 있기 때문이다. 뿐만 아니라 하나님이신 "로고스"는 생명과 빛의 본체로 나타난다. "그 안에 생명이 있었으니 이 생명이 사람들의 빛이라"(요1:4)라고 기록하기 때문이다. 이처럼 "로고스"의 "엑수시아"는 영원히 선재하신 하나님이요, 실체적인 하나님의 말씀이요, 창조자요, 생명과 빛의 본체이시다. 또한 "로고스"는 선포되어지는 말씀으로서의 "엑수시아"가 있다. 태초의 창조는 선포되어지는 말씀(창1:1)으로 나타났으며, 예수 그리스도의 선포되어진 말씀은 언제나 권세 즉, "엑수시아"로 나타났다(마 7:29, 막2:10, 눅4:32).

(2) "성육신"으로서의 "엑수시아"

성육신(成肉身)이란, "로고스"이신 하나님 즉, '예수 자신이 성육된 인간이 되신 것'이다. 이 "에게네토"(*εγενετο*)는 직설법 능동태 동사로서, 그 의미는 "기노마이"(γινομαι) 즉, "되어"란 의미로 "was made"가 아닌 "to became"이다. 또한 "에고 에이미"의 존재 자체를 말한다. 이는 "사르크"(σαρζ)가 "로고스"(λογος)와 단절이 아닌 능동성을 표시하고 있다. 이는 "로고스"가 "사르크"로 변한 것이 아니며, 본질과 내용의 변화도 아니다. "로고스"이신 하나님은 인간의 특별한 형태(Form)로 오심을 말한다.

그러므로 성육신은 플라톤(Platon)이나 아리스토텔레스(Aristoteles)의 초월적인 지고선이 아니며, 범신론자(Pantheist)들의 세상과 동일시하는 것도 아니며, 하나님의 아들이 인간이 되었음을 부인하는 가현설(Doketismus)[258]이 아니며, 예수는 한 인간이었으나 하나님의 소명과 영을 받으므로 하나님의 아들이 되었다는 에비온주의(Ebionism)[259]도 아니며, 신(God)의 아들과 인간사이의 동일성을 부정하는 그리스도교의 영지주의(Gnosis)도 아니다.[260] 사도 요한은 "예수 그리스도께서 육체로 오신 것을 시인하는 영마다 하나님께 속한 것이요..."(요일4:6)라고 언급하였다. 그러므로 예수 그리스도는 참 하나님이며 참 인간[261]으로 세상에 오셨다. 세상에 오신 예수 그리스도의 본질적 "엑수시아"는 다음과 같다.

A. 성육신은 말씀의 전달 즉, 단순한 지식의 가르침이나 배움의 전달적 차원이 아니라, 계시자의 인격 그 자체로부터의 계시다.

그러므로 계시자의 인격 그 자체의 영접은 곧 구원으로 나타나며 하나님의 자녀의 권세를 주시는 것이다. 사도 요한은 "영접하는 자 곧 그 이름을 믿는 자들에게는 하나님의 자녀가 되는 권세를 주셨으니"(요1:12)라고 증거하고 있다.

B. 예수 그리스도의 성육신은 인간의 몸으로 역사와 율법아래 오셨음을 뜻한다(갈4:4).

이는 시공 속에 오셨음을 뜻한다. 예수 그리스도는 역사 속에 가시화된 죄, 죽음, 불의, 고통에서 "에클레시아"하고, 사랑의 계명으로 율법의 완성자로 오셨다(마5:17, 롬13:10). 그러므로 예수 그리스도의 성육신은 온 세상을 구원하시기 위해 자기 비하로(빌2:6-8) 길과 진리와 생명을 주신 하나님의 능력이다(요14:6, 요1:4).

C. 예수 그리스도의 성육신은 하나님 나라의 역사를 가시화한 것이다.

O. Cullmann은 예수 그리스도를 역사속의 계시며, 하나님의 계시의 주체이고, 역사의 주인으로 역사적 사건의 중심과 완성을 그리스도로 보았다. 따라서 역사 전체를 구속사(Heilsgeschichte)로 이해하였다. 이같은 입장이 W. Pannenberg에 의해서도 지지된 바 있다.[262] 이에 대해 불트만 학파는 성서에 나타난 사건에서 신의 역사라는 해석은 완전히 제거하고, 오직 인간이성의 이해력의 범위안에서 인간 역사관을 연결시켰다.

필자는 쿨만의 역사속의 계시자로서의 예수 그리스도의 입장을 지지하고, 불트만의 신의 역사를 완전히 제거한 비신화론적인 역사관을 비판한다. 왜냐하면 예수 그리스도의 성육신은 완전한 계시자로서 인간의 이성을 초월한 하나님으로부터 계시되었기 때문이다. 예수 그리스도의 성육신은 역사가운데 오심으로 역사의 분기점[263] 즉, B. C.(Before Christ)와 A. D.(Anno Domini)를 이루었고, 그의 역사(History는 His + Story)를 가시화 하는 것이다. 그러므로 이를 "하나님 나라의 역사"(*ιστορια του βασιλεια*)라 칭한다. 이 하나님 나라의 역사는 세계사(Weltgeschichte)를 섭리하는 가운데 가시화 되는 역사이다.

원래 역사란 말은 그리스어로 "이스토리아"(*ιστορια*)이며 라틴어로 "히스토리아"(Historia), 영어로 히스토리(History)로 사용되어지고 있다. 역사의 본질적 의미는 그 시작과 과정과 종결적 의미가 주어져야 한다. 그러므로 역사는 시작과 종결의 인과에 대한 끊임없는 배움과 앎에 대한 물음이며, 역사의 과정에 나타난 사건의 탐구 및 조사이고, 이를 기록 보존한 이야기인 것이다. 그러나 하나님 나라의 관점에서 본 역사는 시작과 종결의 주이시며, 역사 가운데 성육신하신 그리스도를 통해 세계사를 더불어 이루어 가는 "하나님 나라의 역사"의 빛 아래서 물음과 탐구와 이야기인 것이다. 이처럼 "하나님 나라의 역사"는 뜻이 하늘에서 이루어진 것 같이 땅에서도 이루어지는 역사를 말한다.

제2절_예수 그리스도의 교회(εκκλησια)

예수 그리스도의 "에클레시아" 선언은 메시야로서 끊임없이 "하나님의 나라"를 선포하실 때 그의 의중(Mind)에 이미 세워진 "에클레시아"를 임박한 자신의 죽음을 앞두고 가시적으로 위임(Co-Work) 선포하신 것이다. 예수의 "에클레시아"는 가시적인 물질을 말하는 것이 아니며, 쥬다이즘(Judaism)의 성전종교나 회당종교도 아니며, 어떤 인위적인 새로운 혁명을 위한 공동체도 아니며, 한 시대의 무력한 예언자의 항거의 표상도 아니다. 존 브라이트는 예수 그리스도의 새로운 종교의 창설이나 교회의 조직체나 교파를 만들려고 한 것도 아니다[264]고 언급하였다.

오직 메시야쉽으로 창세로부터 끊임없이 계시된 "에클레시아"의 표상은 원죄(Sin)와 온 인류의 사랑과 용서의 부르심의 표상인 아담[265]의 부르심으로 시작하여 열국의 표상인 아브라함의 선택과 부르심(창12:1-5), 그리고 부르심과 선택하심을 받은 그의 백성의 구원사역의 표징으로 고역과 우상의 나라 에집트(Egypt)로부터의 "에클레시아"와, 바벨로니아(Babylonia)의 포로(Captivity)를 통한 영적 위기로부터의 남은 자의 "구원, 건져냄"(Called Out)이다.

이같은 표상적으로 가시화 된 "에클레시아"는 예수 그리스도를 통하여 현재적이고 미래적이며 완성적이면서 비밀적인 그의 나라를 선포하였으며, 또 변질된 성전종교와 회당종교로부터 그의 신실한 백성을 "부르시고 나오게"(Called Out)하고, "세상"으로부터의 심판이 아닌 영생을 위한 온 인류의 궁극적이고 근본적이며 종말론적(終末論的)인 가시적이며 불가시적인 "에클레시아"를 선언한 것이다. '에클레시아'가 성서적, 신학적, 역사적인 중요성에 비추어 어휘적 자귀는 예수 그리스도의 전생애와 신약성서 가운데서 단 3번(마16:18;18:17)만 나타나고 있다. 특히 마태복음서에만 기록하고 있다는 점에서 "그리스도의 에클레시아"에 대한(about) 후대의 많은 의구심과 논쟁의 여지를 제공하고 있다.

"에클레시아"는 참으로 오래된 어휘로 그 의미 또한 깊은 뜻이 있다. 이 "에클레시아"는 고대 그리스(Greece)어로서 신약성서 바울서신[266]에 도입 이전부터 통용된 어휘로 수세기동안 사용되어 왔다. E. J. Jey에 의하면 "에클레시아"의 어휘가 헬라사회에서는 광범위하게 통용되었는데, 고전문학이나 도시 법률업무를 실행키 위한 시민들의 모임으로, 군주선출, 정치적 결정추인, 재판관계로 야기된 문제논의, 회중 교육 등 공적사업을 논의키 위해 그들의 집으로부터 집회소에 "부름 받아 나온 사람들의 모임"을 뜻한다. 주전 150년경에는 그리스가 로마에 완전 종속상황에서도 엄밀히 "에클레시아"의 맥(脈)을 전승시켜 왔다.[267]

문제는 과연 예수 그리스도가 "에클레시아"란 어휘를 사용하였는가? 또 예수 그리스도의 교회에 어떻게 도입되었으며 그 의미를 어떻게 나타내고 있는가에 있다.

K. L. Schmidt에 의하면 예수 당시에 희랍어를 사용치 않음을 미루어 보아 당시 일상용어인 아람어를 사용했을 것이다. 이런 경우 아람어(Aramaic) "케누슈타"(Kenushta)라는 말을 사용했을 가능성이 있다. 이는 예수에 의해 새로이 부름을 받아 장차 신국에 들어갈 메시야 공동체를 의미한다.[268] 따라서 마태복음 16장 18절에 예수의 "에클레시아"는 "케누슈타"의 의미를 지니므로 예수의 진정한 말씀으로 본다.[269]

G. Kittle에 의하면 "에클레시아"란 어휘가 신약성서에 도입된 것은 헬레니즘 유대인들에 의해 도입되었다고 보여 진다.[270] 그러나 보다 확실한 문헌적 근거는 히브리 경전에서 주전 2C에 알렉산드리아(Alexandria)에서 간행된 70인역(Septuagint로 70인의 역) 즉, 약어 LXX에서 그 의미를 찾을 수 있다. 다시 말하면 히브리어의 번역인 LXX에서 "에클레시아"라는 어휘가 번역됨으로서, 창세로부터 표상적으로 계시되어진 "에클레시아"가 예수 그리스도를 통해 완전히 계시됨을 의미한다.

그러면 예수 그리스도가 선포하신 "에클레시아"(*εκκλησια του χριστου*)의 의미가 무엇인가? 원래 "에클레시아"는 "에크"(*εκ*)와 "칼레오"(*καλεω*)의 합성어로서 "불러내었다"는 뜻이다. 이는 "데오스"(*θεος*) 또는 "크리스토스"(*χρεστος*) 또는 "큐리오스"(*κυριος*)와 합성됨으로서 독특한 의미의 부름이 되었다. W. S. Mcbirnie에 의하면 "에클레시아"는 "...부터의 부름"(call out from)이 아닌 "...위한 목적의 부름"(Called out to)이라고 언급하였다. 그 목적의 부름은 "하나님의 나라의 초대"와 "하나님의 나라의 사역"(His Kingdom' s Work)이요, 성령 안에서 부름 받은 백성들 간의 교제(Fellowship)요, 그리스도와 백성의 연합적 관계이다.[271)]

Eduard Lohse는 이 교회는 이미 구약 가운데 하나님의 백성 또는 이스라엘로 나타났으니 즉, 하나님이 그의 백성을 부르시고(Hos, 11.1), 그들을 선택하시고(Ps.4:4; Isa.62:12)라고 언급하였다.[272)] 이는 신약성서 가운데서 선택(Rom8:33, 1Peter1:1)과 부르심(R.1:6,1cor1:24)과 성도(1Cor6:2;16:1)로 증거 되고 있다. 이처럼 구약의 표상과 신약에 증거 된 예수 그리스도의 "에클레시아"는 하나님에 의해 "클레토이",[273)] "에클레토이",[274)] "피스토이"[275)]한 하나님 나라의 백성들의 모임이다.

교회를 공동체로 번역하는데 이의를 제기한다. 왜냐하면 "에클레시아"는 공동체가 아니기 때문이다. 이 공동체란 말은 사회학적 용어로서 사회적 단일성을 지향하며 "공동체 의식"(Community Sentiment)나 "우리 의식"(We-feeling) 내지 일체성(identity)으로 공동 운명체적 의식을 가진다. 가령 "집시" 또는 "쥬위시"(Gypsies or the Jewish)가 그 대표적 "예"이다. 물론 교회가 공동체적 의미가 없는 것은 아니다. 교회는 "피스토이"적 백성들로서 분명히 "코이노니아"(*κοινονια*)의 모임이기 때문이다. 그러나 공동체는 아니다.

루터(M. Luther)는 "에클레시아"를 독일어로 번역하면서 "키르케"(kirche)로 번역하기보다 "게마인데"(Gemeinde)로 번역하였다. 이 "Gemeinde"는 "Ge-mein-de"로 "mein"은 마음과 생각이 같다는 심리적

작용을 말하는 것이다. 이를 번역하면 공심체(共心體)가 올바른 것이다.

또 영어권에서 "커뮤니티"(Community)는 라틴어로 "커무니타스"(Communitas)이며, 이는 "Common" 또는 "Commual"에서 유래하였다. 이 말은 "에클레시아"에서 온 말이 아니다. 특히 성서에는 공동체란 말이 없다. 영어권에서의 처치(Church) 역시 봉사(Service) 또는 종파(Denomination)적 의미를 지니므로 공동체적 의미를 강하게 나타내고 있다. 이 "Church"란 말은 "에클레시아"에서 온 말이 아니고 그리스어 명사형인 "큐리오스"에서 파생된 형용사형 "큐리아코스"(*κυριακος*)[276]에서 유출이 확실하며, 남성이며 "주의 것"(*το κυριακον*) 또는 "주께 속한 것"(*η κυριακη*)의 뜻이다.

E. Brunner는 "에클레시아"와 "처치"(Church)는 구별되어야 한다고 주장한 바 있다.[277] 때문에 지금까지의 대부분 교회에 대한 정의가 예수 그리스도의 "에클레시아"보다 공동체적 의미를 강하게 나타내는 바울의 "몸으로서의 교회"(골1:24;1:18)와 어원적으로 "큐리아코스"적이고 처치(Church)[278]적으로 공동체적 관점에서 이해되어져 왔다. 가령 L. Berkhof는 교회가 "유기체적 단일성"을 강조했고,[279] Herman Hoeksema는 교회를 "유기체로서의 그리스도의 몸"으로 이해하였다.[280] 또 August H. Strong은 교회란 영적 생명을 주시며 그의 은혜와 능력을 충만하게 나타내는 "유기체로서 그리스도의 몸" 이외는 다른 것이 아니다[281]고 하였다. Hans Küng은 교회를 "하나님의 백성의 신실한 사람들의 공동체"로 이해했다.[282]

그러나 분명한 사실은 예수 그리스도의 교회는 "에클레시아" 그 자체이며 공심체(共心體)나 공동체(共同體)가 아니라 공신체(共信體)다. 뿐만 아니라 주님의 "에클레시아"는 "닫음"의 개념보다 "열림"의 개념이며, 끊임없는 "부르심"(Called out to)의 의미를 지향하고 있다. 그러면 이 "에클레시아"의 어원적 의미를 구약 가운데서 찾아볼 수 있다.

1. "에클레시아"는 "에다"(עדה)와 "카할"(קהל)의 완성적 계시

구약에서 "에클레시아"의 표상적 의미를 지닌 어휘는 "에다"와 "카할"이다. 이 "Eadah"는 일반적으로 "회중"이란 뜻으로 언어학적으로 "Kahal"보다 더 오래된 단어이다. 제이(E. J. Jay)에 의하면 이 "에다"의 어근적 의미는 "택하다" 또는 "지명하다"로 "에클레시아"의 "에클레토이"와 "피스토이"적 의미를 지니고 있다. H. Küng은 "에다 야웨"(Eadah Yahweh)로 합성됨으로서 종교적 의식적 법적인 모임으로서의 의미를 지니게 되었다.[283] 구약 가운데서 "에다"가 최초로 사용된 곳이 출애굽기 12장 3절에 "이스라엘 회중"이다. 그러므로 "에다"는 "카할"과 함께 여호와의 지명 또는 택함 받은 회중의 모임이다. J. Jeremias는 마태복음 16장 18절의 "에클레시아"의 의미를 보다 정확하게 정의함에 있어 "에다"로부터 시작하는 것이 가장 좋은 것이라고 하였다.[284] 그러나 이 "에다"가 LXX에는 "수나고게"(συναγωγη)로 번역되었고[285](출12:3;16:1, 2,9,10, 레16:33, 민16:9, 수22:17, 삿21:10, 대하5:6, 시74:2 등) 신약성서에는 56회 쓰여 졌다.[286] 이같은 번역과정을 거치면서 "에다"의 본래적 의미인 지명, 택함에 의한 "회중"보다는 주로 모임 그 자체나 장소적 의미가 강하게 나타났고 때로는 사단의 회(Sunagogue of Satan)로 번역되기도 하였다(계2:9;3:9. KJV).

다음으로 "카할"의 어휘이다. 이 "카할"은 "부르다"의 어근을 지닌 말로서 "에클레시아"의 본질적 의미를 계시하고 있다. H. Küng에 의하면 "카할" 역시 "에다"처럼 세속적인 의미를 지닌 소집된 모임이었으나 "카할 야웨"(Kahal Yahweh)가 됨으로서 독특한 부름의 의미를 지니게 되었다.[287] 다시 말하면 "카할 야웨"는 "세속"에서의 야웨의 부름을 말하며, 이는 "에클레시아"의 세속적 어휘에서 "에클레시아 투우 데우 또는 큐리우"(εκκλησια του θεου or κυριου) 됨으로써 하나님의 부르심의 의미와 그 맥(脈)을 같이 하기 때문이다. 특히 신명기 23장 1절에 "여호와의 총회"(קהל יהוה)를 LXX에 "εις εκκλησιαν κυριου"로 번역되었다. 그러므로 "카할"은 야웨의 독특한 부르심이나 전민족적 국가적인 것을 위해 "공적 부름"의 의미로 사용되었는데 LXX에는 "에클레시아"로 번역되었기 때문이다. 가령 모세에 의한 "시내산 모임"으로, 하나님의 율법을 듣기 위한 온 이스라엘의 모임으로, "모세가 온 이스라엘을 불러"(*εκαλεσε Μευσης Ισραηλ*, LXX. 신5:1) 또 솔로몬 성전 건축 봉헌식을 위한 모임으로 "...온 이스라엘 회중이..."(The Whole Assembly, *παντα εκκλησια Ισραηλ*, LXX. 왕상8:14)등이다. 다윗이 "하나님의 법궤"를 옮기는 모임에서도 볼 수 있다. "온 이스라엘을 불러..."(All Israel together, K.J.V., *εξ εκκλησιασε Δαυιδ τον παντα ισραηλ*, LXX, 대상13:5)등이다. W.S. Mcbirnie는 "에클레시아"는 전체적이고 국가적이며 민족적 차원에서 소규모의 모임 즉, 회중(Congregation)보다 총회(Assembly)쪽이다.[288]

그러나 "카할"이 LXX의 번역과정을 보면 창세기, 출애굽기, 레위기, 민수기, 예언서들은 "수나고게"로 번역되었고, 신명기(신5:22에는 *συναγωγη*로), 사사기에서 느헤미야에 이르는 역사서들과 시편(시40:10 제외)은 모두 "에클레시아"로 번역되었다는 점이다. 그러므로 "카할"은 구약성서에서 한결같이 "에클레시아"로 번역되지 않았고 "수나고게"와 번갈아 번역됨으로서 그 원인에 대하여 논쟁점이 많다.[289] Eric G. Jay에 의하면 "이 두 단어는 거의 같은 의미가 있어 논쟁 자체가 무의미하다. 그 이유는 다양한 시기에 사상들일 다른 사상가들(70인역)의 연작(連作)이란 점이고, 또 선의의 오역(誤譯)도 있을 수 있고, 또 당시 인쇄술이 발명되기 이전이므로 본문 전달의 위험이 내포되어 있기 때문임을 말한다."[290]

W. Schrage는 "이 두 단어는 70인 역에서 널리 사용되고 있기 때문에 70인 역에서 두 단어의 해명이 불가능하다. 특히 70인 역의 후기 부분에서 "에클레시아"가 아니라 "수나고게"로 종말론적인 용어로 사용되어 있다. 이는 성서적으로 "에클레시아"가 거룩한 개념으로 사용된 것이 아니라, 이 말이 교회를 표방함으로서 율법에 대한 거부를 나타내려는 헬레니스트들에 의해 정치적 어법으로 받아들여진다. 왜냐하면 "수나고

게"는 율법과 뗄 수 없는 관계이기 때문이다."[291]

그러나 필자의 견해는 "천지는 없어지겠으나 내 말은 없어지지 아니하리라"(마24:35, 막13:31, 눅21:33)는 말씀과 "천지가 없어지기 전에는 율법의 일점일획(一點一劃)이라도 반드시 없어지지 아니하고 다 이루리라"(마5:18)는 예수님의 말씀에 비추어 볼 때 LXX의 성서 번역은 매우 중요하며 하나님의 오묘한 섭리 가운데 인도되었을 것으로 사료된다. 일반적으로 모세 5경을 창, 출 레, 민, 신명기서로 보나, 필자는 출애굽에서 가나안 땅의 분배에 이르기까지의 하나의 역사적 단위로 보아서 여호수아서 까지를 모세 5경으로 본다. 그리고 따라서 모세 6경의 대표성을 신명기(Deuteronomy)에 둔다. 이 신명기는 광야생활을 끝내고 새로운 세계로의 부름 받은 무리들의 "공식적 총회"(신5:1; 5:22; 9:10; 18:16; 23:1; 31:30, 민19:20; 20:12, 삿20:2; 21:5,8 등)였다는 점이다.

왜냐하면 출애굽(Exodus)한 무리는 중다한 잡종(Ereb)으로 우상과 불평과 애굽으로의 또 다시 회귀(Called in)를 요구한 무리였다. 따라서 여호수아와 갈렙과 새로운 세대를 제외한 중다한 잡족은 사막의 귀신이 되었다. 이들은 "에다"의 모임이며 LXX에서는 "수나고게" 또는 회중이다. 그러나 신명기 총회는 공적모임으로 "카할"의 모임이고 "에클레시아"의 표상으로서의 총회이다. 그러므로 신명기 총회는 "에다" 또는 잡다한 무리(Congregation)로부터 새로운 약속의 땅 가나안으로 또다시 "Called out to"한 것이다. 또 신명기서는 모세 6경을 대표하는 공식 내용이 수록된 점이다. 다시 말하면 출애굽과 시내산 율법과 하나님의 권능성에 의한 현재, 과거, 미래의 구원사의 소(小) 크레도(Credo)이기 때문이다. 뿐만 아니라 후대 요시아 종교개혁의 기초가 된 법전이며, 특히 신23:1에는 "여호와의 총회"를 LXX에는 "*εκκλησιαν κυριου*"로 번역함으로써 예수 그리스도의 "에클레시아"를 표상하고 있다. 역사서와 예언서에서 "수나고게"가 아닌 "에클레시아"의 번역은 단순한 개인보다는 국가적 왕정시대이므로 공식적 모임의 성격이 강하고 동시에 신명기에서 언약된 하나님의 백성들을 죄(Sins)와 우상과 배반의 자리에서 끊임없는 "Called out to"를 예언자들을 통해 선포되었기 때문이다. 시편은 창세로부터 역사서까지의 하나님의 부름 받은 자들의 찬양과 감사와 탄원과 고백과 영광의 고백이었기 때문이다.

이상에서 볼 수 있듯이 예수 그리스도의 "에클레시아"는 "카할"의 "부르심"과 "공적모임"의 의미, 그리고 "에다"의 "택함과 지명", "모임"의 의미를 모두 포함하는 완성된 하나님의 계시이다.

2. "에클레시아"는 집(בית)의 표상과 "오이키아"(οικια)가 아닌 "오이코스"(οικος)의 완성

예수께서 선포하신 "내 교회를 세우리니"(*οικοδομησω μου την εκκλησαν*)(마16:18)의 말씀 가운데 "오이코도메소"(*οικοδομησω*)는 "오이코스"(*οικος*)와 "데모"(*δεμω*)의 합성어로서 "오이코스"는 "집으로의 교회성"을 의미하는 바 이는 "에클레시아"의 본질적 표상이 될 수 있기 때문이다.

1) 구약에서 "오이코스"의 의미를 지닌 "베리트"(בית)와 "헤칼"(הכל)[292]은 "에클레시아"의 본질을 표상하고 있다.

이 "베리트"는 실제적인 건물(House)적 의미도 있으나 "에클레시아"의 표상은 하우스(House)적 개념보다 하우스홀더(Household)이다. 또는 하나님의 권속(*οικεκοι του θεου*, the Household of God, KJV. 창19:2-4) 의미를 지닌다. 웨스트민스트 신앙고백서(Westminster Confession of Faith)에는 "...주 예수 그리스도의 왕국은 하나님의 집이요, 가족이며 그 교회를 떠나서는 구원받을 어떤 규정된 가능성도 없다"[293]고 언급하고 있다. 이같은 의미가 "아브라함의 집"(*εν τω διχω Αβρααμ*)으로, 자녀와 종을 포함한 집의 모든 권속을 의미하고 있다.[294] 또 "야곱의 집"(*πασαι ψυχαι οικου Ιακωβ*)으로 가족, 족속, 후손까지를 포함한 전체적인 집의 개념이다.[295] 이는 "에클레시아"적 표상으로 우주적인 가족 개념인 "하나님의 가족"을 지향하고 있으며, 특히 복음 안에서의 부르심과 선택과 신실한 자들의 모임으로 계층과 계급과 성별과 종족에 관계없이 누구든지 초청하시는 우주적 복음(요3:16, 마11:28)과 그의 "에클레시아"를 계시하고 있다. 이 "하나님의 가족개념"을 하늘의 뜻이 땅에 이루어가는 복음의 확산을 의미하며, 개인적 부르심에서 가족, 권속, 종족, 온 우주로 확산되는 이른바 예수 그리스도를 기점으로 하는 구심력(O.T.)과 원심력(N.T.)의 하나님의 선교(Missio Dei)의 원리를 표상하고 있다.

다음으로 "전" 또는 "하나님의 집"(*ο οικος του θεου*)의 개념을 들 수 있다. 이 "전"과 "하나님의 집"의 의미는 하나님의 계시의 장(場)이요, 하나님과 인간의 만남의 장(場)이었다. 그 대표적 실 예로 야곱의 벧엘(Beth-el)[296] 즉, "하나님의 집"과 회막(אהל מועד)[297]을 들 수 있다. 이 "하나님의 집"과 "회막"은 하나님과 이스라엘간의 영적관계의 기능을 말한다. 그 기능은 예수 그리스도의 "에클레시아"를 표상하고 있다. 그 "에클레시아"의 표상은 누구나 하나님께 나아갈 수 있는 열린 교회의 표상이며, 언제나 하나님의 계시와 응답을 기다리는 "피스토이"한 백성들의 모임의 장이었으며, 누구나 제사와 제물에 참여할 수 있는 만인제사직을 지향하고 있다.

또 제사 이후 제물을 통해 함께 공동식사를 나눔으로서 연합 내지 예수 그리스도의 공동식사의 교제를 지향하고 있으며, 언제나 하나님에 의해 불기둥과 구름기둥으로 인도되는 이동하는 역동성의 교회로서 하나님 나라의 권능성의 임재로 가시화 된 "에클레시아"를 표상하였다. 그러므로 "전"과 "회막"은 하나님으로부터 부르심과 인도하심과 흩어짐의 묘한 원리이며, 하나님의 계시와 응답과 축복과 사죄가 이루어지는 장소로서 하나님의 백성들의 영적 고향이요, 삶의 중심이기 때문이다. 따라서 그의 백성들은 여호와의 집을 사모하였다(시27:4-6). 그 실례가 다니엘 6장 10절에 다니엘이 예루살렘 성전을 사모하는 모습을 볼 수 있다.

또 "에클레시아"의 표상으로 이스라엘의 집(The House of Israel)을 들 수 있다. 이는 "새 언약의 집"(렘31:31, 히8:8)이다. 이 언약은 영원한 상속과 축복으로 상징된다(창12:23;15:7). "에클레시아"는 그리스도 안에서의 언약의 완전한 계시를 말하고 그 언약 가운데서 부르시고 선택하시고 신실한 하나님의 백성들의 모임, 즉 이스라엘의 집인 것이다.

2) 구약의 "베리트"(ברית)는 LXX에는 "오이코스"로 번역되었는데, "에클레시아"의 표상은 "오이코스"이지 "오이키아"(οικια)가 아니다.

이 "오이코스"는 집(House) 또는 건물(Building)적 의미가 있으나 가정(Home) 또는 가족(Household)에 가깝고 특히 "투 데우"(*του θεου*)와 합성된 "오이코스"는 거룩한 처소의 개념으로 나타났다. 예수님은 이 "오이코스"를 "신령한 집", "내 집은 만민이 기도하는 집"(*ο οικος μου οοικος προσευχησεται*, 마21:13), "내 아버지의 집"(*τον οικον του πατρος μου*, 요2:16), "하나님의 집"(마2:26, 사56:7), 또는 "하늘 위에 있는 집"(요14:2) 등으로 말씀하셨다. 이 "오이코스"는 가족이나 가정의 의미로 사용되기도 하였고 또 종족의 의미로도 나타내는 경우도 있다. 가령 이스라엘의 집, 다윗의 집, 야곱의 집, 유다의 집 등이다. 또 "오이코스"는 거처(Dwelling)와 전(殿)의 개념으로도 사용되었다. "거처"로서의 의미는 "진리와 성령의 거처"(딤전3:15) 또는 "사람의 거처"(행10:30)로 사용되었다. 또 "전"의 의미로서도 사용되었다(눅14:23, 마11:8)). 사도 교회에서는 이 "오이코스"를 그리스도인들의 집합적 모임으로 널리 사용되었다.[298] 바울은 "집에 모이는 교회"(몬2:2, 골4:15), "평안을 나누는 집"(롬16:15, 골4:15)으로 사용하였다.

반면에 "오이키아"는 신약에 94회 언급되었는데 그 중에 4번만[299] 가정에 관해 언급되었고, 주로 "물질적인 집" 또는 "실제적인 건물" 그 자체로 나타나고 있다(막1:29, 눅5:7,10, 눅7:6-10). 따라서 "오이키아"는 가정 또는 가족보다 집 또는 건물 쪽이 강하다. 특히 "오이키아"는 "투 데우"와의 연결점이 없다는 점이다. 그러나 "오이코스"와 "오이키아"의 공통점은 거처의 개념이 있으나, "오이코스"는 영적 또는 사람의 거처이나 "오이키아"는 사람의 거처에 국한하고 있다는 점이다.

3. "에클레시아"는 "큐리아콘"의 의미를 포함

교회의 어원적 본질적 의미는 "에클레시아"이지 "큐리아콘"은 아니다. 이 "에클레시아"는 예수 그리스도가 교회를 지칭한 유일한 어휘인 동시에 "하나님 나라"를 위한 끊임없는 "클레토이", "에클레토이", "피스토이"한 하나님의 백성들의 복음을 증거 하는 모임이기 때문이다. 이 "에클레시아"는 외적으로는 열린 세계를 지향하며 세상으로부터의 끊임없는 "Called out to"인 동시에, 내적으로는 영적 일체감으로 역동성 있게 하나님 나라를 이루어 가는 그야말로 독특한 모임이다.

이 "큐리아콘"은 '그리스도의 에클레시아' 또는 '나의 에클레시아'와 신실한 하나님의 백성의 소유적 의미로서 바울(고전11:20)과 사도 요한(계1:10)이 증거하고 있다. 그러나 "큐리아콘"은 원래 비잔틴 희랍어인 "키리케"(Kyrike)에서 "큐리오스"(*κυριος*, 명사)로 다시 "큐리아콘"(*κυριακον*, 소유적 형용사)으로 유출되었으며, "투 큐리아콘"(*του κυριακον*) 또는 "헤 큐리아케"(*η κυριακη*)로 됨으로써 장소적 개념으로 나타나게 되었다. 때문에 교회란 말이 "에클레시아"에서 번역되지 않고 "투 큐리아콘"에서 "Church" (잉글랜드), "Kirche"(독일), "Kerke"(화란), "Kirk"(스코틀랜드)로 번역하는 오류를 낳게된 것이다. "투 큐리아케"(*του κυριακη*)는 외적인 열린 세계로부터의 "Called out to"의 차원보다는 내적인 영적 결속을 지향하는 경향이다.

이는 바울의 "몸으로서의 교회"(엡1:22, 골1:18,24)가 가장 잘 표현된 "큐리아케"의 의미이다. 때문에 바울은 "에클레시아"를 그의 서신 가운데 "집으로서의 교회"(몬2:2,골4:15), "집단으로서의 교회"(고전11:18,14:19), "한 도시 또는 지역 안에 있는 교회"로 "에클레시아"를 사용함으로써 예수 그리스도의 우주적 교회(Universal Church)와의 차별성을 볼 수 있다. 그러나 "에클레시아"에 대한 어원적 본질은 그의 서신 가운데 잘 증거하고 있으니 즉, 선택(The Elect)과 부르심(The Called), 성도(The Saint)로서의 교회를 말하고 있다.[300]

4. "에클레시아"는 쿰란공동체(Qumran Community)나, 에세네파나, 에비온파와 본질적으로 다름

사해 바다(Dead Sea)의 가장자리에 형성된 유대 쿰란 공동체나 에세네파 공동체나, 에비온파 공동체는 그 본질적 성격이 배타성의 공동체이고 움추림의 공동체로서 민족주의적이며 종파주의이기 때문에 열림이 아닌 닫힘의 세계를 지향하는 공동체이다.[301] 그러나 "에클레시아"는 공동체가 아니며, 배타성도 아니며, 개방적이며, 우주적인 열린 교회로 세계를 향해 하나님 나라의 생명의 복음을 증거하고 누구든지 부르시고 초청하시는 세계적이고 우주적인 역동성의 독특한 모임이다.

1) 예수 그리스도의 "에클레시아"를 세우심

예수 그리스도는 자기의 "에클레시아"를 세우셨다. 예수 그리스도께서 세우신 "에클레시아"는 그의 말씀과 의중(Mind) 가운데서 하나님의 나라를 이 땅에서도 이루어지게 하는 사명체로 세우셨다. 예수 그리스도의 교회는 하나님 나라를 이 땅에 이루지게 하는데 필요한 도구로 사용하기 위하여 교회를 세우시고 그 교회를 통하여 예수 그리스도의 복음이 증거 되게 하였다. 이 복음을 듣는 자마다 구원을 이루어 구원받은 자의 수가 날마다 많아지므로 하나님의 뜻이 이 땅에 이루어지는 하나님의 나라가 도래하게 된다.

(1) 예수 그리스도가 말씀하신 "에클레시아"

예수 그리스도는 "바실레이아"를 선포하는 가운데 가이사랴 빌립보에서 "에클레시아"를 육성으로 선포하셨다. 예수 그리스도의 육성으로 선포하신 "에클레시아"는 마태복음 16장 17-19절과 18장 17절에 언급되어 있다. 이 두 본문은 "에클레시아"의 본질연구에 구심점인 동시에 예수께서 "에클레시아"에 대한 유일한 말씀이기 때문에 본문의 배경과 본문의 석의(釋義)를 중심으로 논급하고자 한다.

A. 마태복음 16장 13-19절

> “예수께서 빌립보 가이사랴 지방에 이르러 제자들에게 물어 이르시되 사람들이 인자를 누구라 하느냐 이르되 더러는 세례 요한, 더러는 엘리야, 어떤 이는 예레미야나 선지자 중의 하나라 하나이다 이르시되 너희는 나를 누구라 하느냐 시몬 베드로가 대답하여 이르되 주는 그리스도시요, 살아 계신 하나님의 아들이시니이다 예수께서 대답하여 이르시되 바요나 시몬아 네가 복이 있도다 이를 네게 알게 한 이는 혈육이 아니요, 하늘에 계신 내 아버지시니라 또 내가 네게 이르노니 너는 베드로라 내가 이 반석 위에 내 교회를 세우리니 음부의 권세가 이기지 못하리라” (개역개정성경, 마16:13-19).

a. 본문의 배경

본문이 선포된 시기는 아마 주님의 공생애 마지막 해의 중반으로 보여진다. 손병호 박사에 의하면 예수 그리스도의 메시야성이 이미 사방에 널리 알려진 다음이었으며 유대종교 지도자들의 눈에서 벗어난 지 오래였다. 따라서 주님은 자신의 신변에 다가오고 있는 심상치 않은 적들의 사정들을 모를 리가 없었다. 그는 제자들에게 그런 상황을 내포하는 발언을 자주 하셨다. 바리새인들과 사두개인들, 그리고 장로들과 서기관과 제사장들, 당시의 유대주의 일급 지도자들과 담판이 임박해 옴을 주님 자신은 물론 그의 제자들도 직감하고 있었다.[302)]

즉, “유대인들의 교회”의 지도자들과 대표들과 실권자들과의 피치 못할 대결이 가까워 옴을 직감하고 “인자”인 자신에 대한 분명한 이해의 필요성을 절감하면서 동시에 다가올 미래에 이루어질 자신의 죽음과 부활을 예고한 후(마16:21-23) 유대종교의 대표들이 모임인 “산헤드린”과 장로들의 대의기구인 “수나고게”를 공적으로 거부하고, 이미 그의 의중(Mind)과 “바실레이아”의 선포 하실 때 권능성의 임재로 가시화 된 “그리스도의 에클레시아”를 공적으로 세상과 유대종교 지도자들에게 선언하였다. 예수 그리스도는 이를 “내 교회”라고 말씀하였다.[303)]

이같은 예수 그리스도의 내 교회의 선포는 궁극적으로 그의 나라의 임재를 통해서 우주적인 만민의 생명구원에 있으며, 이를 위해서는 세상으로부터의 죄, 죽음, 고통으로부터의 끊임없는 부르심은 물론 인류의 구원이 아닌 멸망으로 이끄는 유대종교로부터 부르심(Called out)을 선언하신 것이다.

따라서 유대주의와의 충돌은 불가피했으며 그들은 예수를 십자가에 못 박았으나 그의 말씀대로 3일 만에 부활하셔서 그의 "에클레시아"를 재조직하고 또 전승케 하였으니 이것이 다락방 교회요, 또는 오순절 교회요, 또는 초대교회, 또는 사도들의 교회라 칭하게 되었다(마20:17-19, 마27장)..

b. 본문 석의(釋義)

본문은 매우 짧은 몇 구절에 불과하지만 예수 그리스도의 공생애의 결산과정이라는 점에서, 또 수난을 앞에 둔 시점이라는 점에서 그 계시의 의미는 지대하다고 하겠다. 특히 본문에서는 이미 그리스도론에서 전술한 바와 같이 칭호 속에 나타난 예수 그리스도의 본질적 계시 즉, "주"와 "그리스도"와 "하나님의 아들"과 "인자"로 모두 계시된 점을 간과해서는 안 될 것이다.

a) "인자"(*ο υιος του ανθροπου*)

본문에는 예수 그리스도께서는 자신을 "인자"(Son of Man)라고 말씀하시면서 인자에 대한 분명한 이해를 질문하셨다. 당시 팔레스타인에는 예수란 이름을 가진 자가 천여 명 정도에 이르렀고, 동일한 이름아래 수많은 그리스도관이 존재하였음을 유추할 수 있다. 뿐만 아니라 거기에는 신학과 예배의식과 구원관이 다양했기 때문이다. 이같은 상황 하에서 주님은 3년간 가르친 자신의 제자들을 향하여 "인자를 누구라 하느냐?"의 질문은 가르침에 대한 본질적인 물음이었다. 제자들의 대답은 유대인들의 일반적인 예수관과 다를 바가 없는 대답이었다. 당시 유대인들은 예수를 다시 오리라고 기대했던 선지자중의 한 사람으로 이해되었기 때문이다.

오늘날에도 예수에 대한 일반적인 이해는 "인자"로서의 예수가 아닌 세계 4대 성인 즉, 석가, 공자, 소크라테스, 예수 가운데 한 사람으로 이해되어질 뿐이다. 당시 유대인들이 가장 존경했던 선지자는 세례 요한, 엘리야, 예레미야, 모세, 이사야, 에스겔 등이었다. 그러므로 예수의 제자들조차도 당시의 헤롯이 그리스도를 세례 요한의 재생으로 이해했듯이(마14:2), 그들 제자들조차도 세례 요한의 재생으로 이해하였으며, 또 에녹과 함께 죽지 않고 승천한 선지자(왕하2:21) 또는 불의 사자로 변모한(왕상18:24,왕하1:10) 엘리야의 모습이 예수에게도 보였던 것이다(눅9:54). 그리고 패망해 가는 이스라엘 민족을 위해 눈물을 흘린 눈물의 선지자 예레미야의 모습을 예수께서 예루살렘을 보시고 우신 모습에서(눅19:41) 그를 예레미야의 재생으로도 이해하였다. 그 외에도 모세와 같이(신18:15), 또는 이사야와 같이(IIEsd.2:18), 그리고 에스라(IIEsd.14:9)와 같은 예수관을 가지고 있었다.

그러나 "인자"는 그리스도론에서 이미 전술한 바와 같이 "데오안드로포스"(*δεοανδρωπος*)로서 선지자나, 예언자의 재생(再生)도 재래(在來)도 표상(表象)도 아닌 "인자(人子)" 그 자체로서 "인자의 섬김"과 "메시야적 인자의 영광" 그 자체로서의 권위(權威)였다.

b) "주는 그리스도시요, 살아 계신 하나님의 아들"(*Συ ει οχριστος ο υιος του θεου τον ζωντος*)

마태복음 16장13절부터 기록된 예수 그리스도의 정체성에 관한 제자들과의 문답 속에서 "사람들이 인자를 누구라 하느냐", "세례 요한, 더러는 엘리야, 어떤 이는 예레미야나 선지자 중의 하나라 하나이다", "너희는 나를 누구라 하느냐", 이 때 시몬 베드로의 신앙고백을 보면 "주는 그리스도시요 살아계신 하나님의 아들이시니이다" 라고 고백하였다.[304)]

"사람들이 인자를 누구라 하느냐?"의 주님의 질문에 다행히도 베드로(*Πετρος*)의 대답은 예수 그리스도의 본질적 계시인 "퀴리오스", "크리스토스"와 "하나님의 아들"(*υιος του θεου*)로 신앙고백을 하였다. 이 신앙의 고백은 예수 그리스도의 신성(Divinity)과 구주성(The Saviour)을 나타낸

고백이며 "데오안드로포스"의 놀라운 조화이고, 그리스도인들의 신앙의 요람이요, "에클레시아"의 근본이요, 출발인 것이다. 주님은 이 놀라운 고백은 혈육 즉, "사륵스 카이 하이마"(σαρζ και αιμα)에서 난 것이 아니고, 하늘에 계신 내 아버지의 계시로 말씀하셨다.

c) 그대는 베드로라(συ ει πετρος)

베드로가 "당신은 그리스도시오"라는 고백에 대하여 주님은 "너는 베드로라"라고 그의 이름을 재삼 분명히 말씀하셨다. 이는 "인자"에 대한 분명한 고백과 베드로라는 분명한 지칭은 그의 "바실레이아"와 "에클레시아"의 본질이해의 핵심적 요체임을 강조한 것으로서 엄숙하고도 중요한 사명을 강조한 말씀이다. 특히 "페트로스"란 주님이 베드로와의 첫 대면에서 지어준 새 이름으로(요1:42, 막3:16) 원래 시몬의 이름에서 개명된 것이다. 물론 주님은 아람어 게바(Kepha)로 말씀하셨으나, 이를 번역하면 희랍어 "페트로스"이기 때문이다(요1:42, 막3:16). 그 뜻은 "반석" 또는 "돌"(Rock or stone)을 의미한다.[305] 베드로는 예수 그리스도의 제자로서 열심히 따라다녔지만 마지막 결정적인 순간에는 예수를 배반하고 떠나버렸고 부활하신 예수를 만나고서도 갈릴리로 생업을 위해 과거로 회귀했던 인간이다. 이방인처럼 무엇을 먹을까 입을까 염려하는 게바 즉 돌덩이 같고 바위 같은 꽉 막힌 인간, 돌 머리와 같은 미련한 인간임을 철저히 드러내게 한 후에 예수 그리스도는 갈릴리로 찾아 와서 그를 만나서 다시 사명을 부여하였다. 교회를 위한 사랑의 복음, 곧 사랑의 대명령이었다.

예수 그리스도 승천 이후 성령의 역사로 신약 시대의 초대교회는 바울교회를 필두로 베드로의 교회와 요한의 교회로 나타난다. 바울의 교회와 베드로의 교회는 예수 그리스도의 교회론과는 거리가 먼 개혁교회와 로마 가톨릭 교회의 형태로 변질되고 가감되었다. 요한의 교회는 그나마 예수 그리스도의 교회론에 가까이 왔으나 역시 불완전하였다. 이제 이러한 교회들이 옛 그리스도의 복음으로 돌아와 회복되고 변화되어야 한다. 여기에는 무엇보다도 예수 그리스도의 복음의 본질인 삼위일체적 사랑으로 회복 되어야 한다. 하나님을 사랑하는 마음으로 이웃을 사랑하고 이웃을 사랑하는 마음으로 원수를 사랑해야만 이 땅에 하나님의 뜻이 이루어지는 하나님의 나라가 임할 것이다.

d) 내가 이 반석 위에(επι ταυτη τη πετρα)

본문의 "페트라"(πετρα)와 "페트로스"(πετρος)는 둘 다 "반석"을 의미하나 그 뜻은 서로 다르다. 특히 본 귀절은 난해한 구절로서 프로테스탄트와 로마 가톨릭 간의 건널 수 없는 다리로 대립되고 있다. 그러나 분명한 사실은 주님의 "에클레시아"는 베드로의 인격 위에 세우신 것이 아니고, 그의 "신앙고백" 위에 세우신 것이다. 본문에 나타나는 "페트로스"와 "페트라"의 어휘적 관계에서 살펴보면 "페트로스"는 인격적 베드로(Peter)이며, 반석(a rock)이라는 뜻이다. 이 반석(a rock)은 조그만 한 돌 또는 움직일 수 있는 단순한 조약돌의 의미가 강한 반면, "페트라"는 인격을 의미하기보다는 반석(rock) 그 자체이며, 강하고 확고한 기초의 반석인 돌을 의미한다. 그러므로 주님의 "에클레시아"는 반석같은 "페트라" 위에 세우신 것이다.

또 성(性)의 변화의 관계에서 살펴보면 "페트로스"는 "Mr. Rock"로서 남성명사인 반면에, "페트라"는 "Miss Rock"로서 여성명사인 보통명사이다. 이는 한 문장의 변화된 성(性)은 동일성으로 볼 수 없음이 분명하기 때문이다. 따라서 주님이 세우신 "에클레시아"는 남성인 "페트로스"나 여성인 "페트라" 위에 세우신 것이 아니라 반석 같은 신앙고백인 "주"와 "그리스도"와 "하나님의 아들" 위에 세우신 것이다. 또 주님의 "에클레시아"는 "페트로스"라는 결점 투성이의 가변적 인격 위에 그의 교회를 세울 수가 없다.

마태복음 16장 23절에는 마태복음 16장 18절에서 위대한 신앙을 고백한 "페트로스"(A rock)를 향해 사탄(Σατανα)으로 책망하심은 연약하고 결점이 많은 "페트로스" 그 인격 자체를 말함이며, 이는 예수의 생전은 물론 부활 후 베드로(St. Peter)의 많은 실수를 볼 수 있다(행11:8-17, 갈2:11, 벧후3:15). 또 바울(St. Paul)을 통하여 그의 실수를 책망 받기도 하였다(갈2:11-21). 특히 그의 동역자 마가는 베드로의 신앙고백을 언급하면서 "페트로스"만 기록하였을 뿐 "반석"($\pi\epsilon\tau\rho\alpha$)은 표현하지 않았다(막8:27-30). 바울은 교회의 터는 오직 그리스도시며(고전3:11) 예수께서 친히 모퉁이 돌이 되시고 사도들과 선지자들의 터 위에 세우심을 말하므로 오직 베드로의 인격 위에만 세우심을 부정하고 있다(엡2:20).

사도들의 고백인 사도신경(The Apostles Creed)은 라틴어로 "Symbolum Apostolicum"으로서 사도적(Apostolicum)이라는 형용사를 "사도들의"로 번역하는 것은 베드로(St. Peter)의 한 제자의 신앙고백이 아니라 "사도들의" 신앙고백을 강조한 것이다. Loraine Boettner에 의하면 교부인 어거스틴이나 제롬은 "반석"은 "페트로스"가 아닌 "그리스도"로 이해하였다.[306] 그러므로 주님의 "에클레시아"는 결점과 연약한 "페트로스"[307] 위에 세우신 것이 아니고 "오직 주는 그리스도시요, 살아 계신 하나님의 아들"임을 고백한 반석 같은 신앙고백 위에 그의 교회를 세우신 것이다. 이 신앙고백은 혈육인 "페트로스"(St. Peter)에서 난 것이 아니요, 하늘에 계신 내 아버지로부터 온 것이다.

e) "내 교회"를 세우리니($o\iota\kappa o\delta o\mu\epsilon\sigma\omega\ \mu o\upsilon\ \tau\eta\nu\ \epsilon\kappa\kappa\lambda\eta\sigma\iota\alpha\nu$)

이미 예수 그리스도의 "에클레시아"에서 전술한 바와 같이 주님의 "에클레시아" 즉, "오이코도메소"($o\iota\kappa o\delta o\mu\epsilon\sigma\omega$)는 "오이코스"($o\iota\kappa o\varsigma$, Spiritual household)와 "데모"($\delta\epsilon\mu\omega$, to build)의 합성어로서 미래적 능동태이다. 영어권에서는 이를 "의지"의 표현인 "Will"로 번역하였다. 이 "Will"은 현재적 강한 의지로 공동번역에는 "세울 터인 즉" 또는 세울 터인데(새 번역)로 번역되고 있다. 또 "Will"은 단순 미래적 의지로 개역성경에는 "세우리니"로 미래형 "에클레시아"를 선언하신 것이다. 그러므로 주님의 "에클레시아"의 세우심은 가시적(Visible)이며 미래적인 "에클레시아"를 선언하신 것이다. 뿐만 아니라 주님의 "에클레시아"의 세우심은 당시 유대주의 교회와 그들의 가장 권위 있는 대의정치기구인 산헤드린을 거절하지 않을 수 없는 이때에 주님의 "자기 교회"(My Church)를 선언하신다.[308]

주님의 "내 교회(My Church)"에 대한 그 성서적, 신학적, 역사적, 본질적 의미는 다음과 같다.

ⓐ 주님의 "내 교회"에 대한 착상은 이미 그의 의중(Mind) 가운데 있었고, "바실레이아"의 선포하실 때 가시적 또는 불가시적으로 가시화 되었다.

육성으로 선포하신 "오이코도메소"는 공적으로 세상과 유대주의자들 앞에 선포된 주님의 "에클레시아"로써 우주적이며 역동적인 하나님의 나라의 권능성이 재현되는 교회였다.

ⓑ 주님의 "내 교회"는 주께 속한 교회로 "헤 큐리아케"(*η κυριακη*)이다.

주님의 "내 교회"는 교회의 시작과 영광스러운 완성은 물론 보존과 견지와 보호와 인도와 경영과 관리의 모든 소유가 주께 있음을 말한다. 따라서 주님 외에는 어느 누구도 결코 교회를 세울 수가 없다. 바울이 교회에 머리되시는 그리스도(골1:18)의 표현은 주님만이 교회의 주인임을 신학화 하였다.

ⓒ 주님의 "내 교회"는 세계적이며 우주적인 교회이다.

주님의 "에클레시아"는 "가톨릭"이요 "우주적"이요 "보편적"이다. 이미 전술한 바와 같이 저 창세로부터 우주적이요, 가톨릭적이요, 보편적인 하나의 교회로 표상적인 계시로 가시화 되었으나, 성전종교화 회당종교화 되면서 그 의미와 그 본질이 변질되었다. 주님의 가이사랴 빌립보의 "에클레시아"의 선포는 그 변질된 유대종교로부터 "Called Out"인 동시에, 우주적이고 가톨릭적이고 보편적인 교회를 분명히 선포하신 것이 "내 교회"인 것이다. 특히 오늘날 가톨릭이란 용어를 로마 가톨릭 교회(Roman Catholic Church)만이 독점적 점유물로 생각하는 자가당착적 모순에 빠져 있는 시점에서 또 프로테스탄트의 교회는 이 우주적인 주님의 "에클레시아"에 대한 본질적인 이해부족과 더불어 이기주의적인 개 교회주의로 지향하는 오늘의 시점에서 주님의 우주적인 "에클레시아"의 의미가 희석 내지 왜곡될 우려를 진단하지 않을 수 없다.

원래 가톨릭(Catholic)이란 용어는 "카토리코스"(*καθολικος*)에서 파생되었고, 라틴어 "카토리쿠스"(Catholicus)로 그 뜻이 보편적(General) 또는 우주적(Universal)이다. 주님의 우주적 "에클레시아"는 특정한 로마 가톨릭이란 교파적 의미와 로마라는 지역적 의미에 한정된 교회가 아니다. 주님의 "에클레시아"의 가톨릭성은 내 교회(마16:18) 즉, 하나의 보편적 교회이며, 그 대상은 언제나 모든 민족(All Nations; 마28:20)이고, 그의 가르침은 오직 복음 즉, 예수 그리스도께서 분부한 모든 것을 가르치며(마28:20), 이 우주적이고 가톨릭적인 복음과 "에클레시아"에 대한 대명령과 나의 증인(My Witnesses)이 될 것을 분부하셨다(행1:8). 이같은 주님의 "에클레시아"의 우주적 카톨릭성은 각종 신조를 통해 고백되어졌다. 사도신경(The Apostles Creed)에는 "에클레시아"를 "거룩한 공회"(The holy Catholic Church)로 고백하고 있으며,[309] 니케아신조(The Nicene Creed)는 하나요, 거룩한 보편적이고 사도적인 교회를 믿는다(We believe one Holy Catholic and Apostolic Church)[310]고 고백하고 있다. 1560년 개혁교회의 최초의 신앙고백서인 스코틀랜드 신앙고백서(The Scots Confession)에는 교회는 카톨릭이다(The Kirk is Catholic)[311]라고 고백하였다. 웨스트민스트 신앙고백서(The Westminster Confession of Faith)에는 불가시적인 보편적 교회는 그리스도를 머리로 하여 과거나 현재나 미래에 있어서 하나의 모임이다. 가시적 교회 역시 복음 아래 있는 보편적 교회로서 세상에 흩어져 있는 모든 사람으로 구성되어 있다고 하였다.[312]

그러므로 주님의 교회는 오직 하나인 가시적이며 우주적인 교회이다. 따라서 예수 그리스도의 우주적 교회를 빙자한 무교회주의,[313] 제2의, 제3의 교회사상이나 주의나, 제도나, 구약종교로의 회귀를 경계하며 비판한다.

ⓓ 주님의 "내 교회"는 "혈육의 교회"와 다른 교회이다.

비복음적인 "나의 교회화" 또는 "우리 교회화" 내지 "왕국 교회화"는 "혈육의 교회요", 베드로 위에 세워진 교회일 뿐, 결코 "주님의 교회"(My Church)는 아닌 것이다. 주님의 내 교회는 베드로의 신앙고백 위에 세워졌다. 이 고백은 혈육에 의한 것이 아니며, 오직 하늘에 계신 아버지로부터 계시된 고백이었다(마16:17). 그러므로 주님의 교회는 하나님으로부터 출발하였으며, 하나님으로부터 부르심과 택하심을 입은 신실한 하나님의 백성들의 증거의 모임일 뿐이다.

그럼에도 불구하고 오늘날 베드로 위에 세워진 교회처럼 제2, 제3의 "나의 교회"를 세우고 주님의 이름만 있을 뿐 본질은 주님의 중심이 아닌 나(My Self)의 중심의 교회로 나타나므로, 그곳에는 언제나 나의 교회로 삼고, 나의 교회로 영위하며, 나의 교회로 군림함으로서 사랑과 용서와 섬김의 복음은 요원(遙遠)한 상태의 교회로 전락(轉落)하고 있기 때문이다. 더 나아가 "나" 중심의 교회는 "나"들이 모인 "우리의 교회"로 제도화 내지 집단화함으로써, 아성과 궁성과 왕성으로 "힘"과 "다수"와 "물량화"로 스스로 기독교 문화를 창조하고 있음을 말하고 있으나, 기독교 문화 창조는 가능할지 모르나 복음과 그의 "에클레시아"는 요원한 상태다. 혈육 교회의 목자상은 양의 생명을 풍성하게 하고, 한 마리의 잃은 양을 찾아 산과 들로 쫓아다니시는 주님의 목자상과 주님의 "에클레시아"와는 그 본질적으로 다른 것이다. "나"와 "우리"가 중심이 된 "나의 교회"와 "우리의 교회"는 본질적으로 "혈육의 교회"요, 베드로 위에 세워진 교회일 뿐 결코 주님의 내 교회는 아니다.

그러므로 주님의 "내 교회"는 본질적으로 교황이나 목사나 장로나 감독에 의해 만들 수도 없고 또 조직할 수도 없다. 다만 주님만이 "내 교회"를 세울 수 있으며 그 분만이 내 교회의 주인일 뿐이다.

ⓔ 주님의 "내 교회"는 성전제사나 회당예배와 다른 교회이다.

"제사", "제단", "제물", "신당"이 중심이 된 구약의 성전(Temple)종교나 사단의 세력이 중심이 된 "회당"(Synagogue)예배는 예수 그리스도의 내 교회(My Church)와는 근본적으로 다른 교회이다. 예수 그리스도는 완전하고 유일회적인 계시자(αποκαλυψις)였다. 그는 거울처럼 희미하게 보이는 신비의 인물이 아니며(고전13:12) 추상적으로 공상적 추리소설에 나타난 가상의 인물이나 가공의 인물도 아니다. 그는 구약에서 끊임없이 예언되었고,[314] 예수 그리스도 이후 사도들로 하여금 증거된 분이다.[315] 그 분은 분명히 역사 속에 오신 역사적 예수요(Historical Jesus), 하나님의 아들(Son of God)인 동시에 사람의 아들(Son of Man)로 오신 것이다. 그는 내 교회를 세우셨고 그 교회는 창세로부터 끊임없이 표상으로 계시되었던 완전무결한 종말론적 계시의 "에클레시아" 이다.

그러므로 예수 그리스도의 "에클레시아"는 구약교회의 표상과 예수 이후 신약에서 증거된 복음의 요소들(Elements of Gospel)에 대한 본질적 계시인 것이다. 때문에 그의 "에클레시아"는 창세로부터 하나님의 나라의 완성까지 끊임없는 "Called out to" (바실레이아를 위해 부름 받고 나온 자들)를 통해 가시화 되는 하나님 나라의 백성들의 모임인 것이다. 그러므로 구약종교 즉, 쥬다이즘으로의 회귀는 "에클레시아" 의 본질적 역류로서 비복음적이다. 특히 오늘날 제단, 제물, 제사종교로의 회귀현상은 예수 그리스도께서 완성하신 구속사역을 역행하는 것이며, 예수 그리스도의 구원의 역사를 미완성 내지 믿지 못하는 것과 다를 바가 없기 때문이다.

예수 그리스도의 십자가상에서의 "다 이루었다" (요19:30)는 "테텔레스타이" (τετελεσται)로 "텔레오" (τελεω)의 3인칭 단수 완료형으로 "끝내다" (Finished, JV. NIV, 또는 "완성하다" Accomplished, JB)의 의미이다. 이 완성은 구원의 완성인 동시에 율법(롬13:8), 성전(마12:6), 제사(히7:20-21, 마9:13), 계명(요13:34)의 완성이요, 구약의 온 선지자와 율법의 강령을 완성하신 것 즉, 사랑의 대계명인 것이다(마22:34-40). 또한 예수 그리스도의 "에클레시아"는 거룩한 성지, 성소, 신당, 신전을 말씀하시지 않았다. 주님의 교회는 이 땅에서 "성스러움" 의 어휘를 부여하지 않더라도 또 아무리 보잘 것 없이 작고 경멸당한다 할지라도 하나님 보시기에는 값지고 영예로운 것이다. 솔로몬 성전이 아무리 영화롭다 할지라도 주님의 교회와 비교될 수 없으며, 솔로몬 성전은 이 땅에서 영원히 사라졌지만 주님의 교회는 음부의 권세가 이기지 못할 것이다.

오늘의 성지(聖地)로 불리는 예루살렘은 "예수 그리스도를 십자가에 못 박고" (요19:17-20), "선지자들을 죽이고, 내가 파송 하는 자들을 돌로 치는 자" 들이 머문 곳이며(마23:37), "성전을 숙청하였고" (요2:13-22), "이 성전을 헐라 내가 사흘 동안에 다시 일으키리라" (요2:19, 마26:61,27:40)하신 경고의 말씀을 선포한 곳이 바로 오늘의 성지라 불리는 예루살렘이 아닌가? 예수 그리스도의 "에클레시아" 의 우주성은 성지도, 성소도, 신당도, 신전의 대명사인 예루살렘도 그리심 산도 아니며, 예배하는 자가 영과 진리로 예배하는 때가 이르리라(요4:21)고 말씀하시므로, 주님의 교회의 우주성은 어느 곳이든 "하나님의 나라가 임재" 하는 곳이며 "부르심을 받고", "선택하심을 입은", "신실한", "하나님의 백성들의 증거" 하는 모임이 바로 "에클레시아" 이심을 분명히 선포하신 것이다.

다음으로 주님의 "나의 교회(My Church)" 는 하나님의 교회, 구약교회, 유대교회, 성전종교, 회당종교와는 근본적으로 다른 예수 그리스도의 교회이다. "디아스포라" 로 변칙적 약식예배로 생성된 회당(Synagogue)예배는 율법을 가르치고 성전의 역할을 했으며, 기도장소와 학교, 집회소, 수용소 등의 역할을 담당하였다. 뿐만 아니라 선교활동의 중요한 근거지로서 예수 그리스도께서 천국복음을 가르치고(마4:23, 요18:20) 병자를 고치시고(막1:21) 또 사도 바울의 선교의 근거지로 사용되었다(행9:20).

그러나 가장 중요한 의미는 "유대주의" 의 존속으로 보아야 한다. 이 "유대주의" 는 본질적으로 예수 그리스도의 "에클레시아" 와 근본적으로 다른 유대공동체이다. 이 공동체는 유대인만의 회합이며 율법주의와 형식주의와 독선주의와 세속적 야합의 산실이며, 급기야 예수 그리스도와 그의 복음을 적대시하는 사탄의 회(Synagogue of Satan) 내지 세력으로 전락되었다. 이 회당의 변질에 대한 구체적 언급은 "수나고게" 와 "에클레시아" 에서 전술되었다. 예수 그리스도의 "내 교회" 선언은 바로 이 회당으로부터의 "나옴" (Called out to)인 것이다.

B. 마태복음 18장 17절

> "네 형제가 죄를 범하거든 가서 너와 그 사람만 상대하여 권고하라 만일 들으면 네가 네 형제를 얻은 것이요 만일 듣지 않거든 한 두 사람을 데리고 가서 두 세 증인의 입으로 말마다 확증하게 하라 만일 그들의 말도 듣지 않거든 교회에 말하고 교회의 말도 듣지 않거든 이방인과 세리와 같이 여기라" (개역 개정판 마18:15-17).

a. 본문의 배경

본문의 배경은 예수 그리스도께서 그의 "에클레시아" 를 선포하신 이후 그의 수난을 앞둔 시점에서 갈릴리 가버나움에 체재하시던 중 그의 제자들에게 주신 말씀이다. 그러므로 본문 18장은 예수 그리스도의 갈릴리 복음의 진수(眞髓)로 사랑과 용서와 겸손의 복음이다. 특히 마18장 11-12절에서는 자신이 이 땅에 오신 목적을 다시 한 번 밝히면서 "인자가 온 것은 잃은 자를 구원하려 함이니라"고 하였다. 이를 위해 이미 세워져 있는 그의 "에클레시아"에 대한 본질적 의미와 사명과 권위에 대하여 18장에 언급됨을 볼 수 있다.

본문의 저자인 마태는 50년 전 예수 그리스도가 말씀하신 본래의 교회를 회복하려 하였다. 바울의 교회가 이미 세워진 후 마태는 예수 그리스도의 복음적 교회를 세우려고 이 분문을 4복음서중 유일하게 언급하고 있다. 그럼에도 불구하고 마태의 정황은 유대적 그리스도인(Jewish Christian)과 유대적 교회론(Jewish Church)에서 벗어나지를 못하였다. 이는 새 포도주를 헌 부대에 담는 격이 되고 말았다는 한계가 있다.

본문과 관련한 "에클레시아"의 신학적 의미를 다음과 같이 살펴 볼 수 있다.

첫째, 교회의 존재는 물량적인 숫자 즉, 맹목적 몇 천 명 내지 몇 만 명에 있는 것이 아니라, 주님의 마음에 합한 두 세 사람이 있는 곳에 바로 주님의 교회가 있음을 분명히 말씀 하셨다.

둘째, 마태복음 16장 19절에 베드로의 신앙고백 시 주시겠다고 약속한 천국의 열쇠는 베드로가 아닌 교회임을 분명히 말씀하셨다. 따라서 베드로가 교회의 특권을 가졌다고 하는 로마 가톨릭의 모순성을 지적할 수 있다.

셋째, 주님의 교회는 권징(勸懲)이 아닌 사랑과 용서이다.

넷째, 주님의 교회는 이미 세워진 교회를 전제하고 있다 하겠다.

b. 본문 석의

본문 가운데 "에클레시아"란 말이 두 번 나오고 범죄한 형제에 대한 처리문제가 언급되어 있다.

"만일 그들의 말도 듣지 않거든 교회(εκκλησια)에 말하고 교회의 말도 듣지 않거든 이방인과 세리 같이 여기라"

이 말씀은 가이샤라 빌립보에서 선포하신 가시적이며 미래적인 우주적 교회가 이미 설립되어진 상태를 전제하고 있음을 말씀하고 있다. 이에 대하여 이 교회를 그리스도인의 교회로 보는 입장이 있고,[316] 이 교회는 유대인의 회당(Plummer) 즉, "수나고게"[317]로 보는 경우가 있으나, 필자는 본문을 주님의 "에클레시아"로 본다. 왜냐하면 주님의 "에클레시아"는 전술한 바와 같이 "바실레이아"의 권능성이 임재한 곳마다 두세 사람의 모임으로부터 시작하여 열두 제자와 양 무리 등 수많은 "에클레시아"의 가시성을 볼 수 있기 때문이다.

다음으로 본문의 석의는 "교회의 말을 듣지 않거든 이방인과 세리와 같이 여기라"는 말씀이다. 당시 이방인과 세리(εθνικος και ο τελωνης)는 유대사회의 용어로 그들을 이방사람 즉, 교회 밖의 사람으로 취급되었다. 본문에 언급된 배교(背敎)와 교회를 이탈한 형제를 모든 방법을 동원하여 다시 돌아오도록 수없이 권면을 하였음에도 불구하고, 회개하지 않을 때는 교회 밖의 사람과 같이 여기라는 뜻이다. 이같은 행위는 율법적으로 정당할지도 모른다. 왜냐하면 정죄(定罪)는 율법이요, 추방과 제명과 징계는 회당종교와 성전종교의 산물이기 때문이다.

그러나 본문 말씀에 대한 주님의 깊은 의중(意中)은 성전종교나 회당종교처럼 배교나 교회를 이탈한 자에게 대한 즉시 추방, 제명, 징계를 요구하시는 것이 아니라, 더 큰사랑과 용서의 복음으로 마지막 순간까지 인내로서 그들을 "에클레시아"로 거기서 나올 것을 의미한다. 이같은 의중은 본문 말씀 이후에 18장 21-35절에 언급된 예수 그리스도의 끝없는 용서의 교훈에서 충분히 입증되고 있다. 뿐만 아니라 예수 그리스도의 삶 자체가 세리와 이방인들과 친구가 되셨고, 그들을 사랑하시므로 구원의 자리에 이르게 하신 가난한 자의 복음이기 때문이다. 그러므로 주님의 "에클레시아"는 권징(勸懲)보다 언제나 사랑과 용서로서 든든히 서

가는 "에클레시아"의 원리를 말씀하셨다.

이는 율법적 차원이나 유대적 차원이 아닌 선교적 차원에서 설득하고 사랑하라는 용서의 영원성을 강조하는 말이다. 오늘날의 헌법도 재판을 위한 권징보다는 화해와 조정을 위한 권고, 중재위원회를 두는 것이 예수 그리스도의 교회와 노회와 총회가 될 것이다.

(2) 예수 그리스도의 의중(Mind)과 마음(Heart)과 그의 가르침(Teaching)을 통한 "에클레시아"

예수 그리스도의 "에클레시아"의 본질적 원리를 문자적 해석으로만 국한(局限)한다면 주님이 세우신 "에클레시아"는 신약성서에는 단 세 마디뿐이다[318](마16:18;18:17). 그 어휘 자체만으로 주님의 "에클레시아"의 본질을 규명할 수 없다. 뿐만 아니라 그 어휘 자체마저도 삽입 내지 예수 그리스도의 말씀이 아닌 후대의 산물로 보는 자유주의 신학의 입장에 서 버린다면 (Adolf Von Harnack)[319] 주님의 "에클레시아"는 어디에 있으며 지구상에 현존하는 가시적 교회는 예수 그리스도의 본질적 교회보다 유대주의 내지 회당의 산물에 불가한가? 아니면 사도교회의 전승(傳承) 내지 변질된 교회에 불가한가를 질문하지 않을 수 없다.

본 연구는 주님은 분명히 그의 "에클레시아"를 세우셨고 그의 "바실레이아"를 위한 "에클레시아"로서 출발한다. R. Newton Flew에 의하면 우리 주님의 의중(Mind)에 나타난 "에클레시아"의 이념(Idea)을 알기 위해서는 예수 그리스도의 가르침뿐만 아니라, 그의 지상의 삶으로 돌아가야만 한다고 하였다.[320] 그러므로 주님이 선포하신 "에클레시아"의 문자적 의미는 물론 그의 전 생애를 통한 가르치심(Teaching)과 그의 삶(Life) 전체가 메시야(Messiah)적 "에클레시아"의 삶이기 때문에, 그의 의중(Mind)과 마음(Heart) 가운데 나타나신 "에클레시아"의 본질적 원리를 간과(看過)해서는 안 된다.

A. 예수 그리스도의 의중(Mind) 가운데 세워진 "에클레시아"

과연 예수 그리스도는 "에클레시아"를 세울 의중(Mind)이 있었는가?

이는 복음서 가운데 예수가 선포한 "에클레시아"가 단 세 곳뿐이고, 또 후대의 본문 삽입설이 제기되었으며 예수가 생전에 교회라는 조직을 한 흔적이 뚜렷이 나타나지 않는 점에서 충분한 의문을 제기할 수 있다. 따라서 이에 대한 학계의 대립된 의견은 여전히 공존하고 있다.

a. 예수 그리스도가 그의 교회를 세우고자 하는 의도를 전적으로 부인하는 입장이 있다.

A. Schweitzer는 예수 그리스도가 세상의 종말이 임박했다고 생각하였기 때문에 교회를 세울 마음이 없었다고 하였다.[321] Rudolf Bultmann은 예수 그리스도는 종말론적 선포(The Eschatological Message) 가운데서 예수의 부름은 결단의 부름이고 결단의 때이므로, 교회는 물론 말할 것도 없고 어떤 수도단도 종파도 세우지 않았다[322]고 언급하였다. Adolf Von Harnack은 예수의 교회설립 의도는 그들의 예수관과 맞지 않기 때문에 문제의 귀절들은 원래 단순했던 복음에다 생소한 삽입으로 결론지었다.[323] Hans Conzelmann은 예수는 어떤 교회도 세우지 않았으며 예수의 종말론과 임박한 하나님 나라의 예고와 조직된 교회의 사상과 부합하지 않으며, 예수 자신이 스스로 메시야로 간주했는지 의심스럽고, 자신을 따르는 자들을 조직화하지 않았으며, 하나님 나라의 백성의 소속에 분명한 규정을 제시하지 않았다는 점이다.[324]

b. 예수 그리스도는 "에클레시아"를 세우실 의도가 있었고, 또 미래적 "에클레시아"를 선포했다는 입장이 있다.

George E. Ladd는 예수는 자기가 메시야(Messish)로 인식하고 하나님 나라의 백성인 동시에 세상에서 그 나라의 도구가 될 "에클레시아"를 창설할 목적을 표시하였다[325]고 언급하였다.

c. 예수 그리스도는 "에클레시아"의 창설자이다.

존 브라이트에 의하면 예수 그리스도가 교회의 창설자라는 점에는 논란의 대상이 되지 않는다. 또한 교회 창설의 시기에 대하여도 교회의 시작에서 이미 전술한 바와 같이 특정한 시기로 한정할 필요성이 없다. 왜냐하면 "에클레시아"는 메이야 쉽(Messiahship)으로서 하나님 나라의 시작과 더불어 그의 의중(Mind) 가운데 불가시적 또는 가시적으로 선포되었기 때문이다.

그러므로 하나님 나라의 권능성의 임재와 더불어 언제나 가시화 된 "에클레시아"(마18:20)를 본질적 의미보다 증인 내지 증거로 국한된 삽입설[326] 내지 교회의 설립 의지의 부인 또는 설립 시기에 대한 논의 그 자체가 예수 그리스도의 전 생애 가운데 선포되어진 "바실레이아"와 "에클레시아"의 메시야(Messiah)적 삶과 그의 의중을 떠난 하나의 이론에 불과한 것이다. 예수 그리스도의 "에클레시아"에 대한 설립 의지(Will)를 다음과 같이 계시하였다.

a) 가시적이며 미래적인 "에클레시아"를 계시하였다.

주님은 "내 교회를 세우리니"로 선포하셨다. 본문의 "세우리니"라는 말은 "오이코도메소"(*οικοδομησω*)로써 이 말은 "오이코도모스"(*οικοδομος*) 즉, "오이코스"(*οικος*)와 "데모"(*δεμω*)의 합성어에서 온 말로서 미래적 능동태이다. 영어권에서 의지의 표현인 "Will"로 번역되었는데, 이 "Will"은 현재적 강한 의지(Will)로 이를 공동번역에서는 "세울 터인즉" 또는 "세울 터인데"(새 번역)로 번역되었고, 마태복음 18장 17절에는 이미 세워진 "에클레시아"를 지칭하고 있다. 아울러 "Will"은 단순 미래적 의지로, "I Will Build"(R.S.V., K.J.V., J.B., N.I.V.)로 미래형의 "에클레시아"로 선언하였으니, 이를 개역성경에는 "세우리니"로 번역하고 있다. 그러므로 예수 그리스도의 "에클레시아"는 가시적이며 미래적으로 선포하신 것이다.

b) 그의 사역 활동 가운데 비유로 "에클레시아"의 가시화를 표상하였다.

주님은 자신을 "나는 선한 목자라"(요10:11)고 말씀하셨다. 본문에서 "포이멘"(*ποιμην*)은 목자(A Shephered)로서 언제나 "양의 무리"를 전제하고 있다(마9:36, 막6:34, 눅2:8,15,18,29, 요10:2,11-12,14,16). R. N. Flew는 "양의 떼"(마26:31), "적은 무리"(눅12:32)를 종말론적 공동체 또는 새 이스라엘 공동체로 "에클레시아"를 표상하였다.[327] 또 주님께서는 "나는 포도나무요, 너희는 가지니"(요15:5)라는 말씀은 이미 형성된 무리를 전제하고 있다. 특히 포도나무인 "암펠로스"(*αμπελος*)와 가지인 "클레마타"(*κληματα*)는 주님과 무리들 간의 유기적인 관계의 연합성을 계시하였다.

c) 의식적인 열 두 제자를 선발함으로서 분명히 그의 "에클레시아"의 의도와 목표를 계시하였다.[328]

ⓐ 12제자의 부르심은 우주적 "에클레시아"를 계시하였다.

주님의 12제자 구성은 혈육관계가 아닌 우주적인 영적 부름으로 하나님의 가족으로서 "에클레시아"이다. 왜냐하면 그들의 "클레토이"와 "에클레토이"와 "피스토이"한 그 자체가 인종과 지역과 직업과 계급과 사상을 초월한 우주적인 "에클레시아"의 원형을 계시하고 있기 때문이다. 가령 예수의 형제를 제외한 각양각색의 인물 즉, 어부, 세리, 광신적인 유대민족주의자(Zalotes), 율법에 능통한 자들로 12제자단을 구성하였기 때문이다. 또한 12제자의 구성은 본질적인 목적과 그 사명이 주님이 선포하신 우주적인 "하나님 나라"를 증거 한 사실에 주목하여야 할 것이다. 그러나 예수 그리스도의 12제자의 구성은 어떤 형태의 조직으로서 "에클레시아"를 말함이 아니다. 그 이유는 예수는 허술한 조직도 체계도 원치 않으셨고 또 만들 필요성도 긴급성도 없기 때문이다. 예수 자신은 성전보다 큰 분이며(마12:6), 그 자신이 교회의 머리가 되시므로(엡4:15) 예수 그리스도가 "바실레이아"를 선포하실 때 부름 받은 그들의 모임 그 자체가 바로 "에클레시아"였기 때문이다.

다만 교회의 주되신 예수 그리스도의 십자가와 부활 이후 위임(Co-Work)된 하나님의 나라(마28:19-20)를 위해 사도들과 증인들로 하여금 가시적 "에클레시아"를 재조직할 긴급성을 느꼈으니, 이것이 역사 가운데 사도들을 통하여 가시적으로 세워진 사도 교회의 태동이다. 그러므로 가시적이고 불가시적인 "에클레시아"의 원형과 그 본질은 예수 그리스도에게 있으며, 사도 교회는 주님의 "에클레시아"를 재조직으로 이해하여야 한다.

ⓑ 12제자 구성은 저 구약 가운데서 이미 새 이스라엘과 열 두 지파 동맹인 암픽지오닉(Amphictyony)을 상징화하였다.

이 암픽지오닉은 이미 족장사에서 그 기원을 볼 수 있다(창49). 이 "암픽지오닉"은 모세가 12지파에게 최후의 유언적 선포이기도 하며(신33:1-29), 모세를 계승한 여호수아를 통해 지파연합이 가시화 되었다(수24:1-28). 이는 단순한 지파의 연합적 차원보다 우주적 영적 연합이며, 예수 그리스도의 12제자단의 표상이다. 또 암픽지오닉의 중앙성소는 공적모임인 동시에 "오이코스" 즉, "집"으로의 "에클레시아"를 표상 하였다. 뿐만 아니라 암픽지오닉의 구성자인 "여호수아"(יְהוֹשׁוּעַ)의 이름의 뜻이 "여호와는 구원이시다"는 의미로 이는 온 인류의 우주적 구원자이며 "에클레시아"의 선포자이신 예수(ἠσοῦς, 구원자)의 이름을 표상적으로 계시하고 있다(마1:21,눅1:31). 또 새 이스라엘(창32:28)은 "에클레시아"의 우주적인 백성을 표상하며, 엘리야의 갈멜산의 대결 가운데서 이스라엘의 이름으로 상징되는 열 두 돌을 취한 것과 그 맥을 같이 한다(왕상18:31).

ⓒ 신약성서에서 사도 요한은 "에클레시아"로서 12제자단의 영원성과 능력성을 증거하고 있다.

마태복음 16장 18절 선포된 주님의 "에클레시아"는 주님으로부터 권능성과 영원성을 부여받았다. 이미 전술한 바와 같이 음부의 권세를 정복하고 하나님 나라의 열쇠를 소유한 "에클레시아"를 말한다. 이 "에클레시아"의 원형이라 할 수 있는 열 두 제자들에게 이같은 영원성과 권능성을 주님이 부여하신 것이다. 이를 사도 요한은 하나님으로부터 받은 계시를 통해 증거하고 있다.

"크고 높은 성곽이 있고 열 두 문이 있는데 문에 열 두 천사가 있고 그 문들 위에 이름을 썼으니 이스라엘 자손 열 두 지파의 이름들이라... 그 성에 성곽은 열 두 기초석이 있고 그 위에 어린 양 십이 사도의 열 두 이름이 있더라"(계21:12,14).

ⓓ 예수 그리스도의 열 두 제자단은 예수 그리스도의 "에클레시아"의 의도였고 목표였다.

예수 그리스도는 "바실레이아"를 선포하는 가운데 의도적으로 12제자를 부르시고 그들에게 능력을 주시며 그들을 통해 그의 나라를 증거케 하는 분명한 목표의식으로 "에클레시아"를 가시화 하였다. 주님께서 세우신 "에클레시아"의 사명은 그의 제자들에게 분명히 주셨다. 그 사명은 예수 그리스도가 줄기차게 선포한 "바실레이아"의 분부였다(마10:7). 이를 위해 제자들에게 하나님 나라의 권능성을 부여함으로써 그의 목표를 가시화시켰다(마10:1). 예수 그리스도의 "에클레시아"는 "바실레이아"의 사명을 위해 파송과 증거로 언급되었다. 예수께서 이 열 둘을 내어 보내시며 명하여 가라사대, 이방인의 길로도 가지 말고, 사마리아인의 고을에도 가지 말고, 차라리 이스라엘 집의 잃어버린 양에게로 가라고 명하셨다(마10:5-6). 뿐만 아니라 70문도의 전도대를 구성하여 그의 나라를 증거하게 하셨다(눅10:1-7).

예수의 열 두 제자단이 가시적 "에클레시아"로 볼 수 있는 또 하나의 유일한 증거는 당시 모든 단체들이 스스로의 기도문을 가졌음을 미루어 보아 예수의 제자들도 그의 스승 예수께 주님의 기도를 가르쳐 주시도록 요청하였고, 주님 또한 주님의 기도를 가르쳐 주셨다는 점이다(눅11:1-4).

B. 새 포도주와 새 부대 사상

주님의 가르치심과 의중(Mind) 가운데 언제나 새 창조적 원리를 지향하고 있다. 그의 복음은 항상 "새로움"으로 창조하는 사상이다. 이 복음은 하나님으로부터 출발한 것이요 부족함이 없는 완벽한 가르침으로 결코 변질이 없는 충만한 새 생명력이기 때문이다. 그러므로 복음이 있는 곳마다 놀라운 대변화의 역사가 일어났으니, 이 변화는 물리적 변화나 화학적 변화의 차원을 넘어 복음적 변화인 본질적 변화로서 "새로움"을 의미한다. 따라서 새로움의 본질은 "변화" 즉, "알락소"(*αλλασσω*, 행6:14, 갈4:20, 고전 15:51-52)로써 내적인 "영적변화"는 물론 외적인 구습을 좇는 옛 사람의 행동의 변화를 동반한 전인적인 변화를 의미한다. 이같은 변화의 능력은 예수 그리스도의 "메시야 쉽"에서 비롯되었다. 갈릴리 가나에서 "물"이 변하여 "포도주"가 된 기적은 예수 그리스도 자신이 "영생을 주시는 분" 즉, "메시야" 이심을 가시화한 것이다.

"예수께서 이르시되 항아리에 물을 채우라 하신 즉 아구까지 채우니 이제는 떠서 연회장(宴會長)에 갖다 주라 하시매 갖다 주었더니 연회장은 물로 된 포도주를 맛보고 어디서 났는지 알지 못하되 물 떠온 하인들은 알더라..."

위 인용문에서 "물"로 된 "포도주"는 "완전한 변화"를 의미한다. 영어권(R. S. V.)에서는 "The Water now become Wine"로 번역되었다. 그러므로 새 포도주와 새 부대 사상은 인본주의의 산물인 낡은 전통이나 해묵은 철학이나 구태의연한 관습인 장로의 유전(마15:2)이나 끝없는 신화와 족보의 변론(딤전1:4)을 거부하고, 언제나 새 포도주인 복음과 새 부대인 "에클레시아"를 지향하고 있다.

"새 포도주를 낡은 가죽부대에 넣는 자가 없나니 만일 그렇게 되면 새 포도주가 부대를 터뜨려 포도주가 쏟아지고 부대도 버리게 되리라 새 포도주는 새 부대에 넣어야 할 것이니라"

a. 성서 가운데 나타난 새로움의 사상적 원리

성서 가운데 나타난 새로움의 본질적 동기는 하나님을 떠난 아담의 범죄에서 비롯된다. 하나님을 떠난 인간은 만물보다 거짓되고 심히 부패(腐敗)한 마음이 되었고, 모든 생각이 허망(虛妄)할 뿐만 아니라, 미련(未練)한 마음을 가지므로 하나님보다 피조물을 더 섬기는 버러지 형상의 우상에서 변질되었다. 그 결과 인간은 하나님과 원수로 나타날 뿐만 아니라 사망과 절망과 부패의 근원이 되었다. 사랑의 본체이신 하나님은 범죄하고 부패한 인간을 또 다시 구원하기 위하여 창세로부터 역사의 종말까지 끊임없는 사랑과 용서의 복음으로 "클레토이"하는 그 초청(사1:18, 창3:9,15, 마9:13)이 바로 "새로움"의 시작이다.

a) 새로움(*καινος*)의 意味

이사야 62장 2절에는 "...여호와의 입으로 정하실 새 이름으로 일컬음이 될 것이며"라고 예언하고 있다. 여기서 "새 이름"은 "쉠 카다쉬"(חשׁ

שם)로 미카엘리스(Michaelis)에 의하면 유다의 무너진 성읍들을 바벨론에서 돌아올 유대인들이 재건하고 부르게 될 이름이라고 하였다. LXX에는 " 새 이름"을 " 오노마 투 카이논"으로 번역되었다. 여기서 "카이노스"(καινος)는 새로운 즉, "New or Unused"로 외적으로나 질적으로 전혀 써보지 않은 " 새로움"을 뜻한다.

b) 구약성서 가운데 새로움의 계시

구약성서에서 새로움의 계시로는 마음의 "새 영"(New Spirit, R.S.V., 겔18:31), "새 신"(New Spirit, R.S.V., 겔11:19), "새 노래"(New Song, R.S.V., 시40:3;96:1;98:1), "새 언약"(New Covenant, R.S.V., 렘31:31), "새 일"(New things, R.S.V., 사42:9;43:19, 렘31:22), "새 하늘과 새 땅"(New heavens and a earth, R.S.V., 사65:17;66:22)으로 끊임없이 계시되었다.

c) 신약성서 가운데 새로움의 계시

신약성서 가운데 새로움의 계시는 예수 그리스도와 성령으로 완성되었다. 이 새로움의 계시는 다양한 말씀으로 언급되었다. 새로움의 의미(意味)인 "카이노스"는 새 언약(눅22:20, 고전11:25, 히8:8-13)으로, 사랑의 새 계명(요13:34)으로, 새 하늘과 새 땅으로(벧후3:13, 계21:1), 새 피조물(엡4:24) 또는 "카이넨 크티시스"(고후5:17,갈6:15)로 의미되어 진다. 또 오순절 마가 다락방의 성령의 강림 또는 새로움의 "카이노스"로 나타난다(행2:1-12). 그 외에도 새 생명(롬6:4), 새 이름(계2:17), 새 예루살렘(계3:12), 새 노래(계5:9) 등으로 신약성서 가운데 새로움으로 언급되어 있다.

d) 새로움의 가시화는 "하나님의 나라" 안에서 완성된다.

새로움의 변화는 하나님의 나라 안에서 이해되어져야 하며, 하나님의 권능성의 임재가 곧 변화를 가시화하였기 때문이다(요1:12, 마12:28, 눅17:21). 이 하나님의 나라는 누룩처럼(마13:33), 포도주처럼(눅5:37), 강한 발효력으로 비밀리에 변화와 확산으로 가시화 된다. 뿐만 아니라 성령의 능력으로 하나님 나라의 권능성의 임재로 귀신을 쫓아내고(마12:28), 너희 속에 말씀이 있게 하며(막13:11, 눅12:12, 마10:20), 성령의 감동으로 친히 말하며(시110:1, 막12:36-인용), 가난한 자에게 복음이 전파되고, 포로

된 자에게 자유를, 눈먼 자에게 다시 보게 함을 전파하며, 눌린 자를 자유케 하며(사21:1, 눅4:18-인용), 보혜사 성령을 통하여 우리를 진리 가운데로 인도하며, 언제나 보호와 위로로 함께 하시는(요14:16-18) 것이다.

이같은 성령의 변화의 표상으로 "죄"를 씻어내는 물로(요3:5, 시51:7), "신비와 능력"을 표현하는 바람으로(요3:8, 행2:2), "생명을 소생"하는 호흡으로(창2:7), "정결하게 태우는" 불로(행2:3-4, 출3:2), "사랑과 순결과 정결과 평화"로 상징되는 비둘기의 표상(마3:16;10:16, 눅3:22, 요1:32) 등으로 나타난다. 이를 통해 새 존재로, 새 힘으로, 새로운 삶으로, 새로운 공동체로의 역동성이 바로 성령인 것이다. 그러므로 하나님은 새로움의 근본이시오, 새로움을 창조하시는 분이시며 그 새로움은 언제나 사랑과 용서(容恕)의 부름인 복음과 성령 안에서 "에클레시아"를 통해 가시화 되었다.

(3) 새 부대인 "에클레시아"

복음인 새 포도주는 새 부대인 "에클레시아"를 요구한다. 왜냐하면 율법인 옛 포도주는 옛 부대인 성전종교, 회당종교, 제사종교, 율법종교는 가능할지 모르나 새 포도주인 복음은 담을 수가 없기 때문이다. 복음은 이미 전술한 바와 같이 언제나 새로움과 "클레토이"를 지향하며, 사랑과 용서와 섬김의 원리로 그의 나라를 이루어 가는 반면에, 율법과 성전종교와 제사종교와 회당종교는 정죄와 심판과 지배와 계급과 형식과 제도로 새로움보다는 율법화로 지향하기 때문이다.

새 부대인 "에클레시아"는 새로운 백성들의 모임으로 예수 그리스도 자신의 말씀 가운데 풍부한 표상을 볼 수 있다. J. Jeremias는 "목자가 모은 양무리", 또는 "혼인집 손님들", 또는 "하나님의 파종", 또는 "그물" 등으로 언급하셨다. 그리고 하나님의 새로운 백성에 속한 자들을 "하나님의 집", 또는 "하나님의 도시"로도 표상 하였다.[329] 그러므로 새 부대인 "에클레시아"는 끊임없는 "클레토이"로서 언제나 새로운 그의 백성들을 지향하며 그들을 통하여 "하나님 나라"를 증거 하는 本質的 理念을 나타내고 있다.

A. 새 이스라엘(New Israel) 사상에 대한 "참 이스라엘"

J. Jeremias에 의하면 주님은 옛 이스라엘(Old Israel)을 일소(一掃)하고 새 이스라엘(New Israel)로써 "바실레이아"를 선포함과 동시에 새 부대인 "에클레시아"를 선언하였다.[330] 이에 대해 R. Bultmann은 예수 그리스도는 종말론적인 공신체(公信體)로써 참 이스라엘로 이해하였다. 이같은 이해는 구약성서의 예언에 대한 성취와 유대종교와의 관계에서 새 이스라엘로 이해하였다.[331]

이같은 견해를 뒷받침하는 근거는 예수 그리스도가 성전제사를 반대하지 않았다는 점(마5:23-24)과 성전세를 지불한 점(마17:24-27)을 들고 있다. 따라서 예수 그리스도는 회당의 법질서에 복종한 것으로 보는 입장이다(막13:9 마10:17). 그러나 예수 그리스도의 이같은 행위는 비록 그가 선포한 말씀이 분명하게 가시화 되지는 않았지만 그의 의중 가운데 자신이 "메시야"이심을 여러 차례 암시하였기 때문에 당시 하나님의 백성 의식으로 존재한 유대주의에서 기다리는 정치적 "메시야"와 불필요한 충돌을 피하기 위해서 그들의 규례를 순응하였음을 볼 수 있다.

R. N. Flew에 의하면 예수 그리스도의 새 이스라엘 사상은 분명하다. 그는 새 이스라엘의 핵심자들인 제자들을 모으고[332] 그 제자들을 통해 천국 복음을 선포하게 하였으며, 하나님 나라의 권능성을 제자들에게 부여하여 병든 자와 죽은 자를 살리며, 문둥병을 깨끗하게 고치고 귀신을 쫓아내는 권세로써 그의 나라를 가시화 하였다. 그러나 유대종교의 규례를 범하여 불필요한 마찰을 일으키지 않도록 각별한 주의를 부탁하였다. 이같은 주님의 심정이 그의 말씀 가운데 언급되었다. "보라 내가 너희를 보냄이 양을 이리 가운데 보냄과 같도다. 그러므로 너희는 뱀 같이 지혜롭고 비둘기 같이 순결 하라"(마10:6-17)고 당부하셨다. 특히 새 이스라엘 모임은 다른 공동체와 구별하기 위해 독특한 주님의 기도를 가지고 있었다.

J. Jeremias에 의하면 당시 종교단체들이 자기들만의 독특한 기도문이 필수적이었기 때문이다.[333] 때문에 주님의 제자들은 "주여 우리에게 기

도를 가르쳐 주옵소서"라고 요청하였음을 볼 수 있다. 주님은 그들의 요청을 받아들여 새 이스라엘에게 "주님의 기도"를 가르쳐 주신 것이다. 더 나아가서 주님은 주의 기도뿐만 아니라 기도의 본질을 계시하셨다. 주님은 하루에 3번씩 기도하는 규례인 쉐마(Shema)와 더불어 테필라(Tephilla)의 기도는, 외식과 형식과 관습적인 바리새인의 기도를 거부하고, 하나님의 나라 안엣 항상 무시(無時)로 아버지와 교제(交際)하는 새로운 기도의 본(本)을 새 이스라엘에게 계시하셨다. 주님은 수시로 홀로 기도하였으며, 온 밤을 지새우며 기도하셨고, 한 밤중에 겟세마네 동산에서 자신의 아버지께 간절히 기도하기도 하였다. 주님의 기도는 유대인의 언어인 히브리어 쉐마나 테필라 대신에 자신이 사용한 아람어로 기도하셨고 또 가르치셨다.

또 호칭에 있어서도 유대인들이 좋아하는 엄격한 하나님의 호칭보다는 사랑과 용서와 영광을 주시는 친밀한 분으로 부자간의 호칭인 "아바" 아버지로 칭(稱)하셨다. 따라서 하나님과의 새로운 관계인 자녀로의 관계를 새롭게 정립한 것이다. 또한 주님의 기도는 중보의 기도로써 본을 보이셨다. 가령 제자들이 사단에 빠지지 않도록 기도하셨고 또 어린이를 위하여도 기도하셨기 때문이다. 이상에서 예수 그리스도의 기도는 외식하는 유대인들의 기도와 근본적으로 다르며, 이같은 기도의 원리를 새 이스라엘에게 가르치신 것이다.

B. 새 이스라엘은 새 계명의 모임

옛 이스라엘은 옛 계명인 "토라"의 모임이다. "토라"의 모임은 사람을 위한 모임보다 "토라" 그 자체를 위한 삶이다. 이는 안식일의 논쟁을 통해 충분히 입증된다. 바리새인과 예수 그리스도와의 안식일에 대한 논쟁의 기사는 4복음서에 모두 언급되어 있다.[334] 논쟁의 쟁점은 사람을 위한 "토라"인가? 아니면 "토라"를 위한 사람인가 이다. 옛 이스라엘은 언제나 후자의 입장에 서 있었기 때문이다. 그러나 예수님은 "안식일은 사람을 위해 있는 것이고 사람이 안식일을 위하여 있는 것이 아니다" 고 말씀하셨다(막2:27). 뿐만 아니라 인자는 안식일의 주인임을 선포하셨다(막2:28). 그러므로 안식일에 선을 행하는 것이 옳으니라(마12:12)고 가르치셨다. 예수님은 안식일을 부정한 것은 아니다. 안식일의 규례를 지키면서 회당에 나가셨고(눅4:16), 회당에서 천국복음과 수많은 병자를 고치시므로 안식일의 본질적 의미를 분명히 계시하신 것이다(막1:21,6:2).

이같은 예수 그리스도의 가르침에도 불구하고 옛 이스라엘인 "유대인"들은 옛 계명인 "토라"가 곧 생명이요 삶 그 자체였다. "토라"의 모임은 언제나 성전과 회당의 모임이었다. 따라서 그들의 의식은 율법화, 성전종교화, 회당종교화로 변질된 것이다. 예수 그리스도는 자신이 성전보다 더 큰이 이심을 선포하고(마12:6) 율법이나 선지자를 폐하러 온 것이 아니라 완전케 하려 함이라고 말씀하셨다(마5:17). 이 "완전케"란 말은 "플레로오"(*πληροω*)로서 "부족한 상태를 채워 완성한다"(Fulfill, N.I.V., K.J.V., R.S.V., to Complete, J.B.)는 의미이다. 복음은 바로 율법의 부족을 완성한 것이요, 그 복음의 본질인 예수 그리스도의 사랑이 바로 율법을 완성한 것이다. 이것이 대계명인 것이다(마22:34-40, 막12:28-34). 사도 바울은 사랑은 율법의 완성이요(롬13:10), 믿음과 소망과 사랑 가운데 제일은 사랑임을 노래했다(고전13:13). 사도 요한은 대계명을 주님이 보여주신 그 사랑을 본받아서 "서로 사랑하는 것"으로 증거하였다(요13:34;14:34;15:10-12). 스토트(John R. W. Stott)는 대계명과 대명령(The Great Commission, 마28:18-20)를 평행으로 보았으나, Leonard Sanderson은 대계명이 먼저이고 대명령과의 수직관계로 보았다.[335]

필자는 수직과 수평의 만남은 그리스도이며 그의 사랑이 곧 구원(선교)으로 가시화 된 것으로 본다. 그러므로 넓게는 동시성으로 보아야 하나 그 순위는 후자의 입장을 취한다. 새 이스라엘은 옛 이스라엘로부터 나온 "에클레시아"의 모임으로 부족하고 미 완성적인 율법이 지배하는 모임이 아니라 언제나 대계명인 사랑의 모임으로 그의 나라를 가시화 한다. 바울은 새로움을 옛날로 회귀하는 것으로 보지 않고 이전 것은 지나

가고 새 것이 되었다(고전 5:17)고 말했으며, 예수 그리스도도 영원성과 무한성, 우주성을 가진 열린 세계를 말하였다. 이는 참 이스라엘을 의미하는 것으로 말씀과 언약(십계명), 율법, 계명, 복음은 모두 포용되는 '하나' 로서 곧 "서로 사랑" 이라는 마스터 키(Master Key)로서 완성이 된다.

C. 대명령(The Great Commission)을 위임받은 모임

하나님의 선교(Missio Dei)는 창세로부터 "클레토이" 에서 시작하여(창3:9) 역사의 종말까지 계속된다. 예수 그리스도의 새 이스라엘인 "에클레시아" 는 잃어버린 자를 구원하기 위하여 선교의 대명령(Great Commission)을 위임받았다. 예수 그리스도는 남은 자, 즉 잃어버린 자들을 구원받을 새 이스라엘로 보았다. 때문에 예수 그리스도는 자신의 사명을 잃어버린 자를 찾아 구원하려 함이라고 분명히 선언했다. 그리고 잃어버린 자의 소중함을 "양" 의 비유와 잃은 "드라크마" 의 비유로 언급했다.

예수 그리스도의 잃어버린 자에 대한 구약적 표상은 남은 자 사상이다. 이 남은 자들에 대한 표상은 엘리야를 통해 주어진 예언의 말씀으로 바알에게 무릎을 꿇지 아니한 70인이 남은 자의 표상이며, 이사야 선지자는 자신의 아들의 이름을 스알야숩 즉, "남은 자가 돌아오리라" (사7:3)로 남은 자의 구원을 표상하였다. 스바냐 선지는 "내가 곤고하고 가난한 백성을 너희 중에 남겨 두리니 그들이 여호와의 이름을 의탁하여 보호를 받을지라" (습3:12)고 예언하였다. 신약 가운데서는 세례 요한은 이 남은 자의 개념을 폐쇄적인 개념보다 개방적인 개념으로 증거하고 있다. 다시 말하면 바리새인과 엣세네파처럼 경건과 율법과 규례와 금욕주의로 폐쇄된 남은 자가 아니라, 회개와 세례와 천국의 선포를 통해 복음을 받아들이는 개방된 남은 자들의 모임이었다.[336]

이같은 남은 자에 대한 구약의 표상과 신약의 증거는 예수 그리스도의 우주적이고 세계적인 복음과 "바실레이아" 와 "에클레시아" 로 완전히 계시되었다. 예수 그리스도의 복음 선교는 지역과 인종과 문화와 사상을

넘어 세계적이다. 사랑의 복음은 어느 누구도 거부하지 않는다. 사랑에는 국경도 영공도 영해도 없는 4차원의 선교이다. 지금까지의 선교는 교회선교 내지 기독교선교에 머물러 있다. 때문에 회교권에서 거부되며 불교권에서도 거부된다. 우주적인 복음 선교가 인간이 만든 기독교 선교로 스스로의 장벽을 만들고 말았다. 주님의 대명령은 바로 사랑과 용서와 섬김의 모든 것을 땅 끝까지 가르쳐 지키도록 명하시고 위임하신 것이다(마28:19-20,행1:8).

D. 대계명과 최후명령

마28:19-20과 행1:8에서 말한 선교적 대명령과 아울러 마5:44-45과 마22:36-40을 연결해 보면 선교의 메시지 핵심은 마음을 다하고 목숨을 다하고 뜻을 다하여 하나님을 사랑하고, 이웃을 사랑하고, 원수까지 사랑하라는 명령이 온 율법과 선지자의 강령인 구약과 신약의 요체임을 분명히 하고 있다. 한 걸음 더 나아가 요13:34,35와 요21:15-17에서 새 계명인 "서로 사랑"과 최후의 명령인 "내 양을 먹이라, 사랑하라"는 말씀으로 교회의 목적과 사명과 본질을 분명히 밝혀 주고 있다.

이것이 바로 예수 그리스도의 복음적인 교회론의 목적이요 사명이요 본질이며 내용이다.

E. 새 부대인 "에클레시아"는 "아울레"(*αυλη*)가 아니라 "포이메네"(*ποιμενη*)이다.

주님의 "에클레시아"는 "아울레" 즉, 공지(空地)에 지붕이 없는 건물로 둘러싸인 양의 우리(Fold, 요10:1,16) 내지 집(House, 눅11:21)의 개념이 아니라, "포이메네" 즉, 양(Flock) 또는 양떼 그 자체의 모임을 말한다. 주님은 흩어진 양떼를 모으시는 이미지를 통해 그의 사명을 묘사하였다.[337] 특히 요한복음은 주님 자신이 양떼의 목자로서 "에고 에이미"의 용법으로 "나는 양의 문이라"(요10:7), "나는 선한 목자라"(요10:11)로 자신을 묘사하고 있다. 그러므로 목자는 하나님 자신이며(요15:4) 목자는 언제나 자기 양을 알아야 하고(요10:3) 잃어버린 양을 찾으며(눅

15:4) 양으로 하여금 생명을 풍성히 얻게 하며(요10:10) 양을 위해 목숨을 버리기도 한다(요10:11-12). 이같은 양떼의 의미를 요한복음에서는 "에클레시아"로 표상하고 있다.[338] 그러므로 주님의 "에클레시아"는 주님에 의해 모여진 양(Flock) 그 자체이며 언제나 목자의 사랑의 돌봄 즉, 하나님의 나라 안에서 존재하며 가시적인 "우리"(Fold)나 "집"(House)이나 "건물"(Building)이나 "장소" (Place)의 개념이 아닌 사람(People)의 모임을 의미한다.

2) "신실한"(πιστοι) 하나님 백성들로써의 "에클레시아"

주님의 "에클레시아"는 "피스토이"한 백성들의 모임이다. 이 "피스토이"는 부르심과 선택하심을 입은 신실(진실, 충성)한 하나님의 백성들의 모임으로 "믿음"과 연합과 백성들의 교제적 의미를 말한다.

(1) "피스티스"(πιστις)와 "피스토스"(πιστος)

"에클레시아"의 "피스토이"는 "피스토스"의 복수형으로 영어권에서는 신실한(Faithful, K.J.V., R.S.V., J.B.)로 번역되었다(계17:14). 이 "Faithful"은 신앙으로 가득 찬(Full of faith)의 뜻이다. 이 "피스토이"는 하나님과의 수직적인 관계의 믿음(막11:22)과 하나님의 소유된 백성(벧전2:9, 출19:5)의 상호간의 수평적인 관계적 믿음을 의미한다. 한글번역성경에는 "신실한 자들"(새번역), "진실한 자들"(개역), "충성된 자들"(공동번역)로 번역하였다. 그러므로 "피스토이"의 본질적 의미는 "피스티스"(수직)와 "피스토스"(수평)에 있다.

A. "피스티스"

이 "피스티스"는 "믿음", "신뢰", "신실"의 의미를 지니며, LXX에는 히브리어 명사형인 "에무나"(אמונה)에서 "피스티스"로 번역되면서 하나님의 미쁘심(롬3:3)과 사람의 신실함(마23:23, 갈5:22, 딛2:10)을 의미하였다. 또 "피스테우오"(πιστευω)는 동사형으로 그 뜻은 "믿다", "의지하다", "신뢰하다"를 뜻한다. LXX에서는 히브리어 "헤에민"(האמין) 즉, "믿는다"에서 "피스테우오"로 번역하였다. 특히 "피스테우오"는 그리스도를 통한 하나님을 믿는 믿음으로 다양한 신앙적 관계로 사용되어졌다. 가령 성경을 믿는다(요2:22), 또는 선지자를 믿는다(행26:27), 또는 모세를 믿는다(요5:46-47), 또는 천사를 믿는다(눅1:20) 등으로 사용되었다.

예수 그리스도는 그 자체가 믿음의 대상이신 하나님이시므로 동사형 "피스테우오" 보다 명사형 "피스티스"를 애용했음을 볼 수 있다. 예수께서 갈릴리에 오셔서 첫 복음을 선포하셨다. "가라사대 때가 찼고 하나님 나라가 가까왔으니 회개하고 복음을 믿으라"(막1:15)고 선포하셨다. 위 본문에서 "믿으라" 라는 말은 2인칭 복수 대명사 목적격이며 남성이고 호격이다. 또 소경 바디매오의 부르짖음에 "예수께서 이르시되 가라 네 믿음이 너를 구원하였느니라…"(막10:52) 위 본문에서 "네 믿음"은 주격, 단수 명사이다. 또 베드로가 예수께 마른 무화과나무에 대한 질문에서 "예수께서 대답하여 저희에게 이르시되 하나님을 믿으라"(막11:22)고 말씀하셨다. 위 본문에서 "하나님을 믿으라"는 단수 명사로 목적격이다. 이처럼 예수 그리스도는 "피스티스"를 통해 "복음의 초대" 즉, "믿으라"와 "복음의 영접" 즉, "믿는 자" 또는 "믿는 이"로 표현하였고, "복음의 능력"을 "구원"(막9:23) 또는 전능성(막10:52)으로 말씀하셨다.

그러나 사도 요한은 "피스테우오"를 애용하였다. 이는 예수 그리스도가 하나님의 아들 예수 그리스도 이심을 믿게 하는 것이 요한서신의 주된 목적이었기 때문이다. 한 걸음 더 나아가 믿음의 참다운 지식(요8:32,10:38)과 믿음의 결단(요1:12;3:19;7:17)과 믿음의 결과(요3:16,5:24-29,10:27-29)까지를 나타내는 의미로 사용하였다.

사도 바울은 "피스테우오" 보다 "피스티스"를 애용하였다. 이는 그리스도인이 되는 것 또는 그리스도교 자체(갈6:10;1:23)를 믿음에서 출발함으로 보았기 때문이며 또 율법과 믿음의 대조원리(롬3:21,3:27)로 "피스티스"로 보았기 때문이다. 사도 베드로는 하나님과 예수 그리스도의 "의"를 "피스티스"로 보았다(벧후1:1).

B. "피스토스"

"피스티스"와 "피스토스"는 다같이 "페이도"(πειθω) 즉, 신뢰하다(마27:43, 빌1:14), 믿다(눅11:22, 롬2:19)에서 유래하였다. 이 "피스토스"는 "믿을만한" 또는 "충실한" 또는 "신실한"의 의미로 하나님과의 수직적 믿음(πιστις)의 관계를 바탕에 둔 하나님 백성들 상호간의 교제의 관계를 말한다. 이 "피스토스"의 복수형이 "피스토이"로서 영어권에서는 "Faithful followers"(N.I.V., 계17:14)로 신앙적 모임(마25:21, 눅12:42, 갈3:9, 요20:27, 히2:17, 행16:15 등) 즉, 독특한 "에클레시아"성을 지향하고 있다.

(2) "쉰"(συν)과 "메타"(μετα)로서의 "피스토이"

전술한 바와 같이 "피스토이"는 수직과 수평적 관계로서의 믿음임을 고찰한 바 있다. "쉰"은 여격을 지배하는 전치사로서 그 뜻은 "함께" 또는 "같이"(With) 또는 "동행"으로 공동의 의무 내지 운명을 나누는 의미로 사용되었다. 신약에는 127회나 언급되었고, 바울이 37회나 사용하였다. 가령 "συν θεω" 또는 "συν θεοις" 또는 "συν δαιμον"으로 쓰여 졌다. 특히 바울의 애용구로서 "그리스도와 함께"(συν χριστω)[339]로 사용되었다. 구약에서는 언약 가운데서 나타나고 있음을 볼 수 있다. 가령 아브라함(창17:4)과 이삭(창26:3)과 야곱(창28:15)과 모세(출3:12)와 여호수아(수1:5,9) 등에서 언급되었다. 신약 가운데서도 마리아(눅1:28)와 바울(행18:9-10) 그리고 예수 자신이 그들 가운데 임마누엘 하심을 선언하셨다(마1:23, 사7:14, 마28:20). 따라서 "쉰"은 하나님과 그의 백성간의 "수직적인 믿음의 관계" 즉, "피스티스"의 의미를 말하는 것이다.

"메타"는 "...사이에" 또는 "...가운데" 또는 "...더불어"의 뜻이 있고 속격으로 지배되며 신약에서는 364회나 언급되었다. 이는 하나님과 그의 소유된 백성간의 수직적 믿음(πιστις)의 관계를 동반하면서 백성들 상호간(가운데)에 나타나는 "수평적인 관계적 믿음(πιστος)"의 의미를 동반하고 있다. 가령 예수님과 제자와의 관계(요13:7-8)는 물론 신자들 상호간의 관계를 강하게 나타내고 있다.

이상의 "쉰"과 "메타"는 "피스토이"의 본질적 의미인 "피스티스"와 "피스토이"를 동반하고 있으며, 궁극적으로는 예수 그리스도와 연합인 "포도나무와 가지"를 비유하고 있다(요15:4-5). 특히 바울은 가지 상호간의 독특한 연결 상태를 그리스도의 몸과 지체로의 교회로 신학화 함으로써 "피스토이"로서 "에클레시아"를 지향하고 있다.

(3) "에클레시아"의 독특한 모임으로서의 "피스토이"

주님의 "에클레시아"는 독특한 모임으로서의 "피스토이"인데 이는 하나님의 백성으로서의 모임이며 복음안에서의 "코이노니아"를 지향하고 있다. 그러므로 "피스토이"의 본질적 의미는 하나님의 백성(*λαος*)들 상호간의 독특한 "코이노니아"(*κοινωνια*)에 있다.

A. 하나님의 백성으로서의 "피스토이"

"에클레시아"는 분명히 부르시고 선택하심을 받은 신실한 무리들의 모임이다. 이 모임은 하나님의 가족 또는 하나님의 영적 가족 또는 하나님의 백성들의 모임으로 "피스토이"로서의 우주적 "에클레시아"를 지향하고 있다.[340] 그러므로 "에클레시아"의 "피스토이"는 하나님의 소유된 백성(출19:5-6, 벧전2:9)일 뿐 사회학적 공동체나 막연한 집단 또는 단체가 아니다. 그러나 "백성"이란 말은 "에클레시아"의 전체를 의미하는 것은 아니지만 "에클레시아"의 표상적 요소로써 "피스토이"를 계시하고 있기 때문이다. Herwi Rikhof는 "에클레시아"를 "하나님의 백성" 또는 "그리스도의 몸"으로 정의하는 경우는[341] 특히 로마 가톨릭에서 선호하며, 바울 노선의 입장에서 본 "에클레시아"이다. 이처럼 하나님의 백성과 그리스도의 몸인 교회는 영어권에서는 "Church"와 헬라어에서 "큐리아코스"(*κυριακος*)적 의미를 지니고 있으나 "에클레시아"의 관점에서는 "피스토이"적 의미일 뿐 "에클레시아" 그 자체로는 볼 수 없고, 단지 "에클레시아"의 본질적인 요소일 뿐이다.

또 "피스토이"적 의미를 지닌 "백성"이란 어휘(語彙)는 구약 가운데 일반적으로 하나님의 백성 즉, "암"(עם)으로 표기하고, 이방인은 "고이"(גוי)로 표기한다.[342] 이 두 어휘는 LXX에서는 "라오스"(λαος)와 "에드노스"(εθνος)로 번갈아 번역되었다. 그러나 "고이"와 "에드노스"[343]는 대개 민족 집단으로서의 "백성"을 강조하고, "암"과 "라오스"[344]는 유사한 개체들이 어떤 유대관계나 책임관계로서 서로 연합되어 있는 것을 가리키는 것이다.[345]

그러므로 "에클레시아"의 표상적 의미는 "암"과 "라오스"로 볼 수 있다. 이 "라오스"는 가족(창32:8;35:2) 또는 지파(창49:16, 행4:27) 또는 성(城)의 사람(창19:4) 또는 민족(왕상12:27) 또는 인종(행26:17, 계7:9)의 집단적 의미는 물론 "에클레시아"의 "피스토이"를 계시하고 있기 때문이다. H. Küng은 "하나님의 백성"이라는 사상은 그리스도의 몸이나 성전보다 "에클레시아"의 자기 이해에 기초가 되는 가장 오래되고 가장 근본적인 개념이 되었다고 언급하고 있다.[346]

a) "라오스"는 "칼 야웨"(qahal Yahweh)로 형성된 "피스토이"한 자들의 모임

D. J. Harrington에 의하면 하나님은 이스라엘을 하나님의 백성으로 형성되기 위해서는 먼저 한 백성이 필연적으로 선택되어야만 한다는 것이다.[347] 때문에 카할 야웨(Kahal Yahweh)는 아브라함을 부르시고 선택하시고, 한 민족의 족장과의 언약을 통해 하나님의 백성으로 가시화 되었다(창12:1-3). 이 택한 백성은 12지파로 형성하여 한 민족을 형성하였으며, 우상과 고통 가운데 있던 에집트로부터 출애굽을 하여(출12:37-42) 약속의 땅 가나안에 정착하게 하였다. 그러나 선택된 백성은 배반과 타락과 우상의 역사로 점철되었다. 그럼에도 불구하고 "카할 야웨"는 그의 신실한 백성들에 대한 구원의 역사를 계속하였다. 즉, 바벨론의 포로로부터 남은 자들을 불러내어(사10:20-21) 그들로 하여금 신실한 새 백성으로 새 계약을 맺으실 것임을 예언자들을 통하여 선포하였다(렘31:31, 겔37:26). 이것이 장차 하나님 나라의 새 백성(라오스)인 "에클레시아"를 표상하고 있다.

b) "라오스"는 야웨를 통한 그의 백성 됨의 선언과 그들 스스로의 자의식(自意識)으로 형성된 "피스토이"의 모임

야웨는 그 택한 백성을 그의 고유한 백성(신7:6)이며, 그의 왕국이며(출1:6), 거룩한 백성(출19:6)이며, 그의 자녀(출4:22,신14:1,32:5)이며 그의 율법은 그의 백성 가운데 하나님의 현존을 상징한다(출24:16). 이같은 하나님의 백성으로서의 가시화 된 표징은 야웨와 그의 백성간의 공통의 유대와 공통의 정신과 공통의 경험으로 축복과 책임의 사명이 주어진 "시나이 산"에서 체결된 계약백성으로 귀결된다(출20장).

따라서 신명기 26장 5-11절에 고대 예배 고백문에서는 하나님의 백성으로서의 자기 인식을 표현하고 있음을 볼 수 있다. 이처럼 야웨와 그의 백성간의 사랑과 신뢰의 선언이 선포되었다. "나는 너희의 하나님이 되고, 너희는 내 백성이 되리라"(출6:7, 레26:12, 신26:16-19, 삼하7:24, 렘30:22, 겔11:20). 이는 예수 그리스도께서 오심으로 이스라엘의 백성은 예수 그리스도의 "에클레시아"로써 "피스토이"한 "라오스"들의 모임을 말한다. 또 하나님과 그의 백성의 관계를 목자의 관계로 나타냈으니 "내 백성 이스라엘의 목자가 되리라"(마2:6)고 하셨고, 또 하나님께서 자기 백성을 돌아보셨다(눅7:16)고 하시므로 그의 소유된 백성임을 말하고 있다. 특히 베드로전서 2장 9절에는 그리스도와 그의 "피스토이"한 "라오스"의 관계를 분명히 기록하고 있다. "오직 너희는 택하신 족속이요, 왕 같은 제사장들이요, 거룩한 나라요, 그의 소유된 백성이니..."라고 언급되었다.

c) "라오스"는 단순한 연합체의 차원을 넘어 공통된 유대관계, 정신, 경험으로 현재, 과거, 미래의 우주적인 하나님의 백성으로, 영적이며 정신적인 연합체이다.

이를 "이스라엘 백성"(창32:28)으로 통칭된다. 그러나 예수 그리스도는 이스라엘 백성이란 통칭을 사용치 않고 나다나엘을 향해 "참 이스라엘 사람"(요1:47)으로 지칭함으로써 이스라엘 백성 가운데 또다시 나온 백성을 계시하였다. 그러므로 예수 그리스도의 "에클레시아"의 "피스토이"는 참 이스라엘인 "라오스"의 모임이다.

d) "라오스"는 비 계급적인 "피스토이"를 표상하고 있다.

"백성"이란 말은 희랍어 명사형인 "라오스"로서 평신도(Laity)란 뜻으로 번역되어 졌다. 또 이 "라오스"를 영어권에서는 "People"로도 번역하고 있는데, 이 "People"은 원래 라틴어 "Populus"에서 온 말로써 백성(People), 공동체(Community), 나라(Nation)의 의미를 지니고 있다. 이 "Populus"는 "라오스"에서 온 말이 아니고 "플레도스"(πληθος)[348]와 관계되어 있다. "에클레시아"의 관점에서 "백성"은 계급성인 성직자(Clergy) 중심이 아닌 평신도(Laity)의 중심적 원리를 계시하고 있다. 영어권에서 "People" 역시 지배나 계층의 개념이 아니고 성직자와 평신도는 공유의 개념이다.[349]

그러나 중세 로마 가톨릭 교회와 봉건사회 사상은 성직자 계급이 평신도 위에 군림하였고, 오늘날에도 그리스도의 대리자로 교황과 사제권으로의 계급제도를 유지하고 있다. 다만 제2차 바티칸공의회는 교회 역사상 처음으로 공의회 헌장에서 "평신도의 위치와 사명"을 밝히고 있는데, 그것은 평신도나 성직자나 수도자가 다같이 동등한 "하나님의 자녀"라는 기본지위를 가지고 있으며, 교회와 세계의 건설에 큰 책임과 권리가 있다[350]고 함으로서 비계급성이라기 보다는 평신도의 본질적 위상을 정립시켰다. 이같은 평신도의 위상 정립은 제도나 조직적 차원보다 그 사명에 초점을 맞춘 공의회였다. 한 걸음 더 나아가 공의회는 평신도 사도직에 관한 교령(Apostolicam Actuositatem)에서 평신도의 위치와 사명에 대하여 언급하고 있다. "교회 안에는 여러 직책이 있지만 그 사명은 오직 하나뿐이다. 평신도들은 그리스도의 사제직, 예언자직, 왕직에 참여하여 교회와 세계 안에서 하나님의 백성으로서의 사명을 자기 나름으로 완수하고 있다. 평신도들은 복음 선포와 인간성화에 힘쓰며, 현세 질서에 복음정신을 침투시켜 현세질서를 완성하는 활동으로써 세계 안에서 그리스도의 명백한 증인이 되고, 인간구원에 이바지함으로써 그들은 사도직을 수행하고 있는 것이다"[351]고 하였다.

아무튼 평신도는 성직자의 종속물이 아니고 하나님 앞에서 신앙과 역사적 주체의식을 뚜렷이 가지고 선교에 참여하는 그리스도의 제자인 것이다. 따라서 루터(M. Luther)는 만인사제직(Priesthood of all believers)을 주장하게 되었다. 이같은 의미의 본질은 우리 주님이 평신도였기 때문이다.[352] 주님은 당시의 종교지도자 계급인 대제사장과 서기관들을 통해 죽임을 당하였으나(막14:1;15:1) 그 반면에 억압받고 눌린 자를 택하시고 그들 백성 내지 평신도 가운데 늘 계신 "라오스"의 목자였다. 그는 세리와 죄인의 친구가 되셨고(마11:19) 가난한 사람, 눈먼 사람, 절름발이, 불구자, 나병환자, 굶주리는 사람, 창녀, 마귀 들린 자, 박해받는 사람, 율법을 모르는 사람, 어린아이, 집 잃어버린 양들과 함께 계셨으니, 주님의 복음은 바로 가난한 자에게 복음을 전하며, 포로 된 자에게 자유를, 눈먼 자에게 다시 보게 함을 전파하며, 눌린 자를 자유하게 하신 것이다(눅4:18,마5:10). 사도 바울 역시 하나님의 동역자로서 스스로 평신도임을 주장하고 있다.[353] 이처럼 주님의 "에클레시아"로서 "피스토이"의 개념은 비계급성이며 성직자 중심의 교회 원리가 아니라 "라오스"와 "플레도스" 중심의 교회인 것이다.

B. "피스토이"로서 "코이노니아"

주님의 "에클레시아"로서의 "피스토이"는 사회학적 공동체가 아닌 독특한 하나님의 백성들의 모임으로 내적인 본질적 이념인 "코이노니아"를 지향하고 있다. 신약 가운데는 "코이노니아"란 말이 19회[354] 나타나는데 복음서에는 없다. 이 "코이노니아"는 "참여", "친교", "사귐"을 통한 나눔[355]과 공용[356]으로 나타나는 개념이다. 라틴어로 "콤무니오"(Communio)로 번역되었다.[357] 영어권에서는 친교(fellowship), 공유(Common), 대화(Communication), 참여(Participation), 공동(Partnership) 등으로 번역[358]되고 있다. Herwi Rikhof는 「The Concept of Church」에서 교회(Church)를 "The Church is the Communio of the faithful"로 정의하면서 교회론의 중심적 본질로 보았다.[359] 이처럼 교제는 "에클레시아"의 "피스토이"한 백성들의 역동적 생명력으로 복음 안에서의 교제이다.

C. 예수 그리스도의 공동식사와 만찬

예수의 말씀 가운데 교제라는 말은 없으나 교제에 대한 본질적이며 근본적인 의미를 계시하고 있다. 예수 그리스도는 "코이노니아" 대신에 "필로스"(φιλος)와 공동 식탁친교, 주의 만찬친교, 부활 후 식탁친교를 통해 "코이노니아"의 원형적인 의미를 계시하고 있다.

누가복음에 나타난 "필로스"는 주격 단수로서 민중들이 예수를 죄인과 세리의 친구로 지칭하고 있다. "인자는 와서 먹고 마시매 너희 말이 보라 먹기를 탐하고 포도주를 즐기는 사람이요, 세리와 죄인의 친구로다 하니"라고 언급하였다. 요한복음에 "필론"(φιλων)은 "필로스"의 복수속격으로 예수 자신이 민중을 향해 자신의 구체적 사랑을 친구관계로 은유적(隱喩的)으로 표현한 것이다. "사람이 친구를 위하여 자기 목숨을 버리면 이에서 더 큰사랑이 없나니 너희가 나의 명하는 대로 행하면 곧 나의 친구라"(눅7:34, 마11:19, 막2:16)고 언급하였다. 이는 예수 그리스도의 우정론은 본인과 민중이 모두 공감된 그야말로 진실 된 신뢰가 동반된 관계였다. 뿐만 아니라 예수 그리스도는 죄인과 친구 됨은 우정의 교제의 근본을 비 계급성에 두고 있으며, 이는 계층과 신분에 관계없이 누구와도 친구로의 만남을 지향하는 우주적 복음의 열린 마음이다. 또 죄인을 용서하고 사랑하는 복음의 본질을 그의 친구교제에서 계시하고 있다.

그러므로 예수 그리스도의 친구의 교제는 사랑과 용서와 섬김의 복음 안에서 상호신뢰와 열린 마음, 그리고 지배의 도(道)가 아닌 섬김의 도(道)로 맺어진 "코이노니아"의 원형이다. 몰트만(J. Moltmann)은 교제를 인간과 하나님과의 친교 및 인간과 인간과의 내적 관계를 나타내는 우정(Friendship)으로 보면서 예수 그리스도의 필로스의 관점에서 교제를 논하고 있다.[360] 그는 우정의 개념을 애정과 존경의 결합(I. Kant)을 인용하면서 애정과 신실성을 함께 지님을 보았다.[361] 이는 "에클레시아"의 "피스토이"적 교제의 의미에 포함되어 질 수 있다.

예수 그리스도의 공동식사 교제는 세리와 죄인의 친구가 됨으로써 빈번히 식사교제를 가졌다(마11:19). 이에 대하여 유대종교의 대표격인 바리새인과 서기관들은 격렬히 비판하였다(막2:16). 그럼에도 불구하고 세리와 죄인과의 식사교제는 예수 자신이 이들을 위해 오셨음을 알리고, 그의 사랑과 용서와 섬김의 구체성을 행동으로 보여주신 표증의 방식이기도 하다. 또 대중적인 공동식사 친교가 성서 가운데 나타나고 있는데 이미 사흘동안 굶주린 사천명의 민중들(막8:2)에게 "떡 일곱 개를 가지사 축사하시고 떼어 제자들에게 주어 그 앞에 놓게 하시니 제자들이 무리 앞에 놓더라"(막8:6)고 언급하고 있다. 요한복음에는 예수께서 디베랴바다 건너편 벳세다(눅9:10)에서 오천 명과 함께 공동식사의 친교가 나오고 있다(요6:10).

> "예수께서 떡을 가져 축사하신 후에 앉은 자들에게 나눠주시고 고기도 그렇게 저희의 원대로 주시다"(요6:11).

이처럼 공동식사 교제는 예수 그리스도와 민중간의 "삶의 나눔의 교제"를 보여 주신 것이다. 뿐만 아니라 가시적인 "에클레시아"의 "피스토이"한 "라오스"를 가시화 했다. 그리고 종말론적으로 실현될 천국잔치를 계시하고 있다. 즉, 소위 자칭 "의인들"에 의해 무시를 당하고 있는 "죄인들" 곧 "전에 청함을 받았던 사람들"(자칭 의인 유대인)은 하나도 그 잔치에 참여치 못하고(눅14:24) 그 대신에 그들에 의해 멸시 당했던 가난한 자들과 병신들과 소경들과 저는 자들이(눅14:21) 손님으로 청함을 받게 될 미래적 천국잔치를 표상화 시킨 것이다. 본 훼퍼는 "코이노니아"의 신학적 해석을 "삶과 함께"(Lifetogether)라는 책제목에서 보여주듯이 그 개념을 잘 나타내고 있다.[362]

복음서에 나타난 주의 만찬은 공생애를 마무리하는 시점에서 그의 제자들과 함께 최후의 만찬친교를 하신 데 깊은 의미가 있다. 주의 만찬에 대한 사복음서의 공통점은 예수 그리스도의 전생애의 삶인 "사랑과 용서" 그리고 "섬김과 나눔"의 결정체인 "십자가"를 표상하고 있으니, 곧 떡(몸, Soma)과 잔(Poterion, 피)의 나눔이다. 또 죄 사함과 언약과 종말론적 만찬을 계시하였고(마26:26-29) 새 언약과 주의 오실 때까지 기념하는 것이며(눅22:19-20), 내 안에 거하고 나도 너희 안에 거하는 연합적 일체성을 계시하고 있다. 그러므로 주의 만찬교제가 "코이노니아"의 원형적 의미로 "살"(Sarka)과 "피"의 나눔의 교제이다.

예수 그리스도는 부활하신 후에 제자들과 함께 식탁교제를 가지심으로 부활 전에 가졌던 공동식사 교제나 주의 만찬교제의 영속성을 말해주는 교제이기도 하다. 부활의 주님은 엠마오로 가는 두 사람에게 나타나 "떡을 가지고 축사하고 떼어 나누어 주었을 때" 그들은 비로소 그가 예수인 것을 알아 볼 수 있게 되었다(눅24:35). 이는 주(主)의 공생애 동안 가졌던 식탁교제와 주의 만찬을 문학적 이야기로 정교하게 연결시켜 주고 있는 점이다(눅24:30-31). 뿐만 아니라 부활 후 예수 그리스도의 식탁교제가 여러 곳에서 언급되고 있는데, 누가복음 24장 36-43절에 제자들과 식탁교제를 하셨고, 디베랴 바닷가에서 시몬 베드로와 함께 식탁교제를 하셨으며(요21:1-14), 사도행전에는 죽은 자 가운데서 일어난 후 제자들과 함께 먹고 마신 것이 증언형식으로 보도되고 있다(행10:41). 그러므로 부활후의 식탁교제가 "코이노니아"의 원형적인 의미는 하나님과의 맺은 언약과 부활과 사랑과 용서의 연속성을 의미하며, 동시에 "영적 교제"를 계시하고 있다.

이상에서 고찰한 바와 같이 예수 그리스도의 "코이노니아"의 본질적 계시는 "삶과의 나눔의 교제요", "몸과 피의 육적인 나눔의 교제요", "영속적인 영적 교제"를 말한다. 이를 필자는 교제의 삼위일체(三位一體)라 칭한다. 이 교제의 삼위일체는 "영"과 "육"과 "삶"의 전인적인 교제로써 예수 그리스도의 "필로스"의 교제 가운데서 구체적으로 가시화 되었다. 그러므로 예수 그리스도의 "에클레시아"에 나타난 교제에 대한 신학적 의미는 다음과 같다.

예수 그리스도와의 친구개념에서 예수 자신은 물론 민중이 공감하는 서로의 일체감을 보여주는 교제이며, 공동식탁교제는 언제나 그리스도에 의해 떡을 떼어 축사하는 나눔의 관계에서 형성된 "하나님의 가족"적 개념으로서의 일체감을 나타내고 있다. 특히 예수 그리스도의 성만찬은 몸과 피에 참여함으로서 한 몸으로의 통일성과 일체성을 말하고 있다.

이같은 본질적 원리를 사도 바울은 이를 "그리스도의 몸으로서의 교회"로 일체성을 표현하였다(골1:24;1:18, 엡1:22;5:23). 즉, 몸도 하나요, 성령도 하나요, 한 소망이요, 주도 하나요, 믿음도 하나요, 세례도 하나요, 하나님도 한 분이시니 곧 만유의 아버지시라. 만유 위에 계시고 만유를 통일하시고 만유 가운데 계시도다(엡4:4-6)로 증거하고 있다. 오순절 이후에 나타난 증거는 "세례(洗禮)"와 "교제(交際)"를 통한 새로운 공동체로서의 일체성을 나타내고 있다(행2:37-42).

예수 그리스도의 친구와 식탁 교제에 나타나는 신학사상은 죄인과 세리와 굶주린 민중들과 최후의 만찬 전에 제자들의 발을 씻기심(요13:5)과 온 인류를 위한 그의 십자가의 죽으심은 하나님이신 그리스도의 섬김의 도요, 지배의 도가 아닌 것이다. 주님이 이 땅에 오신 목적은 섬김을 받기 위함이 아니라 도리어 인간을 섬기기 위해 성육신 하신 것이다(막10:45).

그러므로 예수 그리스도를 지배의 표상인 "왕"의 칭호를 거부한다. 왜냐하면 예수 자신이 스스로 세상에 속한[363] 왕이 아니며, "내 나라는 이 세상에 속한 것이 아니다"(눅10:30-37, 요18:36)고 하였기 때문이다. 빌라도가 예수에게 그러면 네가 왕이 아니냐의 물음에 "내가 왕 이니라"는 긍정의 말씀을 하였으나 그 왕은 빌라도의 생각처럼 정치적 또는 세속적 의미의 왕이 아니며, 보편적 진리가 아닌 절대적 진리[364]를 증거하는 하나님 나라의 왕임을 덧붙여 밝히셨다(요18:37). 예수 그리스도가 유대인의 왕이 아님을 빌라도가 예수 그리스도를 심문하는 가운데 스스로 고백함으로서(요18:38) 예수 그리스도는 세속의 왕이 아님이 자증(自證)된 것이다.

특히 구약 가운데서 야웨의 칭호가 언제부터 왕의 개념으로 호칭되어 도입되었는지는 연구 중이나, 분명한 사실은 이 칭호가 이스라엘에 있어서 왕국제도와 같이 외래적이라는 것이요, 또 예루살렘 제의와 결합되었다는 점이다.[365] 또 신학적으로 야웨의 왕으로서의 칭호가 비교적 후기에 생성된 것으로 미루어 보아 다신론적 신화를 전제하고 있으며 또 군국주의를 뒷받침 하고 있다. 그 군국주의의 주권은 고대 중동의 왕적 이념에 근거하고 있기 때문이다.[366] J. Gray에 의하면 "말크"(מלך)는 신의 왕 되심을 표현한 것이나, 이스라엘에 있어서 그 고유개념이 아닐 뿐만 아니라 여부스 족속에서 온 전승을 반영하고 있다.[367] 그러나 이스라엘에 있어서 "말크"는 "역사의 신"으로, 그리고 계시된 하나님으로 야웨의 왕적 통치는 우주적 그의 백성 안에 통치되고 있을 뿐이다.[368]

"말크"는 LXX에는 "왕"으로 번역되었는데 예수 그리스도를 직접 지칭한 곳은 한곳도 없으며, 대개 세속적 왕을 지칭하였다. 야웨의 왕적 통치로 "말크"가 유입되었으나, "야웨"는 LXX에 "바실레우스"가 아닌 "큐리오스"로 번역되었다. 다만 세속적 왕과 구별되는 별칭과 합성된 어휘로 왕의 명칭이 사용되었으니 즉, 이스라엘의 왕(막15:32, 요1:49) 또는 큰 임금(마5:35) 또는 만세의 왕(딤전1:17) 또는 만국의 왕(계15:3) 또는 왕 중 왕(계17:4,19:16, 딤전6:15)으로 쓰여 졌다.

시편 145편에 보면 야웨의 왕국을 그 중심에 세우고 주의 나라는 영원한 나라이니 주의 통치는 대대로의 이름을 찬송하는 동시에 세속적인 허무한 왕과 구별하였다. 이는 예수 그리스도의 하나님의 나라를 말한다.[369] 스가랴 14장 9절에는 "여호와께서 천하의 왕이 되시리니 그 날에는 여호와께서 홀로 하나이실 것이요 그 이름이 홀로 하나이실 것이며" 라고 언급하였다. 이 말씀은 야웨가 세계의 통치자로서 또는 역사의 주관자로서 소개될 뿐만 아니라, 구원을 가져오는 자로, 메시야적 왕으로 오심으로 세계는 야웨의 섭리 하에 있는 것이다.[370] 이처럼 예수 그리스도를 세속적 왕의 통칭인 "바실레우스"적 입장에서 교제의 의미는 지배의 도(道)의 상징인 종교 제국주의 내지 종교왕국으로 갈 수밖에 없으며, 이는 교회내의 직분의 군림화, 계층화, 율법화, 성전종교화, 회당종교화, 세속화로 지향하며 급기야 교권화, 교리화, 집단화로 전락되고 끝없는 분쟁화로 예수 당시의 빌라도 재판이나 로마교회의 종교재판처럼 위증(僞證)으로 귀결될 것이다. 그러므로 예수 그리스도의 "에클레시아"는 사랑과 용서와 섬김의 복음이 전제된 섬김의 도(道)에서만 참다운 교제적 사람이 전제될 뿐이다.

예수 그리스도의 "에클레시아"는 부르시고 선택한 신실한 하나님의 백성들의 독특한 "코이노니아"의 모임이다. 이는 부르심과 선택하심의 주체이신 하나님과의 관계를 떠날 수 없으며, 예수 그리스도를 통한 수직적 "피스티스"와 수평적 "피스토이"들 가운데서만 가능한 교제이기 때문이다.

3) 복음의 증거(*μαρτυριον*)로서 "에클레시아"

"에클레시아"의 본질적 사명은 복음과 그의 나라를 증거하는데 있다. 그 증거의 본질은 예수 그리스도를 통해 듣고 보고 배운 바를 땅끝까지 증거 하는데 있다. 지금까지의 선교는 기독교 선교나 교회 선교에 몰두함으로써 복음의 우주성을 제한하는 결과를 초래하였다. 물론 선교의 결과에 열매가 없는 것은 아니다. 선교지마다 교회당이 세워지는 가시적 성과도 가져왔다. 문제는 이같은 가시적 성과에도 불구하고 역기능적 현상이 나타나고 있다는 점이다. 이는 기독교에 대한 거부현상이다. 회교권과 불교권이 그 대표적 현상이다.

복음은 만민구원의 우주적인 복음임에도 불구하고 기독교라는 이름으로 복음이 포장되어 전파됨으로써 복음의 능력이 제한되고, 타 종교와의 갈등을 초래하는 결과를 가져왔기 때문이다. 복음의 본질은 사랑과 용서와 섬김이다. 주님은 이 복음을 땅 끝까지 전할 것을 분부하셨기 때문이다. 사랑과 용서와 섬김의 복음에는 국경도 인종도 종교까지도 초월하는 하나님의 나라의 능력이기 때문이다. 예수님은 십자가에 못 박히시고 부활하시고 승천하시기에 앞서서 이 복음만을 증거토록 위임하셨으니 곧 "에클레시아"의 본질적 사명은 대명령과 나의 증인이다.

(1) 대명령(Great Commission)

부활하신 주님은 갈릴리에 현현하셨다. 아마 가버나움의 뒷산 즉, 관사(the)가 있음을 미루어 보아 특정한 산(변화산 또는 팔복산 또는 다볼

산)이겠으나 확실치는 않지만 팔복산이 아닌가 싶다(마5:1). 그곳에서 승천하기 전에 그의 제자들에게 우주적인 만민구원의 복음을 증거 토록 대명령을 분부하셨다. 이곳 갈릴리지방에서 또 하나의 위대한 일은 가이사랴 빌립보에서 베드로의 위대한 고백 위에 예수 그리스도의 "에클레시아"를 선포한 장소이기도 하다(마16:16). 주님의 복음의 대명령은 우주적 명령으로 분부하셨다.

"너희는 가서 모든 족속으로 제자를 삼아 아버지와 아들과 성령의 이름으로 세례를 주고 내가 너희에게 분부한 모든 것을 가르쳐 지키게 하라 볼찌어다 내가 세상 끝 날까지 너희와 항상 함께 있으리라 하시니라" (마28:19-20).

A. 복음 증거의 대명령의 대상은 "모든 나라와 민족"

주님의 대명령을 수행할 주체인 제자들에게 그의 명령을 수행할 객체인 대상과 범위를 "모든 족속"으로 분부하셨다. 본문의 모든 족속은 "판타 타 에드네"로 마태복음 25장 32절의 "모든 족속"과 같은 어귀이다. 마가복음 16장 15절에는 "너희는 온 천하에 다니며 만민에게 복음을 전파하라"고 분부하셨는데, 이는 복음전파의 대상인 만민 즉, "파세 테 크티세이"(*πασῃ τῃ κτισει*)로 나타나고 있다. 영어권에서는 "테 크티세이"(*τῃ κτισει*)"를 All Creation으로 번역되었다. 이는 모든 피조물 또는 창조 또는 피조세계의 전체적 의미를 말하고 있다. 그러나 본문에서의 "모든 족속"은 모든 인류를 지칭하는 구체성으로 나타내고 있음을 볼 수 있다. 이는 유대인만의 구원이 아닌 이방인까지를 포함하는 "모든 민족"(All nations)이 우주적 복음을 받을 대상임을 말씀하신 것이다.

B. 복음 증거의 대명령은 "예수 그리스도의 복음화"

주님은 모든 족속에게 복음을 전파하되 그들을 그리스도의 제자로 삼을 것을 분부하신 것이다. 이는 율법적인 바리새인의 양성이나 성전종교의 형식적 제사적 행위의 종교인이 아니며, 회당종교의 여왕벌을 중심으로 모여 있는 세력이나 회당종교인의 양성이 아닌 복음으로 낳은 그리스도의 제자 즉, 복음인(Evangelist)을 말씀하신 것이다.[371] 복음인은 복음 안에서 참된 자유와 평안과 믿음을 소유한 하나님의 나라의 백성을 말하는 것으로 제자의 삶을 살아가는 자를 말한다.

"제자"란 말은 "마데투오"로서 "제자로서 복음화"라는 의미와 "제자를 복음화시킨다"는 의미가 있다. 마태복음 16장 24절에는 예수께서 그의 제자들에게 이미 말씀하셨다. "아무든지 나를 따라 오려거든 자기를 부인하고 자기 십자가를 지고 나를 좇을 것이니라"고 말씀하셨다. 그러므로 예수 그리스도의 제자화를 위해서는 자기 십자가를 지고 주님을 따라가는 부단한 훈련과 그의 가르침을 분부하신 것이다. 제자의 표시는 회개하여 죄 사함을 받고 그리스도와 합일하는 중생의 체험으로 내적인 성령의 세례와 외적으로 표시하는 세례 즉, 씻음의 의미(막7:4,눅11:38, 딛3:5)의 의식(儀式)을 행하도록 분부하셨다.

C. 복음 증거의 대명령은 "사랑과 용서와 섬김의 모든 것을 가르쳐 지키는 것"

복음은 부분일 수 없다. 때문에 예수 그리스도를 통해 3년간 보고 듣고 만지고 느끼고 배운바를 가감 없이 "디다케"(διδαχη) 즉, 가르치고 지키라는 말씀이다. 특히 "디다케"와 관련한 동사형 "디다스콘테스"(διδασκοντες)는 동사형이며 현재분사형으로서 계속해서 가르치라는 의미인 것이다. 복음의 전파는 쉼이 없다. "너는 말씀을 전파하라 때를 얻든지 못 얻든지 항상 힘쓰라"(딤후4:2) 그러므로 주님의 분부는 가르침과 지키는 차원까지 이르지 못할 때 주님의 제자도 복음의 능력도 기대할 수 없는 것이다. 특히 오늘의 한국교회는 땅 끝까지 복음전파에는 열의를 가지고 있으나 복음을 가르치고 지키는 차원까지 이르지 못하고 있음을 지적하지 않을 수 없다.

D. 복음 증거의 대명령은 위대한 약속 "임마누엘"의 증거

마1:23의 "임마누엘"과 마28:20의 "볼지어다 내가 세상 끝날까지 너희와 항상 함께 있으리라"는 시공간을 초월한 동거동행의 약속이요 사

랑의 증거이다.

주님은 위대한 명령과 위대한 고백과 함께 위대한 약속을 말씀하셨다. 이같은 명령과 고백과 약속의 보장은 주님의 자녀들과 주님의 "에클레시아"의 사명을 감당함에 있어 필수적인 요건이기도 하다. 주님의 복음의 위대한 약속은 세상 끝 날까지 복음이 전 세계에 전파된 후 주께서 재림하시는 것이다. 이같은 주님의 보호와 위로와 도우심이 바로 만민을 구원하시는 하나님의 사랑의 행위인 것이다. 주님의 고백과 명령과 약속은 주님의 "에클레시아"와 함께 영원할 것이다.

(2) 나의 증인(*μου μαρτυρες*, my witnesses)

> "오직 성령이 너희에게 임하시면 너희가 권능을 받고 예루살렘과 온 유대와 사마리아와 땅 끝까지 이르러 내 증인이 되리라 하시니라"(행1:8).
>
> "우리 중에 이루어진 사실에 대하여 처음부터 목격자와 말씀의 일꾼된 자들이 전하여 준 그대로 내력을 저술하려고 붓을 든 사람이 많은지라 그 모든 일을 근원부터 자세히 미루어 살핀 나도 데오빌로 각하에게 차례대로 써 보내는 것이 좋은 줄 알았노니 이는 각하가 알고 있는 바를 더 확실하게 하려 함이로라"(눅1:1-4).
>
> "태초부터 있는 생명의 말씀에 관하여는 우리가 들은 바요 자세히 보고 우리의 손으로 만진바라"(요일1:1).

주님의 복음의 증거는 나의 증인으로 분부하셨다.

A. 증인(*μαρτυς*)이란?

진리에 대한 자기의 증거를 말하나 순교자적 행동함으로 증명하는 사람을 증인이라 하며, 그의 증거행위를 증언 또는 물증 또는 행동의 증인까지를 말한다. 이는 법정용어로서 심판의 절대적 요체이다. 그러므로 증인의 자격은 참으로 중요하며 위증이 없어야 한다.

a. 예수 그리스도의 나의 증인

예수 그리스도의 나의 증인이란 예수 그리스도의 복음 즉, 사랑과 용서와 섬김의 증인을 말한다. "나의 증인" 은 "나의" (My 또는 *μου*)라는 소유격과 "증인" 이라는 명사로 합성된 말이다. 특히 "나의" 라는 소유격에 유의해야 한다. 왜냐하면 이 증인은 그리스도에 속한 자들을 말하는 것으로 예수 그리스도가 부르시고 느끼고 경험 한바 즉, 사랑과 용서와 섬김의 삶을 땅 끝까지 증거하고 증언하고 증인의 삶을 살아감을 말한다.

예수 그리스도는 그의 제자들과 그의 백성들에게 공생애 가운데서 그의 나라를 계시하였다. 따라서 증거는 하나님의 나라요, 그의 권능성 즉, "엑수시아" 와 "뒤나미스" 일 뿐이다. 그러므로 증거에 대한 신학적 의미는 다음과 같다.

a) "엑수시아" 의 증거

이 권세는 "말씀이 육신이 되신 그리스도" (요1:14)로부터 선포되었고 제자들에게 전승되었으니 바울은 "내가 받은 것을 먼저 너희에게 전하였노니 이는 성경대로 그리스도께서 우리 죄를 위하여 죽으시고..." (고전15:3)라고 증거하고 있다. 이는 전해 받음과 전해줌의 전승관계이고, 또 "내가 너희에게 전한 것은 주께 받은 것이니..." (고전11:23)도 전함(*παρεδωκα*)과 받음(*παρελαβον*)의 전승관계인 것이다. 이같은 전승은 직접 그의 제자들의 입술로 증거 되고 전승되었으니 곧 주님의 말씀이다. 그러나 오늘의 증거표준은 예수와 직접 교제가 없고 다만 그의 말씀과 복음과 성령(Holy Spirit)과 정신(Spirit)과 사상이지 주님의 넋이나 혼령이나 혼백 따위의 "고스트" (Ghost, K.J.V.)가 아닌 성령(Spirit, R.S.V., N.I.V., 행1:8)을 증거 하는 것이다.

b) "뒤나미스" 의 증거

예수 그리스도께서 세상에서 행하신 모든 사역의 일들은 "뒤나미스" 로 가시화 되었다. 이 능력은 그의 "엑수시아" 의 가시적 결과로 하나님 나라의 임재성이니 곧 자유와 평안과 믿음이다. 이를 가감 없이 받아들이고 세상 끝 날까지 증거 하는 것이다(마28:20). 그러나 증거와 증언과 증인이 전승에서 전승으로(히2:3,4, 딤후2:2) 나타나는 가운데 다양한 언어와 문화, 해석학과 관점에 따라 신조화, 교의화, 신학화, 주의(ISM)화로 역사화 되었다.

이 역사화 된 복음은 예수 그리스도에 대한(About) 복음으로 20C까지 예수 그리스도가 누구인가에 대한 해답으로 과히 절정을 이루게 되었다. 또 복음과 하나님 나라를 이해하는데 필수적이라 할 수 있다. 그러나 다른 한편으로 복음의 본질 그 자체에 입혀진 역사화 된 복음은 자칫 예수 그리스도의 복음(Gospel of Jesus) 그 자체보다 장로의 유전[372]이나 끝없는 족보나 신화(딤전1:4;4:7)로 전락 될 위험적 요소를 배제할 수 없으며, 예수 그리스도의 복음을 듣고 이해하고 아는 차원에서만 머물게 되는 기형적 괴리적 현상을 도출함으로서 하나님 나라의 능력의 삶으로까지 나타나지 못했다. 복음은 믿고 경험하고 따르고 증거 하는 삶으로 나타나야 하고 또 선교의 차원에서 가르쳐 지키게 하는 차원까지를 말하며, 믿음과 소망의 차원에서 사랑의 능력의 차원까지를 말한다. 이것이 하나님 나라 백성의 "살아있는 신앙"이요, 살아있는 신학을 지닌 주님의 "에클레시아"이다. 그러면 예수 그리스도의 능력의 본질적 증거는 무엇인가?

ⓐ 가르침을 받고 분부하심을 받은바를 땅끝까지 모든 것을 가르치고 지키고 증거하는 능력

이는 예수께서 공생애의 결산의 의미를 지닌 최후의 부탁으로 제자들에게 증거의 삶을 분부하신 것이다.

> "너희는 가서 모든 족속으로 제자를 삼아 아버지와 아들과 성령의 이름으로 세례를 주고 내가 너희에게 분부한 모든 것을 가르쳐 지키게 하라..."(마28:19-20).

예수로부터 3년간 받은 교훈을 그대로 받아들여 그대로 전하며 가르치라는 분부로 이 동사 "디다스콘테스"(*διδασκοντες*)는 현재분사형으로 세상 끝날(마12:39,40,49;14:3)까지 계속하여 가르치라는 뜻이다. 증거의 대상은 유대인이나 이방인의 담장을 허물고 모든 족속에게 제한 없이 복음

을 전하는 것이며, 증거의 표징으로 제자를 삼고 세례를 줌으로서 예수 그리스도께서 세우신 "에클레시아"와 그의 본질을 그의 제자들과 백성을 통해 전승시키고 증거 함으로서 역사 가운데 "에클레시아"를 가시화하신 것이다.

ⓑ 예수 그리스도의 십자가와 부활의 능력을 증거

예수 그리스도의 십자가와 부활의 능력은 예수 그리스도의 복음의 본질적 능력으로 증거되었다. 예수의 십자가의 능력은 보혈의 능력이며 그 피는 죄를 사하시는 대속의 피요, 구원의 보증의 피다(엡1:7, 골9:22, 요1서1:7, 계1:5, 요6:54) 뿐만 아니라 사랑의 최고봉이며 용서의 절정으로 섬김의 도를 계시하신 것이다. 또한 한 피로 맺어지는 "에클레시아"의 백성들을 하나로 매는 사랑과 용서와 섬김의 끈이다(고전10:16-17). 예수 그리스도의 부활의 능력은 이미 사흘 후에 살아나리라고 예언하였으며(마12:40;16:21;20:19;27:63,막9:9,10,31, 요2:19,21), 이를 그의 공생애 가운데 이미 예표 하였으니 나인성의 과부 아들을 살리심과(눅7:11-18) 야이로의 딸의 부활(마9:18,19,23-26, 막5:22-24,35-43, 눅8:40-42,49-56)과 나사로의 살리심(요11:43)이며 이는 그의 복음과 "에클레시아"의 불변성과 연속성과 능력성을 말하는 것이다.

이는 하나님 나라의 현재적 임재성(마12:28, 눅11:20)을 가시화 하였으며 동시에 미래적 하나님 나라(막13:24-27)를 보증하신 예수 그리스도의 절대적인 독특성과 초능력의 계시인 것이다. 이같은 십자가와 부활의 증거는 천사(마28:5)와 빈 무덤의 목격자들(마28:1, 막16:1-6, 눅24:1-10), 그리고 부활하신 예수의 현현으로 볼 수 있다(마28:16-20, 눅24:50-52, 요21:1-23, 행1:3-8). 이 부활의 능력은 그의 교회와 백성들에게 특별한 소망으로 현재적 영적 부활은 물론 궁극적인 마지막의 육체의 부활까지를 의미하는 능력을 말한다(요5:21-29).

5. 다락방에서 시작된 예수 그리스도의 원형적 가시적 "에클레시아"

예수 그리스도는 성령이 오시면 그가 나를 증거 하실 것임을 말씀하고 계신다. "내가 아버지께로서 너희에게 보낼 보혜사, 곧 아버지께로서 나오시는 진리의 성령이 오실 때에 그가 나를 증거하실 것이요" (요15:26), "오직 성령이 너희에게 임하시면 너희가 권능을 받고 예루살렘과 온 유대와 사마리아와 땅 끝까지 이르러 내 증인이 되리라 하시니라" (행1:8). 주님은 성령을 보내실 것임을 약속하셨으며(마12:18;2:33) 또 성령을 기다리라(행2:1-4)고 말씀하셨다. 때가 이르매 오순절 마가 다락방에 약속하신 성령이 임했으며(행1:22;4:33;10:39-43), 이 성령은 이적과 기사와 권능으로 복음과 부활을 능력 있게 증거하였고, 증인들의 모임을 통한 예수 그리스도의 "에클레시아"를 재조직함으로써 사도들의 교회를 조직하게 되었다(행2:14-22,37-47).

예수 그리스도의 원형적 "에클레시아"는 교회의 근본이요 원리요 총론이다. 반면에 오순절 다락방교회는 원형적 예수 그리스도의 "에클레시아"의 증거요, 적용이요, 재조직이요, 각론이다. 예수 그리스도의 원형적 가시적 "에클레시아"는 그의 육성으로의 선포된 말씀 즉, "내 교회를 세우리니" (마16:18;18:17)는 물론 구체적으로 독특한 "에클레시아"로 계시하였다. 즉, "목자가 모은 양무리"[373](요10장, 벧전5:2) 또는 의도적인 "12제자단" (눅9:1-6)과 "70문도" (눅10:1-7) 그리고 그를 따르는 수많은 무리로 볼 수 있다. 이는 하나님 나라의 임재의 관점에서 주님의 "에클레시아"의 가시화로 보기 때문이다. 다시 말하면 하나님의 나라의 임재가 곧 "에클레시아"를 가시화하였기 때문이다. 따라서 "에클레시아"의 본질적 사명이 바로 "하나님 나라의 증거"에 있음을 분명히 하고 있다.

그러므로 하나님 나라의 임재는 "삶의 중심", "시간의 중심", "역사의 중심", "우주의 중심"에 역동적으로 임재 함으로써 개인 안에 임재하여 속량되어 짐은 물론 공동체 안에서의 임재[374]의 역사로 나타나는 우주적 하나님의 나라요, 우주적 "에클레시아"를 말하고 있다. 그러면 주님의 "에클레시아"와 오순절 성령의 강림으로 120문도의 증거로 재조직된 오순절 다락방교회 내지 사도교회 내지 초대교회[375]와의 근본과 재조직, 원리와 적용, 총론과 각론의 관계를 필자가 비교 고찰하고자 한다.

주님의 "에클레시아"는 예수 그리스도에 의해 "클레토이", "에클레토이", "피스토이" 한 자들의 우주적 모임이다. 다락방교회는 주님에 의해 이미 부르심과 선택하심을 받은 자들로 주님의 보혜사 성령을 보내주시기로 약속을 믿고 모인 무리들로써 성령의 강림으로 재조직된 교회이다(행1:4-5;2:1-7,42-47) . 그러므로 이들은 예수 그리스도의 "에클레시아"에 대한 신실한 증인들의 모임이다. 이렇게 조직된 다락방교회는 성령을 통해 우리 주 하나님의 끊임없는 부르심(행2:39)과 그의 말을 받아들임(행2:41)과 믿는 사람들의(행2:44) 우주적 모임으로 점차 가시화 되어갔다. 이는 "천하 각국으로부터 큰 무리가 모여 각각 자기 방언으로 제자들의 말하는 것을 듣고"(행2:1-13)로 언급하고 있기 때문이다. 이상을 통해 "에클레시아"는 예수 그리스도로부터 직접적인 부름을 받은 우주적인 모임으로 다락방교회로 재조직되어 증거 되었다. 이렇게 재조직된 사도교회는 성령의 끊임없는 부르심과 선택하심과 신실한 자들을 모으심으로 마을과 도시와 민족과 나라로 가시적 "에클레시아"를 재조직해 가면서 그의 "바실레이아"를 확산 증거 해 나갔다.

주님의 "에클레시아"는 주님의 직접적인 가르치심(마4:23-5:2, 마7:28-29, 눅6:17-20;7:1)으로 가시화 되었다. 반면에 다락방교회는 주님으로부터 가르침을 받은 사도들의 가르침(행2:42)에 의해 "에클레시아"를 재조직 내지 전승시켜 나아갔다. 주님의 "에클레시아"의 독특한 표식은 제자들에게 가르쳐 주신 "주의 기도"(눅11:2-4, 마6:9-13)와 "세례"(요3:22-26;4:1)이며, 반면에 다락방교회는 사도를 통해 주님이 행하신 세례를 베풂으로 제자의 수가 삼천이나 더하여 갔다(행2:41).

주님의 "에클레시아"는 독특한 원형적 교제를 가시화 하였다. 전술한 바와 같이 주님의 교제는 "삶"과 "육"과 "영"의 전인적 나눔의 교제이다. 즉, 몸과 피의 나눔인 주의 만찬(마26:26-28)과 "필로스"의 식탁교제[376]를 말한다. 이는 다락방교회에서 그대로 유출 내지 전승되었으니 곧 "코이노니아"이다. 이 "코이노니아"는 친교 또는 신실한의 의미를 말하는 것으로 "서로 교제하며 떡을 떼는 나눔의 교제"요, 서로 물건을 통용하며 재산과 소유를 팔아 필요에 따라 나누어 쓰는 공동운명체적 나눔의 교제로 가시화 되었다(행2:42-45).

주님의 "에클레시아"는 하나님 나라의 본질인 권능성 즉, 권세와 능력의 역동적 임재로 가시화 되었다. 다락방교회는 성령의 강림을 받은 사도들로 하여금 기사와 표적으로 하나님 나라의 권능성을 증거하였다(행2:22;2:43;3:1-14).

주님의 "에클레시아"는 제자 한 사람 한 사람의 부르심과 선택하심과 신실한 자들의 모임으로 시작하여 허다한 큰 무리가 따르고 좇음으로 그의 나라를 가시화 하였다. 다락방교회는 예수 그리스도를 증거함으로써 주께서 구원받은 사람을 날마다 더하게 하시니라(행2:47).

제3절_예수 그리스도의 하나님 나라(*βασιλεια*)

John Piper에 의하면 예수 그리스도의 전 생애를 통해 가르침의 중심으로 끊임없이 선포된 복음이 바로 "바실레이아"이다.[377] 이 "바실레이아"는 창세로부터 표상적 계시로 가시화 되었다(창12:1, 히11:10). J. Moltmann은 예수 그리스도에 이르러 본질적이며 종말론적(Eschatological)으로 완전히 계시되었다.[378] 그러므로 "하나님의 나라"의 시작과 본질적 중심사상은 예수 그리스도로부터이며 그를 통해 완성된 것이다.[379]

예수 그리스도의 복음의 시작은 "바실레이아"의 선포로부터 시작된다. "가라사대 때가 찼고 하나님 나라가 가까웠으니 회개하고 복음을 믿으라"(막1:15)고 선포하였다. 이 말씀은 예수 그리스도가 선포하신 최초의 복음이며, 그 복음의 본질이 "바실레이아"에 있음을 분명히 한 것이다. 이 "바실레이아"는 오직 유대인만이 구원을 얻으며 율법으로만 메시야의 나라에 들어갈 수 있다는 유대주의의 고정관념[380](신4:37;7:6-7)을 깨어버린 우주적인 나라로서 율법이 아닌 자유와 평안과 믿음의 복음으로 채워지는 만민 구원의 열린 나라였다(창12:3, 욜2:32, 마11:28;28:20, 눅2:10;2:31 요3:16, 딛2:11). 때문에 "에클레시아"는 "바실레이아"를 그 사명의 본질로 한다.

이 "바실레이아"는 성서 전체에 162회 나타나고 있으며 복음서만도 126회나 사용되었다.[381] 이 "바실레이아"의 어휘는 복음서에서 그 표현 기법이 "하늘 나라"(*η βασιλεια των ουρανων*) 또는 "하나님의 나라"(*η βασιλεια του θεου*)로 교차 표기 되어 있다. 특히 하늘나라의 표기는 마태복음서(31회)에만 언급되어 있고, "하나님의 나라"는 사복음서와 바울서신에 모두 언급되었다. 그 외에 "바실레이아"와 용어상의 약간의 차이를 지닌 어휘로는 "당신의 나라"(마6:10;눅12:3), "그의 나라"(마6:33;눅12:31), "천국"(마4:23,8:12,7:35,38), "자기 아버지의 나라"(마13:43), "내 아버지의 나라"(마26:29) 등이다. 이 두 어휘의 교차표기에 대하여 논쟁의 여지가 있다. 세대주의자들은 구약 예언의 문자적 성취로 두 어휘의 구별을 강조하고 있다.

반면에 두 어휘를 동일한 의미로 보는 견해가 있다. G. E. Ladd에 의하면 천국과 하나님의 나라의 교차적 사용은 팔레스틴적 용법에 근거한 것으로서 "하늘"의 표현은 "하나님"의 완곡한 표현이다. 천국은 셈어 계통의 관용어(慣用語)로서 하늘을 보통 신의 명칭의 대용어(代用語)로 쓰였다.[382] G. Vos 역시 유대인들에게 있어서 하나님의 이름은 지극히 거룩하기 때문에 그들은 하나님의 이름을 함부로 부르는 것을 기피하여 여러 가지 대용어로 사용하여 불렀다는 것이다.[383]

G. Dalman에 의하면 "하늘나라"는 아람어 "말쿠타 디슈마야"(Malkutha Dishmaya)로 히브리어의 표기로는 "말쿠트 샤마임"(Malkuth Shamayim)에서 유래된 말로 "하나님의 나라"에 대한 완곡한 표현으로

보았다.[384] W. Strawson는 "하늘나라"가 원형이라고 주장하면서 마태에서는 "하나님의 나라"와 "하늘나라"가 동의어이지만 하나님의 통치의 다른 면을 강조하는 것으로 사용되고 있다. "하늘나라"는 하나님의 초자연적 특성을 강조한 반면에 "하나님의 나라"는 하나님 자신의 통치가 지금 활동하고 장래에 완성할 것을 강조한다는 것이다.[385]

이상의 견해를 통해 볼 때 두 어휘를 구별하는 것은 의미가 없다. 단지 마태는 유대인을 향한 복음서라는 점에서 유대인의 하나님에 대한 경외심의 표현으로 "하나님"의 표기를 "하늘"로 표현한 기법이다. 그러나 마가복음, 누가복음, 요한복음에는 "하늘나라"의 표현이 제외된 것은 "하나님"의 개념이 희박한 이방인의 정서표현이며 따라서 구체적으로 "하나님 나라"로 표기함으로써 전달상의 분명한 의미를 전달하고자 함에 있다고 하겠다.

예수 그리스도로부터 시작된 "바실레이아"는 예수의 생애 가운데 "알파"(A)요 "오메가"(Ω)이며, 그 "바실레이아"의 어휘적 의미는 하나님의 권능성과 "바실레우오"($\beta\alpha\sigma\iota\lambda\epsilon\upsilon\omega$) 즉, 통치적 의미(Rule 또는 Government)가 있다. G. Dalman에 의하면 하나님의 나라는 구약이나 유대문서에서 하나님의 주권(Sovereignty)과 그의 통치(Reign)을 의미하며, 그 통치는 신이 통치하는 영토나 왕국을 뜻하는 것이 아니라 하나님의 통치라는 그 본질을 의미한다고 언급하였다.[386]

그러나 필자는 "바실레이아"의 본질적 의미를 "통치"라는 표현보다 "권능성의 임재"로 표현하고자 한다. 왜냐하면 "통치"란 말은 왕의 의미를 강하게 나타내는 말로서 구약에서 야웨를 왕의 칭호로 언급된 것은 비교적 후기에 다신론적 신화를 전제하고 있고, 또 고대 중동의 제왕 이념에 근거하고 있기 때문이다.[387] 이 "권능성의 임재"에 대하여는 예수 그리스도가 선포한 "바실레이아"에서 구체적으로 논증하겠다.

이같은 하나님의 나라를 시대나 사람의 관점에 따라 다양하게 언급하고 있으나 예수 그리스도가 선포하신 "바실레이아"는 그 시작과 그 본질과 그 내용에 있어서 구약에서의 왕권의 개념인 "나라" 즉, "말쿠트"

(מלכות)와 묵시문학에서 현 질서의 멸망과 새로운 차원의 나라의 도래를 기다리는 이원론적인 나라 개념과 다윗의 가문에서 현세를 다스리는 주권의 메시야가 오며, 다윗 왕조를 하나님 나라를 세우는 도구로 이해한 랍비 문학과 당시의 유대인들이 이해한 하나님의 나라와 예수 당시의 제국의 상징인 로마제국의 나라와 하나님의 나라를 예비적으로 예언한 세례 요한의 예언과는 그 본질적인 계시에서 다른 차원의 나라였다.[388]

그러므로 예수 그리스도의 "바실레이아"는 통치나 이원론이나 주권이나 제국이나 예비적 나라가 아닌 우주적인 나라로서 "권능성의 임재"로 가시화되며 현재적, 미래적, 비밀적, 역동적인 본질적 계시의 나라였다. 따라서 예수 그리스도가 선포한 하나님의 나라와는 분명한 구별성을 위해 구약성서에 나타난 "말쿠트"와 중간시대의 묵시문학과 랍비 문학에서의 하나님의 나라와, 예수 당시 유대인들이 이해한 하나님의 나라와 예비적 하나님의 나라의 선포자인 세례요한의 하나님의 나라에 대하여 살펴보고, 예수 그리스도가 계시한 하나님의 나라의 의미와 그 본질을 논급하고자 한다.

1. 구약 성서적 "바실레이아"의 배경

구약성서에는 "바실레이아"란 말이 없다. 다만 "바실레이아"의 가시적 표상으로 "나라" 즉, "주의 나라"(시45:6;145:11-13) 또는 "내 나라"(대상17:14)로 언급되어 있다. 이 "나라"란 히브리어로 "말쿠트"로서 그 의미는 왕위, 왕권, 통치, 왕국, 나라를 의미하나, 대개 "왕권" 내지 "통치"의 다스림을 말한다(O. E. Vans). LXX에서는 "말쿠트"를 한결같이 "바실레이아 수우"(*βασιλεια σου*)로, 영어권에서는 "Kingdom of God"로 번역되었다.[389] 이같은 왕권과 다스림을 야웨의 통치의 개념으로 "말크야웨"(MalAhk Yahweh)를 말한다. P. Feine에 의하면 야웨는 왕이시며 왕이 되심을 말한다.[390] 그런데 이 "말쿠트"의 용어가 생긴 시기를 이스라엘이 약속한 가나안 땅을 정복한 때로부터 왕국시대가 이루어지기 전까지에 생긴 것으로 볼 수 있다(삼상8:7, 삿8:23). 손병호 박사는 이 "말쿠트" 즉, 왕권인 여호와는 세계의 유일한 왕으로 이스라엘에 국한된 하나님이 아니라 모든 세상과 민족들 위에 우주적인 통치를 하는 분으로, 하늘과 땅을 지으시고, 이스라엘 백성들과 계약하시고 다스리시는 신국(Theocracy)의 왕으로 언급하였다.[391] 이같은 야웨의 통치는 다윗의 영원한 왕위를 약속하시고(삼하7:16) 다윗의 지상의 나라는 하나님 나라의 위임으로(대상28:5;29:23, 대하9:18;13:8) 또는 하나님의 왕권은 지상의 왕권으로 이해하면서, 솔로몬의 왕위를 하나님 나라의 왕위 내지 하나님 나라의 통치를 위탁받은 자로 이해했다(삼하7:12-13).

그러나 하나님 나라의 왕권에 대한 갈등과 의혹이 제기되었다. 이는 왕권의 쇠약을 말하는 것으로서 즉, 전세계를 다스리는 하나님이 현세적 이스라엘, 즉, 다윗 왕권의 붕괴와 솔로몬 왕국의 분열과 멸망에서 오는 하나님의 왕권에 대한 의문과 회의를 가지면서 현세보다 먼 미래에 소망을 두는 사상이 대두되었으니 곧 "미래적 메시야 왕권"에 대한 소망이었다. 그러면서도 야웨의 통치는 현재의 지상세계에 그의 나라가 세워질 것을 대망함으로서 현재의 역사와의 연속된 이스라엘을 이해하였다. 다시 말하면 하나님의 통치가 나타나 이스라엘을 구원하시리라는 미래의 기대였다.[392] 이같은 사상이 대두된 배경은 이스라엘이 어려울 때마다 사사를 보내주시다가 다윗을 통해 영원한 하나님의 나라를 약속했기 때문이다. 이스라엘 사람들은 다윗과 그의 왕국을 간절히 바랬다. 다윗은 블레셋을 물리치고 그들과 연합왕국을 이루고 국위를 선양한 것 같은 왕국의 회복이 재현되기를 소망하였다. 존 브라이트에 의하면 이들이 바라는 메시야란 바로 다윗 같은 존재의 출현이며, 그가 다윗의 집을 재흥하는 것이었다.[393] 따라서 하나님 나라의 왕권에 대한 새로운 이해를 가지게 되었다. 이는 보이는 세상왕권과 보이지 않는 하나님의 왕권으로, 지상의 왕국은 보이지 않는 나라의 구체적인 위임과 실재로 보았기 때문이다.

이러한 미래적이며 역사 속에 가시화 될 구원의 큰 기대의 내용이 다방면에 언급되었다. 그것은 결국 이스라엘의 신앙관과 국가관으로 형성이 되어가고 있었다. 이스라엘은 한 국가로 회복될 것이며, 주님은 예루살렘 도성에서 보좌를 차리실 것이며, 그 원수들을 도말(塗抹)하실 것이라는 이러한 언급은 끊임이 없었다. 이러한 일은 마지막 심판에 의하여 이뤄질 것인데 이것이 구원이라는 것이었다.[394] 또한 새 하늘과 새 땅이 도래할 것이며(사60:19;65:17;66:22), 죽음이 일어날 것이며(사26:19), 이방도 이스라엘의 행복을 함께 나눌 것이며(사25:6;45:22;51:4-6), 그날에는 주님이 왕이 되시리라 언급하였다[395](막4:1). Herman Ridderbos는 하나님의 나라는 초 자연성을 띌 것이며 세상 나라의 경계가 없어지고 완전한 행복의 때가 도래할 것으로 믿었다. 그것은 곧 메시야 사상의 잉태요, 그를 통한 구원을 말한다.[396] 이같은 메시야 사상은 하나님의 나라가 다윗의 가문뿐만 아니라 제2의 다윗으로 종말론적인 기름부음을 받은 자인 메시야에 대한 사상으로까지 발전하였다(렘30:8-9).

이처럼 구약에 있어서 하나님 나라의 이해는 야웨 통치를 역사적 연속관계 속에서 도래하는 메시야의 나라로 이해되어지며, 하나님이 다스리는 메시야의 나라는 이스라엘을 통한 온 세상을 구원하시는 메시야로 모아진다(사9:11,32). 뿐만 아니라 구약의 하나님의 나라는 축복의 상태로 보았다. 즉, 이스라엘의 나라는 하나님의 나라가 오면 기름진 땅이 오리라는 것을 믿었으며(창15:17-18), 가나안을 정복하고(민16,신34:17) 낙원에서 행복을 누리며(창49:11-12,민24:6-7) 이스라엘 민족과 모든 나라에 대한 심판으로 하나님의 통치가 이루어지며(암5:18-20,습1:14-18), 평화시대가 오고(사2:4,미4:1-4), 의로운 이스라엘과 이방민족도 함께 구원을 받는다(사2:4).

2. 중간시대 문학에 나타난 하나님의 나라

포스트(Werner Forster)는 중간사를 포로시대부터 그리스도까지로 보아야 한다[397]고 하였다. 이 시대는 두 개의 문화권으로 이해된다. 즉, 묵시문학과 랍비 문학이다. 이 시대에 나타난 하나님의 나라의 사상을 살펴보면 다음과 같다.

1) 묵시문학(示文學)과 하나님의 나라

러셀(D. S. Russell)은 묵시문학에서 하나님 나라에 대한 사상의 태동은 주전 2세기(B.C.175-163) 세속왕권 즉, 안티오쿠스(Antiochus IV, Epiphanes)의 헬라적인 생활방식의 요구와 종교박해를 통해 가시화된 사상이다.[398] 유대인들은 그 당시 세상과 왕권에 대하여 하나님이 사단에게 내어주고 방치한 것으로 이해하였다. 그러나 새로운 나라가 오면 새로운 하나님의 통치가 이루어질 것으로 믿었다. 그러므로 묵시문학의 본질적인 사상은 첫째로, "이원론적인 하나님의 나라" 사상이다. 이 사상은 현 세계의 멸망 내지 완전히 단절되고 새로운 차원의 나라가 온다는 것이다. 따라서 악마가 지배하는 악한 세상에는 살 필요가 없고, 새로운 차원의 나라인 "하나님 나라"가 이루어진다는 이른바 이원론적인 사상을 말한다.[399] 둘째로, "영원한 메시야"의 사상이다(단7:16-18). 이 사상은 다윗의 후손인 메시야와 종말론적인 인자사상이 합쳐져 영원한 메시야 사상으로 발전됨을 말한다.

먼저 메시야의 사상을 보면, 하나님의 나라는 다윗의 후손인 메시야의 도움으로 그 나라가 오기는 하나(Paslms of Solomon 17:20), 그 메시야는 결국에 가서 그 나라를 하나님께 드리고 하나님이 메시야의 왕으로 나타난다는 사상이다(Paslms of Solomon 17:34, Ezra IV 7:28-29). 다음으로 다니엘서에서 나타나는 종말론적인 인자(Son of Man)의 사상이다. 이 인자의 사상에는 다윗의 집의 메시야의 왕에 대한 언급이 전혀 없고, 인자로 말미암아 모든 나라와 백성들이 하나님을 섬기고, 하나님의 통치를 받아 다시는 멸망하지 않는 나라로 묘사되고 있다(단7:9-14).

이같은 양 개념의 사상이 결합되어 영원한 메시야의 개념으로 발전됨을 볼 수 있다. 이 개념을 다니엘서에는 "지극히 높으신 자의 성도"(The Saints of the Most High)와 "메시야"나 인자 같은 이가 하나님의 나라를 영원히 소유할 것을 언급하였다(단7:13-14). 시편에서는 "영원하신 메시야"를 왕 중의 왕이신 메시야를 찬양하고 있고(시47편), 또 영원한 통치의 하나님을 찬양하고 있으며(시93편), 하나님은 만민의 왕권임을 찬양하고 있다(시99편). 그러므로 구약에서의 하나님의 나라와 묵시문학에서의 하나님 나라의 사상과의 차별성을 볼 수 있다. 구약에서의 하나님의 나라는 "기름부음을 받은 왕인 메시야"를 통해 현세와 하나님 나라의 사이에 연속적 의미가 있는 반면에, 묵시문학에서는 현세와 하나님 나라 사이에서 연속성이 없는 단절 후 새로운 "영원한 메시야의 개념"으로 나타나고 있다.

2) 랍비(Rabbi)문학과 하나님의 나라

신구약 중간기(中間期)의 랍비의 자료는 미드라쉬(Mirdrash)와 미쉬나(Mishnah)로 구분된다.[400] 이 랍비 자료는 소프림(Sopherim)[401]과 교사들에 의해 다라쉬(Darash),[402] 미드라쉬[403]로 전승되어졌다. 이 미드라쉬는 다시 할라카(Halakah)[404]와 하가다(Haggadah)[405]로 구분된다. 이 미드라쉬는 구전과 성문화된 토라를 반복하여 암송(Repetition)하게 되었는데, 이 암송 전체를 "미쉬나"라 했다.[406] 로빈슨(H. Wheeler Robinson)은 "미쉬나"를 "그 이전 세기들 동안에 랍비들이 토론하고 결정한 것들을 조직적으로 주제별로 분류하여 정리한 것으로서, 토라를 바르게 해석하고 확대한 것"이라고 묘사하였다.[407]

이처럼 성문화된 "미쉬나"는 유대 문학의 기본 작품이 되었으며 탈무드의 기초가 되었다. 이 '미쉬나'를 통해 유대인들은 명실 공히 "경건한 백성"이 되었다.[408] 따라서 랍비 문학에서는 비경전인 문학작품을 히소님(Hisonim) 즉, 등외(External)라는 이름을 붙여 경전에 들지 못한 것들임을 나타내었다. 특히 랍비 아키바(A.D.132년 경)는 "경외서들을 읽는 사람들은 장차 올 새 세계에 들어갈 수 없다"고 말하였다. 이를 미루어 볼 때 랍비들은 등외의 묵시문학을 싫어하였음을 유추할 수 있다. 특히 묵시문학에는 메시야와 관련된 교훈들이 유대교의 종말을 암시하고 있다는 사실을 발견하였기 때문이다.[409] 그러므로 랍비 문학에는 "인자"의 사상이 없고, 메시야의 사상으로 언급되어 있다. 메시야는 다윗의 가문에서 나오고 이스라엘의 구속자로, 다스릴 자로, 하나님의 나라를 세울 도구로 이해하였다.

메시야 시대에 대하여 유대인들의 공통적인 사상을 다음 세 가지로 요약할 수 있다. 그 첫째, 하나님의 백성들 중에서 분류되는 과정이 시작된다. 다시 말하면 하나님을 모르는 자들을 분류하여 멸망시킬 것이다. 따라서 하나님의 뜻이 이스라엘에서 통치할 것이다. 둘째, 흩어진 유대인들이 그 흩어진 생활을 청산하게 될 것이다. 이는 12지파 전체가 예루살렘 주변의 팔레스타인에 모이게 될 것을 의미하였다. 셋째, 율법의 백성이 하나님의 뜻을 멸시하는 백성에게 더 이상 노예로 살지 않을 것이다. 이는 세계의 민족들이 이스라엘과 그의 하나님께 경배할 것임을 의미한다.[410]

그러므로 랍비 문학에서의 하나님의 나라는 하늘적인 것이 아니라 현세에 속하는 나라로서 미래와는 구분된다. 미래적인 하나님의 나라는 현세대가 멸망이 되고 오는 것이 아니라(묵시문학과 구별됨), 이 세대의 끝에 메시야가 하나님의 나라를 이룰 것이며, 이때에 이스라엘은 국제적인 위기를 만나게 되나 그 나라는 이스라엘 민족에게 이루어진다는 사상이다. 따라서 랍비들은 하나님의 왕권에 멍에를 메라고 가르쳤으며, 그 멍에는 곧 율법을 지키는 것이며, 하나님의 나라는 개인이 하나님의 뜻에 복종하고 그 개인이 받아들이는 것으로 보았다. 다시 강조하면 하나님의 나라는 하나님의 통치인 율법에 순종함으로써 현재적 효력이 있으며, 자신을 하나님의 통치하에 두는 자에게 하나님의 나라가 주어진다고 본다. 뿐만 아니라 율법의 준수가 하나님의 나라를 앞당길 수 있다고 보았다. 따라서 랍비들은 토라와 쉐마를 매일 읽게 하고 외우게 하였다. 이것이 랍비들의 전체적인 삶이었다. 이처럼 율법을 암기하고 신성시하고 율법을 지키고자 노력하는 가운데 율법의 본질에서 떠난 율법주의를 태동케 했으며, 위선과 형식적인 신앙생활로 일관되어진 이른바 바리새인화로 변질을 가져왔다. 예수 그리스도의 복음이 바로 이같은 율법에서 자유를, 그리고 변질된 율법주의로부터의 "에클레시아"를 선포하신 것이다.

이상을 통해 나타난 하나님 나라에 대한 랍비 문학은 구약에서의 현세와 하나님 나라와의 연속성, 묵시문학에서의 현세와 하나님 나라와의 단절성이나, 본 랍비 사상에는 하나님 나라는 역사적 연속성으로 보고 있다.

3. 예수당시 유대인들이 이해한 하나님의 나라

예수 당시 유대인들이 이해한 하나님의 나라는 묵시문학과 랍비 사상이 연결된 하나님 나라의 이해였다. 그들은 현세적 그리스도를 그리스도로 이해하는 것에 대하여는 어리석은 자로 이해하면서, 그리스도는 초월적 존재로 묵시문학적 사상을 가지고 있었다(요7:27). 뿐만 아니라 다윗계통에 정치적 영웅적인 메시야의 개념을 묵시문학의 인자와 메시야의 영원성으로 이해하였으며(요2:34), 율법을 통해 개인적으로 하나님의 통치에 들어간다고 믿었다. 그리고 그들이 바라는 나라는 지상에 세워지는 나라로, 유대 베들레헴에 오신다는 랍비 사상을 가지고 있었다(마2:5).

또한 그들은 묵시문학적인 심판사상을 믿고 있었고(마3:10-12), 미래에 대한 화려한 축복의 상태를 믿고 있었는데 이는 묵시문학으로 보아야 할 것이다(눅14:15). 그러나 "다윗이 그리스도를 주라 하였은즉 어찌 그의 자손이 되겠느냐"(막12:37)에서 묵시문학과 랍비 사상의 애매(曖昧, Ambiguous)성을 배제할 수 없다. 이는 유대인들이 왕국적인 하나님 나라에 대한 대망론으로 귀결된다. 그동안 억압받고 포로 되고 식민지가 된 것에 대한 복수와 원수 갚음을 기대한 것이다. 예수 그리스도의 복음과 교회와 하나님의 나라는 이런 것이 아니라 용서하고 섬기고 사랑함으로 의와 희락과 평강을 이루는 나라이다.

4. 하나님 나라의 예비자 세례 요한

마태복음 11장 1-6절에서 옥에 갇힌 요한이 자기 제자들을 보내어 예수께 묻기를 오실 그이가 당신이냐고 질문하자 너희가 가서 듣고 보는 것을 요한에게 알리라고 하였다. 예수의 그리스도 되심과 하나님 되심을 알리는 것이다. 이는 마가복음 1장 14,15절에서 예수 그리스도가 말씀하기를 "요한이 잡힌 후 예수께서 갈릴리에 오셔서 하나님의 복음을 전파하여 이르시되 때가 찼고 하나님의 나라가 가까이 왔으니 회개하고 복음을 믿으라 하시더라" 고 하였다. 이는 요한과는 차별성을 두며 결단코 예수 그리스도로 말미암아 실족하지 아니하는 자는 복이 있다고 하였다. 다른 이를 기다릴 필요가 없는 완전한 하나님이 완전한 복음으로 완전한 교회를 세우시고 완전한 하나님의 나라를 이 땅에 이루시는 것이다.

예수 그리스도가 하나님 나라를 선포한 시기를 기점으로 볼 때 세례 요한은 이스라엘의 마지막 예언자로 볼 수 있으며, 동시에 하나님 나라의 예비자로서의 선지자의 위치를 갖는다(마11:13). 세례 요한 당시 쿰란(Qumran)파에서는 "죄" 씻음에 대한 세례를 베풀었으나, 세례 요한은 도래할 하나님 나라의 예언과 함께 회개의 세례를 베풀었다(마3:11, 막1:4). 세례 요한은 도래하는 하나님 나라는 세상 죄를 지고 가는 하나님의 어린양으로부터 오며, 그가 곧 예수 그리스도임을 선포하였다(마3:2). 때문에 세례 요한에게 세례를 받기 위해 나오는 예수에게 그의 세례 베풂을 거절하였다(요1:29-36). 그러나 예수 그리스도는 모든 의를 이루는 것이 합당하리라 하시며 세례를 받았다.[411]

그러므로 세례 요한은 분명히 예수 그리스도의 하나님 나라의 예비자요, 그의 나라를 준비하기 위한 "회개 촉구" 와 "세례의 베풂" 이었다. 그러나 예수 그리스도는 하나님 나라의 예비와 준비적 차원인 세례 요한의 도의적인 회개 내지 종교의식적인 세례의 차원을 넘어, 그 본질적인 계시 그 자체인 "하나님의 나라" 의 선포였다. 따라서 선지자나 예언자나 사도들이 전하는 복음들을 예수 그리스도의 복음 그 자체와 동일시하는 데는 문제가 있다. 이미 전술한 바와 같이 예언자나 선지자는 복음의 요소들이며 예수 이후 사도들은 복음의 증거일 뿐이다.

5. 예수 그리스도가 선포한 "바실레이아"

예수 그리스도가 선포한 "바실레이아"는 구약에서 가시적 표상으로 나타난 "나라", "통치", "현세적 왕", 묵시문학에서 나타난 이원론적인 영원한 메시야 사상, 랍비 문학에서의 현세적인 정치적 다윗의 나라는 예수 그리스도가 선포한 "하나님의 나라"를 간절히 표상하고 있으나, 그 본질적 계시는 아닌 것이다. 뿐만 아니라 유대인들이 오신 그리스도를 부정하는 어리석은 사상과는 본질적으로 다르며, 세례 요한이 선포한 예비적 하나님 나라 운동과도 그 본질적 계시 면에서 구별되어야 한다. 그러므로 예수 그리스도가 선포한 "바실레이아"는 "통치", "왕", "나라", "다스림"의 예비적 개념보다 하나님의 권능성의 "임재"로 보아야 한다.

1) 하나님의 나라는 전승이나 개혁이나 모방된 나라가 아닌 전무후무한 하나님으로부터 출발한 "새로움"의 나라

이 새로움의 하나님 나라는 구약의 예언서들을 통해 끊임없이 표상되었다. 제2 이사야서는 다가오는 새로움의 하나님의 나라를 태양과 같은 밝은 빛의 표상으로 예언하였으니 "일어나라 빛을 발하라 이는 네 빛이 이르렀고 여호와의 영광이 네 위에 임하였음이라..."(사60:1-3)고 언급하였다. 지옥과 공포는 아득히 멀리 사라진 듯 하나의 밝은 빛 태양이 떠올라 하나님의 나라의 문들을 환히 비춰주고 있다. 굴욕의 밤은 지나가고 영광스러운 새 아침이 밝아 기쁜 소식이 들어옴을 예언하였다(사40:9-11;52:1-12).

이 하나님 나라의 새로움의 표상은 바벨론으로부터의 해방과 자유이며(사48:14;20-21;52:11-12), 이스라엘로 하여금 옛 계약을 파괴하고(렘31:30) 새 계약을 주실 것이라는 것이다(렘31:31-34). 제2 이사야서뿐만 아니라 예언서 전체를 통해서 볼 때 소극적인 면으로 여호와의 날을 심판의 날로 노골적으로 표현하고 있으나(사66:24;63:1-6;49:26;50:2-3;51:6), 적극적인 면은 만물이 다시 생기를 찾는 새 창조의 광경이며(사

35:1-2;41:19;55:13;60:13), 거기에는 영원한 생명과 평화가 있고(사65:20-23), 전쟁이 다시 없으며(사65:25), 하나님과의 관계가 회복되며(사65:24), 본래의 에덴의 평화를 회복하고(사51:3) 하나님의 통치가 충만한 새 하늘과 새 땅의 표상을 지향하고 있다[412](사65:17-19, 계21:1-4).

이같은 소망과 영광과 신비에 찬 하나님 나라의 새로움의 표상은 예수 그리스도를 통해 현재적이며 미래적으로 계시 되었다.[413] 이 새로움의 하나님 나라는 언제나 "복음적 회개"와 "복음의 믿음"을 동반하는 것이다(막1:15). 그러므로 하나님 나라의 예비적 선포자 세례 요한은 요단강에서 회개의 세례를 전파하였으며(막1:4) 예수님의 복음의 일성(一聲)도 "회개하고 복음을 믿으라"(막1:15)고 선포하셨다.

그러므로 하나님 나라의 백성은 "마음"과 "생각"과 "사고방식"과 "감정"의 그릇된 관념에서 새 변화를 지향하는 "메타노에오"(*μετανοεω*) 즉, "메타"(*μετα*, 달리)와 "노에오"(*νοεω*, 깊이 생각함)를 말하는 것으로, 그리스도에서 빗나간 생각과 마음을 바꾸며(Change Mind), 빗나간 과녁을 바로 세우는 것인 "메타노에오"를 말한다. 이는 윤리적 종교적 율법적 정죄로의 심판적 회개가 아니며, 세례의 회개를 넘어 용서가 동반된 사랑의 "복음적 회개"로서 오직 복음만을 믿고(막1:15), 오직 복음만을 듣고, 오직 복음 안에 거하며(마7:24, 요8:31), 오직 주님만 따르고(마4:18-25) 행하며(마7:24), 어디서나 복음만을 전파하는(막16:15) "새로운 하나님의 나라의 백성"들을 말하는 것이다. 뿐만 아니라 하나님의 나라의 새로움은 유대주의, 회당주의, 성전주의, 율법주의, 제사종교 등과 관습, 전통, 규례, 주의, 신조적인 사고로부터의 "에클레시아"로 전향(轉向)한 나라를 말한다.

2) "하나님 나라"의 본질은 "권능(*δυναμις*)성"

이 "뒤나미스"는 "하나님 나라"의 본질인 동시에 하나님 즉, 성부, 성자, 성령의 본질 자체가 능력이시기 때문이다. 다시 말하면 "하나님의 통치"(*βασιλεια των θεων*, LXX, 신9:26)는 곧 권능(*δυναμιν σου*, LXX, 신3:24)

임을 말하고 있다. 따라서 하나님 나라의 권능성은 하나님께 속한 것이며 그로부터 나오는 것이다.

> "여호와의 광대하심과 권능(δυναμις)과…다 주께 속하였사오니…" (대상29:11)

"지혜와 권능(δυναμις)이 하나님께 있고…"(욥12:13)라고 언급하였다. 구약에서 "만군"의 여호와를 LXX에서는 "만군"을 때때로 "뒤나미스"로 사용하였다.[414] 여호와의 권능성은 창조의 능력으로(렘10:12), 구원의 능력으로(신4:37;7:8), 심판과 공의의 능력으로(욥37:23), 원수를 다스리는 능력으로(시66:3;110:2), 기적과 표적의 능력으로(욥26:12;36:22,시76:26) 가시화되었다. 신약에서는 성령의 능력으로 "뒤나미스"가 가시화되었으나(눅4:14, 행1:8), 그 본질적이고 구체적인 하나님 나라의 권능성의 가시화는 예수 그리스도를 통해 현재적 비밀적 미래적으로 선포되었다. 이것이 메시야의 사역인 것이다.

> "내가 진실로 너희에게 이르노니 여기 섰는 사람 중에 죽기 전에 하나님의 나라가 권능으로 임하는 것을 볼 자들도 있느니라"(막9:1).
> "그 때에 인자가 구름을 타고 큰 권능과 영광으로 오는 것을 사람들이 보리라"(막13:26).
> "내가 만일 하나님의 손을 힘입어 귀신을 쫓아내는 것이면 하나님의 나라가 이미 너희에게 임하였느니라"(눅11:20).

그러므로 하나님 나라의 권능성은 하나님의 본질적 능력으로 헬레니즘(Hellenism)의 "뒤나미스" 즉, 신[415]과 동일한 것으로 간주하는 우주적 원리[416]와 다르며, 마나(Mana) 즉, 주술, 변덕, 세력과 다르며, 오직 그의 뜻과 의(사5:16, 빌1:16, 사8:13)와 영광(시24:8)이 지배하는 하나님의 나라는 "권능성" 즉, 권세와 능력으로 충만 된 나라이다. 그의 나라는 주의 손에 있으며 능히 막을 사람이 없다(대상29:12, 대하20:6). 그러면 하나님의 나라의 권능성의 본질인 권세와 능력의 본질이 무엇인가?

(1) 하나님 나라의 권세는 하나님 나라의 권능자의 본질적인 "엑수시아"(*εζουσια*)인 "하나님의 아들"(*ο υιος του ανθρωπιυυ*)과 "인자"(*ο υιος του ανθρωπου*)와 "주"(*κυριος*)와 "그리스도"(*χριστος*) 즉, 메시야를 통해 선포된 "말씀" 즉, "로고스"의 권세를 말한다(마7:29).

이 "로고스"는 영원 전에 계셨고(요1:1), 우리 가운데 거하시며(요1:14), 또 영원히 계시는(사40:8) 예수 그리스도를 통해 사죄의 권세(마9:6, 막2:10, 눅5:24)와 사단의 결박의 권세(마16:18)는 물론 "생명"(요20:31, 요1:4, 딤후3:15)과 "지혜"(마7:24)와 "참 제자"(요8:31)와 "진리와 자유"(요8:32) 그리고 "가르침의 근본"으로(딤후3:16) 마음과 생각과 뜻의 감찰의 능력으로(히4:12) 인격과 믿음 안에서(마13:58, 막9:23) "로고스"의 권세로 역사한다.

(2) 하나님 나라의 "능력"은 하나님 나라의 본질적 계시자인 예수 그리스도를 통해 그 나라의 능력을 가시화하였다.

이는 선지자를 통한 예언과 사도의 증거로 입증하였으니 세례 요한은 오실 예수 그리스도가 능력의 본체이심을 예언하였다. "...내 뒤에 오시는 이는 나보다 능력이 많으시니 나는 그의 신을 들기도 감당치 못하겠노라..."(마3:11, 막1:7, 눅3:16). 뿐만 아니라 사도 바울은 예수 그리스도가 능력의 계시자인 동시에 그의 나라가 능력에 있음을 증거하고 있다.

> "...능력으로 하나님의 아들로 인정되셨으니 곧 우리 주 예수 그리스도시니라"(롬1:4).
> "하나님의 나라는 말에 있지 아니하고 오직 능력에 있음이라"(고전4:20).

그러므로 하나님 나라의 능력은 미래와 현재 속에서 예수 그리스도를 통해 구체적으로 선포되었다. 이것이 복음의 능력이다.

복음의 능력은 첫째, 예수 그리스도의 "사랑과 용서와 섬김"의 능력이다. 이는 믿는 자에게 값없이 주시는 "영생"인 것이다(요3:16). 사도 바울은 예수 그리스도의 "사랑과 용서와 섬김"의 능력을 예수 그리스도의 "십자가와 부활의 능력"으로 모든 믿는 자에게 "구원"을 주시는 하나님의 능력으로 증거 하였다(롬1:16, 고전1:18, 고후13:4, 엡1:20).

둘째, 복음의 능력은 현재적 하나님 나라의 가시화가 되었다. 이것이 표적(*σημειον*)인 능력들이다. 이 "뒤나스다이"(*δυνασθαι*)는 소경을 치유(요9:32)하며, 죽은 나사로를 살리며(요11:37), 귀신을 쫓아내며(눅4:36), 병을 고치는 능력(눅5:17)들로 가시화 하였을 뿐만 아니라, 제자들에게 모든 귀신과 병 고침의 능력과 권세를 주시므로(눅9:1) 현재적 하나님의 나라를 이루어 갔다.

셋째, 복음의 능력은 성령의 역동성으로 복음을 능력 있게 증거 하였다. 성령의 역동성은 예수 그리스도의 성령의 잉태와 탄생(마1:20, 눅1:35), 공생애의 공적취임을 알리는 요단강의 세례의식에서 하늘이 열리고 하나님의 성령이 비둘기 같이 내렸으며(마4:16, 눅4:1), 그의 사역 가운데서 성령의 역동성으로 충만했다.

> "하나님이 나사렛 예수에게 성령과 능력을 기름 붓듯 하였으매 저가 두루 다니시며 착한 일을 행하시고 마귀에게 눌린 모든 자를 고치셨으니 이는 하나님이 함께 하셨음이라"(행10:38).
>
> "예수께서 성령의 권능으로 갈릴리에 돌아가시니 그 소문이 사방에 퍼졌고"(눅4:14).
>
> "이는 우리의 복음이 말로만 너희에게 이른 것이 아니라 오직 능력과 성령과 큰 확신으로 된 것이니"(살전1:5).
>
> "너희에게 성령을 주시고 너희 가운데서 능력을 행하시는 이의 일이..."(갈3:5).
>
> "주의 성령이 내게 임하셨으니 이는 가난한 자에게 복음을 전하게 하시려고 내게 기름을 부으시고 나를 보내사 포로 된 자에게 자유를 눈먼 자에게 다시 보게 함을 전파하며 눌린 자를 자유케 하고..."(눅4:18, 사61:1).

3) 하나님 나라의 본질은 "우주적인 나라"

하나님의 나라는 한시적이며 제한적인 주권통치와 영토와 영해의 영공과 국민으로 구성된 세속적인 나라는 물론 현재 이스라엘 나라와 비교할 수 없는 높은 차원의 나라로서, 영토적 개념으로는 하늘과 땅으로 충만 된 우주적인 나라(Universal Nation)요, 주권적 개념은 하나님의 권능성이 전 우주를 지배하는 충만된 나라로서 유대인은 물론 이방인도 그의 나라로 초청되었으며[417](사45:22-23;49:6), 하나님의 종으로 절대 복종하는 부름 받은 자들인 하나님의 백성으로 구성된 나라이다. 그러므로 하나님의 나라는 언제나 "하늘의 뜻이 땅에 이루어지는 나라"(마6:10)로서 현재적인 동시에 미래적이며 우주적(Universal)인 동시에 역설적(Paradox)인 나라이다.

그러므로 "우주적인 복음"은 우주적인 백성을 초청하였으니, 아담의 부르심은 온 인류의 부름이며(창3:9), 아브라함의 부르심은 열국의 족속의 부르심이며, 예수 그리스도는 온 인류를 향한 구체적이며 근본적이며 궁극적인 "우주적인 부르심"이었다. 주님은 수고하고 무거운 짐진자들아 다(all who) 내게로 오라(마11:28)고 초청하였으며, 그의 제자들에게 마지막의 분부 또한 우주적인 사역의 명령이었다. 특히 예수 그리스도의 대 명령(Great Commanded) 가운데 "모든 족속"(All nations) "모든 것"(To observe all), "세상 끝날"(To the close of the age)의 어휘는 분명히 우주적인 부르심과 우주적인 복음의 가르침과 우주적인 종말까지의 동행을 약속하신 것이다.

"그러므로 너희는 가서 모든 족속으로 제자를 삼아 아버지와 아들과 성령의 이름으로 세례를 주고 내가 너희에게 분부한 모든 것을 가르쳐 지키게 하라 볼찌어다 내가 세상 끝날까지 너희와 함께 있으리라 하시니라"(마28:19-20).

사도 바울은 주님의 우주적 하나님의 나라를 "구원의 우주성"으로 증거하고 있다. "누구든지 주의 이름을 부르는 자는 구원을 얻으리라"(롬10:13). 그러므로 하나님의 나라의 본질은 "우주적인 나라"이며 이를 이루기 위해 우주적 "에클레시아"를 선포하신 것이다.

4) 하나님 나라의 본질은 현재적 임재성(내재성과 들어가는 것)과 미래적 나라(미래성과 완전성)로서 그 비밀을 비유(*παραβολη*)를 통해 계시

(1) 하나님의 나라는 임재(Descent from God)와 들어가는 것(Entering)

브라이트(J. Bright)는 현존하는 하나님의 나라 즉, 지금 여기에(Here and now)가 복음서의 핵심이며 구약성서의 미래시상 즉, "보라 그 날이 오리라"를 현재시상 즉, "하나님 나라가 가까이 왔다"(막1:15)로 변하였으므로 구체적이며 현재적인 하나님의 나라의 도래를 말하고 있다. 이는 솔로몬보다 요나보다 더 위대하며(눅11:31-32), 성전과 율법보다 더 위대하신(마12:6-8) 예수 그리스도가 종(*δυλος*)의 모습으로 하나님의 나라를 이 세상에 소개하였다.[418] 이 현존하는 하나님의 나라 즉, "지금 여기에"는 현재적 복종과 헌신의 결단을 요구하며(마13:45-46, 막1:15, 롬3:22, 막9:24), 이른바 긴급성으로 가까이(At hand) 온 또는 문 앞에 온 그 나라를 말하는 것이다(눅12:36, 계3:2). 닷드(C. D. Dodd)는 하나님의 나라가 가까이 왔다(*ηγγειλεν η βασιλεια θευ*, 막1:15)에서 "엥기켄"(*ηγγικεν*)을 "도래했다"는 의미로 예수 그리스도는 하나님의 나라가 그의 인격 안에서 이미 도래했다고 가르친다. 하나님의 나라가 장차 온다는 것은 교회 공동체에서 비로소 생겨난 이차적 표상으로 보고 있다.[419]

마태복음 12장 28절과 누가복음 11장 20절에 언급된 "너희 안에 임하였느니라"(*αρα εφθασεν εφυμας*)에서 "프다노"(*φθανω*)는 완료형으로서 도래하다(Arrived)[420]이다. 이 도래는 하나님 나라의 현재적 임재를 말하는 것이다. 그러므로 도래한 하나님의 나라는 곧 하나님의 권능성의 임재를 말하며, 그 임재의 범위는 인격 안에 우리 가운데 온 우주에 동시에 편재 내지 역동성의 임재를 말한다.

이같은 하나님 나라의 임재는 인간의 믿음의 결단을 통해 그 나라에 들어가는 것(Entering)이다. 그리고 하나님 나라에 들어간 상태는 죄, 죽음, 고통, 질병, 사단, 악으로부터의 "참된 자유"와 "평안"과 "믿음"의 복음의 상태이다. 사도 바울은 하나님의 나라의 상태성을 "의"와 "평강"과 "희락"의 나라로 증거 하였다(롬14:17). 이같은 하나님의 나라를 예수 그리스도를 통해 완전히 계시하였다.

> "내가 하나님의 성령을 힘입어 귀신을 쫓아내는 것이면 하나님의 나라가 이미 너희 안에 임하였느니라"(마12:28).
> "내가 만일 하나님의 손을 힘입어 귀신을 쫓아내는 것이면 하나님의 나라가 이미 너희에게 임하였느니라"(눅11:29).

누가 기자는 하나님의 나라의 임재를 "...안에"(*εντον υμων*)라는 의미로 언급하고 있다. 하나님의 나라는 "또 여기 있다 저기 있다고도 못하리니 하나님의 나라는 너희 안에 있느니라"(*η βασιλεια του θετος υμων εστιν*, 눅17:21). 상기에 언급한 본문에서 "엔토스"(*εντος*)가 "너희 안"이란 의미로 "인격"(Person)을 말하는 것이다. 마태는 "인격"을 "안"(inside)과 "겉"(outside)으로 나타내고 있다. 즉, "소경 된 바리새인아 너는 먼저 안(*το εντος*, the inside)을 깨끗이 하라 그리하면 겉(*το εκτος*, the outside)도 깨끗하리라"(마23:26)고 언급하였다. 이 "엔토스"에 "엔"(*εν*)은 안(inside)를 보다 더 강조하기 위하여 쓰여 졌고 속격을 지배하는 전치사의 역할을 한다. 또 이 "엔토스"는 인격의 안(inside) 또는 내부(within)이나, 현대 많은 영어권에서는 "...사이에"(among)으로 번역되고 있다.

미첼(Stephen Mitchell)은 "하나님 나라"의 권능성의 임재적 의미는 "among"보다 "within"이다.[421] 왜냐하면 "among"는 논리적 센스를 주지 못하고, 적든 많든 공간적 위치가 주어지며 "*εντος*"는 소유격 2인칭이기 때문이다. 뿐만 아니라 "인자의 날"(The Day of the Son of Man)에 하나님 나라의 임재는 공간적 위치가 아닌 동시적으로 편재하는 하나님 나라이기 때문에 지역적 위치가 아니다. 비록 궁극적인 실재가 역사 안에 나타나지만 본질적으로 영적 질서에 속하므로 시공의 "카테고리"에 적용하는 것은 적절치 않다. 그러므로 하나님의 나라의 현재적 내재성은 "너희 안"(within)에 임재 하는 것이다.[422] 이같은 미첼의 입장에 대하여 메이져(Major)는 "within you"의 입장을 취하고, 맨슨(Manson)은 "among you"의 입장이다.[423] 브라이트(J. Bright)는 맨슨의 입장을 지지하고 있다.[424]

다음으로 하나님의 나라의 임재를 "가운데"(*εν μεσω αυτων*)라는 의미이다. 마태복음과 사도행전의 기자는 하나님 나라의 임재는 "가운데" 또는 "그들 중에" 있음을 말하고 있다.

> "두 세 사람이 내 이름으로 모인 곳에는 나도 그들 중에 있느니라"(*εν μεσω αυτων*, 마18:20).
> "...하나님께서 나사렛 예수로 큰 권능과 기사와 표적을 너희 가운데서 베푸사..."(*θεος εν μεσω υμων*, 행2:22).

"메소 아우톤"(*μεσω αυτων*)는 "...가운데 또는 사이에"(among or midst)라는 의미로 인격 가운데 임재를 의미하나 공간의 의미가 동반된다. 맨슨과 라이트(Manson & Wright)는 *εντος*를 "among you"의 입장에서 있다.[425]

이상에서 살펴 본 바와 같이 "엔토스"는 "within"으로 공간적 위치를 배제하는 영적 입장과 "메소"는 "among"으로 공간적 의미를 포함하는 영적 임재의 입장으로 하나님 나라의 현재적 내재성에 대한 상반된 견해가 공존하고 있다. 김철현 박사는 이 상반된 두 입장을 전승사적 관점에서 구약에서 그 문제의 해답을 제시했다. 하나님 나라의 현재적 내재성은 인격(단수)중심의 영적 임재인 "*εντος*"와 공간적 입지(Spatial location)가 아닌 인격들(복수) 가운데 공간중심의 영적 임재 즉, "*μεσω*"를 말하는 것이니, 하나님의 나라는 바로 "공간적 중심"에 임하는 것이다. 이는 역사 속에 실재하면서도 시공(時空)의 카테고리를 초월하는 온우주 가운데 동시에 편재하는 권능성의 임재를 말한다.[426]

그러므로 하나님의 날의 현재적 내재성은 너의 안에, 우리 가운데, 또는 온 우주에 동시에 편재하는 것이니 주님이 오심은 곧 "삶의 중심에", "시간의 중심에", "역사의 중심에", "우주 가운데", "중심"에 주로 오시는 것이다. 이처럼 "공간적 중심"에 임한 하나님의 나라는 사람이 믿음의 결단으로 그 나라에 들어가는 것(Entering)이다.

이같은 논증은 성서 속에서 충분히 입증된다. 가령 "씨뿌리는 비유"에서 "씨"가 떨어짐은 곧 하나님 나라의 임재를 말하는 것이고, 그 씨앗을 받아들임이 곧 하나님 나라에 들어감을 말한다(막4:24-26, 마13:31-32). 또 죄 사함에 대한 예수 그리스도의 용서의 복음 선포는 하나님 나라의 권능성의 현존을 말하는 것이며, 그 용서의 복음을 믿음으로 받아들인 사람은 이미 하나님 나라에 들어간 것이다(막2:1-17).

또 "혼인잔치의 비유"는 종말의 메시야가 벌써 도래하였음을 선포한 종말론적인 복음이며, 기름과 등을 준비하여 신랑을 맞이한 슬기로운 다섯 처녀는 이미 하나님의 나라에 들어감을 말한다(막2:18-22). 또 나사렛 회당에서 예수 그리스도의 첫 설교는 종말에 임할 메시야의 사명이 이미 너희에게 임한 것임을 말하였고(눅4:16-21), 세례 요한의 질문에 메시야의 임재가 자신에게서 일어남을 계시하였다(마11:2-6, 눅10:18-24). 뿐만 아니라 모세의 율법과 예수 그리스도의 복음을 비교함으로서 하나님 나라의 본질을 계시하고 있다(마5:21-26).

(2) 하나님의 나라는 미래적이며 지향적이다.

마가 기자는 하나님의 나라가 "미래적이며 완성적인 나라로 가까이 왔으나 아직(Yet) 오지 않은 나라" 임을 말하고 있다. 즉, "하나님 나라가 가까웠으니..." (…*ηγγικεν η βασιλεια του θεου*…, 막1:15). 전술한 본문에 대하여 브라이트(J. Bright)는 하나님의 나라는 이미(already) 왔으나(has come) 아직(yet) 오지 않았다(has not come) 또는 이미 승리했으나 아직 승리하지 못한 나라이다.[427] 그러므로 하나님의 나라는 역설(Paradox)이다.

닷드(C. H. Dodd)는 "엥기켄"(ηγγικεν)을 "도래했다"로의 의미로 해석함은 지나친 해석으로 큄멜(W. G. Kūmell)은 보고 있으며, "엥기켄"은 가까이 오다(has come near)로 보았다. 누가는 가까이 오고 있는 하나님의 나라를 말하고 있는데 "하나님의 나라가 가까이 온 줄 알라" 즉, "οτι ηγγικεν η βασιλειατου θεου"에서 엥귀스(εγγυς)는 부사로서 시공의 가까움을 의미하고 있으며, 도달하지는 않았지만 곧 도달하는 것을 의미한다. 이는 주님의 기도(Lord' s Prayer)에서도 볼 수 있다(ελθε τω η βασιλεια σου γενηθητω το θελημα σου ως ουρανωκαι επι γης). 뿐만 아니라 예수님 자신이 미래적이며 완성적인 하나님의 나라를 선포하였으니 "여기 섰는 사람 중에 죽기 전에 하나님의 나라가 권능으로 임하는 것을 볼 자들도 있느니라"(막9:1)고 하였다.

이는 예수 그리스도를 통하여 이미 하나님 나라가 왔지만 완성된 미래적 하나님의 나라를 지향하고 있음을 뜻하며, 따라서 다가올 하나님 나라를 준비하라는 의미이다(눅12:35-36). 또 "너희는 먼저 그의 나라와 그의 의를 구하라"(마6:23)는 말씀 역시 완성된 미래형의 하나님 나라가 있음을 계시하는 동시에 주께 속한 나라와 장소적 개념까지를 나타나고 있다. 또 예수님의 비유 가운데서 미래적이며 지향적인 하나님 나라의 비밀을 계시하고 있다.[428]

(3) 하나님의 나라는 신비성이다.

하나님의 나라는 현재적이며 미래적이나 그 본질은 신비성으로 계시하고 있으니 "가라사대 하나님 나라의 비밀을 아는 것이 너희에게는 허락되었으나 다른 사람에게는 비유로 하나니 이는 저희가 보아도 보지 못하고 들어도 깨닫지 못하게 하려 함이니라"(눅8:10, 마13:11, 막4:11)고 언급하였다. 이 하나님의 나라를 비유로 말하는 것은 하나님 나라가 어떤 제도나 조직으로 "표상화"될 수 없으므로 비유로 제시한 것이다(막4:30, 눅13:8). 그 비유는 분명히 태초부터 감추었던 비밀을 말하는 것이니(마13:35), 예수 그리스도를 통한 직접적 계시는 물론 제3자를 통하여 계시되었다.

가령 베드로는 별칭을 줌으로써 그 뜻이 "반석"(a rock)이고 또 "사람 낚는 어부"로 표현함으로써 한 인간의 사람됨과 그의 사명을 표현함과 같다. 그러나 이 비유의 비밀을 모두 알 수가 없으니 "너희들이 이 비유를 이해하지 못하니 모든 비유를 어찌 다 알겠느냐"(막4:13) 함과 같고, 특히 이 비유의 비밀을 깨닫는 것은 옛 그리스도를 영접할 때이며 인간의 고집이 인간으로 하여금 이 계시된 하늘의 비밀에 도달하는 것을 막는 것이다(마13:13, 막4:12, 눅8:10).

예수께서 사용하신 구체적인 하나님 나라의 비유는 다음과 같다. 하나님 나라는 감추인 보화 내지 진주와 같으니 숨겨져 있는 나라를 사람들은 모르지만 하나님 나라는 벌써 왔다. 그러므로 발견자는 모든 소유를 팔아 진주와 보화를 샀다는 것과 같다(마13:44-46). 또 이 비유는 예수께서 알기 쉽게 하기 위한 수단이며(막4:33-34) 동시에 비밀성을 위한(막4:12) 이중적인 역설적 의미가 있다. 그러므로 하나님의 나라는 분명히 비밀성이며 믿음으로 발견되어지는 나라이다. 그러나 이 비밀성은 이미 온 하나님의 나라는 물론 다가오는 미래적 하나님 나라가 동시에 공존하나 한시적인 것이므로 완성된 나라에서는 비밀이 아닌 열림이고 참여가 아닌 경험되어진 상태의 나라이다(고전13:9-12).

이상을 통해 볼 때 하나님 나라는 권능성의 임재로 이미 하나님의 나라에 들어가는 현존성 뿐만 아니라 미래적이며 신비적이다. 이미 온 나라이면서도 오지 않은 나라요, 이미 완성된 나라이면서도 아직 미완성의 나라요, 이미 승리한 나라이면서도 아직 알곡과 가라지, 성령과 악령이 공존하는 전투적 나라이기 때문이다. 그러므로 하나님의 나라는 역설적(Paradox)인 나라로 오직 하나님께 속한 나라요. 하나님의 권능성의 임재의 계시와 믿음의 결단으로 그 나라에 들어갈 때만이 이해되어지는 나라이다.

제4절_예수 그리스도의 복음과 교회와 하나님의 나라

"바실레이아"와 "에클레시아"의 관계성을 어떻게 볼 것인가? 이 문제는 예수 그리스도와 성서에서 그 내용과 그 의미의 관계성을 분명히 이해하지 못한 데서부터 다양한 견해를 보이고 있다. 이 양 개념은 복음서의 핵심이며 예수 그리스도의 설교의 주제였다. 그러므로 예수 그리스도의 복음의 분명한 이해를 위해서는 반드시 이해되어져야 할 부분이다.

이 "바실레이아"와 "에클레시아"의 관계에 대하여 학자간의 세 가지 부류 즉, 모순의 입장, 동일시하는 입장, 관계성의 입장으로 언급되어지고 있으나 필자는 "바실레이아"는 창세로부터 우주적인 표상으로 가시화되었고, 또 예수 그리스도로부터 완전히 계시된 권능성의 나라로서, 예수 그리스도의 그 본질적 사명으로 보았다. 따라서 이미 전술(前述)한 바와 같이 "에클레시아"는 이 "바실레이아"의 선포하실 때 가시화 되었고, 그 나라의 사명을 위임받은 것으로 율법이 아닌 복음으로 충만되어져야 한다. 그러므로 "바실레이아" 없는 "에클레시아"는 없다. 이같은 필자의 입장은 주님의 기도문에서 충분히 입증할 수 있다. 주님의 기도 가운데서 "... 나라가 임하옵시며 뜻이 하늘에서 이룬 것 같이 땅에서도 이루어지이다"(마6:10-13)라고 가르쳐 주셨기 때문이다.

1. "바실레이아"와 "에클레시아"는 사실상 양립(兩立)할 수 없는 모순점을 안고 있다는 입장[429)]

한스 큉(Hans Küng)은 "에클레시아"와 "바실레이아"는 동일성 내지 연속성은 있을 수 없다고 보았다. 왜냐하면 하나님의 통치란 세계를 포괄하는 최종적이고 결정적인 "바실레이아"이기 때문이며, 또 하나님의 나라는 조건적인 발전이나 성숙의 침투과정이 아니라 새롭고 즉각적인 하나님 나라의 완성행위로 보았기 때문이다. 따라서 "에클레시아"는 본질적으로 위로부터가 아닌 아래로부터 가시화 되었고, 현재요, 인간의 일로서 미래지향적인 반면에 "바실레이아"는 위로부터 돌입하고 즉각적이고 측량할 수 없는 사건이며, 현재의 돌입과 더불어 결정적으로 미래의 것이기 때문이다.[430)]

2. "바실레이아"와 "에클레시아"를 동일시 하는 입장

이같은 입장은 로마 카톨릭 교회의 경우인데,[431)] 이 입장에 대하여 큉(Hans Küng)과 라드(G. E. Ladd)가 반대하며 특히 브라이트(J. Bright)는 신약성서에는 가시적 교회를 하나님의 나라와 동일시하는 경향이 없다고 언급하였다. 만약 가시적 교회를 하나님 나라와 동일시한다면 그 교회는 완전히 인간적인 정책이나 책략에 대한 보증으로 하나님을 교회 안으로 끌어들일 것이라[432)]고 하였다.

3. "바실레이아"와 "에클레시아"는 동일성은 아니나 관계성의 입장

한스 큉은 하나님의 통치가 아무리 미래적인 것이라 하더라도 동시에 현재적 차원을 보여주고 있고, 이미 현재에 돌입하고 있으며, 때문에 이 중간시기의 "바실레이아"와 "에클레시아"를 동일시할 위험이 크다.[433)] 그러나 하나님의 통치와 교회의 관계는 동일시는 아니나 분리해서는 안되며 그 관련성을 강조하였다.[434)] 몰트만(J. Moltmann)은 하나님 나라와 교회와의 관계를 역사 안에서의 "하나님의 선취(先取)의 관계"로 보면서 이 "선취" (Vorwegnahme, Anticipation)란 아직 성취된 것은 아니다.

그러나 이미 역사의 상황 속에서 이룩되는 "미래의 현재"(The Presence of the future)다. 그것은 오고 있는 전체의 한 단편이다. 그것은 성취에로의 선불(先佛)이며 오는 것을 미리 내다보는 부분소유(Part Possession)를 말한다[435)]고 언급한 바 있다. 그러므로 라드(George E. Ladd)는 하나님의 나라와 교회 사이에는 분리될 수 없는 관계가 있지만 그 둘은 동일한 것으로 여기면 안 된다[436]고 하였다.

4. "바실레이아" 없는 "에클레시아"는 없다.

이상의 3가지 입장에 대하여 필자의 입장은 "바실레이아" 없는 "에클레시아"는 없다 이다. 반대로 "에클레시아" 없는 "바실레이아"를 인정한다면 범신론적이거나 무교회론이 될 수 있다. 먼저 "바실레이아"와 "에클레시아"의 양립할 수 없는 모순성의 경우는 한 분이신 예수 그리스도의 입술로 선포하신 "바실레이아"와 "에클레시아"의 말씀을 하늘로부터와 땅으로부터 온 것으로 설명 할 수 있는가? 또 뜻이 하늘에서 이룬 것 같이 땅에서도 이루어지기를 가르쳐 주신 주님의 기도를 어떻게 해석할 것인가? 이다.

다음으로 "바실레이아"와 "에클레시아"를 동일시하는 경우는 가시적 교회의 한계성을 무엇으로 설명할 수 있는가? 또 가시적 교회의 가라지 공존성을 어떻게 설명할 것인가? 이다. 필자는 "바실레이아"와 "에클레시아"는 동일성은 아니나 관계성의 입장을 지지하나 몰트만의 "선취"와 한스 큉의 "연속성"의 부인에는 반대하는 입장이다.

1) "바실레이아"와 "에클레시아"는 별개가 아니며 그렇다고 동일한 것도 아니다.

예수 그리스도가 "바실레이아"를 선포하실 때 불가시적인 또는 가시적인 "에클레시아"의 가시화로 보아야 한다. 이는 묘한 원리로서 동일성도 아니고 별개도 아닌 유출로 보아야 한다. 따라서 연속성을 배제한 한스 큉의 입장을 반대한다. 예수 그리스도의 선포하신 복음의 알파(A)와 오메가(Ω)가 "바실레이아"였다.[437] 이 "바실레이아"는 예수 전 생애의 목적이었고, 그의 설교는 주제였으며 복음의 본질이었다. 이 "바실레이아"를 위해 그의 "에클레시아"를 선포하였으며, 이 "바실레이아"는 언제나 하나님으로부터 출발한 "새로움"의 "에클레시아"를 가시화하였기 때문이다.

2) "바실레이아"와 "에클레시아"의 권능성

몰트만(J. Moltmann)은 교회를 하나님 나라의 "선취" 즉, 미래를 내다보는 부분 소유로 보았다. 이 부분적 소유 내지 선취를 가시적 "에클레시아"의 지속적 소유로 어떻게 설명할 것인가? 또 이미 하나님의 나라를 선포를 통해 너희 안에 권능성으로 가시화(구원의 역사와 자유와 평안과 믿음인 하나님 나라의 상태성, 바울은 의와 평강과 희락)된 하나님 나라의 능력으로 가시화된 "에클레시아"를 부분적 소유로 보는 것은 다분히 하나님의 나라의 개념에 이원론적 사고가 첨가(부분에서 완성으로)되어 있다. 따라서 필자는 몰트만의 선취를 거부한다.

주님의 "에클레시아"는 "바실레이아"의 권능성의 "임재"의 가시화를 통해 끊임없는 "Called Out"을 통해 주님의 "에클레시아"가 가시화된다. 그러므로 주님의 "에클레시아"는 "바실레이아"의 권능성의 임재가 충만되어 져야한다. 만약 "에클레시아"가 "바실레이아"의 본질적 권능성의 "임재"가 없다면, 그것은 주님의 "에클레시아"가 아닌 사람들의 모임이요, 사교장이며, 단체의 조직에 불과한 것이다.

플루(R. N. Flew)는 "바실레이아"는 하나님의 다스림이 존재하는 곳이고 교회는 사람들의 사회이다[438]고 하였다. 교회를 사람들의 사회로 보는 경우는 교회가 하나님으로부터가 아닌 사람으로부터의 출발에 기인한 것이며, 이는 "바실레아아"의 권능성의 현재적 임재적이 없는 인위적 교회로 보아야 할 것이다. 물론 가시적 교회는 "바실레이아"가 아니며,[439] "바실레이아"의 권능성의 임재로 가시화 된 "에클레시아"는 "바실레이아"의 그 사명을 이루어 가는 도구요,[440] 증거이다.[441] 왜냐하면 가시적 교회는 언제나 많은 가라지가 공존하고 있으며(마13:28-29), 또 그 가시적 교회는 스스로 그의 나라를 세울 수 없기 때문이다.[442] 그러므로 "에클레시아"는 "바실레이아"의 권능성의 임재 가운데 끊임없는 "클레토이"(죄와 우상과 세력과 사단과 세상과 자신으로부터)와 "에클레토이"와 "피스토이"에서만이 "에클레시아"의 본질을 이해할 수 있다.

3) "에클레시아"의 한시성

주님이 선포하신 "바실레이아"는 가까이 오고 있는 다이나믹한 도래[443]의 "바실레이아"를 선포한 동시에 "파라보레"[444]를 통해 "바실레이아"의 현재성과 미래성과 비밀성을 밝히 보여주고 있다. 이처럼 주님께서 줄기차게 "바실레이아"를 선포하실 때 가시적 또는 불가시적인 "에클레시아"를 가시화 하였다. 또 그의 의중 가운데서 비밀리에 계시된 메시야적인 "바실레이아"는 비밀적이며 미래적인 "에클레시아"를 지향하는 것이다. 따라서 "바실레이아" 없는 "에클레시아"가 없으며, 또 "바실레이아"의 현재성과 미래성과 비밀성과 완성은 바로 "에클레시아"의 현재성과 미래성과 비밀성과 완성에 귀결되기 때문이다.

그러므로 "바실레이아"의 완성은 "바실레이아"를 위한 한시적 도구였던 "에클레시아"는 더 이상 존재할 필요가 없다. 이같은 "바실레아아"의 완성은 복음으로 충만 된 나라로서, 새 하늘과 새 땅의 나라(계21-22장)이며, 더 이상 가라지가 없는 나라로서(마13:28-30) 참된 자유와 평안과 믿음으로 충만된 나라요, 의와 평강과 희락의 나라(롬14:17)이기 때문이다.

5. "바실레이아"의 권능성으로서의 "에클레시아"

주님의 "에클레시아"는 "바실레이아"를 선포하실 때 가시화하였다. 이미 전술한 바와 같이 "바실레이아"의 본질은 "권능성"으로서의 권세와 능력으로 충만한 나라로 정의한 바 있다. 따라서 "에클레시아"는 언제나 "바실레이아"의 권능성으로 충만 되어져야 한다. 교회가 예수 그리스도의 말씀의 권세와 능력이 성령 안에서 역동적이지 못할 때 주님의 교회는 본질이 상실되어진 이름뿐인 교회당 내지 인간 "집단" 또는 "회"에 불과한 것이다. 그러므로 주님은 "바실레이아"의 권능성으로 내 교회를 선포하였다.

1) 예수 그리스도의 "에클레시아"는 "주"와 "그리스도"와 "하나님의 아들"의 칭호 가운데 나타난 본질적 계시자 그 자체로서의 "엑수시아"

"에클레시아"는 그 본질적인 계시자인 예수 그리스도에 의하여 세워졌고 또 그 분에 의하여 보호되며 그리고 그의 "바실레이아"를 그 사명으로 한다. 이 "에클레시아"는 예수 그리스도에 대한 신앙고백을 한 무리들로 하여금 역사속에 가시화 되었다. 즉, "큐리오스"(*κυριος*)로 통한 구원받은 백성들의 주께 속함을 고백하며, 또 "크리스토스"(*χριστος*)를 통한 구약에서 끊임없이 예언된 메시야(Messiah)의 성취로 고백하며, 하나님의 아들(*υιος του θεου*)을 통해 완전히 계시된 구주로 고백되었다. 이는 가이사랴 빌립보에서 베드로의 신앙고백을 통해 구체적으로 고백되었다. 이 고백은 혈육이 아닌 하나님의 계시였다.

"시몬 베드로가 대답하여 가로되 주는 그리스도시요, 살아계신 하나님의 아들이시니이다"(마16:16).

2) 예수 그리스도의 "에클레시아"는 베드로(*πετρος*)가 아닌 반석(*πετρα*)같은 신앙고백을 말하며, 이는 "Person"이 아닌 "Rock" 그 자체로서 강하고 영원하고 확고한 기초인 반석의 돌 즉, 예수 그리스도의 본질적 칭호에 나타난 신앙고백을 의미한다.

만약 교회의 기초가 "페트로스" 위에 세워졌다면 교회를 훼파하려는 끊이지 않는 궤계와 수많은 핍박, 그리고 인간적인 실수의 격랑 속에 침몰하고 말 것이다. 가령 인간의 손에서 기원된 영화로움의 상징인 솔로몬 성전도 사라졌다. 미켈란젤로나 웨렌 같은 뛰어난 건축가의 건축술도 "페트라"가 될 수 없고 단지 유한한 사람(Person)에 의한 것일 뿐이다. 그러나 오직 주님의 교회만은 "페트라" 위에 세우셨기 때문에 어떠한 사단의 권세도 결코 흔들 수 없는 영원성과 안전성과 견고성이다.

이는 "페트라" 위에 세워진 "에클레시아"의 영원성에 대한 믿음의 고백들이다. 또 이 반석(Rock)은 구원의 근본자이신 예수 그리스도를 표상하고 있다. "경에 기록하였으되 보라 내가 택한 보배롭고 요긴한 '모퉁이 돌' (λιθον ακρογων ιαιον)을 의미하니(벧전2:6), 이는 유대인이나 이방인을 연결시키는 온 우주의 구속자 예수 그리스도이시오(눅20:7, 행4:11, 엡2:20, 슥4:7), 이 돌(Rock)은 건축자의 버린 돌이 '모퉁이의 머릿돌' (마21:42, 막12:10, 눅20:17, 행4:11, 벧전2:7)로서 이는 모든 믿는 자에게 구원을 주시는 유일하신 분이요(막12:10-12, 행4:12, 시118:22, 사28:16) 산돌이신 예수 그리스도이시다(벧전2:4)".

3) 주님의 "에클레시아"는 음부의 권세가 이기지 못한다.

주님이 세우신 "에클레시아"는 "음부의 권세가 이기지 못하리라" (πυλαι αδου ου κατισχυσου σιν αυτης)고 말씀하셨다(마16:18). "음부"가 무엇인가? 히브리어로 "스올"(שאול)인데 LXX에서 서의 예외 없이 "하데스"(αδης)로 번역되었다.[445] 영어권에서는 "Hades"(AVS. NIV)와 "Hell" (AV. ERV. KJV)로 번갈아 번역되었다. 이 "하데스"는 "α"의 부정 접두사와 "에이도"(ειδω) 즉, "보다" 또는 "알다"의 뜻을 가진 합성어로서 "보이지 않는 곳" 또는 "알려지지 않은 곳"이란 뜻으로 "어두움"을 상징하고 있다. 이 어두움의 상징인 "하데스"는 "밝음"의 상징성인 천국과 대조를 이룬다. 구약에서는 스올(Sheol)이 65회 언급하고 있다. 이 음부[446]는 원시 유대 신앙에서는 모든 죽은 자들이 가는 곳으로 이해되어 졌다. 이는 지옥(Hell)의 개념을 포함하여, 죽음[447](Death, R.S.V.)과 지하세계 (Underworld, J.B.)와 무덤(Grave)을 말하는 광의적 개념으로 무저갱의 악신들이 머무는 곳이요, 생명이 없는 곳을 의미한다.

또 스올을 영어권에서는 "Hell"(A.V., E.R.V., K.J.V.)로 번역하는 경우가 있는데 이는 "하트"(חת, 무덤, 구덩이 등)[448]와도 병행 사용함을 볼 수 있다. 구약에서 나타난 "Hell"의 의미는 "피할 수 없는 두려움의 곳" (시89:48)으로, 하나님과 인간의 절연의 상태(삼하12:23, 욥7:9)로, 악한 자의 생활과 관련된 곳으로(시9:17, 잠5:15), 악한 자를 위해 만든 곳(사14:51, 겔32:23)으로 의미되어진다. 신약에서는 "지옥"(Hell)을 "게헨나" (γεεννα)로 언급되었다. 이는 히브리어 "힌놈"(גיא הנום)[449]에서 받을 생활을 묘사하고 있으며, 또 믿지 않는 자의 최종적인 영적 좌소를 말하고 있다.[450] 이는 음부의 협의적 개념으로 구체적 "장소" 내지 "옥"의 개념이다. 그러면 음부의 권세란 무엇인가?

(1) 음부의 권세(*πυλαι αδου*)는 영어권에서 "The Gates of Hades" (N.I.V.) 또는 "The Power of Death"(R.S.V.)이나 후자의 번역이 올바른 번역으로 본다.

음부의 권세는 "죽음의 힘"과 "지옥의 문"의 권세로서 이 권세를 통해 열린 복음을 제한하고 방해하며 유대교적 그리스도인과 교회, 그리고 한국에서의 유교적 그리스도인과 교회들, 더 나아가 구습을 좇는 왕국적 제국적 기업적 제사장적 서기관적 바리새적인 것들로 복음인들로 하여금 음부의 세계로 이끌려는 세력의 통칭을 말한다.

(2) 음부의 권세는 "에클레토이"를 막는 통칭적 세력

사단과 마귀에 대한 개념은 고대에서는 의인화하였고 현대인은 "인간의 마음에 있는 악념"으로 마귀의 인격적 존재를 부정하고 있으나 성경의 마귀론(Demonology)은 유혹하는 인격적 존재로 시종되고 있다. 구약에서는 창세로부터의 "파괴자"로 등장한 마귀는 신약에도 빈번히 등장하고 있다. 히브리인들은 천사장 중에 하나인 루시퍼(Lucifer)가 하나님과 동등 되려고 그 보좌를 엿보다가 천계에서 추방되어 사단이 되었고, 그와 함께 타락한 일단의 천사군이 바로 마귀가 되었다. 그러므로 사단의 출발을 하나님의 피조물인 천사에서 본다. 이처럼 마귀는 부단히 인간을 유혹하는 인격적 존재로 시종되어 있으나 타락 이후 하나님께 엄격히 통제되어 있다.

이처럼 음부의 권세는 바로 "사단"(*σαταν*, 대적자)과 마귀의 세력을 말한다. 이 사단은 "죄"의 창조자요, "디아볼로스"(*διαβολις*, 고소자)요, "다이몬"(*δαιμονιον*, 신적 힘)이요, 고소자요(*κατηγωρ*, 계12:10), 시험하는 자요(*ο πειραζων*, 마4:3), 악한 자요(*ο πονηρος*, 엡6:16), "바알세불"

(βεελζεβουλ, 마12:27)이요, "벨리알"(βελιαρ, 고후6:15)이요, 악귀의 머리(ο αρχων, 막3:22)요, 이 세상의 왕(αρχων, 요14:30)이요, 공중의 권세 잡은 자요(εξουσιας του αερος, 엡2:2), 어두움의 권세자요(엡6:12), 용(δρακων, 계12:3)이요. 옛 뱀(οφις, 계12:9) 등이다.

이들이 인간의 심중에서 역사하여 내적으로 인간의 생각과 마음과 판단을 꾀하며, 외적으로는 세력화 내지 권세화하여 정치적, 종교적, 사회적, 군사적인 다수의 힘으로 나타날 수 있다. 특히 하나님의 나라와 주님의 "에클레시아"를 대적하는 세력은 종교적 세력으로 가시화되었다. 즉, 이는 예수 그리스도를 십자가에 못 박히도록 한 근원적인 세력은 빌라도 이전에 대제사장과 서기관과 유대인들의 음부의 권세였다. 이들은 종교주의자들로 율법주의적이고 회당주의적이고 옛 유전과 옛 전통과 옛 사상의 세력들이다. 이들이 바로 주님의 새로움의 "에클레시아"를 대적한 음부의 권세인 것이다.

그러므로 오늘날의 주님의 "에클레시아"의 대적하는 권세는 바로 내 안에, 우리 안에, 교회 안에, 교계 가운데서, "사단의 회"로 세력화 내지 집단화의 힘으로 나타나기 때문이다. 그러나 주님의 "에클레시아"는 음부의 권세가 이기지 못한다. 왜냐하면 주님께서는 음부로 내려가셨고(행2:27-31), 또 사단을 결박하시며(계20:2), 사단을 영원한 불 못에 심판을 받게 하며(계20:7-10), 사망권세 깨치고 죽음에서 부활하셨으며, 반석 위에 내 교회를 세우셨기 때문이다.

4) 내가 천국의 열쇠를 주리니

주님의 "에클레시아"는 음부의 권세(The Powers of Death)가 이기지 못하는 "페트라"(πετρα) 위에 세운 "에클레시아"일 뿐만 아니라, 천국의 열쇠(The Keys of the Kingdom)의 권세를 부여함으로서, "매고", "푸는" 그야말로 하나님의 권능성의 위임(Co-Work)을 부여하신 것이다. "에클레시아"가 음부의 권세로부터 영원하고 안전하고 견고함은 사단의 세력으로부터 보호와 인도의 "방어적 개념"으로 볼 수 있는 반면에, "천국의 열쇠"의 부여는 "바실레이아"를 위한 "에클레시아"로서 그 본질적 사명을 완수케 하는 "적극적인 능력의 개념"인 것이다.

천국의 열쇠(τας κλειδας της βασιλειας)에서 이 "열쇠"란 "클레이다스"(κλειδας)로서 "클레이오"(κλειω)에서 유래하였다. 이 "클레이스"(κλεις)는 힘의 상징(The Symble of Power)으로 복수명사이다. 이는 "바실레이아"를 위한 다양한 하늘의 힘(Power)을 "에클레시아"에 부여함을 말하는 것이다. 그러므로 천국의 열쇠는 "바실레이아"의 본질인 권능성 즉, "로고스"의 열쇠와 복음능력의 열쇠를 말한다.

(1) 천국의 열쇠는 땅으로부터 온 세속적인 힘(Power)의 열쇠(Keys)가 아니라 하나님으로부터 온 천국의 열쇠란 점이다.

천국의 열쇠의 소유주는 오직 주님 자신의 손에만 있음을 분명히 선언하고 있다. 부활하신 주님은 사망과 음부의 권세까지 가졌다고 사도 요한은 증거하고 있다.

"곧 산 자라 내가 전에 죽었었노라 볼찌어다 이제 세세토록 살아 있어 사망과 음부의 열쇠를 가졌노니"라 하였고, "거룩하고 진실하사 다윗의 열쇠를 가지신 이 곧 열면 닫을 사람이 없고 닫으면 열 사람이 없다"(계 3:7)고 말씀하셨다.

주님은 자신의 열쇠를 바로 "에클레시아"에 위임하였으니 곧 "클레토이", "에클레토이", "피스토이"한 하나님의 백성들인 복음의 증거자들(κλειδας, 복수 명사임)에게 부여하신 것이다. 이에 대하여 로마 가톨릭(Roman Catholic)에서는 베드로가 교회의 전권을 받았고, 그의 후계자인 교황에게 이 열쇠가 주어졌다는 견해에 대하여 거부한다. 또 모든 사도들이 받았다는 주장이 있고(Plummer), 베드로가 이방인에게 복음의 문을 열 사명이 있다(Edersheim, Lightfoot). 또는 사도직을 재확인하여 말은 것이다(Calvin, Carr)는 입장들이 있다.

필자는 천국의 열쇠가 베드로 위에 주어진 것이 아니고 "에클레시아"에 부여한 점과 또 열쇠란 "클레이다스"가 단수 명사가 아닌 복수 명사란 점을 들 수 있겠다. 또 신약성서에는 그 열쇠를 일반신도에게도 공통으로 주신 적이 있고, 또 베드로에게도 주신 적도 있고, 또 12사도에게도 주신 적도 있고, 또 이사야 22장 22절에는 다윗의 집의 열쇠를 맡은 청지기 엘리야김에게도 주신 적이 있다. 따라서 천국의 열쇠는 하나님의 "에클레시아"와 그의 복음을 증거 하는 자들에게 부여하신 것이다. 이같은 천국의 열쇠를 교권 내지 교회의 제도화에 이용해서는 안 되며, 또는 개인 또는 12사도로 제한해 버린다면 천국의 열쇠의 권능성을 축소하는 결과를 초래할 것이다.

(2) 천국 열쇠의 본질은 "매고"(닫힘)와 "풀림"(열림)에 있다.

"열쇠의 기능"이 "잠그고", "여는" 기능에 있듯이 천국의 열쇠의 본질적 기능은 천국의 문을 열고 닫는 기능이다. 그 열림과 푸는 문은 하나님 나라를 선포하고 그의 백성을 "에클레시아" 하는 가운데 사단의 권세를 통해 나타나는 끊임없는 막힘의 뚫고 꼬임을 풀어 가는 "에바다" 즉, 열림을 뜻하는 것이다. 그 열림은 열린 하늘을 바라보며, 열린 복음의 마음이며, 복음을 받아들이는 열린 귀를 소유케 되며(막7:35), 성령의 인도함을 받는 열린 길을 말하는 것이다(막2:23).

이는 하나님으로부터 부르심과 선택하심과 신실하심을 입은 하나님 나라의 백성됨을 말한다. 또 그 풀림은 죄의 사슬(벧전1:18-19, 계1:5)로부터의 자유를 말하는 것이니, 곧 압제(사58:6)와 포로, 그리고 눈먼 자, 눌린 자, 가난한 자를 위한 복음(눅4:18) 그 자체의 전파함을 말하는 것이다. 그러므로 "에클레시아"는 언제나 세계성을 지향하는 열리고 풀어주는 곳이다. 교회의 모든 문제는 매고 닫고 권징에 있는 것이 아니라 사랑과 용서와 섬김의 복음으로 그 매듭을 풀어감으로서 하나님의 나라가 임재되는 "메타노이아"로 지향하게 된다.

다음으로 천국 열쇠의 또 하나의 기능은 "닫힘"에 있다. 이 닫힘의 열쇠 기능은 복음을 위한 위대한 결단을 의미한다. 다시 말하면 음부의 권세로부터 복음과 교회의 보호를 위해 외부의 도전으로부터 내적인 영적 통일성과 하나님의 가족으로서의 교제를 위해 때로는 하나님의 백성들을 동이고, 음부의 세력들을 차단하는 권능성을 말한다. 뿐만 아니라 복음으로 인도하는 율법은 "하라", "하지 말라"는 율법의 본질적 기능을 가지고 있으나 율법화 내지 율법주의를 통해 율법을 매개로 매거나 구속하거나 닫거나 억압하거나 정죄하거나 속박하는 것은 비복음적이며 비천국 열쇠의 기능일 뿐이다. 그러므로 종국적인 매임과 닫힘의 천국의 열쇠는 "에클레시아"의 완성으로 하나님 나라의 문이 닫힘과 음부로의 매임을 뜻한다. 이는 열 처녀의 은유(마25:1-13, 막13:33-37, 눅13:23-30)와 가라지의 은유(마13:24-30,36-43) 그리고 서로 다른 두 형제의 은유(마21:28-32, 눅7:29) 등에서 밝히 알 수 있다.

제2장_각주

200) 손병호, 『예수의 복음』(서울 : 도서출판 그리인, 2005), p.18.

201) J. Moltmann, *The Church in the Power of the Spirit*(London : SCM Press, 1977), p.66

202) Ibid., p.19

203) Ibid., p.33

204) Robert E. Coleman, *The Master Plan of Evangelism*(New York : Spire Book, 1963), p.17

205) 손병호, 『복음신학 원론』(서울 : 도서출판 그리인, 1992), p.16

206) 손병호, 『복음신학원론』(서울 : 도서출판 그리인, 1992), pp.69-70

207) Alton Bryant, *The New Compact Bible Dictionary*(Zondervan, 1977), p.203

208) 손병호, op.cit., p.17

209) G. Kittel, T. D. N. T. Vol.2.H.(Michigan : Eerdmans, 1964), pp.721-725

210) Michael Cocoris, *Evangelism*(Moody Press, 1984), p.12

211) C. K. Z. T., pp.722-723

212) B. T. D., pp255-256.

213) H. Conszelmann, 김철손, 박창환, 안병무, 『신약성서신학』(서울 : 한국신학연구소, 1984), p.78

214) 삼하18:20,25,27 등

215) 삼하4:10;18:22 등

216) 사40:9;52:7;61:1:시96 등

217) 왕상1:42;삼하4:10

218) 삼상31:9

219) 시68:11;시40:9;52:7 등

220) 사60:1;사60:6;시96:2

221) Stephen Mitchell, *The Gospel According to Jesus*(New York : Happer Collins, 1991), pp.54-55

222) 개역성경에서는 "가라사대"로 표기되어 있으나 개역개정판 성경에서는 "이르시되"로 번역하였다.

223) 마5:3-16;6:6-13;22:37-40. 막1:15;8:34-35;10:42-45. 롬1:2-4

224) C. T. Onions, *Oxford English Dictionary*, Vol.1.A-Markworthy(Oxford : Clarendon Press, 1973), p.872

225) Stephan Mitchel, op.cit., pp.54-55.

226) B. T. D., p.254

227) J. Jeremias, *The Parables of Jesus*(London : SCM Press Ltd, 1954), p.23

228) C. K. Z. T., pp.270-273.

229) Joseph H. Thayer, *Greek-English Lexicon of the N. T.*(New York, 1975), pp.257-259

230) Victor Paul Furnish, op.cit., pp.194-195

231) Ibid., p.196.

232) Leonard Sanderson & Ron Johnson, op.cit., p.22

233) 불교의 자비(慈悲)는 불교사상의 핵심교리다. 자(慈)는 산스크리트어 Maitrin에 연유한 것으로 "진실된 우정을 뜻하며" 비(悲)는 산스크리트어 Karuna라는 "가볍게 여긴다"를 의미한다. 전자는 생명있는 자에게 즐거움을 주는 것이고, 후자는 괴로움을 덜어주는 것을 말한다.

234) Victor Paul Furnish, op.cit., pp.194-195

235) Victor Paul Furnish, op.cit., p.196

236) 한국복음신학연구원에서는 예수 그리스도의 사랑의 핵심인 "하나님 사랑", 이웃 사랑", 원수 사랑"을 "삼위 일체적 사랑"이라 한다. 하나님과 이웃만 사랑하는 유대인들과 오늘의 우리를 향하여 이웃 속에 당연히 포함된 원수를 강조하며 구분해 주는 3분법적 해석이다.

237) Oscar Cullmann, *Christus und die Zeit*(Zollikon, 1946), (tr.), Christ and Time(London, 1951)

238) 역사의 중심은 예수 그리스도의 오심으로 B.C.(Befor Crist)와 A.D.(Anno Domini)로 나누어 졌다.

239) R. Bultmann, *Geschichte und Eschatologie*(The Gifford Lectures, 1955), (Tubingen : JCB Mohr, 1967)

240) 유일회적인 구속사적 그리스도의 이해 : 마가는 복음서의 구약을 인용함으로서 구약과의 연속성을 가지며(사1:2-3, 출23:20, 말3:1, 사40:3 등) 부활과 재림 사이의 중간기의 공존(막14:62;13:10;9:1;2:19-20 등) 종말은 끝의 결단의 시간이 아닌 역사의 종말을 의미(막13:7;13:21;13:7,13)하고 이 종말은 자기 세대에 완성할 것임을 말한다(막13:30;9:1). 그러므로 마가의 그리스도 이해는 구속사적 입장에서 보면 유일회적 사건으로 이해하였다.

241) N.I.V., J.B., K.J.V

242) K.J.V

243) N.I.V.., J.B., K.J.V

244) K.J.V

245) N.I.V.., J.B

246) N.I.V.., J.B., K.J.V

247) N.I.V.., K.J.V

248) 요13:5,8,9,10,12,14

249) 대속물(λυτρον)은 신약성서 단 2곳에서만 나온다(막10:45, 마20:28). C. K. Z. T., p.1188

250) B. D. T., p.482. 신약성서에서 동사형 23회, 명사형 5회로 나타난다.

251) K. J. V., N. I. V.에서 롬12:11;14:18;16:18, 골3:24, 살전1:9, 행20:19

252) 이 보편적, 세계적, 우주적 구원의 시작은 아담과 아브라함 때부터이다.

253) 히1:1-3

254) 단일군주론은 *μοναρχια*로서 *μονας*(유일자)와 *μια αρχη*(하나의 원인)에서 *μονας*와 *αρχη*가 결합하여 되어진 단어로 보여진다. 이같은 단일군주론은 로마교회가 하나의 세계교회로 나타날 수 있는 이론적 배경이 될 수 있었다.

255) K. Barth는 계시의 근거로 계시자(offenbarer), 계시의 사건(offenbarung), 계시의 능력(offenbarsein)으로 성부 성자 성령은 반복 혹은 존재양식으로 지적했으나 일신론을 극복하지 못하고 양태론에 빠졌다. 김균진, 『기독교 조직신학』(서울 : 연세대학교 출판부, 1984), p.239. K. Barth, *Church Dogmatics*, Vol.1, "The Doctrine of The Word of God" (tr.) G. W. Bromiley(Edinburgh : T. & T. Clark Ltd, 1975), pp.348-375. 참고.

256) 요1:14

257) 는 "육체로"라는 말로 "성육신 그 자체"나 "성육한 그리스도의 사역"의 묘사로 신약에 나타난다(요일4:2, 요이7, 롬8:3, 딤전3:16, 벧전4:1 등)

258) 가현설(假顯說)은 신성만 강조하고 인성을 약화시킨다. 하나님의 아들이 인간이 되신 것은 가상에 불과하다고 보는 학설이다.

259) 에비온주의(Ebionism)는 예수의 인성을 강조하고 그이 신성을 약화시키는 주의이다.

260) R. Bultmann, *Theology of The New Testament*, Vol II(London : SCM Press Ltd., 1955), p.40

261) Chalcedom(A. D. 415), Nicene Creed(A. D. 325)

262) W. Pannenberg, *Revelation as History*(London, 1969), pp.128-129

263) 예수 그리스도의 성육신(Incarnation)을 "크로노스"(*χρονος*)의 의미로 바울은 역사의 한때로 보았다(갈4:4). 요한은 구원적 사명으로 보냄받은 것이다. J. Moltmann, op.cit., p.53

264) J. Bright, op.cit., p.235

265) The Scots Confession, *The Constitution*(The General Assembly of The United Presbyterian Church in The United States of America, 1966), p.301-302., 창3:9

266) 데살로니가 전서를 바울 서신 중 최초의 기록(주후 50년경)으로 보는데 여기서 교회

(에클레시아)가 처음으로 등장한다. 살전 1:1에서 "$\tau\eta$ $\epsilon\kappa\kappa\lambda\epsilon\sigma\iota\alpha$ $\theta\epsilon\sigma\sigma\alpha\lambda o\nu\iota\kappa\epsilon\omega\nu$…" 로 기록되어 있다. 마가(주후 67-68년 경)보다 앞선다.

267) Eric G. Jay, *The Church*, 주재용 역, 교회론(서울 : 대한기독교서회, 1978), p.14

268) K. L. Schmidt, "$\epsilon\kappa\kappa\lambda\epsilon\sigma\iota\alpha$" in : T.W.N.T.. III. pp.504-525., J. Jeremias, *Die Abendmahlsworte Jesus*(1949), pp.75-80., Eric G. Jay, op.cit., pp.15-18

269) K. L. Schmidt, op.cit., pp.528-529

270) G. K. T. D. III., pp.528-529

271) W. S. Mcbrin, *The Search for The Early Church*(Wheaton, Illinois : Tyndale House Publishers, INC. 1978), p.125,130

272) E. Lohse, *The First Christians*, (tr.), M. Eugene. Boring(Philadelphia : Fortress Press. 1979), p.63.

273) "클레토이"는 동사적 형용사로 "부르심"의 의미로 우주적 구원의 부르심과 구원의 사역으로의 부르심을 말한다. 신약에 11회 나타난다.

274) "에클레토이"는 "선택하는"의 의미로 "에클레시아"의 본질적 어원은 하나님의 "선택"에서 출발한다. 이에 대하여 1)출19:3-8을 선택의 근원으로 본다(Hans Vildberger, Jahwes Eigentumsvolk, *Eine Studie Zur Traditionsgeschichte und Theologie des Erwahlungsge*, danken, 1960.), 3) 야웨 하나님이 이스라엘 민족은 애굽에서 해방케 한 것은 이스라엘의 민족의 힘에 의한 것으로 이는 전적으로 야웨 하나님의 은총에 의한 것이었다는 "선택"에 대한 이스라엘 민족의 신앙을 가지게 되었다는 점이다(K. Galling, *Die Erwahlungstraditionen Israels*(1928)).

275) "피스토이"는 "클레토이", "에클레토이"를 통해 형성된 독특한, 신실한, 진실한, 믿음의 백성들의 모임이다. 이는 $\alpha\nu\theta\rho\omega\pi o\varsigma$와 $\theta\epsilon o\varsigma$의 관계요, $\lambda\alpha o\varsigma$ $\tau o\upsilon$ $\theta\epsilon o\upsilon$이요 $\lambda\alpha o\iota$의 상호간의 관계적 모임을 말한다.

276) 고전11:20(주의 만찬), 계1:10(주의 날)로 표상된다.

277) E. Brunner, *Das Miverstanis der Kircher*(Zurich, 1951)

278) Church와 관련한 어휘는 Kirk(스코틀랜드), Kirche(독일), Kerke(화란), Cerkovi(러시아) 등이고, $\epsilon\kappa\kappa\lambda\eta\sigma\iota\alpha$에서 변형된 어휘는 ecclesia(라틴어), eglise(프랑스어), iglesia(스페인어)로 변형되었다.

279) L. Berkhof, *Systematic Theology*, 고영민 역, 『조직신학』(서울 : 기독교문사, 1979), pp.17-18

280) H. Hoeksema, *Reformed Dogmatics*(Grand Rapids, 1976), p.563

281) A. H. Strong, *Systematic Theology*(Judson, 1976), pp.887-889

282) H. Kung, *Structures of the Church*, (tr.), Salvator Attanasio(London : Burns and Oates, X. 1964), p.11

283) H. Küng, *Was ist Kirche*, 이홍근 역, 교회란 무엇인가?(서울 : 분도출판사, 1984), p.86

284) J. Jeremias, *New Testament Theology*, translation, John Bowden(London : SCM

Press, 1971), p.168

285) H. B. Swete, *Introduction to the Old Testament in Greek*(Cambridge, 1902), pp.316-317

286) C. K. Z. T., pp.1743-1744

287) H. Kung, op.cit., pp.86-87

288) William Steuart Mcbrini, op.cit., p.130

289) E. G. Jay., op.cit., p.15

290) Ibid

291) W. Schrage, *Ekklesia und Synagoge*(ZTHK 60, 1963), p.178

292) 삼상1:9, tm4:1;5:14, 시48:9, 단5:2, 말3:1

293) *The Constitution* "The Westerminster Confession of Faith" (The General Assembly of United Presbyterian Church in U. S. A., 1966), pp.6, 125-130

294) 창17:23(아브라함 집의 모든 남자), 창18:19(자식과 권속), 창24:2(늙은 종)이 포함된 집의 모든 사람을 의미한다.

295) 창34:30;46:27(야곱의 식구 70명), 출19:3(야곱 족속과 이스라엘 자손)을 의미하고 있다.

296) 벧엘은 '하나님의 집' 이란 뜻으로 쓰여 진다(창28:19;35:15).

297) אהל מועד는 LXX *η σκηνη του μᾶρτυριον*(증거의 장막)으로 100회 이상 번역되었다. 회막(출33:7;39:32), 여호와의 전(출23:19), 성막(출26:9;39:33), 하나님의 집, 장막(대상6:48), 법막(대하24:7) 등이다.

298) 행2:2;2:46;8:3;11:14;16:15,31,34;20:20

299) 마10:13;12:25, 막3:25, 고전16:15

300) Eduard Lohse, op.cit., p.63

301) Ibid

302) 손병호, 『교회정치학 원론』(서울 : 그리인, 1984), p.86

303) 손병호, op.cit., p.87

304) 베드로의 신앙고백을 공관복음서에서 대조해 보면 마가복음 8:29에서는 "주는 그리스도시니이다" 라고 고백했고, 누가복음 9:20에서는 "하나님의 그리스도시니이다" 라고 고백하였다. 여기서 요한복음 20:28을 보면 도마의 신앙고백이 "나의 주님이시오 나의 하나님이시니이다" 라고 고백했다. 이는 아직 예수 그리스도가 자기를 공식적으로 하나님 되심을 드러내지 않았던 때에 베드로의 고백이 그리스도와 하나님의 아들로 고백되었다면, 도마는 부활하신 예수 그리스도를 만나 눈으로 손으로 확인한 후에 '주는 나의 하나님' 이심을 명백하게 고백하게 되었다고 볼 수 있다.

305) Rocco A. Errico & George M. Lamsa, *Aramaic Light on the Gospel of Matthew*(New Mexico : Noohra, 2000), p.218.

306) Loraine Boettner, op.cit., p.154

307) 손병호, 『교회정치학 원론』, p.89. 여기에서 베드로는 '페트로스' 남성명사에 의해

부서진 조각의 바위를 말하고 '페트라' 는 거대한 살아있는 반석을 말한다. 주님은 부서진 조각 바위 위에 교회를 세우시려는 것이 아니라 거대한 반석 위에 흔들림 없는 교회를 세우시기로 하였다. 이는 아마 베드로가 오순절 성령 체험 후에 '페트로스' 에서 '페트라' 로 변화된 후에 교회의 출현과 일치한다고 할 수 있다.

308) Ibid.

309) The General Assembly of The United Presbyterian Church in U. S. A., Constitution(New York : Inter Church Center, 1966), p.2.1-3. 이후에는 U. P. C.로 약칭

310) Ibid., p.1.1-3

311) Ibid., p.3.16

312) Ibid., p.6.125-130

313) 김교신, 『김교신 전집 제1권』, p.325., 한승홍, 『무교회주의』(서울 : 두란노, 1991), p.84.

314) 구약에서는 이사야의 예언을 중심으로만 보아도 출생(사7:14), 지혜(사11:2), 고난(사53장), 전능과 영원과 평강의 왕(사9:6), 중보자(사53:12), 유일한 구주(사53:6) 등으로 표상 되었다.

315) 신약에서는 마태복음에서 '메시야' (마2:2;21:15;25:34), 마가복음에서는 '사람의 종' (막10:45), 누가복음에서는 '잃어버린자를 구원하시는 구원자' (눅19:10)로 표상된다.

316) Calvin, Bengel 등

317) Schmidt, Kattenbusch 등

318) C. K. Z. T., p.586

319) John Drane, *An Illustrated Documentary*(Herts : Lion Publishing PIC., 1979)

320) R. Newton Flew, *Jesus and His Church*(London : The Epworth Press, 1938), p.35.

321) A. Schweitzer, *Das Messianitats und Leidensgeheimnis, "Eine Skizze des Leben Jesus"* (tr.), W. Lowrie, *The Mistery of the Kingdom of God*(New York : Schocken, 1964)

322) R. Bultmann, op.cit., p.10

323) A. Von Harnack, *The Mission on Expansion of Christianity*(New York : G. P. Putnam' s Sons ; 2nd ed ; London : William & Norgate, 1908), p.407

324) Hans Conzelmann, *Grundriss Der Theologie Des Neuen Testaments*(Chr. Kaiser Verlag Munchen, 1968),

325) G. E. Ladd, op.cit., pp.224-225

326) H. Conzelmann, 『신약성서신학』, 안병무, 김철손, 박창환 공역(서울 : 한국신학연구소, 1982), p.48., 마태복음 16:18;18:17의 삽입설은 오늘날 일반적으로 거부되고 있다.

327) R. N. Flew, op.cit., pp.53-54

328) 마10:1-4, 눅9:1-6

329) J. Jeremias, op.cit., p.168

330) Ibid., p.36

331) R. Bultmann, op.cit., p.53

332) R. Newton Flew, op.cit., p.36

333) J. Jeremias, op.cit., p.170

334) 마12:1-17, 막2:23-28, 눅14:1-5, 요5:8-13 등

335) L. Sanderson & Ron Johnson, *Evangelism for All God's People*(Nashville : Broadman Press, 1990), p.22

336) J. Jeremias, op.cit., p.173

337) 마10:6;15:24, 눅19:10, 겔34장

338) G. Kittel, op.cit., Vol. IV., pp.485-502

339) 살전4:14,17, 빌1:23, 고후4:14;13:4, 롬6:8;8:32

340) William Steuart Mcbirni, op.cit., pp.153-158

341) Herwi Rikhof, *The Concept of Church*(London and Shepherdstown : Sheed and Ward / Patmos Press, 1981), p.193., Leonard Sanderson and Ron Johnson, *Evangelism for All God's People*(Nashville, Tennessee : Broadman Press, 1990), pp.18,65,76-77., William Steuart Mcbirni, op.cit., p.153.

342) B. D. T., op.cit., p.401

343) 출19:6, 눅12:30, 행8:8;9:15;10:22;13:19 등

344) 출6:7, 신26:15;27:9, 마1:21, 행13:31 등

345) B. D. T., op.cit., p.401

346) H. Kung, op.cit., p.119

347) D. J. Harrington, *God's People in Christ*(Philadelphia : Fortress Press, 1980), p.4

348) "πληθος"는 crowed(눅6:17, 행21:36), 천사의 무리(눅2:13, 행5:14), Assembly(행23:7, 눅23:1), people 또는 flewship, community, church(행15:30;19:9, 눅1:10;19:37 등)으로 사용되었다.

349) W. S. Mcbirni, op.cit., p.153

350) 정하권, 교회론(왜관 : 분도출판사, 1979), p.179

351) "제2차 바티칸 공의회 문헌"(한국천주교중앙협의회, 1969), p.443

352) Ibid

353) W. S. Mcbirmi, op.cit., p.154., 고후6:3.

354) C. K. Z. T., pp.1046-7

355) G.K.T.D., Vol.III, pp.797-8

356) Ibid

357) H. Rikhof, op.cit., p.233

358) K.J.V., N.I.V., J.B., R.S.V.

359) H. Rikhof, op.cit., p.233.236

360) J. Moltmann, op.cit., pp.114-119

361) J. Moltmann, op.cit., pp.114-119., I. Kant, *Metaphysik der Sitten*, I. p.60.

362) "목회의 전문화와 영성"(연세대 연합신학대학원, 1989), p.29.에서 George Webber의 인용을 재인용

363) 세상에 속하였다 함은 "εκ του κοσμου" 즉 "세상에서 난 것을 의미"하는 것이다. 이는 "주의 나라에 속함"을 의미하는 것과 대조적이다.

364) 예수 그리스도의 진리는 빌라도의 보편적 진리와는 구별되는 것이었다. 예수 그리스도의 진리는 절대적 진리로서 예수 자신이 진리요(요15:6), 그 진리를 증거 하려고 왔고(요18:37), 그의 제자는 그 진리를 알게 되고(요8:32), 진리에 속한 자는 그에게 나아와 하나님의 나라의 영역에 속하게 되는 것이다.

365) 김철현, 『하나님의 나라(하)』(대구 : 이문출판사, 1985), p.12.

366) Ibid., p.13

367) Ibid., p.11

368) Ibid

369) Ibid., p.47

370) Ibid., pp.49-50

371) 손병호, 『복음신학원론』(서울 : 그리인, 1992), pp.20-22

372) 장로의 유전에 대한 부정적 본문은 마15:2-3, 막7:8,13, 갈1:14, 골2:8이고, 장로의 유전의 유익을 말하는 본문은 고전11:2, 살후2:15;3:6이다.

373) J. Jeremias, op.cit., p.168

374) G. Lohfink, *Wie hat Jesus Gemeinde Gewollt?*, 정한교 역, 『예수는 어떤 공동체를 원했나?』(왜관 : 분도출판사, 1985), pp.13-23

375) 마가의 다락방 교회는 오순절 성령강림으로 탄생된 일명 '초대교회' 라고도 칭하고 있어서 여기서는 행2:37-47을 중심으로 고찰한다.

376) 예수 그리스도의 세리와 죄인과의 식탁교제(마11:19), 제자와 식탁교제(요6:11), 무리와 공동식탁교제(막8:2,6, 요6:10, 눅9:10), 부활 후의 식탁교제 등을 들 수 있다.

377) John Piper, *Love Your Enemies*(London : Cambridge University, 1979), p.69

378) J. Moltmann, *The Church in the Power of the Spirit*(London : SCM Press, 1977), p.190

379) John Bright, *The kingdom of God*(Nashville : Abingdon Press, 1981), p.7

380) Werner Forster, *From the Exile To Christ*, 문희석 역, 『신구약 중간사』(서울 : 컨콜디아사, 1975), pp.265-271

381) C. T. Z. T., pp.270-273. Mt:55회, Mk:20회, Lk:46회, Jh:5회

382) G. E. Ladd, 신성종, 이한수 역, 『신약신학』(서울 : 대한기독교출판사, 1983), p.67

383) G. Vos, 정정숙 역, 『하나님의 나라』(서울 : 한국개혁주의신행협회, 1971), pp.24-31.

384) G. Dalman, *The Words of Jesus*(1938), p.94

385) W. Strawson, *Jesus and the Future*(1959), pp.67., G. Dalman, Ibid

386) Ibid

387) 김철현, 『하나님의 나라』(대구 : 이문출판사, 1985), pp.9-13

388) Robert J. Miller, *The Complete Gospels*, Harper Colling Paperback, 1994. Foreword, p.ix

389) 시45:6;145:11-13, 대상17:14

390) P. Feine, *Theologie des Neuen Testaments*(1936), p.73

391) 손병호, 『교회정치학 원론』(서울 : 그리인, 1992), pp.72-73

392) 사40-50장;52:7, 옵1:21, 믹4:3, 습3:15, 슥14:16-17

393) J. Bright, op.cit., p.37

394) 호4:3, 사2:10, 믹4:1, 사9:1-6, 11:1-10

395) 손병호, op.cit., pp.73-74

396) H. Ridderbos, *The Coming of the Kingdom*(The Presbyterian and Reformed Publishing Company, 1973), p.6., 손병호, op.cit., pp.73-74

397) W. Forster, *From the Exile To Christ*(Hamburg : Acknowledgement, 1940)의 부제에 언급되어 있다. 그런데 D. S. Russell은 그의 저서 *Between The Testaments* (London : SCM Press, 1959), 제1부에서 신구약 중간기를 B.C. 200 - A.D. 100년으로 보았다.

398) D. S. Russell, *Between The Testaments*, 임태수 역, 『신구약 중간시대』(서울 : 컨콜디아사, 1977), p.106., R. F. Pfeiffer, 조병수 역, 『신구약 중간사』(서울 : 한국기독교교육연구원, 1982), p.171.

399) D. S. Russell, op.cit., p.106., R. F. Pfeiffer, op.cit., p.174

400) D. S. Russell, op.cit., p.73

401) Sopherim은 서기관의 명칭으로 전승에 따르면 에스라의 뒤를 이어 토라를 해석하고 가르쳐 이를 후세에게 전달하는 의무를 가지고 있다.

402) 일종의 해석(解釋)이다.

403) 일종의 주석(註釋)이다.

404) Halakah는 "Walk"의 뜻으로 사람이 일상생활에서 율법을 어떻게 따라 걸어갈 것인가를 명시해 주는 일종의 주석서이다. 이는 유대교의 구전으로 성문화되지 않은 토라였다.

405) Haggadah는 Halakah에 속하지 않고 율법과 상관없는 랍비문학을 말한다.

406) D. S. Russell, op.cit., pp.74-75

407) H. W. Robinson, *The History of Israel*(1938), p.313

408) D. S. Russell, op.cit., p.75-76

409) Ibid., pp.76-80

410) W. Forster, op.cit., p.272

411) 손병호, 『복음신학 원론』(서울 : 그리인, 1992), p.60

412) J. Bright, op.cit., pp.136-146

413) 마12:28;13:44-46;9:37-38;13:16-17;11:2-6;5:21-26, 막1:15;2:1-17;2:18-22;4:11,24-26,34, 눅4:16-21;10:18-24;11:18, 막1:15, 눅21:3, 막9:1, 눅12:35-36

414) G. K. D. T., II., pp.284-317

415) 여기서 말하는 신(神)은 개별적인 것이며 이는 우주적 세력의 δυναμις를 말한다.

416) 우주적 원리는 곧 신과 동일한 것"를 "자아의 발원"으로 스스로 움직이는 "힘"으로, 또 포세이돈은 "뒤나미스"를 "기본적 원리"로 보았다. G. K. D. T., II., pp.284-317

417) John Bright, op.cit., pp.136-146

418) J. Bright, op.cit., p.216

419) C. D. Dodd, *The Parables of Kingdom*(1936)., T. W. Manson, *The Servant Messiah*(1953)

420) 마9:37-38;13:16-17;11:2-6;5:21-26, 막1:15;2:1-17;2:18;4:24-26;4:11,34, 눅4:16-21;11:18

421) Stephen Mitchell, *The Gospel According to Jesus*(New York : Happer Collins, 1991), pp.146-147

422) Ibid

423) Major, Manson and Wright, *The Mission and Message of Jesus*(New York : E. P. Dutton & Co., 1938), pp.36-37(Major), pp.595-596(Manson).

424) J. Bright, op.cit., p.216

425) Major, Manson and Wright, op.cit., pp.36-37, 595-596

426) 김철현, op.cit., p.1

427) J. Bright, op.cit., p.234

428) 마13:47-50(그물 비유), 마13:24-30,36-43(좋은 씨와 가라지 비유), 마13:33(누룩비유), 막4:26-29(씨의 비유), 막4:30-32(겨자씨 비유) 등

429) Hermann Ridderbos, op.cit., p.337

430) Hans Kung, Was ist Kirche, 이홍근 역, 『교회란 무엇인가?』(서울 : 분도출판사, 1984), pp.94-95.

431) 손병호, 『교회정치학 원론』(서울 : 양서각, 1984), p.83

432) G. E. Radd, op.cit., J. Bright, op.cit., p.236, Hans Küng, op.cit., pp.94-95

433) Hans Küng, op.cit., p.93

434) Ibid., p.96

435) J. Moltmann, op.cit., p.193

436) G. E. Ladd, *A Theology of the New Testament*, 이창우 역, 신약신학(서울 : 성광문화사, 1983), p.169

437) 예수 그리스도의 처음 설교와 마지막 설교의 주제가 바로 이 "하나님의 나라"였다(막1:15과 막14:25).

438) R. N. Flew, op.cit., p.13

439) Ibid

440) G. E. Ladd, op.cit., pp.265-268

441) Ibid., p.269

442) Ibid

443) 막1:15;9:1;11:10, 마3:2;4:17;6:10;11:12, 눅17:20;19:11

444) 마13:24-30;13:47-50;13:33, 막4:26-29;4;30-32

445) B. D. T. P., p.260.

446) 마11:23, 눅10:15;16:23, 행2:27, 계1:18, 사망(고전15:55)

447) 마11:23, 눅10:15, 행2:27, 계1:18

448) 욥33:24, 시30:9

449) 이 골짜기는 쓰레기 더미나 불이 꺼지지 않는 역겨운 장소(왕하23:10)인데, 예루살렘 남쪽에 있는 계곡으로서 후대 유대신앙에 의하면 거기서 최후의 심판이 있으리라는 것이다.

450) B. D. T. P., pp.266-267

제 3 장

3 신약 교회의 성서적 역사적 신학적 고찰

예수 그리스도의 부활이후 사도교회(Apostolic Church)에서 개혁교회(Reformed Church)까지의 역사적 성서적 신학적 연구를 통해 예수 그리스도의 "에클레시아"의 본질적 전승과 어떤 변질적 요소가 있었는지를 고찰하고자 한다.

제1절_사도시대의 교회

1. 사도교회와 "에클레시아"

일반적으로 가시적(可視的) 교회의 기점(起點)을 예수 그리스도의 부활 내지 오순절 성령 강림으로 보는 입장에서 사도교회를 강조한다. 주님의 "에클레시아"의 시작은 예수의 부활과 성령강림 이전 공생애를 시작하면서 "바실레이아"를 선포하는 가운데 가시적이고 불가시적인 "에클레시아"를 계시하셨다. 예수 그리스도는 그의 제자들을 직접 부르시고, 선택하시고, 훈련과 가르치심을 통해 그의 "바실레이아"를 증거케 했으며, 그의 "에클레시아"를 가시화 하였다(마16:18;18:17). 그리고 예수 그리스도의 부활승천 이후 하나님 나라의 사역을 그의 제자들에게 위임하신 것이다(마28:20). 뿐만 아니라 부름 받은 제자들로 하여금 "바실레이아"의 권능성을 직접 보이시고 또 경험케 하셨다(요11:17-25, 눅4:14-18;4:36, 눅10:17).

그러므로 예수 그리스도의 부활의 경험과 성령의 체험은 하나님 나라의 권능성의 연속이요 가시적 증거인 것이다. 다만 육적 주님을 떠난 영적 공백과 두려움이 성령의 역동적 임재와 부활주님의 현현으로 제자들로 하여금 새로운 변화(행1:8;4:33,눅24:48)와 용기의 임마누엘 신앙(마28:20)으로 하나님의 나라를 능력 있게 증거 할 수 있는 동인(動因)이 되었다. 따라서 주님의 "에클레시아"를 재조직하는 계기가 되었다(행14:3;19:8). 이것이 "에클레시아"의 유출이요 사도교회의 태동이다.

1) 사도교회의 본질

사도교회란 예수 그리스도로부터 부름 받은 사도에 의해 조직된 교회를 말한다. 따라서 사도 교회의 본질은 사도에 대한 분명한 이해에서부터 그 본질을 논할 수 있다.

(1) 사도(使徒)란 주님에 의해 직접(direct) 부름 받은 자

사도란 "아포스톨로스"(*αποστολος*)로써 "아포스텔레인"(*αποστελλειν*)에서 유래한 말로 "보냄을 받은 자"의 뜻이다. 이 "아포스톨로스"는 구약성서에서 히브리어 "쉐라흐" (שליה)와 그 뜻을 같이하나, R. Bultmann은 유대주의에서 한시적 직책으로서의 "쉐라흐"와는 근본적으로 다른 의미라고 말한다.[451] 사도는 예수께서 직접 사용하신 명칭이다. "그 제자들을 부르사 그 중에서 열둘을 택하여 사도라 칭하였으니"(눅6:13)라고 언급하였다. J. D. Douglas는 사도란 오직 예수 그리스도에 의해 부르심(Called)과 보내심(sendforth)을 받을 자들로[452] 거룩한 성 새 예루살렘의 열두 주춧돌에 새겨진 열두 사도를 의미한다.

R. Newon Flew에 의하면 12사도가 일반적으로 소유하였던 탁월한 점을 4가지로 소개하고 있다. 그 첫째가 예수 생전에 매우 친밀한 관계가 있고, 둘째로 예수의 부활을 목격하고 증거 할 수 있으며, 셋째로 예수 생전에 전도자로 파송 받은 사실이 있고, 넷째로 귀신을 쫓아낼 수 있는 권능을 예수로부터 받은 사실이 있어야 한다(막3:14,15).[453] 이같은 사실에 대한 성서적 근거는 "이스카리옷 유다" 대신에 "맛디아"

(Matthias) 보선시의 선발조건[454]에서 충분히 입증된다(행1:21-26). 즉, "주 예수께서 우리 가운데 출입하실 때"를 강조하고 있다. 이는 예수 그리스도의 육적인 만남과 부활을 목격한 자를 강조하고 있다.

그러나 바울은 예수 그리스도의 생전에 주님으로부터 사도로 부름 받은 사실이 없고 다만 다메섹에서 부활하신 영적 주님을 만나므로 사도로 부름을 받았다. 그러므로 바울의 사도관은 육적인 주님으로부터 사도로의 부름만이 아니라 영적인 부활의 주님에 의해 부름 받은 자로서 부활을 목격하고 증거하고 증언하는 선포자, 또는 대리자로써 사도직의 부여로 보았다.[455]

따라서 사도의 부르심의 개념이 12사도의 한정에서 영적 부름으로 확대되었다. 특히 바울서신에서는 사도의 개념이 교회의 선교적 직책으로 전이(轉移) 확대되었음을 볼 수 있다. 이 사도직은 전체 교회의 조직적 관점에서 볼 때 감독직이나 장로직은 한 조직의 직책인 반면에 사도직은 전체 교회로서의 사도직을 의미하였다. 이같은 바울의 사도관에 대하여는 바울노선의 교회에서 재 언급하고자 한다.

(2) 사도는 예수 그리스도의 복음을 위임(委任)받은 자

사도는 "보냄을 받은 자"로 그 어원에서 이미 전술(前述)하였듯이 예수 그리스도의 복음을 위임받은 자들로 보내심을 받았다. 마태복음 10장 40절에는 "너희를 영접하는 자는 나를 영접하는 것이요, 나를 영접하는 자는 나 보내신 이를 영접하는 것이니라"고 말씀하심으로 사도는 주님의 대리자이심을 분명히 하셨다. 마28:19-20에는 "너희는 가서 모든 족속으로 제자를 삼아 아버지와 아들과 성령의 이름으로 세례를 주고 내가 너희에게 분부한 모든 것을 가르쳐 지키게 하라"는 대명령은 예수 그리스도의 복음의 위임인 것이다. 뿐만 아니라 주님이 친히 모퉁이 돌이 되시어 세우신 "에클레시아"는 사도들과 예언자들의 증거를 통해 사도교회를 조직하였다. 이것이 "에클레시아"의 전승이요, 증거요, 표식이다.

사도의 표식은 그 호칭에서부터 구별성이 주어졌다. 주님은 그들을

"사람을 낚는 어부"로 칭하였다. Eduard Lohse는 사도들의 가르침을 받은 예수의 제자들을 "그리스도인"(행11:26)으로 호칭하게 되었다고 한다.[456] 이들은 부르심을 받은 자요, 성도요, 세례 받은 자요 "에클레시아"의 백성들의 가시성이다. 또한 주님은 그의 사도들의 표시로 하나님 나라의 권능성인 이적과 표적을 그들을 통하여 행하게 하는 권능을 주었으니, 이를 통해 "바실레이아"를 확장하셨다(행5:12-13). 특히 사도 바울은 자신의 사도된 표식을 모든 참음과 표적과 기사와 능력을 행하였다고 언급하였다(고후12:12). 뿐만 아니라 주님은 그의 사도들에게 천국의 열쇠를 맡기셨고 음부의 권세를 이기게 했으며(마16:18,19),[457] 주님께서 약속하신 성령의 강림으로 사도들로 하여금 하나님 나라를 증거 하는데 역동적 동인(動因)이 되었다. 이것이 사도의 표시요, "에클레시아"의 증거요, 주님의 복음을 위임받은 자로서 충분한 조건이 되었다.

(3) "에클레시아"의 전승(傳承)으로서의 사도교회

사도가 주님으로부터 직접 부름을 받고 예수 그리스도의 부활의 증거자라면, 이미 역사 속에 오셔서 내 교회를 세우심을 선포하고(마16:18) 또 가시적 교회를 세우신(마18:17) 주님의 "에클레시아"(마16:18;18:17, 고전3:22-23)의 본질을 그대로 전승하는데 사도로서의 존재적 의미가 있다. 또한 주님은 그의 제자들에게 가르친바 복음을 위임하였다. 그러므로 사도들은 주님으로부터 배운 바 복음을 믿고(막1:15), 따르고(막1:17), 가르쳐 지키게 하고(마28:20), 교제하고(행2:42), 듣고 체험한 바를 증거하고 증인(행1:8;22:15)이 되는 것이 사도들의 사명이요 사도교회의 본질이다.

그러나 오순절 성령강림과 부활의 증인들을 통하여 새로운 교회의 설립 또는 창설, 새로운 교회 노선(고전1:12), 새로운 공동체의 새 이념으로, 주님이 세우신 "에클레시아"의 재조직으로서의 부활의 증인과 성령경험의 차원보다, 성령의 경험과 부활의 증인들에 의하여 주님의 "에클레시아"와의 관계를 떠나 새로운 교회의 시작 내지 창설로 보면서 사도

교회를 교회의 원형으로 생각하는 새로운 신학이론, 인본주의적인 교리 해석, 각종 주의(ism) 내지 파벌노선의 교회론, 즉 고린도교회내의 4개 파(派) 등이 그 대표적 예이다.

이같은 교회론은 결국 예수 그리스도의 "에클레시아"의 본질에 이르지 못하고 사도교회에 머무르게 됨으로써 교회의 본질적 원리보다 증거에 국한된 새로운 원리를 신학화 내지 교리화 함으로써 하나님의 나라와 그의 복음을 포장해 버리는 오류를 낳게 되는 것이다. 때문에 우주적인 "에클레시아"가 종파적 교회 내지 기독교 종교인을 양성하는 교회로 전락될 수 있다.

가령, 성령의 강림에 대하여 생각해 보자. 성령은 삼위의 한 분의 하나님으로, 또는 성령, 또는 그리스도의 영, 또는 그리스도가 보낸 보혜사 성령으로 이해[458]하는 것이 바람직함에도 불구하고, 독자적 형태의 새로운 성령의 강림(降臨) 내지 신비적인 고스트(Ghost, K.J.V.)[459] 쪽으로 이해됨으로써 오직 성령만 받으면 만사가 해결되고, 새로운 형태의 교회가 설립되며, 성령만이 교회의 가르침의 전부로 생각하는 오류(誤謬)를 범할 수 있기 때문이다.

사도교회는 오직 주님의 "에클레시아"의 전승에서 이해되어져야 하며, 새로운 주의(主義)나 교회의 창설이 아닌 재조직일 뿐이다. 성령은 그리스도께서 보내신 영으로써 언제나 그리스도의 계시된 말씀과 가르침의 관계에서 이해되어져야 하며, 주 예수 그리스도와 복음과 "바실레이아"를 "에클레시아"를 통해 능력 있게 증거 하도록 진리 가운데 인도하고(요14:17), 모든 것을 가르쳐 지키게 하고(요14:26), 죄를 책망하며(요16:8), 세상 끝 날까지 임마누엘의(요14:6) 역사로 하나님의 나라를 가시화 하는데 인도, 보호, 감화, 역사 하는 동인의 역할을 하는 것이다.

2) 세 노선의 사도교회

사도는 주님에 의해 부르심과 택하심과 보내심을 받고, 주님으로부터 복음과 "바실레이아"와 "에클레시아"를 영적 또는 육적으로 직접간접으로 경험하였다. 특히 오순절 성령의 강림으로 사도교회를 조직해 나갔다. 문제는 조직되어 간 사도의 교회가 예수 그리스도의 "에클레시아"를 어떻게 이해하였는가? 또 사도 바울의 경우는 영적인 예수 그리스도의 만남에서 과연 주님의 "에클레시아"가 어떻게 이해되어 졌을까?

그리고 예수 그리스도의 육적인 주님을 '들은 바요 눈으로 본 바요, 손으로 만진 바라' (눅6:13, 요일1:1,3)를 고집하는 12사도 쪽과 영적 만남을 고집하는 바울간의 사도 논쟁이 일어나면서 사도교회는 세 노선으로 나타났다. 이는 처음에는 12사도 중심의 예루살렘교회 노선(Jerusalem Line Church)과 바울 교회 노선(St. Paul Line Church)으로 구분(區分)할 수 있으나, 예루살렘 노선에서 다시 분류되는 요한노선의 교회가 있다. 사도교회의 세 노선은 사도 사후 사도계승의 문제를 둘러싸고 크게 두 부류의 교회노선으로 나타났다. 즉, 여기서 로마 가톨릭 교회(Roman Catholic Church)와 개신교(Protestant)로 빚어지기도 한 것이다. 이 사도계승론(Apostolic Succession)에 대하여는 로마 가톨릭 교회에서 언급하기로 한다.

(1) 베드로노선(Peter Line)의 교회

12사도를 중심으로 형성된 예루살렘 노선의 교회는 일명 원시교회, 또는 초대교회, 또는 다락방교회로 명명되어 지고 있으나, 필자는 예루살렘에 소재한 다락방(*το υπερωσι*)이 관사 "투"(*το*)가 있음을 미루어 보아 잘 알려진 장소로 보여지며, 예수께서 제자들과 함께 최후의 다락방 예전(Liturgy of the Upper Room)을 행하신 곳이며, 부활하신 주님이 두 번이나 제자들을 만난 곳이고, 오순절 성령을 받기 위해 예수의 제자는 물론 여자들과 예수의 어머니와 동생들, 그리고 120문도가 기도한 곳이며, 동시에 성령의 강림이 임재한 곳이기도 하다. 예레미아스에 의하면 교회를 하나님의 가족으로 언급한 바가 있는데,[460] 이 다락방의 성격이 가족적 의미를 함축하고 있다. 또 성경에 언급된 어휘란 점에서 다락방 교회로 칭한다.[461]

다락방의 성서적 근거는 사도행전 1장 13절에서 출발하며, 다락방교회의 가시적 근거는 오순절의 절기를 지키기 위하여 사방에 흩어져 있던 사도들과 이스라엘 사람들이 주님의 약속을 믿고 다락에 모여 기도에 힘쓰고 있을 때 성령이 강림하여 성령을 충만히 받았다(행2:1-7). 그날에 베드로와 열한 사도들은 주님과 그리스도와 부활을 능력 있게 증거 하니 그날에 회개하여 세례 받은 구원자가 삼천이나 되었다(행2:37,41,47). 따라서 다락방교회는 조직의 교회로 되어갔고 점차로 예루살렘교회로, 그리고 "디아스포라"는 "에클레시아"로 확산되어 갔다.

이같이 조직된 다락방교회는 사도들에 의해 조직 운영되어져 갔다. 다락방교회의 조직과 운영(교회법), 그리고 사도의 위치에 대하여 학자들 간에 통일된 견해로 나타나지 않고 있다. 금세기 초에 Rud. Sohm과 Ad. Harnack 사이의 논쟁이 있었다. Rud. Sohm은 교회의 법은 교회의 본질에 상충되며, 교회는 전적으로 영적인 모임이므로 성령에 의해 지배받는 것으로 보았다.[462] 반면 Ad. Harnack은 초대 그리스도 교회가 처음부터 조직적인 법의 성격을 지니고 있으므로 필연적으로 법질서에서 교회가 발전된 것으로 이해했다.[463]

두 사람의 교회에 대한 이해의 관점은 Ad. Harnack의 경우는 교회를 역사적인 현상으로 파악한 반면에, Rud. Sohm은 교회 그 자체의 자기이해에서 출발한 점이 큰 차이가 있다. 이상의 두 견해에 대하여 K. Holl은 신에 의한 교회법과 교권을 인정하면서, 교회의 지배는 신권에 의해 주어진 사도권에 의해 교회지배를 주장한 바 있다.[464] R. N. Flew는 K. Holl의 주장인 교회의 일정한 조직과 기구의 필요성을 인정하나 교권(Hierarchy)의 경우는 예수 자신이 철저히 거부했으며, 사도의 권위는 예수 그리스도와의 친밀한 관계에서 복음의 위임으로 사도의 권위를 가진 것이며, 야고보와 열두 제자들이 견고한 조직을 형성했다는 실증이 없다고 보았다.[465]

이상을 통한 필자의 견해는 다락방교회는 분명히 부활과 성령의 강림에 의해 조직되었으며, 주님께서 그의 복음의 위임을 위해 사도를 세웠으며 이를 위해 다락방교회를 조직해 갔다. 그러므로 사도의 권위는 예수 그리스도의 부르심에 의한 복음의 위임을 받은 자로서 권위가 있으며, "에클레시아" 의 가시적 조직은 주님의 의도적인 12제자단과 70문도, 그리고 주님을 따르는 허다한 무리로 충분한 교회의 조직성으로 볼 수 있으며, 전술한 주님의 의중(意中) 가운데 세워진 "에클레시아" 의 표상으로 충분히 입증된다. 그러므로 "다락방교회"는 예수 그리스도의 "에클레시아" 유출이요, 원형적인 전승을 가시화 한 교회요, 예루살렘 교회의 터전이요, 초대교회의 요람이기도 하다.

A. 다락방교회의 조직 정비

다락방교회는 점차로 조직을 정비해 나갔다. 이스카리옷 유다 대신에 맛디아(Mattias)를 보충했고(행1:12-26), 그 다음으로 7인(The Seven)의 돕는 자의 선택이었다(행6:1-3). 특히 7인이 그릭 성경(Greek Bible)에 "헵타" (επτα)로 단 두 곳에 나타나는데, 영어권에서는 "The Seven" (7인)으로 번역되었다. 사도행전 6장 3절에는 성령과 지혜가 충만하고 칭찬듣는 사람으로 쓰여 졌고, 마태복음 12장 45절에는 악한 일곱 귀신으로 대조를 이룬다. 아무튼 이 7인의 직분이 어떤 직분인지에 대하여 자세히 언급된 바가 없고, 그 낱말의 의미적 번역 또한 분명치 않아서 집사직(Diakonos)인지 자선위원의 대표직인지도 분명치 않다.[466)]

그러나 D. Bannerman에 의하면 이 직분은 사도행전 11, 15장의 장로가 공적으로 언급된 것을 미루어 보아 6장의 7인은 장로직을 뒷받침하고 있다. 왜냐하면 안수로 직분을 받은 것은 회당종교에서 장로들이었고, 또 집사는 초기에 안수해서 세운 적이 없기 때문이다.[467)] 그러나 분명한 사실은 이같은 조직을 통해 "에클레시아" 의 조직을 가시화한 점이고, 또 새로운 사역자를 지명하고 선택하는 원리가 "에클레시아" 의 구성원리 및 본질에 따라 이루어지며, 선택된 7인 가운데 개종자가 뽑힌 것은 까다롭고 편협한 유대주의로부터 "에클레시아" 로 향한 부름과 선택의 의미로 볼 수 있기 때문이다. 이들의 부름과 선택의 본질은 선교와 사도를 돕

기 위한 자임에 의심할 여지가 없는 직책이다.[468)]

이렇게 조직되어 간 "에클레시아"는 제사장도 개종하고(행6:7), 제자의 수가 날로 많아지며(행6:1), 3천명의 회개자가 나타나므로(행1:3), 구원받은 자가 날로 더하여 갔다(행2:47). 따라서 다락방교회에서 예루살렘교회로 성장, 발전, 확대, 성숙되어 갔고, 예루살렘과 온 유다와 사마리아와 땅 끝까지 주의 복음을 전파하는 "에클레시아"로 가시화 되어 갔다(행1:8;5:16;8:1,4). 이는 빌립을 통한 사마리아 전도(행8:6,12)와 베드로와 요한을 통한 사마리아 전도(행8:14,25), 그리고 빌립을 통한 아소돗에 복음을 전하는 12사도 노선의 교회였다.

B. 다락방 교회의 본질적 전승

다락방 교회는 예수 그리스도의 복음을 배우고 가르치는 "에클레시아"의 본질적 전승이라 할 수 있다. 사도행전 2장 42절을 보면 다락방교회의 본질이 바로 주님의 복음을 전승하는데 있으며, 또 사도들의 전승인 말씀을 사도들의 가르침을 통해 성숙되어 갔으며, 후일 야고보의 가세(加勢)로 예루살렘교회는 성장하여 갔다(고전15:17, 갈1:17;2:9). 이것이 12사도의 복음의 전승과 가르침의 능력을 의미한다.

C. 교제하는 교회로서 다락방 교회

다락방교회는 하나님 나라의 권능성이 임재한 "에클레시아"였다. 그곳은 계급도 가난한 자도 부한 자도 없고 일용할 양식으로 채워졌으며, 섬김과 나눔, 그리고 사랑과 용서의 복음으로 가득 찬 천국생활 그 자체였다(행2:44-47). 이는 "에클레시아"의 본질인 "피스토이"의 모임으로 성전에 모여 기도하고 하나님을 찬미하는 "피스티스"와 "클레토이", "에클레토이"한 하나님의 백성들 간에 함께 떡을 떼며 기쁜 마음으로 음식을 나눔으로 "피스토이"적 의미를 구체적으로 가시화 하였다. 이것이 "코이노니아의 교제"인 것이다.

이들은 오직 예수 그리스도의 정신으로 채워져 있으며, 모든 것이 주께 속함을 깨닫고 공유하는 삶이었다. 그들은 오직 한 정신, 한 마음, 한 뜻으로 생활하는 복음의 삶 그 자체의 모임이다. 그러므로 다락방교회야 말로 참된 자유와 길과 진리와 생명(요14:6)의 복음을 경험한 "에클레시아"의 전승된 모임이었다.

D. 하나님의 나라를 증거 하는 다락방 교회

다락방 교회는 하나님의 나라를 증거 하는 "에클레시아"로써 복음 그 자체이신 주 예수 그리스도의 부활 승천과 그의 보내신 보혜사 성령의 증거이다. 하나님의 나라는 "에클레시아"의 본질로 그의 권능성의 임재가 바로 부활의 능력과 성령의 능력이다. 이같은 능력의 임재는 12사도와 많은 목격자들이 경험하게 되었으며, 그 결과로 전에는 두려움과 확신 없는 사도들이 변화와 고백과 증거자로 나타났으며, 또 많은 무리가 그들의 증거를 믿게 되었다. 뿐만 아니라 성령의 증거는 교회 안에 충만했으며, 보혜사(παρακλητος)를 통한 위로와 인도와 보호와 동행을 경험하니, 그들의 삶 속에 기적과 이적으로 충만했다(행9:34). 때문에 능욕을 받으면서도 담대히 복음증거를 쉬지 아니하므로(행5:41,42) 구원자가 날마다 늘어나고, 온 유대와 갈릴리와 사마리아의 교회가 든든히 서 가더라(행9:31), 이것이 "에클레시아"의 본질적 전승이요, 선교요, 증거이다.

(2) 바울노선(Paul Line)의 교회

사도교회라 칭함은 예루살렘의 12사도 중심의 교회를 의미하나, 바울이 다메섹에서 부활의 주님을 직접 만난 후 주님으로부터 세우심과 보내심을 받고 사도가 되었다(행9:1-15). 바울이 사도로의 등장에는 사도성에 대한 논쟁뿐만 아니라 사도직의 확대와 사도교회의 커다란 획을 긋는 계기가 되었다. 이것이 바울노선의 신학과 바울라인의 교회이다.

A. 바울 사도론과 그의 신학노선

바울이 사도로 부름 받은 논리적 근원은 12사도 쪽에서 육적 주님으로부터 직접 부르심과 훈련을 강조(행1:25-26)하는 반면, 바울은 영적부름으로 사도직을 주장하였다. 그의 사도직의 근원적 뿌리가 육적 주님이 아닌 부활의 주님을 직접 만난 다메섹에서 출발하기 때문이다. 주님은 바울에게 그의 사도성을 직접 계시하셨다. "주께서 가라사대 가라 이 사람은 내 이름을 이방인과 임금들과 이스라엘 자손들 앞에 전하기 위하여 택한 나의 그릇이라"(행9:15)고 하셨다. 이는 사도로써 주님의 직접 부르심과 선택하심(택한 나의 그릇)과 그의 보내심(가라, 전하기 위하여)의 조건을 충족하고 있다. 특히 주님과 바울의 대화어법 속에서 부활의 주님과 육적인 주님의 부르심이 동일한 어휘로 언급하고 있다는 점이다.

바울이 주님께 "주여 뉘시오니까"의 질문에 주님은 "네가 핍박하는 예수라"(행9:5)고 하였다. 본 절에서 주님의 대답은 "에고 에이미"(*εγω ειμι*)의 용법으로 자신을 표현하였다. 이 표현은 요한복음서에서 7차례나 그의 신성과 구주성을 계시하였다.[469] 구약에서는 LXX을 통해서 보면 그의 신성의 표시로 이 용법이 사용되었다.[470] 따라서 이는 육적인 주님이 자신을 표현한 것과 부활하신 영적인 주님이 바울에게 자신을 계시한 표현이 동일하므로 주님은 한 분이시며, "알파"와 "오메가"이시며(계22:13), 어제나 오늘이나 영원토록 동일하신 분이다(히13:8). 그러므로 주님께서 사도들의 선택과 부르심에는 영적이나 육적으로 결코 차별성이 있을 수 없다. 이는 주님의 고유한 영역일 뿐이다. 그럼에도 불구하고 바울의 사도성에 대하여 논쟁(論爭)과 승강이가 있었다. 12사도 쪽에서는 사도의 자격 가운데 주님의 육적인 만남을 강조했기 때문이다.

Stephen Mitchell은 바울의 다메섹의 경험과 그의 성격과의 관계에서 바울을 다음과 같이 비판하고 있다. 바울의 다메섹의 경험은 진귀하고 권세적인 것이 분명하다. 뿐만 아니라 그의 하나님의 영광을 위한 뜨거운 선교의 열정과 용기, 이방인을 위한 사랑과 관심, 그리고 그의 힘 있는 웅변의 말씀과 그의 논리적인 신학이론들은 참으로 위대하지 않을 수 없다.

그러나 그는 매우 독특하고 까다로운 성격과 함께 다메섹의 주님을 체험한다. 그의 성격은 거만하고 자기 스스로의 의로움, 그리고 적들에 대한 살인적인 증오심과 하나님에 대한 공포와 율법의 짐에 대한 억압과

죄의식에 대한 압박감을 가지고 있었으니, 이를 은유로 표현하면 그의 창문에는 아직 많은 찌꺼기가 끼어 있었다. 때문에 그는 영적인 면에서 매우 미숙했고 좁은 마음과 불타는 격정, 그리고 아직도 자신 안에 살아 있는 발작이 그것이었다. 결국 그는 예수를 전혀 이해하지 못했고, 예수에게는 관심이 없고 오직 그리스도를 자신의 관념으로만 이해했다. 그러므로 다메섹의 경험은 출발이며 동시에 끝이었다고 비판하였다. 그는 다른 사도들보다 오히려 주님을 가장 잘못 안내한 사람으로 지적한 바 있다.[471)]

그러나 바울의 사도직에 대하여 주께서 분명히 택한 그릇이었고 바울 스스로 여러 차례 변증(辨證)을 하였으니 "사람에게서 난 것이 아니요, 사람으로 말미암은 것도 아니다. 오직 예수 그리스도와 죽은 자 가운데서 그리스도를 살리신 하나님 아버지로 말미암아 사도된 바울" 임을 변증하였다(갈1:1-3). 뿐만 아니라 자신을 로마교회에 소개할 때 "예수 그리스도의 종 바울은 사도로 부르심을 받아 하나님의 복음을 위하여 택정함" 을 입었다고 소개하고 있다(롬1:1). 한 걸음 더 나아가서 자신의 사도됨이 큰 사도보다 조금도 부족하지 아니하며 자신의 사도됨의 표로서 모든 참음과 표적과 기사와 능력을 행하였으며(고후12:11), 수제자 베드로의 외식함에 대한 책망에서 그의 주장을 뒷받침하고 있다(갈2:11-14).

바울의 사도직에 대한 인정을 받게 된 또 하나의 중요한 공적결정은 바로 안디옥(Antioch)에서의 예루살렘회의의 결정이었다. 예루살렘회의는 바울과 바나바를 이방의 사도로 세우고 안수하여 보내심을 결정했다는 사실이다. 이 회의는 바울의 사도성을 공적회의에서 결정한 계기로 바울의 다메섹의 경험이 제자들의 부활주님을 만난 것과 동일하며, 12사도가 전한 복음과 사도 바울이 전한 복음이 동일함을 인정하게 된 계기가 되었으며, 최초로 유대인을 상대로 복음증거는 물론 이방선교를 향한 선교의 시발점이란 점에서 교회사적으로 큰 의미를 부여한 회의였다.

마지막으로 바울의 사도성을 인정하는 뒷받침은 바울에게 책망까지 받은 베드로가 바울의 복음을 인정하였다는 점이다. 베드로는 주의 날의 기다림에 대해 "우리 사랑하는 형제 바울도 그가 받은 지혜대로 너희에게 이같이 썼고"라고 인용하고 있다(벧후3:15). 그러므로 사도 바울은 분명히 주님의 사도로 부르심을 받은 사실에 대하여 반증할 고증(考證)도 없다. 또한 불모지 이방선교를 위해 로마와 헬레니즘에 정통한 바울을 하나님은 한 시대의 도구로 복음사역을 감당케 하심은 분명한 하나님의 섭리로 돌려야 할 것이지 왈가왈부하는 것은 잘못이다.

그러나 그의 성격적 결함과 오랫동안 율법주의와 이원론적인 헬레니즘의 문화권의 중심지인 다소(Tarsus)에서 머물러 있음을 미루어 보아(행22:3) 그의 신학적 노선이 다분히 쥬다이즘과 헬레니즘의 창문으로 관념적인 예수를 바라보는 그의 신학적 노선을 간과해서는 안 될 것이다. 또한 그의 초기의 12사도 쪽에서의 사도직의 갈등과 유대 율법주의 배교(背教)에 따른 이중적 틈바구니 속에서 그의 사도된 표식적 변증 가운데 오래 참음이 있었음을 고백하는 것(고후12:11)을 상기할 필요가 있다. 따라서 바울은 복음의 일치를 갈망하였다.

이는 바울 자신과 12사도간의 논쟁은 물론 고린도 교회 내의 4개 파벌의 신앙노선과 우상을 통한 파벌, 은사를 통한 분열에 대하여 "다같이 말을 하고 너희 가운데 분쟁이 없이같은 마음, 같은 뜻으로 온전히 합하라"(고전1:10)고 언급함에서 알 수 있다. 여기서 "합한다"는 말의 "카탈티조"(*καταρτιζω*)는 "카타"(*κατα*, 대격으로 함께)와 "알티조"(*αρτιζω*, 합당한 의미의 *αρω*에서 유래한 *αρτιος*로 온전한의 뜻)의 합성어로 연합 또는 단합(K.J.V.: Joined together, J.B.: to be united, N.I.V.: united in mind)을 강조함을 볼 수 있다. 그 연합의 방법은 화해와 일치로 사랑(고전13장)과 십자가의 도(고전1:18)임을 강조하였다. 이처럼 바울의 일치사상은 그의 선교열정과 함께 이방교회의 개척에 매진했고, 나의 복음(My Gospel)을 정립(롬2:16;16:25, 딤후2:18)케 되었다. 그리고 그의 복음의 장(場)인 교회의 일치를 강조하는 "몸"으로서의 교회론을 정립하게 되었다.

B. 사도직의 확대

바울의 사도직의 인정은 사도의 개념을 확대케 하는 계기가 되었다. 즉, 육적 부르심에서 영적 부르심으로 사도직의 확대를 의미한다. 그 대표적 실례가 야고보가 영적인 부활의 주님을 만남으로 사도가 되어 교회의 일꾼으로 등장하였음을 바울이 증거하고 있다(고전15:7, 갈1:17). 따라서 12사도와 바울로 한정된 사도의 개념이 "복음전하는 자" 또는 "복음인" 의 넓은 의미의 사도개념으로 확대되었다(딤후4:5, 엡4:11, 행21:8). 또 사도의 개념을 교회의 조직적인 직책의 개념으로도 확대되었음을 볼 수 있다. 가령 사도로, 예언자로, 복음전하는 자로, 목사로, 교사이다(엡4:11). 그러나 R. Bultmann은 사도는 다른 직분(감독과 장로)과는 달리 전체교회 직책으로 파악하였다.[472]

사도의 권위와 전승은 사도의 안수(*επιθεσις*)를 통해 계승되었다. 이같은 사도개념의 확대는 사도신조(The Apostles Creed)에서 볼 수 있는데, 라틴어 "Symbolum Apostolicum"는 "사도적" 이란 뜻으로 베드로 한 제자가 신앙고백한 차원의 뜻이 아니고, "사도들의 신앙고백" 이란 뜻이다. J. Moltmann은 사도직의 이해를 선교직으로 이해하면서 Schlink의 말을 인용하였다. "사도적 증언 없이는 그리스도는 단순히 감추어져 있을 것이고 단지 이같은 증언 위에서 그리스도는 실재하게 된다"[473]고 함으로써 전통적 사도직에서의 확대를 의미하고 있다.

C. 바울 교회의 본질적 의미

바울에 있어서 교회에 대한 가장 본질적 의미를 지닌 정의는 사도행전에 언급된 "자기 피로 사신 교회" 와 로마서와 고린도전서에 언급된 "그리스도의 몸"[474](롬12:5, 고전12장)이다. 전자의 경우는 바울이 밀라노에서 체류하면서 에베소 교회의 장로들을 향한 고별연설 가운데 언급된 말이다. 바울이 교회를 자기 피로 사신 교회로 언급한 것은 교회와 양무리는 그리스도에게 속한 것이며, 감독자는 단지 교회의 감독자 내지 사육자임을 강조하기 위함이었다(행20:28). 그러나 그 표현상에서 "피"

의 제물은 다분히 쥬다이즘적인 관념의 창문으로 교회를 바라본 것이다.

다음으로 그리스도의 몸으로써의 교회개념은 에베소서와 골로새서에서 더 정교하게 인체의 유기체적인 연합체의 개념으로 교회를 묘사하였다. 즉, "그리스도"는 "교회의 머리" 또는 "몸의 머리"(엡4:15, 골1:18,24)이며 신자는 그 몸의 지체로 비유하였다(엡5:30). 따라서 "몸"과 "지체"는 불가분의 관계로서 "하나의 일체성"이다. 그 하나 됨의 과정을 "세례"와 "성례"를 통해서 그리스도의 몸에 받아들여진다(고전12:13). 이를 바울 신학에서는 그리스도와 신비적인 연합의 의미로 "그리스도 안에서"(Being in Christ) 또는 "그리스도와 함께"로 신학화 하였다.

"그리스도의 몸" 안에서는 육체적, 사회적 구별이 다 사라진다. 이는 그리스도 안에서만 이해되어 질 수 있다. 그러므로 모든 신자는 "그리스도의 몸" 안에서 모두 하나임을 말하며, 모든 지체는 둘로 하나를 만드신 그리스도 안에서의 화평과 화목을 강조하고 있다(엡2:14, 갈3:28). 더 나아가서 그리스도의 몸과 성령의 부르심은 한 소망으로 성령 안에서의 하나임을 증거하고 있다(엡4:3-4). 그러므로 각 지체는 상호간의 기능을 인정하면서 전체로서의 한 몸을 이루며(고전12:12-27), 각 지체는 온 몸으로 말미암아 마디와 힘줄로 공급함을 얻고 연합하여(골2:19) 그 몸의 머리이신 그리스도에까지 자라게 된다(엡4:15).

또 지체의 성장은 그 몸의 머리를 통한 것이니 그 머리의 권위와 통치권을 바울은 결혼관계를 통해 은유하고 있다. 즉, "그리스도"는 각 남자의 머리이고, 남편을 아내의 머리로 묘사하였다(고전11:3). 더 나아가 그 지체의 머리는 "그리스도의 교회" 뿐만 아니라 "만물의 머리"임을 강조함으로써 그리스도는 만물의 머리이시요(엡1:22), 그가 만물을 충만케 하신다(엡4:10;1:23). 그러므로 "그리스도"는 "교회의 머리"요, "만물의 머리"요, "모든 정사와 권세의 머리"이시며(골2:10) 모든 영광이 그에게 주어져 있다. 그러면 "몸으로의 교회"에 대한 본질적 의미가 무엇인가?

a. "몸으로서의 교회"는 "에클레시아"쪽보다 "큐리아콘"

왜 바울이 교회의 본질을 "에클레시아"에서 논하지 않고 "그리스도의 몸"으로 언급하였는가? 이 물음에 대한 답변은 선교의 시대적 요청과 그의 신학사상에서 유추할 수 있다. 먼저 바울이 사도로 부름을 받을 당시는 사상적으로 풍미했던 그리스-로마의 시대였다는 점이다. 이러한 시대에 바울은 이미 다각적인 환경 안에서 연단을 받았다. 그의 신학사상은 놀랄 만큼 무궁무진했다. 때문에 바울의 신학은 웅장한 건물로 세워졌으며, 수많은 기둥들과 구조물로 그 자체 설계로 세워졌다. 따라서 바울 신학에 대한 연구와 이해를 통해 후대에 수많은 다양한 신학적인 개념과 학파, 그리고 교파를 낳게 하였으니 바울이야말로 신학의 아버지요, 교파의 근원이며, 바울을 이해하지 못하면 그리스도에 갈 수 없다[475]는 바울니즘(Paulnism)까지 형성하게 되었다.

그에 대한 연구 또한 다양하여 지난 100년간의 신학의 지평을 열었다. 헤겔(Hegel)중심의 바울 이해(Tubingen School)와 자유주의신학의 바울 이해, 종교사학파의 신비주의적 바울 이해, 그리고 불트만 학파의 실존주의적인 바울 등 참으로 다양한 그의 노선의 일면을 보여주고 있다. 이렇게 훈련된 바울은 이방선교에 매우 중요한 보고(寶庫)임에 틀림이 없었다. 하나님은 바울을 복음의 도구로 택하여 사용하신 것이다(행9:15). 하나님은 바울에게 다메섹의 비젼을 보여주셨다. 다메섹에 대한 객관적 자료는 사도행전에 바울 자신의 자증(自證)에 의한 것으로서 빛과 소리로서 바울에게 나타났다(행9장). 또 서신에서의 하나님의 나타나심을 기술하고 있다(고전15:8). 그 외에도 자기 내면에서 일어났던 계시로(갈1:16), 어둠 속에 비친 빛(고후4:6)으로, 그리고 구약의 모세나 예언자들이 황홀경에서 하나님을 경험했던 것이 자신에게도 온 것임을 결론하였다(고후12:4,고전14:6).

그럼에도 불구하고 바울의 사도직에 대한 논쟁은 물론, 바울의 복음에 대한 갈등을 초래하였다. 물론 바울 자신은 이미 전술한 바와 같이 사도직에 대한 변명과 복음의 일치를 위하여 노력한 바가 있었다. 그는 그리스도에 대한 증거의 근거는 복음의 진리에서만 가능하고, 그 일치의 진리는 그리스도 안에서의 은혜의 행위로 보았다(롬5:17-21). 따라서 바울은 복음의 일치를 위해 예루살렘의 사도회의에도 참석하였고(갈2:1-10), 예루살렘 성도를 위한 헌금사업에 수고를 아끼지 아니하였다(롬15:26-27).

그러나 안디옥에서 바울과 바나바의 비난이 있었다(갈2:11-14). 이러한 교회 내, 외적(당시 풍미했던 영지주의 등)인 갈등과 불일치의 상황하에서(고전 3장) 그가 개척한 교회를 내적인 일치와 외적인 도전에서 견고함이 선급(先給)한 과제였기 때문이다. 따라서 한 시대의 신학의 거장(巨匠)인 바울은 그리스도에 대한(about) 그의 모든 사상적 배경을 동원하여 예리하고 그 시대에 맞는 관념적 그리스도 상(像)을 그의 서신을 통해 기술하였고 그리스도에 대한 복음의 증거와 나의 복음(My Gospel)으로 언급하였다. 뿐만 아니라 교회의 일치를 위해서 대학자답게 당시 헬라와 로마의 문화에 익숙한 이들에게 헬라 로마의 은유적 묘사법인 "소마"(*σωμα*)를 교회의 공동체적 일체성으로 표현하였다. H. Conzelmann에 의하면 "소마"의 개념을 바울이 교회에 도입하여 "몸으로서의 교회"로 신학화하였다.[476)]

이같은 "몸으로서의 교회"란 개념은 교회론적으로 볼 때 신자는 교회의 회원이며, 별개로 존재한다고 해도 교회의 회원일 수밖에 없다는 유기체적 연합성을 강조한 바울의 교회론이다. 한 걸음 더 나아가서 "그리스도의 몸"인 교회는 성도와의 신비적 결혼관계로 묘사하면서 언제나 "그리스도 안에서"(*εν χριστω*)[477)] 호흡하고 생각하며, 일하며 살아가는 생활까지의 일치를 강조하였다. 이것이 바울신학의 "Key Word"이기도 하다.

그러나 바울의 "몸으로서의 교회"는 교회의 일체성과 공동체성 그리고 교회의 신성적 의미를 부각시켰으나, 교회만이 아닌 온 세계를 구원하기 위해 이 땅에 성육신한 예수 그리스도의 우주적 복음을 지향하는 "에클레시아"와는 그 본질적 차이가 있다. E. Kasemann은 "그리스도

몸" 이라는 교회의 개념은 "그리스도" 의 이름으로 세계선교를 지향하고 있는 하나의 공동체로서 묘사하기에 충분한 표현이라고 하였다. 그런 의미에서 "그리스도의 몸" 이라는 개념은 "하나님의 백성" 또는 "하나님의 가정" 이란 따위의 개념들을 훨씬 능가한다고 하였다.[478] 그러나 바울이 "그리스도의 몸" 으로서의 교회 일체성의 표현을 "소마" 로 표현함으로써 혼란스러운 다양한 신학사상을 낳게 되었다.[479] 이는 바울이 "그리스도의 몸" 으로서의 교회에 대한 설명에 충분하지 못하기 때문이다.[480]

"소마" 에 대한 견해는 성찬식의 전승으로 보는 경우가 있고(고전 12:27), H. Hegermann은 유대인의 사색에서 유래했다고 보는 경우인데, 알렉산드리아의 에온(aeon)사상인 지혜(*σοφια*)와 말씀(*λογος*)에 관한 사색에서 그 유래로 보는 경우이다.[481] 헬레니즘적 영지주의의 입장에서는 원 인간(原因間)[482]의 신화적 개념으로부터 역사적 기원을 찾았고(H. Schlier), 우주론적인 에온 신화(anon=세계의 神, 세계는 곧 그의 몸)에서 원인간에 관한 인간학적 신화로 변형되었다고 보는 입장이 있다(E. Kasemann).

Rudolf Bultmann은 바울의 교회를 그리스도의 종말론적 구원자(메시야와 인자)[483]의 사상과 일치시키면서 구원사적 개념으로 종말론적 공동체로 규정하였다. 그리고 공동체의 초세계적 종말론적 성격을 영지주의의 개념으로 표현하였는데, 이를 "그리스도의 몸" (*σωμα χριστου*, 고전 12:27) 또는 "그리스도 안에 있는 몸" (롬12:5)으로 이해하였다.[484] 이는 전통적 "소마" 상(유기적으로 자라서 결속된 공동사회)을 그대로 표현하기보다는 단지 공동체로서의 "그리스도의 몸" 으로 표시했다.

이처럼 공동체로서의 그리스도의 몸은 몸과 지체들이 각각 다르면서도 전체를 이루고 그 몸은 지체들에 의해서가 아니라 그리스도에 의해서 구성된다(롬12:5). 따라서 몸은 지체 앞에 있고 영지주의적으로 말해서 우주적인 실재이다.[485] 이처럼 "소마" 의 개념은 "에클레시아" 와는 어원적 의미적 차원에서 근본적으로 다르다. 그러므로 바울의 "몸으로서의 교회" 는 우주적 차원의 열린 "에클레시아" 의 차원보다 그가 개척한 교회의 대내외적인 도전적 상황에 대처하기 위한 일치 내지 신비적 연합을 강조한 교회론으로 소유로서의 교회인 "큐리아콘"(고전11:20, 계1:10)쪽에 가깝다고 볼 수 있다.

b. 바울의 일치사상은 종말론적 공동체로서의 교회

R. Bultmann은 바울이 예수 그리스도와의 접목점은 예수 그리스도의 종말론적 구원자인 "인자"와 "그리스도"(메시야의 칭호로 후일 Hellenism계 공동체에서 *κυριος*로 대신함)[486]의 임박한 종말사상에 기인하고 있다.[487] 종말(*εσχατον*)은 "마지막 때에 관한 이야기"로서 세상의 종말 또는 끝을 의미하는 부정적인 의미인 "말세"와는 다르다. 종말은 "카이로스적 사건"으로 현재와 미래의 동시적 사건으로 "이미"와 "아직"의 상호 의존적인 관계로 보며 이는 현재와 미래가 동시적으로 일어난 사건이다. 이같은 삶이 "종말론적 삶으로" 미래에 대한 희망을 가지는 동시에 현재를 경험하는 삶이다.

즉, 예수 그리스도의 십자가 밑에서 완전히 절망했다. 그러나 그들은 삶의 종말을 체험했다(막14:51-72,눅24:11,요20:19). 바울은 엡2:5-6에서 "우리를 그리스도와 함께 살리셨고 또 함께 일으키사 그리스도 예수 안에서 함께 하늘에 앉히시니"라고 언급함으로서 종말론적인 삶을 말하고 있다. 특히 Albert Schweitzer는 예수의 생애와 설교에 대한 그 자신의 철저한 종말론적 개념과 바울 신학 사이의 통일성을 추구하였다.[488] 바울은 전적으로 하나님의 나라의 임박함에 관한 예수의 종말론적 설교(마3:2;24:30;25:19,31;26:64, 요14:3, 막13장)에 근거하고 있으며, 이는 "소마로서의 교회"로 일체감을 강화시켜 주었다.

c. "몸으로서의 교회"의 일체사상과 "에클레시아"의 사상

바울의 몸(Body)으로서의 교회는 요한신학에 나타난 교회의 하나 됨과 차이가 있다. 요한신학에서의 교회의 하나 됨은 아버지와 아들의 형이상학적 일치에 근거하고 있으며(요17:11,21), 포도나무와 가지들에 관한 비유(요15장)에서 그리스도와 신자들의 생명적 연합을 강조하였다.

그 연합의 본질은 하나님 나라의 권능성의 임재를 통한 통치의 연합과 그리스도와 신자간의 인격적 연합이며, 그 연합의 결과로 생명과 빛으로 가득한 역동적인 연합을 말하는 반면에, 바울은 하나님 나라의 권능성과 빛과 제자로의 삶인 역동적인 연합의 측면이 미약함을 볼 수 있다. 또 바울의 상황적 윤리가 원칙적 윤리에 특별한 목회적 해석 내지 수정의 기능을 갖고 있다(고전8:4-9). 따라서 교회의 건재와 일치에 대한 관심은 바울의 사상이 철저한 유기체적 교회론임을 볼 수 있고, 또 상황적인 경향성을 부여하고 있다.

이같은 "소마"로서의 교회를 "에클레시아"와 同一한 의미로 보는 경우가 대부분이다. 가령 William Steuart Mcbirni는 "The body is the *εκκλησια*"로 보았고,[489] Eduard Lohse 역시 교회는 그리스도의 몸이다(The Church is the body of Christ)고 언급했으며,[490] Herwi Rikhof는 『The Concept of Church』에서 교회를 그리스도의 몸(Body of Christ)라고 하였다.[491] 그러나 "소마"로서의 교회와 "에클레시아"는 그 어원적 본질적 의미에서 동일하게 볼 수 없고, 다만 "에클레시아"의 모임으로서의 "피스토이"적인 의미를 "엔 크리스토"(*εν χριστω*)와 "코이노니아"에서 찾을 수 있으나, "에클레토이"나 "클레토이"적 의미는 미약하다.

D. 바울노선 교회의 조직과 운영

바울라인 교회의 조직과 운영은 대개 12사도 쪽으로부터의 장로직의 도입과 감독(*επισκοπος*)직과 집사(*διακονος*)직의 세움이다.

a. 장로직의 도입

바울은 안디옥에서 바나바와 함께 이방 사도로 세움을 받고(행13:43;14:3,5,14) 제1차 선교여행(AD.46-48)을 안디옥에서 구브로로, 밤빌리아에 있는 버가모로, 그리고 비시디아에 있는 안디옥으로, 이고니움으로, 루스드라로, 더베 등지로 선교여행을 하면서 개종자를 얻었다. 특히 더베와 루스드라, 이고니온과 비시디아의 안디옥 지역은 2, 3차 선교여행 시에 재차 그곳에 간 것은 분명히 개종자가 있었다는 점이고, 또 개종자들을 통한 이방지역에 가시적 교회를 개척하였을 것이다. 따라서 이들 교회들에 대한 신앙지도를 위해 바울 자신이 불가피한 순회(巡廻)가 필요했기 때문이다. 그러나 바울 자신 스스로의 이들 교회를 돌봄에는 인적, 물적, 지리적인 한계가 있었다. 그러므로 바울의 소망은 개척된 교회들이 스스로의 교회를 이끌 수 있는 일꾼을 세우고자 하였으니 곧 장로직의 도입이다.

사도행전에 보면 "각 교회에서 장로들을 택하여 금식기도하며 저희들을 그 믿는 바 주께 부탁하였다"(행14:22-23)고 기록하고 있음을 볼 수 있다. H. Conzelmann에 의하면 사도행전에 나타난 장로직은 그 전까지는 장로가 없었다.[492] 손병호 박사는 장로직의 등장을 이방교회에서 찾고 있음을 볼 수 있다. 이는 바울의 독자적 조직원리가 아니라, 이미 12사도 쪽에서의 세운 경험이 있고(행6장 이후) 또 회당종교에서 장로들의 회당운영 모델을 따랐을 것이다.[493]

바울의 제3차 전도여행(A.D.53-57)과 제4차 로마여행(A.D.59-60) 가운데 소아시아 7교회와 골로새, 빌립보, 고린도까지와 로마에 이르기까지 전전(轉傳)하면서 그는 생명의 위협을 느끼는 박해와(행20:25-28) 자신에게 닥쳐올 환난을 미리 각오했었다. 따라서 자신을 대신해서 교회를 다스릴 일꾼인 장로를 교회가 세워 든든히 서가기를 소망하였고, 또 그 교회들을 돌봄에 있어 먼 지리적인 한계도 한 원인이 되었기 때문이다. 이같은 바울의 뜻은 "디도"를 향한 부탁을 통해 밝히 볼 수 있다. "내가 너를 그레데에 떨어뜨려 둔 이유는 부족한 일을 바로 잡고 나의 명한 대로 각 성에 장로들을 세우게 하려 함이니"(딛1:5)라고 하였다. 따라서 각 성과 교회마다 장로가 없는 곳이 별로 없었다(행20:17,28, 딤전1:3;3:1,5;5:15-20, 약5:14, 벧전1:1;5:1-4, 롬12:7, 히13:7).

b. 감독직과 집사직 도입

감독직과 집사직은 12사도 쪽에서는 없다. 이는 순수한 바울에 의해 세워진 직분임에 틀림없다. 먼저 감독직에 대하여 언급하고자 한다. 감독직의 출현은 전술한 바와 같이 바울이 그가 개척한 이방교회에 장로직을 도입하여 교회를 돌보게 한 후 중후반기에 들면서 장로직을 둔 상태에서 교회에 새로운 직분인 감독직을 언급하였다.[494] 이 감독직의 출현은 분명히 장로직과 더불어 교회를 보살피는 직분임에는 틀림이 없으나, 장로(Zaqen)와 감독에 대한 분명한 한계와 설명이 없이 언급된 직분이므로 후일에 많은 논쟁의 여지를 제공하고 있다. 특히 사도 말기에는 장로와 감독의 두 직분이 모두 사도의 직무까지를 겸직했기 때문이다.

신약성서에서 "에피스코포스"란 말이 5회[495] 언급되었다. 그 가운데서 사도 바울이 언급한 곳은 4곳이다(벧전2:25은 제외). 사도행전에서 언급된 장로직과 감독직을 살펴보면, 사도행전 20장 17,28절에서 장로들을 향하여 "너희는 감독자를 삼고 하나님이 자기 피로 사신 교회를 치게 하셨느니라"고 언급하고 있다. 위 본문에서는 장로직과 감독직이 교차로 언급되었다. 또 디모데전서 3장 2절에는 감독직의 자격을 언급하면서 5절에서는 하나님의 교회를 돌보는 자로써의 감독과 17절에는 교회를 다스리는 자로써의 장로로 교차 언급되었다. 빌립보서 1장 1절에는 바울이 교회의 대표성의 의미로 감독에게 문안형식으로 언급되었다. 디도서 1장 7절에는 하나님의 청지기로서의 감독의 자격을 논하고 있다.

그러나 베드로전서 2장 25절에는 "에피스코포스"를 목자(*ποιμενα*)와 거의 동의어로 사용됨으로써 사도직과의 관계로 확대되었다. 가령 사도행전 20장 28절에 나타나는 감독직은 교회를 "치게"하는 직분이다. 본문에서 "치게"는 "포이마이네인"(*ποιμαινειν*)로써 "먹임"(*βοσκω*)의 의미를 포함하는 목자의 전직책을 말하는 것으로써, 신구약에서 빈번히 언급되었다.[496] 이를 원문으로 그대로 옮기면 "하나님의 교회의 목양자"이다. 또 디도서 1장 7절에는 "하나님의 청지기", 베드로전서 2장 25절에는 "너희 영혼의 감독"으로 언급됨으로써 사도성과의 분명한 관련성을 의미하고 있다.

문제는 장로직으로서의 감독직인가? 아니면 감독직의 새로운 직분인가? 오늘날에도 장로직이 사도직을 겸직할 수 있다는 말인가? 여기에 논쟁의 불씨가 여전히 남아 있다. 이같은 불분명한 한계에 대하여 장로와 감독이 동일하다고 보는 견해와 달리하는 견해도 없진 않았다. 초기 교부 클레멘트(Clement)는 감독직(*επισκιπος*)과 장로직(*πρεσβυτερος*)은 목회에 있어서 동등한 서열(序列)로 보고, 목회임무에 대한 대안적 단어로 보았다.[497] Lightfoot의 경우는 장로직과 감독직을 동일한 직분으로 보되, 장로는 직위, 감독은 기능 쪽으로 언급하였다.[498] 칼뱅(J. Calvin) 역시 장로와 감독은 같은 직분이나 직능이 다르다고 보았다. 즉, 가르치는 장로(Teaching Elder)와 다스리는 장로(Ruing Elder)이다.[499]

반면에 초기 교부 클레멘트 이후 약 20년이 지난 후 Ignatius of Antioch는 감독과 장로를 구분하여 사용하면서, 감독은 지역교회를 감독하는 직분으로 이해하였다. 이같은 감독직에 대한 이해는 2세기 말경에 이르러 보편화 되면서 왕권적 감독이란 말로 사용하였다.[500] John Wordsworth는 "감독과 교황체제는 사람들이 억지로 만든 체제에 불과한 것이다"[501]고 비판하였다. 이같은 두 직분은 교회정치 체제에서 영향을 미치게 되었다. 감독교회(Episcopal Church)는 사도행전 20장 28절에 감독직에 근거하여 감독 교회의 기원이 되었다. 또 로마교회에서는 감독체제의 입장을 선호하고 있으나,[502] 장로교 쪽에서는 장로회주의의 입장이나 두 직분의 개념을 구분 없이 받아들여지고 있다. 그러나 3세기 중반부터는 두 직분이 동서 교회에서 다 통용이 되었다.[503]

이상의 논점에 대하여 필자의 견해는 먼저 그 시대적 상황에서 감독직의 출현으로 본다. 바울이 교회를 개척할 초창기 때는 회당에 익숙한 이들에게 회당의 모델을 따라 장로직이 도입이 되었고, 후반기에 접어들면서 조직된 교회로서의 모습을 갖추면서 여러 명의 장로가 존재했다고 보여진다(행20:17,28). E. G. Jay에 의하면 교부 이그나티우스가 장로들을 자주 사도에 비유한 것을 미루어 볼 때, 각 교회에 12명의 장로가 적합하다고 생각했을 것으로 추론하고 있다.[504] 이같은 입장에서는 교회에 여러 명의 장로가 존재했을 것으로 사료되며 따라서 교회의 회의와 대외적인 대표성을 위하여 필연적으로 대표격인 장로의 선임이 필요했을 것이다. 이 대표격인 장로로 선임된 자가 감독직인지는 분명하지는 않으나, 빌립보 교회의 경우는 감독직이 대외적으로 교회의 대표성으로 가시화 되었다(빌1:1).

E. G. Jay에 의하면 교회에서의 각종 회의석상에서 장로들은 감독을 중심으로 하여 교회정책과 원칙들을 상의했을 것으로 보았다. 또 교회 내의 각종 회의뿐만 아니라 성만찬과 세례 집례를 감독이 주관했으며, 때로는 이 일들을 위임하는 경우가 있는데, 그 일을 위임받은 자가 장로들이 아닌가로 보았다.[505] 그러나 미약한 교회에서는 여전히 회당의 모델인 장로를 세워 사도직과 감독직까지를 대행하는 역할을 하였을 것으로 사료된다. 따라서 장로와 감독자는 어휘적으로 차이가 있으나 의미적으로는 동의어로 취급된다.

장로는 신분적 의미이고, 감독은 직책의 의미로 봄이 타당하다. 그러므로 장로와 감독의 직분은 한 뿌리에서 나왔고 단지 사도의 일을 겸임내지 대행한 상황에서 주어진 새로운 직책으로 보아야 한다. 마치 사도직의 확대 시에 사도로, 교사로, 목사로, 복음전하는 자로, 선교적 직임을 부여하였듯이 교회의 조직에서 관리직과 사도직의 대행까지를 포함한 직책이 바로 감독직의 출현으로 볼 수 있다. 그러나 예수 그리스도가 칭하신 사도의 직책은 아니며 사도의 일을 대행했을 뿐이다. 오늘의 목사는 감독직의 의미를 포함한 전문적 사도성에서 그 존재적 의미를 부여해야 할 것이다.

다음으로 집사직이다. 집사는 "디아코노스"(διακονος)로써 신약성서에서 29회 나온다. 이 "디아코노스"는 NIV의 번역에는 "집사"(Deacon)[506]이고 그 사역적 의미는 섬기는 자(Servant)[507] 또는 일꾼(Minister)[508]으로 사도와 감독과 장로의 사역을 위한 섬김과 봉사의 일꾼이다. 이는 사도행전의 6장의 일곱 사람의 직무와는 분명히 다른 것이다. 특히 사도행전 6장에 나타나는 "일곱 사람"은 집사로 볼 수 없다.[509]

(3) 요한노선(John Line)의 교회

앞에서 살펴 본 것처럼 이제까지는 초기교회를 베드로노선의 교회나 바울노선의 교회로 나누었으나, 손병호 박사는 요한 노선의 교회도 말하여야 한다고 주장한다.[510] 요한계시록의 일곱 교회는 베드로의 교회나 바울의 교회가 아니라, 요한이 이들보다 늦게 세운 교회를 말한다. 그동안 요한의 '사랑의 교회' 보다는 베드로의 '주님의 교회' 와 바울의 '성령의 교회' 로 2분법적인 분류를 해 왔었다.

요한복음의 저자에 대하여는 "그의 사랑하시는 자가 예수의 품에 의지하여 누웠더라"[511]에서부터 "그의 사랑하시는 제자와 예수의 사랑하시는 그 제자"[512]가 바로 사도 요한이라는데 별다른 이의를 가지지 않았다. 그러나 그 제자가 '막달라 마리아' 라는 이야기도 적지 않다. 요한복음의 기자 역시 예수를 가장 가까이에서 따른 제자여야하며, 십자가 형장에도 있었고, 무덤도 먼저 찾아갔으며, 부활의 주님도 12사도보다 먼저 만난 제자라 할 때, '막달라 마리아' 이상으로 예수 그리스도의 일거수 일투족을 자세히 알 수 있는 제자가 아닐 수 없다는 것이다.[513]

요한복음은 마가나 마태나 누가복음이 말하는 언약이나 새 언약에 비하여 예수의 서로 사랑을 새 계명으로 하는 복음서를 내었다는데 그 특성이 있다. 이는 바울이나 베드로에 비하여 요한은 예수 그리스도의 사랑의 복음을 말하며, 요한 1서, 2서, 3서까지 이를 뒷받침해 주고 있다. 이는 예수 그리스도와 하나님 아버지는 믿음도 소망도 은혜도 제사도 성령도 심판도 재림도 아닌 "서로 사랑" 으로 멸망치 않고 영생하는 인류와 세상을 말씀하신 것을 말하고 있다.[514]

초기 교회는 바울의 교회가 지배적이었고, 이에 상응할 정도로 세워진 교회는 사도 요한의 교회였다. 베드로의 교회는 후에 로마교회와 직결되었으나 이렇다 할 흔적이 잇는 교회는 아니었다. 요한의 교회는 요한계시록에서 예수 그리스도가 곧 "알파와 오메가요 처음과 나중이며 시작과 끝이라"[515]는 말을 하였다. 이는 구약이나 신약의 교회를 말하지 아니한 것이며, 예수 그리스도의 복음이나 예수 그리스도의 교회나 예수 그리스도의 말씀이 그렇다는 말이다.

요한서신에서는 "우리가 들은 바요 눈으로 본 바요 주목하고 손으로 만진 바라"[516] 하여 요한서신은 물론 요한복음이나 계시록이 다 공동의 작품임을 말하였다. 이는 원저자가 있는 것과 보완을 한 것과 서신과 계시록을 쓴 자들이 따로 있다는 것으로, 요한공동체에서 바울교회와 쌍벽을 이룬 교회와 성서를 말하는 것으로 볼 수 있다. 요한복음은 바울 서신들과 다른 복음서들이 다 나온 다음에 마지막으로 나온 복음서로써 성서의 마지막과 결론에 해당하는 예수 그리스도의 복음을 증거하는 것이었다.

요한복음이나 요한의 교회는 예수 그리스도가 주신 "새 계명을 너희에게 주노니 너희는 서로 사랑하라 내가 너희를 사랑한 것 같이 너희도 서로 사랑하라"[517] 하신 "새 계명"의 말씀을 뒤로 하고, 또 다른 계시를 받거나 첨가를 하는것은 이율배반적인 것일 뿐이라는 것이다.

그리고 마태, 마가, 누가복음이 '하나님 사랑'과 '이웃 사랑'과 '원수 사랑'을 말하였다면, 요한복음은 이를 통합하여 결론적으로 "서로 사랑하라"는 예수 그리스도의 새 계명을 말한 복음서라는 것이다. 이는 구약의 율법과 선지자의 대강령을 여러 시대에 여러 선지자들로 말씀하시다가 마지막 때에 직접 오셔서 친히 말씀하셨다는 것이다.

그 동안 고린도전서 12장과 13장 그리고 14장을 분석해 보면 서로 상통하지 않아 많은 논란이 야기 되었다. 1936년 Edmond Szekely가 여기에 대한 답을 내어 놓았다.[518] 고린도전서 13장의 사랑장이 사도 요한이 쓴 것이라는 체켈리의 주장이 뒷받침 하듯 내용과 문맥상 바울의 것이라기보다는 사도 요한의 것으로 더 적절하게 보이는 것이 사실이다.[519]

그리고 사도 요한이 요한복음에서 새 계명을 말하며, 예수의 서로 사랑을 말한 것이 요한 1, 2, 3서 서신에서는 "사람 사랑"과 "하나님 사랑"을 동일시하지 않으면 안 되는 것을 말하고 있다. 이것은 요한 사도가 일생을 사랑의 설교로 일관하였다는 것을 뒷받침해 주고 있다. 지금도 사도 요한이 세우고 목회를 한 요한의 교회에서 그의 제자 폴리갑(Polycarp C. A.D. 70-155)이 뒤를 이어 목회를 한 흔적이 회교권의 터어키 서머나(이즈미르)에 남아 있다.[520] 다른 교회들 즉 베드로노선의 교회와 바울노선의 교회들은 다 자취를 감추었고 흔적도 없는데 비하여 사랑의 교회인 요한의 교회만은 아직도 유지되는 것으로도 볼 수 있다.

예수 그리스도의 교회는 베드로의 교회도 바울의 교회도 요한의 교회도 아니라, "예수 그리스도의 서로 사랑의 교회"라는 것이다. 그러므로 베드로의 교회로, 바울의 교회로, 요한의 교회로 가 있는 교회들은 구습(舊習)을 벗어버리고 새롭게 예수 그리스도의 복음 중의 복음인 "서로 사랑의 교회"로 돌아서야 한다는 것이다.

2. 사도교회와 오순절 다락방교회

예수 그리스도의 원형적 "에클레시아"는 교회의 근본(根本)이요 원리(原理)요 총론(總論)이다. 반면에 오순절 다락방교회는 원형적 예수 그리스도의 "에클레시아"의 증거요, 적용이요, 재조직이요, 각론이다. 예수 그리스도의 원형적 가시적 "에클레시아"는 그의 육성으로의 선포된 말씀 즉, "내 교회를 세우리니"(마16:18;18:17)는 물론 구체적으로 독특한 "에클레시아"로 계시하였다. 즉, "목자가 모은 양 무리"[521](요10장, 벧전5:2) 또는 의도적인 "12제자단"(눅9:1-6)과 "70문도"(눅10:1-7) 그리고 그를 따르는 수많은 무리로 볼 수 있다. 이는 하나님 나라의 임재의 관점에서 주님의 "에클레시아"의 가시화로 보기 때문이다. 다시 말하면 하나님의 나라의 임재가 곧 "에클레시아"를 가시화하였기 때문이다. 따라서 "에클레시아"의 본질적 사명이 바로 "하나님 나라의 증거"에 있음을 분명히 하고 있다.

그러므로 하나님 나라의 임재는 "삶의 중심", "시간의 중심", "역사의 중심에", "우주의 중심"에 역동적으로 임재 함으로써 개인 안에 임재 하여 속량되어 짐은 물론 공동체 안에서의 임재의 역사로 나타나는 우주적 하나님의 나라요, 우주적 "에클레시아"를 말하고 있다.[522] 그러면 주님의 "에클레시아"와 오순절 성령의 강림으로 120문도의 증거로 재조직된 오순절 다락방교회 내지 사도교회 내지 초대교회[523](행2:37-47)와의 근본과 재조직, 원리와 적용, 총론과 각론의 관계를 필자가 비교 고찰하고자 한다.

1) 예수 그리스도의 "에클레시아"는 우주적 모임

예수 그리스도의 "에클레시아"는 예수 그리스도에 의해 "클레토이"(마9:13, 막2:17, 눅5:32), "에클레토이(εκλητοι)"(막13:20), "피스토이"(눅16:11,12) 한 자들의 우주적 모임(계17:14)이다. 다락방교회는 주님에 의해 이미 부르심과 선택하심을 받은 자들로 주님의 보혜사 성령을 보내주시기로 약속을 믿고 모인 무리들로써 성령의 강림으로 재조직된 교회이다. 그러므로 이들은 예수 그리스도의 "에클레시아"에 대한 신실한 증인들의 모임이다. 이렇게 조직된 다락방교회는 성령을 통해 우리 주 하나님의 끊임없는 부르심[524](행2:39)과 그의 말을 받아들임[525](행2:41)과 믿는 사람들[526](행2:44)의 우주적 모임으로 점차 가시화 되어갔다. 이는 "천하 각국으로부터 큰 무리가 모여 각각 자기 방언으로 제자들의 말하는 것들 듣고"(행2:1-13)로 언급하고 있기 때문이다.

이상을 통해 "에클레시아"는 예수 그리스도로부터 직접적인 부름을 받은 우주적인 모임으로 다락방교회로 재조직되어 증거 되었다. 이렇게 재조직된 사도교회는 성령의 끊임없는 부르심과 선택하심과 신실한 자들을 모으심으로 마을과 도시와 민족과 나라로 가시적 "에클레시아"를 재조직해 가면서 그의 "바실레이아"를 확산 증거 해 나갔다.

2) 예수 그리스도의 "에클레시아"는 직접적인 가르침으로 가시화

주님의 "에클레시아"는 주님의 직접적인 가르치심(마4:23-5:2, 마7:28-29, 눅6:17-20;7:1)으로 가시화 되었다. 반면에 다락방교회는 주님으로부터 가르침을 받은 사도들의 가르침(행2:42)에 의해 "에클레시아"를 재조직 내지 전승(傳承)시켜 나아갔다.

3) 예수 그리스도의 "에클레시아"의 표식

주님의 "에클레시아"의 독특한 표식은 제자들에게 가르쳐 주신 "주의 기도"(눅11:2-4, 마6:9-13)와 "세례"(요3:22,26;4:1)이며, 반면에 다락방교회는 사도를 통해 주님이 행하신 세례를 베풀므로 제자의 수가 삼천이나 더하여 갔다(행2:41). 주님의 "에클레시아"는 독특한 원형적 교제를 가시화 하였다. 전술한 바와 같이 주님의 교제는 "삶"과 "육"과 "영"의 전인적 나눔의 교제이다. 즉, 몸과 피의 나눔인 주의 만찬(마26:26-28)과 "필로스"의 식탁교제(마11:19, 요6:10-11, 막8:2,6, 눅9:10)를 말한다. 이는 다락방교회에서 그대로 유출 내지 전승되었으니 곧 "코이노니아"이다. 이 "코이노니아"는 친교 또는 신실함의 의미를 말하는 것으로 "서로 교제하며 떡을 떼는 나눔의 교제"요, 서로 물건을 통용하며 재산과 소유를 팔아 필요에 따라 나누어 쓰는 공동운명체적 나눔의 교제로 가시화 되었다(행2:42-45).

주님의 "에클레시아"는 하나님 나라의 본질인 권능성 즉, 권세와 능력의 역동적 임재로 가시화 되었다. 다락방교회는 성령의 강림을 받은 사도들로 하여금 기사와 표적으로 하나님 나라의 권능성을 증거 하였다(행2:22;2:43;3:1-14). 주님의 "에클레시아"는 제자 한 사람 한 사람의 부르심과 선택하심과 신실한 자들의 모임으로 시작하여 허다한 큰 무리가 따르고 좇음으로 그의 나라를 가시화 하였다. 다락방교회는 예수 그리스도를 증거 함으로써 주께서 구원받는 사람을 날마다 더하게 하시는(행2:47) "에클레시아"를 통한 하나님의 나라 즉 "바실레이아"를 이루는 것이다.

제2절_교부시대의 교회

교부들(Fathers)이라 함은 광의적(廣義的)으로는 후대에 교훈을 줄 수 있는 신앙의 선진(先進)들을 일컫는 말이다. 오늘날 일반적으로 1세기에서 6세기까지의 위대한 신학자들을 교부(敎父)라 호칭되었다.[527] 그러나 협의적(狹義的)으로는 A.D. 90-140까지 활동한 사도적 교부 또는 속(續)사도들로서, 고대 기독교 저술가들 중에서 뛰어난 사람들에게 적용되어져 왔다.[528]

필자의 견해는 교부들이란 대개 사도들을 계승한 초기 기독교 저작자들[529]로서 사도 후 교부에서부터 헬라교부(Greek Father)와 라틴교부(Latin Father)를 총망라한 신앙의 선진들로써 중세시대 전까지 활동한 자들을 말한다고 본다. 교부들에 대한 호칭도 통일된 견해가 없다. 일반적으로 사도적(Apostolic Father) 또는 사도 후 교부라고 칭하기도 하나, 사도와 동시대인(同時代人)이 아닌 교부들이 있었기 때문에 정확한 명칭으로는 볼 수 없다.

사도 후 교부들은 최고의 존칭을 써서 교회를 존대하였다. 로마의 클레멘트는 교회를 가리켜 "성도들의 모임, 그리스도의 양떼, 하나님 자신의 소유"라고 하였다. 또 헤르마스는 "교회는 실로 창조의 진정한 목표이다"고 하였다.[530] 터툴리안은 "교회를 성령의 모임"으로 정의했고, 어거스틴은 "교회를 그리스도의 신비적인 몸으로서의 교회관"이었다.[531] 이처럼 교부시대의 교회의 특징은 교부들에 의한 교회의 설립 내지 신학적인 새로운 창조로서의 차원이라기보다는 사도들의 계승 내지 사도들의 교훈을 설명해 보려고 진지하게 노력한 분들로 이해할 수 있다.

1. 사도적 계승으로서의 보편적 교회

예수 그리스도의 우주적 "에클레시아"를 재조직하여 역사 속에 가시화 되었던 사도들의 교회는 사도 사후 교부들에 의해 계승되었다. 교부들이 계승한 사도교회의 노선은 12사도 쪽과 바울 노선의 교회에서 그 본질을 추구하고 있다.

속사도 교부 가운데 Ignatius of Antioch는 교회의 보편성을 표현하기 위하여 "Catholic"이란 말을 처음으로 사용하였다.[532] 그는 "예수 그리스도가 계신 곳은 어디서나 가톨릭 교회가 있다"[533]고 하였다. 또 교부 Poly Carp은 155년경 순교 직전에 교회를 "Catholic"이라 불렀고, 이는 Kath' holon에서 유래된 말로서 지역교회에 대한 구분의 의미 또는 보편적 전체성의 의미로 사용하였다. 그는 전세계에 걸친 전체 가톨릭 교회를 위해 기도했다고 기록하고 있다. St. Augustinus은 교회를 "Ecclesia Catholica"로 칭하였는데 이는 교회의 보편성을 의미하는 것으로 지리적인 것만이 아닌 시간적인 의미까지를 확대하였다.[534] 그러나 후대에 이르러 종파주의 내지 이단을 구분하기 위한 공인된 교리를 준수하는 교회로 지칭하게 되었다.[535]

2. 사도적 계승으로서의 교회의 일체성

교부시대의 교회의 특징은 사도교회의 계승으로서 교회의 통일성 내지 일치성으로 볼 수 있다. 이는 12사도 쪽의 계승보다는 바울노선의 교회론에 가깝다. 바울(Paul)은 교회의 일체성 내지 연합성을 강조하기 위해 "그리스도의 몸으로서의 교회"로 정의한 바 있다(롬12:5, 고전12장). 신자는 그 몸의 지체로서 떨어질 수 없는 생물학적 유기체로서의 통일된 하나의 공동체로 보았다(엡5:30). 따라서 바울노선의 교회론을 계승한 교부들은 사도 사후(死後) 그리스 로마(Greece Roma)시대에 역동적으로 풍미했던 영지주의(Gnosticism)[536]를 비롯한 여러 종파들 즉, 2C 중엽의 몬타너스주의(Montanism)와 3C 중엽의 노바티안주의(Novatianism), 4C 초엽의 도나티스주의(Donatism)자들의 이단(異端)의 위협에서 교회가 내외적으로 분열을 막고 신자공동체로서의 일체성을 지향하는 교회론이었다.

St. Augustinus은 바울의 그리스도의 몸으로서의 교회에서 한 걸음 더 나아가 교회의 기초를 그리스도의 신비한 몸으로 보았다. 이 그리스도의 신비한 몸은 그 몸 안에 내재하고 있는 "성령의 친교"를 통해 사랑의 결속이 이루어지며, 그 사랑의 결속을 통해 교회의 참다운 통일과 일치가 이루어짐을 말하고 있다. 다시 언급하면 교회는 사랑의 친교이며 이 친교는 사랑이신 성령에 의해 창조되었다. 따라서 어거스틴은 교회의 통일과 사랑을 동의어로 보았으며 분파된 종파 특히, 도나투스파(Donatists)는 성령 안에 있지 않으며 사랑도 없고, 그리고 교회 통일 밖에 있다고 결론지었다. 뿐만 아니라 분열된 몸에서는 결코 하나님의 사랑과 그리스도의 사랑과 이웃사랑을 경험할 수 없다고 하였다.[537]

Cyprian은 그의 「On the Unity of the Church」에서 교회는 본질적으로 "하나"(De Catholicae Ecclesiae Unitate)이다고 하였다. 이는 교회의 일체성을 강조한 것이다.[538] 또「제1 Clement」는 이그나티우스(Ignatius)의 저서 「Smyrnaeans, I」에서 십자가에 달리신 그리스도의 몸은 그의 교회의 몸속에 신앙을 규합하는 하나의 기준으로 이해했으며, 「제2 Clement」 서신에는 "나는 당신들이 살아있는 교회가 곧 그리스도의 몸이라는 사실을 모르고 있다고 생각하지 않습니다"(2Clement, XIV)고 하였다. 이레니우스는 교회는 그리스도의 크고 영광스러운 몸이라고 하였다.[539]

이처럼 몸으로서의 교회의 본질을 논하고 있는 교부들은 그 몸을 구성하는 지체 즉, 신자는 기구로서 일체성이 아니라 "신자공동체"로서 일체성을 말하고 있다.[540] 이 "신자공동체"는 감독 또는 신자, 목자 또는 양, 그리고 신자 상호간의 일체를 말하고 있다. 특히 키프리안(Cyprian)은 감독직을 통한 교회의 통일성을 강조하였으며, 감독은 사도의 참된 계승자로 간주하였다. 저스틴(Justin) 역시 「The Apostolic Tradition」에서 제사직에 대한 사역의 효능은 제사장적인 특성으로 제사장들에게 돌리고, 감독단(Episcopate)으로 불리우는 하나의 사단(College)을 형성하여 교회의 일체성을 추구하였다. 그러므로 교회의 통일은 감독들의 통일에 기초하고 있다.[541] 이그나티우스는 교회에 대한 감독의 역할이 본질적인 것으로 보았다.[542] 터툴리안은 그의 "변증"(Apologeticus)에서 교회생활 가운데 신자 상호간의 협동적인 생활방식을 비기독자에게 설명하기 위하여 바울의 몸으로서의 교회를 비유한 바 있다.[543]

3. 사도적 계승으로서의 거룩한 교회

바울은 "성도(*αγιος*)들이 곧 교회이다"(고전1:2)고 하였다. 이는 교회의 단일성이 매우 강조되어 있는 에베소서에는 "모든 성도들"이라는 어구(語句)가 거의 반복어구로 나오고 있다(엡1:15;3:8;6:18). 성도는 구약성서에서 경건한 자의 의미인 "하시드"(חסיד)와 거룩한 자 또는 구별된 자의 의미인 "카도쉬"(קדש)로 나타나고 있다. LXX에는 "카도쉬"를 "아기오스"(αγιος)로 번역된다. 이 성도는 교회를 구성하는 거룩한 자들이다. 또한 이 거룩성은 성령에 의해 거룩하게 하심을 말하고 있다(살후2:13, 벧전1:2). 이 거룩성은 인간의 내적인 거룩성과 외적인 생활에 표현되는 거룩성을 말한다. 이같은 거룩성은 그리스도 안에 있는 거룩한 회심을 통해 이루어지며 그 회심의 결과는 바로 거룩한 삶을 지향한다. 그러므로 사도 바울이 성도들을 향하여 교회라고 칭함은 성도 그 자체의 모임이 교회의 거룩성을 말하고 있기 때문이다(살전1:1, 빌1:1, 엡1:1).

이같은 사도 교회의 거룩성은 교부들에 의해 계승되었다. 교부 헤르마스 목자는 「Pilgrim' s Progress」에서 교회의 본질적인 표시로 "거룩성"을 강조했다. 그는 에베소서 1장 4절을 통해 하나님의 최초의 창조물로서의 교회로 보았다.[544] 교부 히포리투스는 "교회는 의롭게 사는 자들의 거룩한 모임이다"[545]고 하였으며, 어거스틴은 "교회의 참 성원들은 거룩하고 정의로운 사람들이다"[546]고 하였다. 오리겐은 교회를 경험적 교회와 영적 교회로 구분하면서 영적 교회는 결점이나 흠이 없고 거룩하며 완전한 것으로 묘사했다.[547] 이레니우스의 「대 이단론」에서 "교회가 있는 곳에 성령이 계시며, 성령이 계신 곳에 교회와 모든 은총이 있다"[548]고 함으로서 성령 안에서의 거룩성을 강조하였다.

4. 사도적 계승과 초기 로마 가톨릭 교회와의 연결성

교부시대 교회의 특징은 사도교회의 계승과 초기 로마 가톨릭 교회와의 연속성 내지 교량적인 역할로서의 특징이 있다. 특히 로마 가톨릭의 명칭과 교리면, 그리고 체제면에서 교부들의 교회론이 기초적인 역할을 담당하였다. 먼저 가톨릭의 명칭은 전술한 바와 같이 이그나티우스(Ignatius of Antioch)가 처음으로 사용하면서 스미르나 주교인 Poly Carp

과 St. Augustinus에 이르기까지 언급된 어휘이다. 이그나티우스나 폴리갑은 이같은 보편적인 의미로 "가톨릭"이란 어휘를 사용하였으나, 어거스틴에 오면서 가톨릭을 지리적 의미로 사용되었고, 또 시간적 보편성 의미로도 사용되었다. 그러나 교회의 보편성은 로마 교황청과 그리고 보편적 교회와의 교류에 있다고 함으로써, 로마 가톨릭의 교황제도와의 연계성을 말하고 있다.[549]

다음으로 하나님의 나라와 교회를 동일시하는 로마 가톨릭의 교회론에 대하여 교부들의 교회론과 연계를 볼 수 있다. 어거스틴의 교회론은 전술한 바와 같이 "신비적인 몸" 으로서의 교회 관념이었다. 어거스틴은 "신비적인 몸" 으로서의 교회 본질은 사랑의 결속으로 보았다. 그의 이같은 교회 관념은 그의 신국론(De Civitate Dei)에서 두 도성(都城), 즉 하나님의 하늘의 도성과 하나님께 반역한 도성으로 보면서 두 도성의 관계는 혼합과 상호협력과 대립과 영원한 긴장의 관계로 해석했다.

그러나 두 도성(都城) 모두 사랑에 의해 성격지어진다. 지상의 도성은 자기에 대한 사랑 때문에 하나님의 사랑을 경멸하며, 하늘의 도성은 하나님에 대한 사랑 때문에 자기에 대한 사랑을 멸시한다.[550] 어거스틴은 주저함이 없이 하나님의 도성과 가톨릭교회를 동일시하고 있다. 이처럼 신비적 몸의 이론은 중세 로마 가톨릭교회의 사고를 지배하였다. 특히 로마 교황청과의 교류에 의하여 보증된 교회의 통일성에 대한 그의 가르침은 비등하고 있는 교황청의 수위성과 우월성에 대한 요구들을 지지하는데 영향을 끼쳤다.[551]

제3절_로마 가톨릭 교회

교회사 속에서 종교개혁 이전 일천년 동안 중세를 지배해 온 로마 가톨릭 교회는 교황권적 왕국교회로 규정할 수 있다. 왜냐하면 로마 가톨릭 교회는 예수 그리스도의 "에클레시아" 에서 출발한 교회가 아니고, 예수 그리스도의 대리자로 자청한 교황과 교황체제의 교회론에서 출발한 교회이기 때문이다. 따라서 로마 가톨릭 교회의 교회론은 인위적인 고도의 "조직적 결합"(Close-Knit)으로 절대적 교권정치를 통해 지상의 가시적 교회는 물론 세속군주에게까지 군림하였다. Loraine Boettner에 의하면 로마 가톨릭 교회는 교황권의 우월성과 지상권(Primacy and Supremacy)으로 전세계를 로마 가톨릭화 하려는 노력을 경주하였다.[552]

이같은 중세의 로마 가톨릭 교회의 시대를 교회사적으로는 교회의 본질이 변질된 교회의 암흑기로 지칭할 수 있으며, 또 예수 그리스도의 "에클레시아"의 본질적인 변질을 가져온 시기로 규정할 수 있다. 반면에 로마 가톨릭 교회의 입장에서는 로마 가톨릭 교회의 교회론을 정립한 시대로 보아야 할 것이다.

로마 가톨릭 교회의 형성은 "에클레시아"의 근본이신 예수 그리스도가 익명(anonymity)화 되고, 예수 그리스도의 대리자로 자청한 교황을 정점으로 형성된 제국적 왕국적 계급적인 교회이다. 특히 교황체제는 예수 그리스도의 "에클레시아"에 대한 교회의 본질과 사도노선의 교회 즉, 베드로노선의 교회와 바울노선의 교회 그리고 교부인 St. Augustinus의 교회론까지 접목 내지 변질시켜 새로운 교황체제의 로마 가톨릭시즘을 형성한 교회론이다.

1. 예수 그리스도의 대리자로서 교황(敎皇)

인간을 구원하시기 위하여 이 땅에 성육신(成肉身) 하신 예수 그리스도는 하나님과 인간의 중보자이시며(딤전2:5), 모든 만물 위에 계시는 권세자이시며(엡1:22-23), 오직 한 분이신 아버지이시며(마23:9), 유일한 심판자(κριτής)이시며(히12:23;약5:9), 가시적 불가시적 교회의 주(主)이시며, 또한 부활 승천하신 후 보혜사 성령을 보내셔서 그의 "에클레시아"의 모든 것을 진리 가운데로 인도케 하시는 분이다(요14:26). 뿐만 아니라 예수 그리스도의 전생애는 지배나 계급적인 차원이 아닌 섬김의 삶이었다. 그는 자신이 이 땅에 온 목적은 사람을 섬기기 위하여 온 것임을 분명히 말씀하셨다. "인자가 온 것은 섬김을 받으려 함이 아니라 도리어 섬기려 하고 자기 목숨을 많은 사람의 대속물로 주려함이니라" (마20:28)고 말씀하셨다. 그의 섬김의 삶은 말씀 그 자체로 끝난 것이 아니라 손수 제자들의 발을 씻기시는 섬김의 본을 보여주셨다(요13장).

그러므로 예수 그리스도로부터 부름 받은 신실한 자들의 모임인 "에클레시아"는 섬김으로 충만 된 모임이다. 바르멘 선언(The Theological Declaration of Barmen)의 네 번째 명제에서는 "너희 중에 누구든지 크고자 하는 자는 너희를 섬기는 자가 되고 너희 중에 으뜸이 되고자 하는 자는 너희 종이 되어야 하리라" (마20:25-26)고 선언하고 있다. 이 선언에서 교회의 부름 받은 자의 직분을 섬김의 직분 즉, 디아코니아(*διακινια*)로서 "딘스트", 봉사, 사역임을 선언한 바 있다.[553)]

로마 가톨릭시즘은 전술(前述)한 예수 그리스도의 유일한 권능성 즉, 중보자로서의 권세와 만물 위에 있는 권세와 오직 한 분이신 아버지와 유일한 심판자로서의 권세를 그리스도의 대리자로 자청한 교황(Pope)에게 계승된 것처럼 호도(糊塗)하여 형성된 왕국적 제국적 계급적 교회론이다. 그러므로 로마 가톨릭시즘의 본질적 이해는 예수 그리스도의 대리자로 자청한 교황에서 그 본질을 찾아야 한다.

교황(Pope)이란 말은 라틴어 "PaPa" 에서 온 말로서 아버지(Father)란 뜻이다. 또 교황은 "Pontiff" 또는 "Pontificate" 로써 "Pons" (다리)와 "facio" (만든다)의 합성어인데 그 뜻은 "다리를 만든다" 이다. 이같은 의미는 로마 황제에서 그 유래를 찾을 수 있다. 교황이란 말의 공식적인 명칭은 보니페이스 3세로부터 시작되었다.[554)] 그러나 그 실제적인 명칭이 사용된 것은 A.D. 590년 그레고리 1세로부터 시작되었다고 본다.[555)] Philip Hughes에 의하면 그레고리는 매우 실제적인 의미에 있어서 교황 왕족의 창설자이다[556)]고 하였다. 또 "렌비크" 는 그레고리 1세가 실제적인 명칭이 부여될 수 있는 처음 교황이다[557)]고 언급했다.

로마 가톨릭시즘에서 교황에 대한 존재적 상징적인 의미는 다음과 같다. 첫째, 교황은 하나님과 사람 사이의 중보자로서의 상징이다. 교황은 이생과 내생을 연결시켜 주는 자로서의 역할을 하는 존재로써 혼을 연옥(Purgatory)에 넣을 수 있는 권능을 지닌 존재로 상징화하였다.[558] 둘째, 교황은 지상에서의 하나님의 대리자로서의 권세를 상징한다. 교황은 지상에서 하나님 자신이며 하늘의 왕, 지구의 왕, 지옥의 왕으로서의 권위를 상징하였다. 이같은 상징성은 교황의 "대관의식"에서 나타나고 있다. "세 가지 왕관으로 장식된 삼 중관을 받아라. 그리고 그대는 왕자들과 왕의 아버지이며, 세계의 지배자 우리 구주 예수 그리스도의 대리자(The Vicar)임을 알라..."(National Catholic Almanac). 또 뉴욕 교리문답에는 "교황은 지상의 그리스도를 대신한다... 그는 그리스도의 참된 대리자이며, 전체 교회의 머리이며 모든 기독교인의 아버지이며 스승이시다. 교황은 전혀 오류가 없는 통치자이며, 교리의 창립자이며, 종교회의의 권위자이며 재판관이다. 또 교황은 진리의 보편적인 지배자이며, 세계의 중재인이며, 하늘과 지구에서 최고의 재판관이며, 누구에 의해서도 판단을 받지 않는 동시에, 모든 것의 심판자이신 지상에서의 하나님 자신이시다."[559]고 하였다.

예수 그리스도의 대리자로서 자청한 교황은 성경 어느 곳에도 언급된 곳이 없다. 오직 목자장이신 예수 그리스도에 대해 언급되었을 뿐 어떤 유사한 명칭도 없다. 그럼에도 불구하고 교황은 예수 그리스도의 계승자로서 성 베드로의 의자에 앉아서 이야기를 할 때는, 베드로의 계승자인 동시에 그리스도의 대리자이며 교회의 머리로서 그의 공적인 직무를 말하고 있는 것이다.[560]

이에 대하여 A.D. 1870년 교황 무오성에 대한 교령을 통과하는 과정에서 이 교령에 반대한 스트로마이어(Strossmayer)는 그리스도의 대리자로 자청한 교황에 대한 허구성을 반박한 바 있다. "...이곳을 주재하고 계시는 신성한 교황께서 성 베드로의 참된 후계자요 그리스도의 대리자이며 교회의 흠 없는 성경 박사인지를 묻는 바입니다... 나는 신약성경의 전체를 읽고 하나님 앞에 그리고 위대한 십자가 앞에 손을 들어 맹세코 지금 존재하고 있는 것과 같은 교황의 권세에 대해서는 그 어떤 흔적도 발견할 수 없었음을 단언하는 바입니다."[561)]

그리고 그의 연설을 끝맺으며 다음과 같은 사실을 확신한다고 말했다. 첫째, 예수께서 베드로에게 주었던 것과 같은 권세를 그의 다른 사도들에게도 주었습니다. 둘째, 사도들은 성 베드로를 예수 그리스도의 대리자로서 결코 인정하지 않았습니다. 셋째, 베드로는 자신을 교황으로 생각하거나 결코 그처럼 행동하지도 않았습니다. 넷째, 너는 베드로라 내가 이 반석 위에 교회를 세우리라는 말씀은 교회가 베드로 위에(Super Petrum)세워진 것이 아니라, 반석 위에(Super Petram) 세워짐을 이해하였다.[562)]

뿐만 아니라 성서해석을 교황과 로마 가톨릭의 성직자들에게만 주어짐으로써 성경의 저자이시요, 해석자이시요, 인도자이신 성령의 지위를 빼앗고 만 것이다. 그러므로 그리스도의 대리자로서 자칭한 교황은 또 하나의 우상화한 하나님을 탄생시킨 것이며 철저히 비복음적인 호칭이요 도그마(*δογμα*)인 것이다.

2. "페트로스"위에 세운 로마 가톨릭 교회와 사도 계승론

로마 가톨릭 교회는 예수 그리스도의 교회를 베드로의 신앙고백 즉, "주는 그리스도시요 살아 계신 하나님의 아들" 임을 고백한 그 고백 위에 교회를 세운 것이 아니고 "페트로스"(*Πετρος*)위에 세운 교회이다. 로마 가톨릭 교회가 베드로 위에 세워진 근거는 마태복음 16장 18절에 근거하고 있으나, 그 해석상에 있어서 베드로의 신앙고백이 아닌 "페트로스"의 인격위에 로마 가톨릭 교회를 세움을 말한다. 따라서 베드로의 계승자로서의 교황은 교회의 머리가 되며 그리스도의 대리자로서의 로마 가톨릭시즘을 형성하였다. 이는 "에클레시아"의 본질적 변질은 물론 베드로 노선의 교회(St. Peter Line Church)마저 계승(繼承)한 것이 아닌 전용(轉用)일 뿐이다.

이처럼 로마 가톨릭 교회는 "페트로스" 위에 교회를 세움으로써 "페트로스"는 그리스도가 임명한 최초의 교황이며, 로마교회 교황은 그의 후계자, 대리자, 계승자이다. 따라서 그리스도에서 사도 베드로로, 그리고 교황으로 이어지는 교회의 계승적 의미는 소위 사도계승론(Apostolic Succession)의 로마 가톨릭시즘을 형성하였다.

이 사도계승론은 3C 터툴리안과 시프리안에 의해 사도계승론을 제기하였고,[563] 이를 로마 가톨릭 교회가 로마 가톨릭시즘화 하였다. 이 사도계승론을 공식으로 선언한 회의가 A. D. 1438-1439년 "프로렌스 회의"로 그 내용은 다음과 같다. "우리는 거룩한 사도직(Holy Apostolic See)과 로마 교황직(Roman Pontiff)이 모든 교회의 직위에 으뜸가는 직분임을 선언하고, 로마 교황 자신은 사도들의 수제자인 성 베드로의 후계자이며, 그리스도의 진정한 대리(Vicar)로서, 모든 교회의 머리인 동시에 온 교인들의 아버지시요 스승이시다. 그에게는 우리 주님께서 우주적인 교회를 다스리시고 지배하시며, 먹이시는 능력을 허락하시고, 축복하신 품성이 있으심을 역시 선언한다"[564]고 언급하였다.

이 선언문에서 명백히 나타나고 있듯이 로마 가톨릭교회는 정통적 사도 계승을 주장함으로서, 예수에서 베드로로, 그리고 교황으로 이어지는 후계자 또는 대리자로서의 교황을 천명하였다. 이는 교황의 신적 대리권을 가시화한 것이다. 따라서 교황이 머리가 되는 가시적 교회는 절대 불가결성의 교회로서 오직 로마 가톨릭 교회만이 구원이 있으며, 이 교회를 하나님의 나라와 동일시하는 데까지 이르렀다. 뿐만 아니라 교황의 신적 절대권은 세속적인 권세로까지 확대함으로써 타락과 부패의 온상이 되었다. 이같은 결과는 종교개혁을 불러일으킨 요인의 하나로 볼 수 있다. 또 사도 계승론은 교권제도(Hierarchy)를 형성케 했으며, 이 교권적 계급체제는 교황과 사제와 신도로 이어지는 획일 된 신권적인 조직체계로 로마 가톨릭시즘의 베드로노선의 교회를 형성하였으나, 베드로 자신은 사도 계승과 교권에 대하여 언급한 사실이 없다.

이상의 사도 계승론에 대하여서 "에클레시아"의 관점에서 다음과 같이 비판하고자 한다.

첫째, 주님의 "에클레시아"는 예수 그리스도와 그의 복음과 반석 같은 베드로의 신앙고백 위에 세운 것이며, 사도들로 하여금 하나님 나라의 복음 증거를 위한 "에클레시아"로서 사도들의 위임일 뿐 사도 계승론은 아니기 때문이다.[565] 그러므로 개혁교회 노선인 John Knox는 1567년 스코틀랜드 교회에서 채택된 스코틀랜드 신앙고백서(The Scots Confession)에서 사도 계승론을 거부하였다.[566] 바울은 교회내의 사도들의 파벌 노선을 경계하면서(고전1:12), 교회의 터는 오직 그리스도시요(고전3:11). 교회는 하나님께 속한 것임을 분명히 하였다(고전3:22-23). R. Newton Flew는 교회의 세우심은 베드로 위가 아니고 그리스도 위에 있다고 하였다.[567] 그러므로 예수 그리스도는 그의 복음과 가르침을 통해서 볼 때 그는 후계자를 세우지도 않았고, 그의 의중(Mind)에도 없었다. 뿐만 아니라 베드로의 반석(Rock)같은 신앙고백(하나님의 계시임) 위에(마16:16-17) 그의 "에클레시아"를 세운 것이며(마16:18) 변덕과 변질의 존재인 "페트로스" 또는 "페트라"의 인격 위에 그의 "에클레시아"를 세우시지 않았기 때문이다.

둘째, 사도 계승론은 로마 가톨릭 교회의 편협한 자기 이해에서 비롯되었다. 주님의 "에클레시아"는 우주적이고 보편적인 교회로서 가톨릭적인 기구와 조직과 교직으로 제한할 수 없다. 뿐만 아니라 12사도는 계승이 아닌 "부름"과 "택함"과 "파송"으로, 비계급과 비혈육으로부터의 우주적 "에클레시아"의 모임이다.

셋째, 사도 교회는 주님의 "에클레시아"의 전승 내지 재조직일 뿐 사도적 계승이 아니기 때문이다. 사도 교회의 조직을 부활과 성령의 증인으로 세워졌다면, 최초의 부활의 목격자와 성령의 경험은 사도만이 아닌 평신도와 120문도까지를 의미하기 때문이다. 따라서 주님의 "에클레시아"는 계시와 성령의 역사로 하나님의 나라의 역동적인 임재를 통해 가시화되므로 시공의 차원을 넘어 사도들뿐만 아니라 만민에게 우주적인 전승과 재조직으로 가시화 된다. 따라서 사도 계승론으로 우주적인 "에클레시아"를 제한할 수 없는 것이며 예수 그리스도의 복음적인 교회론을 왜곡할 수 없는 것이다.

3. 우주적 "에클레시아"를 호도한 로마 가톨릭 교회

로마 가톨릭 교회는 예수 그리스도의 우주적 "에클레시아"를 로마 가톨릭 교회와 접목시켜, 오직 로마 가톨릭 교회만이 하나인 우주적 교회로 호도하고 있다. Loraine Boettner에 의하면 로마 가톨릭 교회는 "성령이 계시는 곳에 교회가 있다"(Ubi Spiritus ibi ecclesia)는 명제에서 출발한 교회가 아니고, "교회가 있는 곳에 성령이 계신다"(Ubi ecclesia ibi Spiritus)[568]에서 조직된 교회론이다. 이는 우주적인 성령보다 가시적 교회를 더 강조하는 교회 지상주의 교회론이다.

가톨릭의 명칭문제에 있어서도 로마 가톨릭 교회가 본래적인 명칭임에도 불구하고 가톨릭 교회로 통칭하여 사용함으로서 예수 그리스도의 우주적인 "에클레시아"를 호도하고 있다. 따라서 로마 가톨릭교도들은 가톨릭교회를 믿는 것이 아니며, 로마 가톨릭 교회를 믿는 것이다. 가톨릭적 교회를 믿고 지향하는 쪽은 오히려 개신교와 개신교도들이다. 그러므로 예수 그리스도의 우주적인 "에클레시아"와 로마 가톨릭 교회의 로마 가톨릭적 의미와는 근본적으로 다른 것이다. 이에 대한 구체적 언급은 예수 그리스도의 "에클레시아"에서 언급된다.

4. 예수 그리스도의 성체화로 가시화된 로마 가톨릭 교회

로마 가톨릭시즘은 지상(地上)의 가시적인 로마 가톨릭 교회와 예수 그리스도를 존재론적으로 연결시켜 가시적인 교회를 성체화한 사상이다. 이같은 성체화된 교회론이 형성된 배경에는 "그리스도의 몸으로서의 교회"(롬12:5, 고전12:12)와 성만찬을 통해 그리스도의 몸에 참여를 강조한(고전11:23-29) 바울노선의 교회에 근거하며, 또 성 어거스틴의 "그리스도의 신비한 몸"으로서의 교회와 성만찬을 통해 일치(一致)와 평화(平和)와 신비(神秘)를 신성케 하는 교부들의 교회사상의 연장선상에서 새로운 로마 가톨릭시즘인 그리스도의 성체화로 가시화된 로마 가톨릭교회의 교리를 형성하였다.[569)]

특히 Bellarmin은 교회를 "연장된 그리스도"로 주장한 바 있다. 그는 교회가 그리스도의 몸이라고 칭하게 될 때 단순히 그리스도가 그의 신비스러운 몸의 머리라고 일컬어져야 한다는 사실에서부터만 설명되는 것이 아니고, 교회가 제2의 그리스도, 그리스도는 또 하나의 인격이 된다는 의미에서만 교회의 담당자요, 그 안에 사는 자라는 사실로부터 설명되어야 한다고 하였다."[570)] 이처럼 가시적 교회를 제2의 그리스도로 보는 로마교회는 그 사상을 성체와 성사의식 즉, 화체(Transubstantiation)와 병재설(Concomitance)로 교리화[571)] 하였다.

이같은 성사의식은 그리스도의 임재와 오직 교황과 사제만이 "만일 누구든지 이를 행하여 나를 기념하라"(눅22:19)는 말씀의 이행자로 보았기 때문에[572)] 그리스도의 대리자인 교황의 신격화 내지 교황체제로의 통일화를 기할 수 있는 또 하나의 로마 가톨릭시즘으로 볼 수 있다. 그러므로 로마 가톨릭시즘은 로마교회와 그리스도의 신비한 몸을 동일시하며, 이를 근간으로 하나요(One), 거룩한 가톨릭(Holy Catholic)이요, 사도적 교회(Apostolic Church)요, 로마 가톨릭 교회로 지향하고 있다.[573)]

J. Moltmann은 Bellarmin의 "연장된 그리스도"에 대하여 말씀이 육신이 된 것과 그리스도가 그의 교회 안에 성령을 통하여 거주하는 것 사이에는 필연적인 구별은 성취되기 어렵고 또 화육(化肉)이 예수 안에서 성령의 거주로 환원되든지, 또는 성령의 거주는 로고스의 계속되는 화육으로 일체적 이해가 되어야 할 것이기 때문임을 지적함으로써[574)] 그리스도의 이질성을 지적하였다. 바울은 "몸으로서의 교회"를 영적인 연합으로서의 교회의 일체성을 말하였다. 그 연합의 자체가 신비적 연합(Unio mystica)이나 인간 자체가 그리스도의 몸과 신적으로 동일시는 아닌 것이다(롬8:11).

어거스틴이나 교부들도 직설적인 표현으로 교회를 "그리스도의 신비한 몸"이라고는 하지 않았다.[575] 개혁교회의 대표적 신학자인 J. Calvin은 성령이 그리스도께서 우리를 효과적으로 자신에게 연합시키는 결속 방식이며,[576] 이같은 결속은 그리스도께서 뗄 수 없는 교제의 결속으로 우리에게 굳게 연합되어 있을 뿐만 아니라, 놀라운 교제로서 날마다 우리를 완전히 하나될 때까지 한 몸으로 더욱 성장하고 있다.[577] 따라서 로마 가톨릭교회의 연장된 그리스도인지에 대하여, 바르멘 선언에서는 그리스도가 성령에 의하여 말씀과 성례전 속에서 주님은 현재에 활동하신다고 증거하였다.

이러한 그리스도는 어떤 사제에 의하여도 준비되지 않으며, 그의 이름으로 두 세 사람이 모인 곳에 그들 중에 그리스도가 계시기 때문이다(마18:20). 로마교회가 지향하는 연장된 그리스도 내지 성체화 된 교회는 외적으로는 교황체제로의 일치성과 통일성을 강조하고, 내적으로는 섬김보다 지배적인 계급체제로 지향한다. 또 거룩한 교회는 가시적인 교회를 연장된 그리스도 그 자체로 봄으로서 거룩한 교회로 상징화하였다. 그리스도의 대리자인 교황은 거룩한 교회의 머리로서 신적 권세로 가시화된 존재이며, 사도적 교회는 바로 사도계승론을 지칭하는 교회론이기 때문에, 로마교회는 "에클레시아"의 본질적 변질을 가져온 교회론이다.

이상을 통해서 볼 때 성체화 된 로마 가톨릭교회는 교회론적 그리스도론이며, 교황체제 내지 사제를 위한 또 하나의 위격인 그리스도론으로밖에 볼 수 없다. 왜냐하면 그리스도와 교회가 불가분의 관계가 있다 하더라도 인간으로 구성된 지체자체가 그리스도의 신적인 몸과 동일시 될 수 없기 때문이다. 뿐만 아니라 교회는 그리스도가 아니며 그리스도를 주로 고백한 무리들을 통하여 "바실레이아"를 위한 "에클레시아"이기 때문이다. 그리고 "에클레시아"는 언제나 성령을 통하여 그리스도의 교회를 대리케 하시기 때문이다(요14:26).

그러므로 그리스도와의 연합에 대한 "에클레시아"의 신학적 입장은 하나님의 부르심과 선택하심을 받은 신실한 백성들이 말씀이 육신이 되신 그리스도요(요1:14), 말씀 안에 생명과 빛으로 나타나신 그리스도(요

1:1-4)와 생명적, 인격적, 결과론적 연합관계를 말한다. 이는 참 생명적 연합으로 예수 그리스도 자신에 의해 선포된 포도나무와 가지의 비유에서 충분히 입증된다(요15장). "나는 포도나무요 너희는 가지니 즉, 나는 ~이다(εγω ειμι)" (요15:5)의 형식으로 그 연합의 본질을 강조하고 있다.

"에클레시아"의 연합의 본질은 첫째, 하나님의 나라의 권능성의 임재를 통한 응답의 연합이며 둘째, 그리스도와 신자 사이의 인격적 교제로 기쁨과 사랑의 연합이며 셋째, 연합의 결과는 생명의 풍성함으로 나타나는 말씀 안에서의 성령의 역사로 참 제자요, 생명과 빛 그리고 열매로 이끌어지는 역동적인 연합인 것이다. 그러므로 로마 가톨릭교회의 "연장된 그리스도"(Christtus Prolongatus) 내지 "제 2의 그리스도"를 통한 교황체제의 제국적인 연합과는 본질적으로 다르며, 신비주의자들의 신비적 연합(Unio Mystica)으로 신에로의 몰입 내지 무아지경의 경지에 이르는 비인격적인 연합도 아니며, 무속(Shamanism)에서의 엑스타시(Ecstasy)의 경지를 통한 신 또는 정령이 샤만(Shaman)의 몸속에 빙의(憑依; Possession) 또는 "샤만"의 영혼이 몸 밖으로 나와서 초자연적 영계와 직접교섭 이동(Soul loss)하여 접신 하는 무속과 다르며,[578] 붓다(Buddha)에서 마음의 자아를 무(無)로 표현하고 그 마음은 안에도 있지 않고 밖에도 있지 않고 중간에도 있지 않는 법신(法身; Dharmakaya)으로 사람이 법을 각성하여 "붓다"가 되는 이른바 공(空)으로 돌아감을 말하는 비인격적인 연합이 아닌 것이다.[579]

5. 비복음적인 교리, 의식, 제도로서의 로마 가톨릭시즘

로마 가톨릭 교회는 성경에도 없는 각종 교리, 의식, 제도를 통해 교황체제를 유지하기 위하여 만든 비복음적인 로마 가톨릭시즘으로 채워진 교회이다. 로마 가톨릭교회는 약 1,650년 동안 새로운 교리, 전통, 관습을 더해 가는 가운데 오늘날의 로마 가톨릭 교회를 조직하여 왔다.

Loraine Boettner에 의하면 약 A.D. 300년으로부터 만들기 시작한 각종 대표적인 제도를 대략적으로 살펴보면 "죽은 자들을 위한 기도"와 "십자성호"를 비롯하여 431년에 마리아를 "하나님의 어머니"란 용어로 적용하였고, 593년에는 그레고리 1세를 통해 연옥(Purgatory)교리가 제정되었고, 607년에는 황제 포카스(Phocas)에 의해 보니페이스 3세(Boniface Ⅲ)에게 교황(Pope)의 명칭이 부여되었고, 1184년에는 종교재판(Inquistion)이 베로나(Verona)공의회에 설립되었으며, 1229년 성경이 평신도에게 금지되었으며, 1190년 면죄부 판매, 1215년 화체설, 1439년에는 7성례 교리를 확정했으며, 1864년 교황의 무오성을 선포함으로 교황정치의 절대화를 가시화 하였다. 1965년에는 마리아가 "교회의 어머니"로 교황 바울 6세에 의해 선언되었다. 그 외 "성수(聖水)", "추기경제", 각종 성상을 숭배하는 제도 등을 만들어 종교행위를 행하였다.[580)]

특히 고해성사란 제도는 발티모어 교리문답에 다음과 같이 정의하고 있다. "고해란 죄사함을 얻고자 하는 목적에서 공인된 사제에게 우리의 죄를 말하는 것이다" 이에 덧붙여서 공인된 사제는 성직수임에 있어 죄를 사하는 권한을 가질 뿐만 아니라, 자기에게 나오는 사람들을 관찰하는 권한을 가진 사람이다. 또 교회법(Canon Law) 888에는 사제는 고해를 들을 때 자신이 재판관이라는 것을 기억해야 한다고 했고, 교회법 870은 고해에 있어서 사제는 세례이후 범한 모든 죄를 사해 주는 권세를 가진다"[581)]고 하였다. 이같은 고해성사를 통해 신도의 모든 것을 주께 고함이 아닌 사제에게 고함으로 제국적 교황체제를 움직이는 유일한 수단으로 이용되었다.

이같은 비복음적 제도는 신도들로 하여금 정신적 물질적 종속의 삶을 살게 함으로서, 그리스도인의 참된 진리와 자유(요8:32)를 인위적으로 가로막는 비복음적 제도였다. 뿐만 아니라 죄사함의 권세를 가진 사제 또한 죄인이다. 성경은 이렇게 기록하고 있다. 모든 인간은 죄인이며 의인은 없나니 하나도 없다고(롬3:10) 하였으며, 죄를 사하는 권세는 오직 하나님께만 있으니 "오직 하나님 한 분 외에는 누가 능히 죄를 사하겠느냐"(막2:7), "인자가 세상에서 죄를 사하는 권세가 있는 줄을 너희로 알게 하려 하노라"(마9:6), "아들을 낳으리니 이름을 예수라 하라 이는 그가 자기 백성을 저희 죄에서 구원할 자"(마1:21, 마9:2, 눅7:48)이심을 분명히 선포하였다.

그러므로 죄의 용서는 사랑과 용서의 근본이신 그리스도요, 그의 복음일진데 로마교회가 사제를 통한 주님의 죄사하심의 권세를 대리케 함은 분명히 비복음적이다. 이미 전술한 바와 같이 수많은 비성서적인 교리나 의식이나 제도들은 성경에 없는 것이므로 예수 그리스도를 헛되이 경배하는 것임을 성경은 경고하고 있다. "사람이 계명으로 교훈을 삼아 가르치니 나를 헛되이 경배 하는 도다 하였느니라 너희는 하나님의 계명을 버리고 사람의 유전을 지키느니라"(막7:7-8)고 기록하고 있다.

이사야는 "그들이 말하는 바가 이 말씀에 맞지 아니하면 그들이 정녕히 아침 빛을 보지 못하고"(사8:20)라고 기록하였다. 사도 바울 역시 헛된 교리를 경계하였다. "내가 떠난 후에 흉악한 이리가 너희에게 들어와서 그 양떼를 아끼지 아니하며 또한 너희 중에서도 제자들을 끌어 자기를 좇게 하려고 어그러진 말을 하는 사람들이 일어날 줄을 내가 아노라"(행20:29-30), "그러나 우리가 혹 하늘로부터 온 천사라도 우리가 너희에게 전한 복음 외에 다른 복음을 전하면 저주를 받을지어다"(갈1:8)고 경고하였다.

주님의 "에클레시아"는 하나님의 나라를 통한 사랑과 용서와 섬김을 그 본질로 하며, 제국적 계급적 교리적인 교회가 아니며, 또 공동체를 지향하는 닫힌 교회가 아닌 누구든지 주님 앞에 나올 수 있는 우주적인 열린 교회이다. 그러므로 주님의 초청의 부르심은 언제나 우주적이었다. "수고하고 무거운 짐진 자들을 모두 부르시며, 그들에게 쉼을 주시는 분이요"(마11:28-29). 또 "너희 목마른 자들아 물로 나아오라 돈 없는 자도 오라 너희는 와서 사 먹되 돈 없이 값없이 와서 포도주와 젖을 사라"(사55:1)고 말씀하시므로 값없이 주시는 초청의 복음이다.

그리고 언제나 복음 안에서 죄의 용서함을 주시는 사랑과 용서의 복음으로 구약에서부터 끊임없이 계시되었다. 이사야서는 여호와께서 말씀하시되 "오라 우리가 서로 변론하자 너희 죄가 주홍 같을지라도 눈과 같이 희어질 것이요, 진홍같이 붉을지라도 양털같이 되리라"(사1:18)고 예언하였다. 또 신약의 히브리서 기자는 "우리가 긍휼하심을 받고 때를 따라 돕는 은혜를 얻기 위하여 은혜의 보좌 앞에 담대히 나아갈 것이니라"(히4:16)고 하였다.

이같은 예수 그리스도의 사랑과 용서와 초청의 복음은 만민에게 빛처럼 물처럼 열처럼 소금처럼 녹아지고 스며드는 복음으로 가시화 되었다. 즉, 복음을 경험한 자마다 소경이 보며, 앉은뱅이가 걸으며, 문둥이가 깨끗함을 받으며, 귀머거리가 들으며, 죽은 자가 살아나며, 가난한 자에게 복음이 전파되었다. 그러므로 주님의 우주적인 복음으로 채워진 교회가 주님의 "에클레시아"이다(마11:5).

제4절_개혁교회(Reformed Church)

1. 종교개혁의 발단과 개혁교회

Schaff는 종교개혁(Reformation)이란 기독교에 대한 소개 다음으로 설명해야 할 역사상의 가장 큰 사건이다. 그것은 중세시대의 종말을 고하고 근대의 시작을 나타낸다고 하였다. 팩커(G. H. W. Parker)는 성서로 돌아간 종교개혁을 "종교개혁의 새벽별"로까지 찬사를 보낸 바 있다. 스위스 제네바시 400주년 기념으로 세워진 제네바 주립대학 앞에 세워진 개혁자들의 동상(Farel, Calvin, Beza, Knox)에 새겨진 "POST TENEBRAE LUX"(어둠 뒤에 빛)의 글귀는 종교개혁자들의 그 시대적인 본질적 정신을 반영하고 있는 말이다.

종교개혁의 발단은 어둡고 암울했던 중세기의 로마 가톨릭 교회의 신권적인 교황체제하에 인간성이 철저히 말살되었던 암흑시대로부터 인간의 지적, 창조적 능력의 재흥을 통한 인간성 회복운동인 르네상스

(Renaissance) 즉, 3R인 재생(Resuscitation), 복고(Recovery), 부활(Resurrection)의 의미인 문화운동으로, 14C에서 16C까지 이탈리아에서 시작하여 전 유럽을 휩쓸었고 컬럼버스(Culumbus)를 비롯한 지리상의 발견과 함께, 인문주의(Humanism)의 비판정신은 교황권위의 검증을 촉구하며, 성서의 원전비판을 통한 복음과 교회, 그리고 성서에 대한 재발견의 계기를 조성하였다. 이것이 종교개혁의 발단이다.

따라서 종교개혁은 천 년간 로마 가톨릭교회(Roman Catholic Church)의 교황(Pope)체제에 대한 반(反) 로마 가톨릭교회(Anti Roman Catholic Church)인 동시에 그리스도에 대한(about) 복음으로까지 돌아감을 말하나, 안타깝게도 개혁의 근본적인 근원인 예수 그리스도의(of) 복음과 그의 "에클레시아"까지 미치지 못하는 체제개혁과 사도 교회인 바울노선 교회의 입장에서 개혁을 시도하였다. 그러므로 개혁교회는 바울만큼이나 각각 다른 은사와 은혜와 직분론은 물론 신학과 교리를 병행하였다.

2. 개혁교회의 원리

1) 개혁과 개혁원리

개혁(Reformation)이란 말은 "다시 모양을 갖춤"(to form again)을 뜻한다. Webster' s Dictionary에 의하면 16세기의 종교개혁 운동은 로마 가톨릭 교회의 궁극적인 거부와 개선과 실제들을 위한 운동이었다[582)]로 정의하였다. 위의 정의를 미루어 볼 때 로마 가톨릭교회에 대한 교리(Doctrine)와 체제(Government)의 개혁을 통해 프로테스탄트 교회(Protestant Churchs)를 세움을 말한다. 이 프로테스탄트(Protestant)는 "반대적 의미"가 아니고 라틴어 프로테스타리(Protestari)에서 온 말로 "공개적 선언" 내지 "증거"적 의미이다. 따라서 프로테스탄트 교회는 로마교회에 대한 그들의 교회 정치체제에 대한 거부 내지 변경의 항의로 "공개적 선언" 또는 "성서적 증거"로 새로운 모양의 원리를 제시한 것이

다.[583)]

E. Schlink는 개혁교회의 본질적 원리는 "교회는 계속해서 개혁 된다"(Ecclesia Semper Reformanda est)는 의미이고,[584)] 또 "개혁된 교회는 계속해서 개혁되기를 원한다"(Ecclesia Reformata Semper Reformanda)는 정신아래서 사도교회에서 머물러 있는 개혁의 원리를 예수 그리스도의 복음과 그의 나라로 돌아가서 사랑과 용서와 나눔과 섬김의 복음과 진리의 성령의 인도하심에 따라 개혁의 좌표를 삼고 끊임없는 성전종교나 회당종교나 로마 가톨릭 교회로부터의 들어감이 아닌 "나옴"을 통해 주님의 "에클레시아"를 가시화 하여야 할 것이다. 개혁의 근본적 원리인 사랑과 용서와 섬김의 복음과 그의 "에클레시아"와 진리의 성령을 주님은 다음과 같이 말씀하셨다.

첫째, 개혁의 근본적인 원리는 예수 그리스도의 복음의 본질인 사랑을 회복하는 것이다. 사랑이 없는 개혁은 참다운 개혁이 될 수 없다. 왜냐하면 예수 그리스도의 교회는 사랑으로 채워져 있으며, 예수 그리스도의 사랑은 교회를 날마다 새롭게 하는 원천이기 때문이다. 예수 그리스도는 사랑의 계명을 다음과 같이 말씀하셨다. "내 계명은 곧 내가 너희를 사랑한 것 같이 너희도 서로 사랑하라"(요15:12).

둘째, 개혁의 근본적인 원리는 예수 그리스도의 복음의 본질인 용서를 회복하는 것이다. 용서 없는 개혁은 있을 수 없기 때문이다. 모든 인간은 죄인이며 하나님으로부터 용서함을 받아야 할 존재들이기 때문이다. 그러므로 하나님으로부터 용서함을 받은 자들은 교파(敎派)나 신조(信條)나 신학(神學)이나 주의(主義)로부터 나온 자들을 사랑과 용서함으로서 새로운 "에클레시아"를 가시화 하는 것이다. 주님께서는 용서에 대한 말씀을 다음과 같이 선포하셨다. "너희가 사람의 과실을 용서하면 너희 천부께서도 너희 과실을 용서하시려니와 너희가 사람의 과실을 용서하지 아니하면 너희 아버지께서도 너희 과실을 용서하지 아니하시리라"(마6:14-15). 또 "그 때에 베드로가 나아와 가로되 주여 형제가 내게 죄를 범하면 몇 번이나 용서하여 주리이까 일곱 번까지 하오리이까 예수께서 가라사대 네게 이르노니 일곱 번 뿐 아니라 일흔 번씩 일곱 번이라도 할지니라"(마18:21-22).

셋째, 개혁의 근본적인 원리는 예수 그리스도의 복음의 본질인 섬김의 도를 회복하는 것이다. 예수 그리스도의 "에클레시아"는 지배의 도가 아닌 섬김의 도로서 가시화된 교회이다. 로마 가톨릭 교회는 왕도적 계급적인 교회나 개혁의 교회는 언제나 섬김의 교회로 지향(指向)하는 원리이다. 예수 그리스도는 섬김의 원리를 다음과 같이 말씀하였다.

> "누구든지 제 목숨을 구원코자 하면 잃을 것이요, 누구든지 나를 위하여 제 목숨을 잃으면 찾으리라"(마16:25).
> "인자가 온 것은 섬김을 받으려 함이 아니라 도리어 섬기려 하고 자기 목숨을 많은 사람의 대속물로 주려 함이니라(막10:45)"고 하였다.

넷째, 개혁의 근본적인 원리는 비복음적인 로마 가톨릭시즘에서 나와 예수 그리스도의 "에클레시아"로 돌아가는 것이다. 주님의 "에클레시아" 선포는 이미 전술한 바와 같이 성전종교, 회당종교, 제사종교, 율법종교로부터 "클레토이"하여 우주적인 내 교회를 선포하였기 때문이다(마16:18,18:17). 그러므로 근본적인 개혁의 원리는 예수 그리스도의 "에클레시아"를 재조직한 사도교회를 넘어 예수 그리스도의 복음과 그의 "에클레시아"에서 찾아야 한다.

다섯째, 개혁의 근본적인 원리는 예수 그리스도가 보내신 보혜사 성령의 가르침으로 돌아가야 한다. 왜냐하면 보혜사 성령은 예수 그리스도께서 보내신 영으로서 그가 생전에 선포하시고 가르치신 "바실레이아"와 그의 복음과 그의 "에클레시아"를 재조직하고 땅 끝까지 증거 하는데 능력의 동인(動因)이 되었기 때문이다. 그러므로 교회 개혁의 주체인 성령의 가르침이 곧 예수 그리스도의 복음이기 때문이다. 주님은 그의 "에클레시아"를 진리 가운데 인도하시기 위하여 보혜사를 보내셨다. 그리고 그 보혜사를 통해 끊임없는 "클레토이"와 "에클레토이"와 "피스토이"를 통해 그의 "에클레시아"를 가시화하기 때문이다. "진리의 성령이 오시면 그가 너희를 모든 진리 가운데로 인도하시리니 그가 자의로 말하지 않고 오직 듣는 것을 말하시며 장래 일을 너희에게 알리시리라"(요 16:13).

2) 종교개혁자들의 종교개혁을 가능케 한 요인

종교개혁의 발단에서 전술한 바와 같이 르네상스의 인간회복이라는 휴머니즘(Humanism)의 큰 물결 아래, 정치적으로 점차 고조되었던 유럽의 민족주의와 독일 농민들의 경제적 불만을 그 요인들로 볼 수 있으나, 보다 직접적인 개혁의 도화선이 된 것은 절망적인 재정난의 타개를 위해 레오 10세의 면죄부(免罪符) 판매의 선언이었다. 이같은 면죄부 판매의 선언은 1517년 10월 31일 루터로 하여금 면죄부에 대한 공개토론의 요구서인 95개 항목을 비텐베르크성의 교회 문에 붙이게 된 결정적인 계기가 되었다. 이것이 개혁의 가시적 효시였다. 물론 루터 이전에도 위클립(1320-1384)이나 후스(1369-1425) 등의 개혁자들이 있었으나 결정적인 계기를 제공해 주지 못했다.

루터(M. Luther, 1483-1546)가 독일을 중심으로 개혁운동을 시작하였을 때, 스위스에서도 쯔빙글리(H. Zwingli, 1483-1531)와 파렐(W. Farel) 등이 개혁운동을 전개하였다. 특히 제네바에서는 칼뱅(J. Calvin, 1509-1564)이 성공적인 개혁운동을 추진함으로서 스위스는 개혁국가로의 면모를 다지게 되었다. 그 후 낙스(Knox, 1505-1572)와 베자(Beza, 1516-1605) 등이 계속적인 개혁운동에 동참하였다. 이들을 통칭(通稱)하여 종교개혁자들이라고 부른다. 이들 개혁자들은 그들의 개혁노선에 따라 주의(Ism) 내지 교파(Denomination)를 형성하였다. 이같은 교파난립과 각종 주의들은 하나의 통일된 가시적 교회를 주장하는 로마 가톨릭 교회로부터의 비판의 말미를 제공하였다.

그러나 개혁교회는 교황을 중심으로 한 왕국적 제국적인 단일체제로의 교회가 아닌 그리스도를 중심으로 한 여러 교파의 교회가 연합하는 교회를 말한다. 개혁교회의 노선은 편의상 분류하면, 주도적 종교개혁파

(Magisterial Reformation)로는 루터파(Lutheran), 칼뱅주의(Calvinist), 영국 국교회주의(Anglican)를 들 수 있고, 급진적 종교개혁파(Radical Reformation)로는 재세례파(Anabaptist)와 신령파(Spiritualist)로 분류할 수 있다.[585] 이 책에서는 주도적 종교 개혁파인 루터파와 칼뱅주의만 살펴보고자 한다.

(1) 루터주의(Lutheranism) 또는 루터교회(Lutheran Church)

루터의 종교개혁은 로마 가톨릭교회의 교회관 즉, 예수 그리스도를 발견하려면 먼저 교회를 발견해야 한다고 가르치는 교리(Doctrine)와 신성불가침의 대명사인 교황체제에 대한 개혁이었다. 이같은 로마교회에 대한 루터의 도전은 복음의 재발견을 통해 복음의 빛 아래서 교회를 재조명하였기 때문이다. 그는 95개조 논제에서 "교회의 진정한 보배는 하나님의 영광과 은총에 대한 거룩한 복음이다" 고 하였고, "그리스도께서는 복음 이외에는 세상에 아무 것도 남겨 놓으시지 않았다" 고 하였다.[586]

이같은 루터의 복음적 이해는 루터주의(Lutheranism) 또는 루터교회(Lutheran Church)로 그의 사상이 전승되었으며, 17-18C의 경건주의 신학(A. H. Frank, J. A. Bengel, 등)과 19C의 복음주의와 경건주의(J. Beck, G. E. Ladd, 등)의 신학형성에 지대한 영향을 끼쳤다. 루터주의의 신학사상은 오직 성경(Sola Scriptura), 오직 은혜(Sola Gratia), 오직 믿음(Sola Fide)의 신학을 형성하였다. 이같은 신학사상은 로마 가톨릭 교회의 신학을 비판하고 프로테스탄트의 교회신학이 되었다.

루터주의에서 나타난 교회의 본질은 "믿음을 가진 사람들의 모임" (Congregatio Fidelium)으로 보았으며, 세상에는 많은 사람들이 있지만 기독교인들은 특별히 부름 받은 사람으로 보았다. 따라서 교회를 "에클레시아" 로 본 것이 아니라 그리스도인들의 거룩한 백성(Sancta Catholica Christiana) 즉, 그리스도를 믿는 거룩한 사람들(A Christian Holy People)로 이해하였다.[587] 루터는 "거룩한 사람들의 모임" 이 "진정한 교회" (Notae Ecclesiae)의 특징임을 그의 저서 「On the Councils and the

Church」[588]에서 다음과 같이 논하고 있다.

말씀의 선포에서는 교회론이 중심적 권위(權威)를 복음인 말씀에 두고, 교황 대신에 성서를, 성직제도 대신에 말씀의 권위에 두었다. 그는 말하기를 하나님의 말씀을 떠나는 교회가 있다면 그 교회는 이름만이 교회일 것이다. 왜냐하면 교회가 말씀을 다 안다 해도 그것이 하나님의 말씀이 되는 것이 아니고, 하나님의 말씀이 선포되기 때문에 교회가 존재하는 것이다.[589] 또한 성례전의 올바른 거행은 교회의 표식을 세례와 성찬으로 보며, 이같은 성례들이 효과적 수단이 되게 하는 유일한 은혜의 수단임을 말하고 있다.[590]

사죄의 사역과 직책은 마태복음 16장 19절에 나타난 천국의 열쇠를 로마교회에서 주장하는 베드로에게만 준 것이 아니라 베드로와 모든 성도들에게 맡겨 주신 것으로서, 그 열쇠의 용도를 두 가지로 해석하고 있다. 먼저 "매는 열쇠"는 회개를 거부한 죄인들의 공적 정죄와 영원한 형벌을 벌하는 권세를 상징한다. 다음으로 "푸는 열쇠"는 죄를 고백함으로 죄임을 용서하는 권한과 영원한 생명의 약속의 상징으로 보았다.

루터는 주기도문과 사도신경, 십계명의 상용을 포함한 기도와 사역자들을 세워서 설교와 성례와 사죄하는 일을 감당함으로서 하나님의 백성이 있는 것을 알게 하려했다. 또한 하나님께 대한 찬양과 감사로 이루어지는 공적예배를 들고 있다. 나아가 십자가의 삶을 강조하며 십자가가 있는 곳에 하나님의 백성과 교회가 있다고 보았다.

루터가 강조한 것 중의 하나인 만인 제사설은 로마교회의 한 사람의 교황에 의하여 이끌어지는 교권제도(Hierarchy)에 대한 복음의 메시지였다. 교황과 사제를 통하지 않고 누구든지 예수 그리스도를 믿기만 하면 그의 사랑과 용서의 복음이 생명을 얻게 하며, 그 생명의 복음은 오직 주님의 은혜와 감사와 섬김으로 나타날 뿐인 것이다. 이같은 만인제사장설은 "오직 너희는 택하신 족속이요 왕 같은 제사장들이요 거룩한 나라요 그의 소유된 백성이니..."(벧전2:9)라는 말씀을 중요시하였다. 그러나 루터는 만인제사장제도가 이론적으로 강조되면서 실제로는 사제직을 인정하는 오류(誤謬)를 남기게 되었다. 이상을 통한 루터주의 사상 가운데 가장 중요한 부분은 말씀과 성례전으로 보아야 할 것이다.

그 외에 루터주의에 나타나는 교회의 본질론으로 주로 로마 가톨릭교회와의 구별점을 제시하고 있다. 그는 중세 로마 가톨릭교회의 경직화로 도구화된 교회관에서 떠나 오직 믿음을 통한 복음만으로 공동체를 세울 수 있다고 보았다. 그는 교회를 성도(聖徒)의 교제와 동격으로 보았고, 교회는 성도의 사귐의 공동체로서 초대교회의 개념이 나타나고 있다. 또 가시적 단일성을 강조하는 로마교회에 대하여 가시적 교회보다 불가시적 교회를 강조하면서, 불가시적 교회를 떠나서는 구원과 사죄도 없음을 선언하였다. 그는 교회를 가시적 교회와 불가시적 교회로 구분 짓고 가시적 교회는 성례전을 그 외부적으로 표시하고, 불가시적 교회는 성도의 거룩한 모임으로 복음이 선포되고 외부적으로 규정할 수 없는 신성적(神性的) 의미를 강조하였다.

(2) 칼뱅주의(Calvinism)

칼뱅은 개혁교회에 절대적 영향을 미친 종교개혁자이다. 특히 개혁교회의 고전적 신앙고백 선언인 독일의 하이델베르크 요리문답(The Heidelberg Catechism)[591], 제2 스위스 신앙고백서(The Second Helvetic Confession),[592] 영국의 웨스트민스터 신앙고백서(Westminster Confession),[593] 그 외 화란의 벨직 신앙고백서(Belgic Confession)나 스코틀랜드 신앙고백서(Scots Confession) 등에 크게 영향을 끼쳤다. 특히 칼뱅주의는 장로회 노선에 크게 영향을 미쳤다.

A. 신자의 어머니로서의 교회

칼뱅의 기독교 강요 제3권에서 "참 교회는 모든 경건한 자의 어머니이기 때문에 우리는 그 교회와 일치되어야 한다"[594]고 언급하였다. 이는 교회를 어머니처럼 봄으로서 잉태, 양육, 인도를 통해 생명에 덜어가듯이 교회인 어머니 품을 떠나서는 죄의 용서, 혹은 구원이 불가능하다고 보았다.[595] 따라서 칼뱅도 "교회밖에는 구원이 없다"는 키프리안이나 어거스틴의 교회의 절대적 구원론에 동의한 교회론이다.

B. 그리스도의 몸으로서의 교회

칼뱅은 교회를 그리스도의 몸으로 이해하였다. 또 생물학적인 유기체(有機體)로서의 교회로 "성도의 교제"를 강조한 교회론이다. 칼뱅의 그리스도의 몸으로서의 교회는 교회의 머리는 그리스도시고 그 몸의 지체인 성도들은 그리스도 안에서 성장하고 서로서로 하나가 되며 성도들의 결합을 이룬다.[596] 이는 로마 가톨릭 교회처럼 교황체제를 통한 신자들을 철저한 지배 내지 군림하는 것이 교회가 아니라 하나의 살아있는 유기체요, 상호봉사의 교제임을 말한다. 이들 지체들은 어떠한 직책자에 의해서 지배되는 것이 아니라 지체 하나하나가 서로 연결되고 결합된 것이며, 각자에게 주어진 은사를 개발하여 하나님께 봉사하는데 하나가 되어야 함을 말한다. 따라서 하나님은 자기의 공통된 아버지요, 그리스도가 공통된 머리가 되신다는 사실을 확신한 사람들은 "형제애"로서 함께 결합되며, 유무상통하게 되는 것이다.[597]

이처럼 칼뱅은 그리스도의 몸으로서의 교회를 "성도의 교통"으로 보았다. 이 "성도의 교통"에 대하여 Wilhelem Niesel은 다음과 같이 해석하였다. '첫째 우리가 하나님의 자녀와 형제자매의 관계를 형성해야 하고 둘째, 하나님이 베풀어주신 것을 나누어야 하며 셋째, 주님이 자기 지체에게 준 것은 모두 우리에게 속하며 즐기는 모든 은사는 우리의 소망을 굳게 하는 것이다' 고 하였다.[598]

C. 선택받은 무리로서의 교회

칼뱅의 기독교 강요에서 교회의 존재적 기초와 형성을 하나님의 선택에 있음을 말하고 있다.[599] 특히 하나님의 선택에 기초한 구원은 세계의 전 기구가 무너져도 견고한 보호자 안에 안주함이 보장되어 있다.[600] 칼뱅은 교회를 가견교회와 불가견교회로 구분하면서[601] 가견교회의 일치를 강조하고 분리는 하나님과 주님을 부인하는 자로 보았다.[602] 따라서 가견교회의 우선성을 강조하였다. 이같은 가견교회를 칼뱅은 "신자의 어머

니" 로 규정하고 불가견 교회를 "선택받은 자들의 무리" 로 묘사했다.[603]

D. 말씀과 성례로서의 교회

칼뱅은 가견교회와 불가견교회를 구분하면서 가견교회의 참 신자를 판정하는 자는 오직 하나님뿐이나, 필요에 따라 식별할 표준이 주어져 있는데 그 표준은 "하나님의 말씀의 선포" 와 "성례전" 을 주장하고 있다. 이는 루터파 교회관과 동일하다.[604] 그러므로 어디서나 하나님의 말씀이 순수하게 전파되고 성례전[605]이 그리스도의 제정에 따라 집행되는 곳에는 교회가 있는 것이다. 주님께서 "두 세 사람이 내 이름으로 모인 곳에는 나도 그들 중에 있느니라" (마18:20)의 말씀이 교회의 근본적 표시임을 볼 수 있다.

3. 개혁교회의 본질과 "에클레시아"

카르타고의 감독이었던 키프리안으로부터 시작하여 히포의 감독이었던 성 어거스틴 그리고 로마 가톨릭 교회와 개혁자들인 루터와 칼뱅에 이르기까지 일관성 있게 주장되어 온 사상이 "교회 밖에는 구원이 없다" (Nulla Salus Extra Ecclesiam)는 교회론이었다. 그러므로 이들의 일관된 관심은 구원의 유일한 방주는 교회이며, 따라서 "진정한 교회" (Notae Ecclesiae)가 무엇인가에 관심이 모아지게 되었다. D. L. Avis는 루터는 교회의 주변적인 것에 관심이 없었고 "교회를 교회되게 하는 것" (Essentia Ecclesiae)을 발견하는데 몰두하였다.[606] 이처럼 개혁자들의 "진정한 교회" 에 대한 관심은 천년간 지속되어온 로마 가톨릭 교회의 변질에 대한 개혁교회의 본질적 의미이기도 하였다.

1) 개혁자들의 본질적 관심

개혁자들의 본질적 관심은 예수 그리스도의 복음의 재발견과 반 로마 가톨릭교회에 대한 개혁교회의 본질이었다. 루터는 그의 95개조 논제에서 밝혔듯이 "교회의 진정한 보배는 하나님의 영광과 은총에 대한 거룩한 복음이다"고 하였다. 그의 논제의 해설에서 밝혔듯이 "교회에 있어서는 거룩한 복음보다 더 조심스럽게 취급되어야 하는 다른 어떠한 것도 없다. 왜냐하면 교회에는 이보다 더 조심스럽게 취급되어야 하는 다른 어떠한 것도 없기 때문이다"고 하였다.[607] 예수 그리스도께서는 복음 이외에는 세상에 아무것도 남겨 놓으시지 않았다.[608]

그러므로 루터는 하나님의 말씀이 선포되기 때문에 교회가 존재하는 것이며, 또 복음의 빛 아래서 교회를 이해함으로서 기존의 로마 가톨릭의 교회관에서 코페르니쿠스적인 전환을 가져왔다. 따라서 교회는 단지 은혜와 구원을 얻기 위한 교회제도로 개혁해야 함을 깨닫게 된 것이다. 칼뱅의 복음이해는 기독교강요 전권에서 언급되어 있듯이 복음을 믿음으로 그리스도는 우리의 주가 되며, 또 우리는 그리스도로부터 주어지는 구원과 영원한 축복의 참여자가 된다고 하였다. 또 기독교강요 제IV권에 붙인 제목에는 교회의 본질적 의미를 논하고 있는데 "하나님께서 우리를 그리스도의 단체 안에 초청하시고 그 안에서 우리를 붙들어 주시는 외적인 수단 또는 도움"으로 교회의 본질을 이해하였다.

그러나 이들 개혁자들은 복음과 "에클레시아"의 본질에서부터 개혁교회의 본질을 논하기 보다는 로마 가톨릭 교회 체제의 비복음적인 데서 개혁교회의 본질을 논하였기 때문이다. 따라서 교황 대신에 성서를, 성직제도 대신에 말씀을 택하므로, 오직 믿음, 오직 성서, 오직 은혜라는 개혁신학 즉, 복음주의 신학을 형성하였다. 뿐만 아니라 칼뱅주의를 통하여 교회를 "그리스도를 몸"으로 정의함으로서 "프로테스탄트"의 개혁교회를 태동시켜 도도한 신학적 권위로 오늘에 이르게 되었다.

그러나 전술한 바와 같이 개혁신학에서 복음에 대한 본질적 이해는 예수 그리스도와 그의 교회에까지 이르지 못하고 사도교회 즉, 바울까지를 말한다. 복음은 오직 예수 그리스도이며 복음의 시작은 예수 그리스도로부터이다(막1:1). 이 복음은 빛처럼 열처럼 물처럼 스며드는 역동성의 복음으로 중세 암흑기에 어두운 교회를 밝힌 한 줄기의 빛임에 틀림이 없다. 그러나 그 빛이 광활하고 온 우주의 누리에 비취는 스스로의 발광체인 태양 같은 예수 그리스도의 복음의 빛(요1:4-5)으로부터 직접 받지 못하고, 언제나 반사체이며 부분적으로 비취는 태양계의 위성처럼 사도들의 복음의 증거들로부터의 빛이었기에 개혁교회는 한 시대를 넘어 또다시 끊임없는 새로운 개혁을 요청 받고 있다.

따라서 개혁교회 이후로 나타날 교회는 어떠한 교회인가? 구약교회에서 시작된 성전종교나 회당종교인가? 아니면 신약에서의 사도교회나 로마 가톨릭 교회로의 또다시 들어감인가? 아니면 구약의 이스라엘 종교나 로마 가톨릭 교회로부터 나온 예수 그리스도의 복음적인 교회인가를 필자는 질문하지 않을 수 없다. 오늘의 개혁교회는 본질적이며 근본적인 예수 그리스도의 복음과 그의 교회론으로 돌아 가야만이 주님이 세우신 내 교회인 '예수 그리스도의 복음적인 교회'가 이 땅에 세워질 것이다.

2) 로마 가톨릭교회에 대한 교리(教理)와 체제(體制)로부터의 개혁

개혁교회의 본질적 의미는 로마 가톨릭교회에 대한 교리(Doctrine)와 체제(Government)로부터의 개혁이었다. 16C 종교개혁은 당시 로마 가톨릭교회의 교리에 대한 개혁으로, 로마교회가 각종 회의를 근거로 하여 만든 각종 신조(信條)나 칙령(勅令)이나 교황의 법령(法令)에 의하여 교황체제를 유지하였으나, 개혁자들은 성서로 돌아가서 말씀을 근거로 한 각종 신앙고백서와 신학을 교리화 하였다.

다음으로 로마교회의 정치체제에 대한 개혁이었다. 로마 가톨릭교회는 그리스도의 대리자로 나타난 신성불가침의 교황체제로 왕국적 제국적인 정치체제였다. 이에 대하여 개혁교회는 성서에 근거도 없는 교황체제 즉, 추기경과 대주교와 감독과 신부와 수녀제도를 거부하고, 바울 노선의 교회론의 선호에 따라 새로운 직제와 직분을 세웠다. 이는 의회제도와 대의제도인 총회와 노회와 당회제도와 직분론으로 목사직 장로직 집사직 교사직을 도입하게 되었다. 이같은 교리와 체제개혁 가운데서 가장 근본적이고 본질적인 개혁은 교황 대신에 그리스도이며, 성직제도 대신에 말씀에 있다.

3) 내면적이고 실제적이며 주관적인 "성도들의 사귐", "교제", "단체"로서의 교회

개혁교회의 본질적 의미는 가견적 교회만을 지향하는 로마 가톨릭 교회의 외형적 계급적 형식적인 교회가 아니라 내면적이고 실제적이며 주관적인 "성도들의 사귐", "교제", "단체"로의 교회를 지향한다. 개혁교회에서 본 "성도들의 단체"(communio sanctorum)로서 교회의 개념은 초대 신앙인들로부터 개혁교회에 이르기까지 에큐메니칼(the Ecumenical)적 의미로 고백되어 졌다. 가령 사도신경(The Apostles Creed)에는 "성도가 서로 교제하는 것"(the communion of Saints)으로 고백되고 있다.

또 교부시대에는 2C 말엽에 이단이 일어난 결과로 교회의 외적인 현실에 관심이 고조되면서 특히 키프리안 시대로부터 외적인 가견적 조직체로서의 교회에 대하여 연구하기 시작하였다. 당시에는 로마 가톨릭교회를 그리스도의 참된 지체와 감독을 중심으로 한 외견상의 통일성을 가진 교회로 간주하였다. 그러나 이같은 로마교회는 교부들의 교회관 즉, 내적인 교제요, 연합적인 사귐인 "성도들의 단체"라는 개념에서 변질되어 가시적 교회를 신성시하는 교황체제로의 교회로 변질시켰다. 교황 자신은 사도들의 우두머리인 베드로의 후계자이며 그리스도의 진정한 대리자로서 교회전체의 지도자인 동시에 모든 기독교인들의 아버지요, 선생으로 자청하였기 때문이다.[609]

오늘날 로마 가톨릭 교회에서는 교회를 다음과 같이 정의하고 있다. "세례를 받아 동일한 신앙을 고백하며 동일한 성례들에 참여하며 또한 하나의 가견적 지상의 머리(교황)아래 그들의 법적인 목자들에 의해 통치되는 모든 신실한 자들의 모임이다"[610]고 정의하고 있다. 이같은 교회 정의는 하나님 나라의 권능성의 임재와 성령의 역동성으로 가시화 되는 "에클레시아"가 아니고, 교황과 법적인 사목들에 의해 통치되고 지배되는 "군주적 단체"이다. 따라서 개혁교회의 관심은 로마 가톨릭 교회의 군주적 단체로서의 교회에서 사도적 교회인 "성도의 교통"의 교회로 회복하는 개혁신학의 정립에 이른 것이다.

루터는 교회를 "성도의 회중"으로 보고, 성도의 교제와 교회를 동격으로 보았다. 그는 성도의 회중을 정의하기를 복음을 통해 부름을 받고 복음을 위해 모여진 무리들로서 또 성령에 의한 거룩한 부르심의 회중으로 보았다. 이들 무리는 성례전과 말씀을 통하여 날마다 성숙되고 성장되어 가는 경건하고 진실한 모임인 것이다. 루터의 교회개념은 초대교회의 공동체 즉, 떡을 나누며 모든 소유를 공유하는 교회상(教會像)을 지향하고 있다(행2:42-47). 특히 성도의 진정한 공동체는 로마교회의 공덕에 의해 구별되는 단체가 아니라, 오직 믿음을 통한 하나님의 선물과 은총과 복음만이 진정한 공동체를 세울 수 있다고 루터는 보았다. 그리고 교회의 표시로는 세례와 성찬을 들고 있으며 "교회가 있는 곳에는 성찬이 있어야 하며 이 성찬의 성례전이 없는 곳에는 하나님의 백성과 교회는 있을 수 없다"[611]고 함으로서 성례전을 강조한 교회론이다.

칼뱅 역시 교회의 사명 중 "성도의 교제"를 강조하였다. 따라서 가시적 조직체만을 강조하는 로마 가톨릭 교회의 교회론을 거부하였다. 칼뱅은 "성도의 교통"은 교회가 무엇인가를 아주 잘 표현해 주기 때문이며, 마치 하나님이 무슨 도움을 그들에게 주시든지 그들은 서로서로 나누어야 한다는 원칙 하에 성도들이 그리스도의 모임 안으로 모여지게 되었다고 말하는 것과 같다. 그러나 성령의 은사들이 다양하게 분배되어지므로 은혜의 다양성을 제거해 버리는 것은 아니다.[612] 또한 "하나님이 선택한 모든 자들은 그리스도 안에 연합되어 있어서 한 머리에 의존하게 되어 있으며 그들은 또 한 몸의 지체들처럼 연합되고 결합되어 한 몸을 형성한다.

왜냐하면 그들은 한 믿음 한 소망, 그리고 같은 영 안에서 함께 살아가기 때문이다.[613] 이들 한 몸이 된 지체들을 "형제애"로서 유무상통하는 "성도의 교제"로서의 교회로 칼뱅은 보았다. 특히 칼뱅은 성만찬 교제를 강조하였는데 성만찬을 통한 그리스도의 몸에 참여와 그리스도와 결합되는 것으로 어떤 물체적 결합의 의미가 아니라 이 결합의 끈은 "그리스도의 영"으로 보았다.[614] 이같은 의미는 영적으로 먹는다는 뜻인데 이는 성령에 의하여 그리스도의 몸과 피에 참여한다. 다시 말하면 성만찬에서 그리스도가 주어진다는 것이 아니라 주의 힘과 성령에 의하여 그리스도의 임재로 본다. 이러한 맥락에서 루터교회의 공재설(共在說, Impanation)과 로마 교회의 화체설(化體說, transubstantiation)과 차이가 있는데, 이는 "성령의 사역"의 여지가 주어지지 않기 때문이다. 또한 그리스도의 몸과 피를 기념하는 쯔윙글리의 기념설(記念說)과도 구별된다. 칼뱅의 성만찬은 영적이며 현재적 임재 내지 교제를 뜻한다.

이상에서 개혁자들이 본 교회는 "성도의 교제"로서의 교회론으로 고전적인 신앙고백서들을 통해 끊임없이 고백되었다. 벨직 신앙고백서(the Belgic Confession)에는 교회는 "참된 기독자들의 거룩한 모임"으로 고백되고 있다(제27조). 또 하이델베르크 요리문답(The Heidelberg Catechism) 제54문에는 거룩하고 보편적 교회를 "택정한 무리"로 고백되었으며, 제55문에는 성도의 교제에 대하여 "참여와 나눔"으로 서로 교통해야 함을 뜻하고 있다. 즉, "모든 신자들은 한결같이 주 예수 그리스도와 그의 모든 보화와 선물을 함께 나눈 자들로서 모든 교제에 참여해야 하며 동시에 그리스도로부터 받은 선물을 다른 구성원들의 행복과 유익을 위해 기쁜 마음으로 사용해야 한다"고 언급하고 있다.[615] 또 제2 스위스 신앙고백서(The Second Helvetic Confession)에 는 "교회를 세상으로부터 불러냄을 받은 혹은 부름 받은 신자들의 모임 즉, 모든 성도들의 교제이다"[616]고 언급하였다.

웨스트민스트 신앙고백서 제25장에 '교회에 대하여' 에서는 "불가시적인 보편적 교회는 택정함을 받은 자의 총수(總數)로서 그리스도를 머리로 하여 과거나 현재나 미래에 있어서 하나의 모임이다"고 하였다고 언급하였다.[617] 또 제26장에 성도의 교제에 대하여는 "그리스도의 영과 신앙에 의해서 머리되시는 예수 그리스도와 연합한 성도들은 그리스도 자신과 사귐을 가질 뿐만 아니라 그리스도의 은총과 고난과 죽음과 부활 및 영광에 참여 한다"고 언급되었다. 뿐만 아니라 이 성도들은 사랑 가운데서 상호 연합하여 상호간의 은사와 은혜들을 서로 나누고 내외적인 사람간의 선을 이룰 공사(公私)적인 의무가 있다고 언급하였다."[618] 특히 이들 신앙고백서 가운데 "성만찬"(Eucharist)은 "그리스도와의 교제"와 "성도와의 교제"로서의 보증임을 강조하고 있다. 스코틀랜드 신앙고백서(The Scots Confession) 제21장에서는 성만찬에 대하여 "떡은 그리스도의 몸과의 교제요, 우리가 축사하는 잔은 그의 피와의 교제이다."[619] 고 고백되고 있는데 이는 그리스도의 몸과의 교제를 강조하고 있다. 반면에 웨스트민스트 신앙고백서 제29장에는 "그의 교회는 그리스도와의 연합은 물론 그의 신비한 몸의 지체로서 성도 상호간의 교제를 보증한다"[620]고 고백하고 있다(고전11:23-26;10:16,17,21;12:13).

이처럼 개혁교회의 본질적 의미인 "성도의 교제", "성도의 단체", "유기적 연합", "성만찬 교제" 등은 사도적 교회의 고백 내지 사도 바울의 "몸으로서의 교회"에 까지 거슬러 올라가서 그 본질적인 의미를 찾고 있으나, 가시적 "교회의 일체성" 내지 "내적 공동체적인 유기체성"을 강조한 나머지 세상을 향한 "열림으로의 교회"보다 "닫힘으로의 교회"를 지향하는 의미를 강하게 내포하고 있다.

예수 그리스도의 "에클레시아"는 내적으로는 영과 육과 삶의 삼위일체적 교제를 지향하며, 外的으로는 "열린 세계로의 교회"를 지향한다. 예수 그리스도는 온 우주와 인류의 구원자로 성육신 하셨다. 그는 인종과 민족과 지역과 문화를 초월하여 그의 백성들을 하나님 나라의 초청의 부르심으로 "에클레시아"를 가시화 하였으며, 또 부름 받은 자들을 "관념적이고 사변적인 몸으로의 연합"이 아닌 "하나님 나라의 역동적인 생명의 연합"으로 사랑과 용서와 섬김의 복음 가운데서 충만한 기쁨의 복음을 세상에 증거케 했다.

4) 참된 교회는 가시적이며 불가시적인 개혁교회론

개혁교회의 본질적 의미는 가시적 교회밖에는 구원이 없다는 로마 교회의 교회론을 거부하고 참된 교회는 가시적이며 불가시적인 개혁교회론을 제시하였다. 구원은 하나님의 유일한 말씀이 선포되고 경청되는 곳에서 발견되는 것이 아니라, 로마교회의 제도에서 발견된다는 로마 가톨릭의 교회론은 오직 가시적 교회만을 유일한 교회로 지향하고 있다. 이같은 입장에서 파우스 9세는 "사도적 로마교회 밖에서는 어느 누구도 구원을 얻을 수 없다는 것과 그 교회는 유일한 구원의 방주라는 것과 누구든 그곳에 들어가지 않는 자는 대홍수 속에서 멸망할 것이라는 사실이 우리의 신앙이다"[621]고 언급하였다. 이같은 주장은 로마 가톨릭의 가시적 교회는 교황체제를 위한 새로운 로마 가톨릭시즘으로 보아야 한다.

로마 가톨릭 교회에 영향을 미친 교부 성 어거스틴은 교회가 그리스도의 몸으로서 온전한 교회로 성립되기 위해서는 먼저 성령이 내재하여서 교회 성원과 예배와 성례전에는 물론 그 밖의 모든 교회활동과 관계를 가져야 한다고 말한다. 이는 성령이 계시지 않는 곳에는 교회가 있을 수 없다는 것이다. 그러므로 어거스틴은 교회가 교회이기 위해서는 보이지 않는 성령의 역사가 선행되어야 하며 그 결과로 가시적인 교회를 볼 수 있으니 오순절 다락방 교회가 그 대표적 예이다(행2).

또 개혁자 루터는 교회를 가시적 교회와 불가시적 교회로 구분하였으나 그 한계는 세상이 아닌 교회 안이므로 교회는 본질적으로 하나의 교회를 지향하고 있다. 가시적 교회는 교회 안에서 성례전을 통하여 외부적으로 표시되며, 불가시적인 교회는 "성도의 거룩한 모임"으로 외부적으로 규정할 수 없는 신적 능력이 있으며, 개인의 주관적인 활동만이 아니라 오직 말씀의 거룩한 활동으로 구원을 이루게 하는 것이다. 따라서 루터는 교회의 본질적 의미를 불가시적인 교회에 두고 있으며, 이 교회야말로 역사적으로 실제하며 하나님의 말씀을 통해서 참된 회개와 구원을 얻으며 내적으로 이룩하는 그리스도의 공동체이다.

개혁자인 칼뱅 역시 교회를 가시적 교회와 불가시적 교회로 구분하였으나 교회는 본질적으로 하나이며, 두 교회의 일치와 연합을 강조하였다.[622] 칼뱅은 가시적 교회를 그리스도의 몸이 되어 가는 과정으로 보면서 "신자의 어머니로서 교회"로 규정하였고 불가시적 교회만큼 중요시하였다. 특히 분열은 하나님과 그리스도로부터 분리된 자로 간주했다. 또 불가시적 교회는 "선택받은 자들의 무리"[623]로 묘사했다. 그는 가시적 교회 안에서 선택받은 자들로서만 이루어진 불가시적 교회가 내재되어 있는 것으로 봄으로서 그의 예정교리를 교회론에 적용하였다.

이같은 예정교리의 적용은 불안하게 하는 것이 아니라 구원의 확신을 주기 위한 것이다.[624] 칼뱅은 가시적 교회만을 주장하는 로마교회에 대하여 저들의 교회는 오직 외형만을 추구하는 교회론으로 육안으로 보이는 관찰 할 수 있는 교회요, 그 형태는 교황의 보좌와 그 밑에 종속하는 계급적 성직체제의 교회를 보면서, 교회는 가시적 외형이 없어도 존재할 수 있고 또 외적인 것에 국한 될 수 없다고 비판하였다.[625]

이같은 개혁자들의 가시적 불가시적 교회론의 노선을 정리한 것이 영국의 웨스트민스트 총회(1643-1647)에서 제정한 웨스트민스트 신앙고백서 제 25장에 그 구분을 다음과 같이 명시하여 정리하고 있다.

불가시적인 보편적 교회는 "택정함을 받은 자의 총수로 되어 있다. 교회는 그리스도를 머리로 하여 과거나 현재나 미래에 있어서 하나의 모임이다. 교회는 그리스도의 신부요, 그의 몸이요, 만물을 충만케 하시는 자의 충만이다(엡1:10,22,23,5:23,27,32,골1:18).

또 가시적 교회는 복음아래 있는 보편적 교회로서 기독교를 신봉하는 세상에 흩어져 있는 모든 사람들로 구성된다. 가시적 교회는 주 예수 그리스도의 왕국이요, 하나님의 집이요, 권속이다. 우리는 이 교회를 통해서만 정상적으로 구원을 얻고 최선의 성장과 섬김을 위해서 우리는 이 교회와 연합해야 한다고 언급되었다. 그리스도께서는 이 보편적인 가시적 교회에서 세상 끝날 까지 이 세상에서 성도들을 모으고 완전케 하시기 위하여 교역의 직분들과 하나님의 말씀과 제도를 주셨다.

그리고 그리스도께서 그의 약속대로 자신의 현존과 성령으로 말미암아 성도들로 하여금 모이게 하시고 완전케 하신다(고전12:23,엡4:11-13,마28:19,20,사59:21). 우리는 보편적 교회를 때로는 잘 볼 수도 있고 때로는 볼 수 없을 때도 있다(롬11:3,4,계12:6,14,행9:31). 보편적 교회에 속하는 개 교회들이 더 순수하고 덜 순수한 것은 복음을 어떻게 가르치고 받아들이느냐와 정해진 제도에 따라 어떻게 행하고 공적예배를 어느 정도 순수하게 드리느냐에 있는 것이다(계2:3,고전5:6,7). 천하에 있는 가장 순결한 개 교회들도 혼탁하고 과오를 범한다(고전13:12,계2:3,마13:24-30,47). 예컨대 어떤 교회들은 너무나 타락하여 그리스도의 교회로 볼 수 없다(계18:2,11:18-22). 그럼에도 불구하고 지상에는 하나님의 뜻을 따라 하나님을 예배하는 교회가 항상 존재할 것이다(마16:18,시72:17,102:28,마28:19,20).

주 예수 그리스도만이 교회의 유일한 머리이시다. 따라서 교황 자신이 그리스도의 대리자요, 교회의 머리라고 주장한다면 그것은 비성경적이요, 사실상 성경적 보장을 받을 수 없고, 주 예수 그리스도를 욕되게 하는 것이다[626](골1:18,엡1:22,마23:8-10,살후2:3,4,8,9,계13:6).

그러므로 개혁교회의 본질적 의미는 택함 받은 자들의 총수인 불가시적 교회는 세상에 흩어져 있는 예수 그리스도의 신봉자들로 가시적 교회를 형성함을 보고 있으며, 이 두 개의 교회는 일치 내지 연합을 통해 완전케 되어 감을 강조하는 교회론이다.

그러나 이같은 개혁 교회론은 예수 그리스도의 "유앙겔리온"에 근거한 "바실레이아"와 "에클레시아"의 관점에서 교회를 보지 않고, 변질된 로마 가톨릭의 교회라는 카테고리에서 나와서 사도교회를 근본으로 하는 입장이기 때문에 예수 그리스도의 복음의 우주성과 열림을 지향하는 "에클레시아"가 아닌 "닫힌 공동체로서의 교회"로 지향할 수밖에 없기 때문이다. 교회는 "바실레이아"를 위한 "에클레시아"로 이해하여야 하며, 하나님의 나라의 역동적인 임재가 이루어지는 곳에 "가시적 교회"와 "불가시적 교회"가 가시화 되는 것이다. 그러므로 주님의 "에클레시아"는 언제나 보편적이며, "열린 세계로의 교회"인 것이다. 하나님의 나라와 "에클레시아"의 관계성을 말하자면 "바실레이아"의 현재성은 "에클레시아"의 현재성이며, "바실레이아"의 미래성은 "에클레시아"의 미래성이다. 또 "바실레이아"의 비밀성은 "에클레시아"의 비밀성이다. 따라서 "바실레이아"의 완성은 "에클레시아"의 완성인 동시에 "에클레시아"는 소멸되고 오직 하나님의 나라로 충만 되어 진다.

5) 예수 그리스도에 이르지 못한 개혁 교회론

개혁 교회론은 반 로마 가톨릭 교회에서 사도교회와 바울노선 교회의 입장에서 개혁 교회론을 논하였다. 특히 바울의 "몸으로서의 교회"는 개혁 교회의 교회 본질을 논하는 대명사로서 그 위치를 점하고 있다. 따라서 개혁 교회는 바울이 없으면 교회론이 없는 것처럼 바울의 교회론을 선호하고 있음은 주지의 사실이다. 그 이유는 성서가운데서 절반 정도를 기록한 바울 서신에서만이 가시적 교회에 대한 내용이 언급되어 있고, 또 바울 자신이 개척한 이방교회들에게 보낸 서신이기 때문이다. 또 예수 그리스도는 그의 교회를 세우지도 않았으며, 또 세울 의도조차도 없었다는 신학이론에서 오늘의 개혁 교회론을 뒷받침하고 있기 때문이다. 그러나 이미 필자가 전술한 바와 같이 예수 그리스도는 분명히 그의 "에클레시아"를 의중과 말씀으로 세우셨고, 또 그의 "에클레시아"는 모든 교회론의 근본인 우주적이며 가시적인 교회였다.

바울의 "몸으로서의 교회"는 개 교회의 결속과 "코이노니아"로서 교회의 본질을 증거하는데 지대한 공헌을 하였으며, 또 교회의 내적 결속을 통한 외적인 성장에도 크나큰 일조를 하였다. 그럼에도 불구하고 바울의 "몸으로서의 교회"는 그의 서신 그 자체가 바울 자신이 당시 개척한 이방교회의 교회 내외적인 결속을 당부한 선교론적 교회론으로서 예수 그리스도의 "에클레시아"의 본질적 요소인 주께 속한 의미인 "큐리아케"와 성도 상호간의 "코이노니아"를 신학화 하여 증거하고 있으나, 예수 그리스도의 "에클레시아"인 "클레토이", "에클레토이", "피스토이"한 우주적이고 열림을 지향하는 교회론 보다는 교회 공동체로서의 결속을 강조한 점을 들 수 있다.

때문에 개혁교회들은 세상을 향한 우주적인 열림의 "에클레시아"로 빛처럼, 소금처럼, 열처럼, 물처럼 가시화 되는 교회가 되지 못하고, 오직 가시적 교회 그 자체로서 사회학적 공동체적인 방법론으로 자기교회의 외적 성장에 몰두하고 있는 가운데 오늘에 이르고 있음을 필자는 진단한다.

그 결과 인류는 여전히 도탄과 전쟁과 어두움 속에 헤매이고 있으며, 공동체를 지향하는 개혁교회는 예수 그리스도의 사랑과 용서와 섬김의 복음과 그의 "에클레시아"에서 점점 멀어져서 교회 내의 반목과 갈등, 계급과 지배, 형식과 율법주의, 성전과 회당종교로의 회귀, 미움과 다툼으로 변질되어 가고 있음을 필자는 심히 안타깝게 생각한다.

이제 개혁교회는 모든 교회론의 근본인 예수 그리스도의 "에클레시아"에서 교회를 새롭게 재조명하고, 초대교회나 사도교회가 교회의 근본이나 출발로 보고 있는 교정관념적인 신학이론에서 벗어나 예수 그리스도의 복음과 그의 "에클레시아"로 돌아가는 작업을 하여야 할 것이다.

4. 개혁교회의 정치체제 및 직제 개혁론

앞에서 언급한 것처럼 종교개혁은 천 년간 로마 가톨릭교회(Roman Catholic Church)의 교황(Pope)체제에 대한 반(反) 로마 가톨릭교회(Anti Roman Catholic Church)인 동시에 그리스도에 대한(about) 복음으로까지 돌아감을 말하나, 안타깝게도 개혁의 근본적인 근원인 예수 그리스도의(of) 복음과 그의 "에클레시아"까지 미치지 못하는 체제개혁과 아울러 사도 교회인 바울노선 교회의 입장에서 개혁을 시도하였다. 그러므로 개혁교회는 바울만큼이나 각각 다른 은사와 은혜와 정치체제와 직분론은 물론 신학과 교리가 혼재하고 병행하였다.

장로교회는 16세기의 종교개혁과 더불어 로마 가톨릭교회에서 예수 그리스도의 교회를 회복하고자 하는 개혁자들이 죽음을 무릅 쓰고 항거하며 한 세기 이상 개혁을 한 후 1620년에 영국 스크틀랜드에서 처음 명명된 개혁교회(Reformed Church)였다. 그러니까 교회의 정치와 행정과 사법 등을 어떤 체제로 할 것인가를 고심하며, 먼저 교황체제나 감독체제를 반대하고, "원로회 체제(Presbyterial Church Government)"로 하는 것이 가장 성서적인 교회라는 의미에서 "Presbyterian Church" 라는 말을 표방한 것이다.

그러나 한국 장로교회는 영국장로교회나 그들의 헌법을 도입한 것이 아니라, 영국장로교회에서 '새 술은 새 부대에' 라고 하며, 장로직을 중시한 미국장로교회와 그들의 헌법을 도입함으로 "원로회 체제의 장로교회" 로보다는 장로직이 중심이 된 '장로들의 교회(Elders' Church)' 로 성장을 하며, 이제는 그 절정에 달한 것이 아닌가 한다. 이를 미국 장로교회에서는 ' 회중적 장로교회(Congregational Presbyterian Church)' 라 하기도 하였다.

한국장로교회가 다른 나라에 비하여 극심한 난맥상을 보이고 있는 현상은 단연 위와 같은 미국장로교회의 영향을 받은 까닭이라 아니할 수 없다. 미국 장로교회가 둘(PCUSA & PCUS)로 갈라지며 해외선교를 벌일 때 한국에 선교가 시작되고, 그들의 헌법을 그대로 무비판적으로 도입하고 번역을 제대로 하지 못하였다. 이것이 정론이 되고 교단과 교단신학교에서도 원론적인 재정립을 하지 못하고 사대주의적으로 그들의 오류를 답습하게 되었다. 이런 사이에 독버섯은 자라나 한국 장로교회는 회중교회(會衆敎會 : Congregational Church)나 다름이 없는 데까지 이르렀다.

이러한 때에 미국 장로교회는 100여 년 동안 '두 가지 장로설' 로 진통을 겪어 오던 모든 병폐를 청산하기 위해 문제의 '두 가지 장로설' 의 헌법을 폐기하고 새 헌법을 총회에서 제정하게 되었다. 한국장로교회도 이제는 '두 가지 장로설' 을 폐기하는 동시에 '장로 임기제' 를 실시하도록 하는 개혁안을 내어 놓아야 한다. 나아가 한국교회는 목사직과 장로직의 근본적인 문제점을 해결하기 위해 헌법 개정과 바른 교육이 절실히 필요하다.

세계의 개혁교회(장로교회)와 한국장로교회는 위기의 절정을 달하고 있다. 한국장로교회의 가장 근본적인 문제점은 장로교회론의 정체성이 없다는 것이다. "원로회 체제(元老會 體制)" 로 교회정치와 행정과 사법을 하는 장로교회가 당회는 당회대로 전권을 휘두르려 하고 있고, 제직회는 제직회대로 교회정치를 하려 하고, 공동의회는 공동의회대로 인민재판을 하려는 데서 한국 장로교회는 교인들 중심의 회중교회나 다름이 없는 데서 "장로들의 교회(Elders' Church)"가 아니면 "민중들의 교회(Congregation' s Church)"나 "사람들의 교회(People' s Church)"에 있다.

1) 장로교회는 개혁교회

장로교회(Presbyterian Church)라는 말은 칼빈(Calvin, 1509-1564)이 죽은 후 56년이 지난 1620년 스코틀랜드 교회에서 처음으로 사용한 말이다. 종교개혁이 "항상 개혁하는 교회"로 결론을 내리며, 장로교회는 교회정치와 사법을 할 때에는 교황 중심으로 하는 로마 가톨릭교회(Popish Church Government)를 반대하고, 동시에 감독이 교회정치와 사법을 하여야 한다는 감독교회(Episcopal Church) 를 반대하며, 그리고 보다 후에 나왔지만 회중(교인)체제로 교회 정치와 치리를 하여야 한다는 회중교회(Congregational Church)를 반대하며, 원로회 체제(Presbyterial Government)로 교회정치와 치리를 하는데서 "Presbyterian Church"라 한 것이다. 그러니까 이 말은 "원로회(Presbytery)체제를 선호하는 사람들의 교회"라는 말이었다. 이는 장로들(Elders)의 교회를 말하는것이 아니었다.

한국장로교회는 교단 명칭을 "대한예수교 장로회"라 하여 "원로회 체제의 교회"라기 보다는 "장로들의 교회"로 오인과 오해를 하게 하였고, 헌법에서도 '두 가지 장로설' 을 명시하는 과오를 낳았다. 장로교회는 총회 헌법으로 교회론을 말하는 교회가 아니고, 헌법 이전에 장로교회의 성서적인 원론에 입각한 교회이며, 이에 준하는 교회헌법이 제정되는 교회이다. 이런 본래적인 개혁 교회론을 모르는 한국장로교회는 장로교회론은 부재하고 다만 헌법에 의한 교회로서 로마 가톨릭교회나 다름없는 비성서적이고 비복음적인 교회로 변질되어 개혁되지 않으면 안 되는 실정에 있다.

2) 장로교회는 "예수 그리스도의 교회"를 근본으로 하는 교회

장로교회는 "항상 개혁하는 교회"로서 모든 교회의 근본인 예수 그리스도의 교회를 전제로 하는 교회를 말한다. 그러나 한국 장로교회는 예수 그리스도의 교회나 예수 그리스도의 복음보다는 구약교회나 신약교회나 성전교회나 회당교회나 율법교회나 유대교회나 로마 가톨릭교회로 되돌아가 그들의 교회를 답습하거나 반복하는 데 잇는 사대적인 교회에 지나지 않고 있다.

3) 장로교회는 "장로들의 교회"가 아닌 "예수 그리스도의 교회"

교회의 주인은 예수 그리스도시며 목사는 교회의 목사(Her Minister)가 아니라 예수 그리스도의 목사(His Minister)이다. 장로직은 치리나 행정이나 정치를 요할 시에 참정(參政)이나 봉사를 하는 것이지 상근하여 목사처럼 목양이나 목회를 하는 직분이 아니다. 그러나 한국 장로교회는 점점 치리나 행정이나 목회에까지 주도(主導)를 하고자 하여 심사하고 간섭하고 거부하고 제재를 가하며 마치 목사의 감독자나 임면권자나 치리자나 견제자로 여기는 경향성이 있다.

이것은 무엇보다도 "두 가지 장로설"을 내포하고 있는 총회 헌법에 기인한다. 이는 미국 장로교회에서 1729년 영국 장로교회의 헌법을 채용하여 상용해 오다가 1830년대에 이르러 장로들이 많아지면서 1843년에 장로가 목사 안수에 가담을 하므로서 미국 장로교회는 1879년 PCUSA와 PCUS로 갈라지게 되었다. 그러나 1986년 갈라진 두 장로교회가 통합을 하면서 '두 가지 장로설'[627]이 담긴 헌법이 폐기 되었다. 1643-1647년 영국 장로교회에서 제정한 웨스트민스터 헌장에는 전혀 그러한 헌법이 없고, "교회의 정규직(항존직)은 목사들(Pastors)과 교사들(Teachers)과 다른 교회 치리자들(Other Church Governors)과 집사들(Deacons)"로 하였다.[628]

현행 한국장로교회 헌법에서는 목사직이 장로직에 종속되고 목사와 장로가 동일한 직분(同等職, : Parity)으로 되어 있는 것처럼 해석될 수 있다. 그러나 목사직은 장로직에서 기인되거나 파생되거나 종속되는 직분이 아니다. 목사직(Minister : Pastor)은 제사장직과 선지자직과 사도직과 복음 전하는 직과 교사직에서 종합된 단일 명칭으로서 신부(Priest)라는 로마 가톨릭교회와 대칭하는 개혁교회의 통명이다. 목사직이 장로직에서 기인이나 분류나 동등이나 예속이 된다는 것은 있을 수 없다. 이런 근거는 어느 성서에도 역사에도 신학에도 없다.

한국장로교회는 원로회체제로 예수 그리스도의 교회를 회복하는 정치와 행정과 치리를 하는 개혁교회이다. 그러나 지금까지의 모습으로 사람들이 중심이 되는 교회로 나아갈 때에는, "교회법"을 절대시 한 로마 가톨릭교회나 다름이 없이 "교회헌법"을 절대시 하는 장로들의 교회가 아니면 회중교회로 전락이 되고 말 것이므로, 교단 신학대학교와 전담교수들이 개혁교회인 장로교회 정치체제와 직제를 바로 알고 바로 가르쳐 목회현장에서 정체성 있는 목회를 하도록 해야 한 다.

오역과 오류와 오해에서 빚어진 현재의 교단 헌법은 미국장로교회가 1986년 두 교단이 통합하면서 폐기한 분열의 고리임을 기억하고 하루속히 개정함으로 인식과 발상의 전환을 가져 와야 평화를 만드는 교회가 될 것이고 복음적인 교회로 나아갈 것이다.

제3장_각주

451) R. Bultmann, op.cit., pp.104-105

452) J. D. Douglas, *The New International Dictionary of the Christian Church*(the Paternoster Press, 1977), p.58

453) R. Newton Flew, *Jesus and His Church*(London : The Epworth Press, 1938), p.131

454) Ibid

455) R. Bultmann, op.cit., pp.104-105

456) E. Lohse, op.cit., p.62

457) R. Bultmann, op.cit., p37

458) W. Barclay, *The Acts of the Apostles*(Philadelphia : The Westminster Press, 1953), p.18

459) R.S.V.에서는 Ghost를 Spirit로 번역하였다.

460) J. Jeremias, op.cit., p.169

461) 필자의 교회에서는 이러한 신학적 관점에서 초대교회의 모습을 회상하며 소그룹 모임 즉 구역모임을 "다락방" 모임이라 칭하고 있다.

462) Rud. Sohm, *Out Line of Church History*(1909), 이종성, 『교회론II』(서울 : 대한기독교출판사, 1989), p.45.

463) R. Bultmann, op.cit., Vol.II. pp.95-96

464) R. Newton Flew, op.cit., pp.133-135

465) Ibid., pp.134-136

466) Ibid., pp.138-140

467) D. Bannerman, op.cit., pp.412-413, 손병호, 『교회정치학 원론』(서울 : 그리인, 1984), pp.133-134.

468) R. Newton Flew, op.cit., pp.140-141

469) "εγω ειμι" : "나는 -- 이다."는 식의 표현을 예수 그리스도는 요한복음에서 7번이나 하셨다. 이는 나는 -- 생명의 떡(6:35), 세상의 빛(8:12), 양의 문(10:7), 선한 목자(10:11), 부활이요 생명(11:25), 길, 진리, 생명(14:6), 참 포도나무(15:2) 이다.

470) 창17:1, 출15:26;35:3, 렘3:12

471) Stephen Mitchel, *The According to Jesus*(New York : Happer Collins, 1991), pp.41-42

472) R. Bultmann, op.cit., pp.469-471

473) J. Moltmann, op.cit., p.357

474) Edward Lohse, op.cit., p.66

475) 전경연 외 4인, 『신약성서신학』(서울 : 대한기독교서회, 1963), p.159

476) Hans Conzelmann, op.cit., pp.316-321

477) "엔 크리스토스(εν Χριστω, in Christ)"는 바울의 애용구로서 서신 가운데 164회나 언급하였다. 바울의 신학체계요, 그의 신앙의 체험을 말하며, 그리스도에 대한 그의 본질을 말하고 있다. 이는 그리스도와의 결합이며 연합이다(갈2:20). 모든 기초가 예수 그리스도(엡1:3-6, 골1:16)이고 교제가 특징이다(엡2:1-10, 장벽이 없다). 이 사상은 신-인간과의 교제를 의미한다.

478) H. Conzelmann, 김철손, 박창환, 안병무 공역, op.cit., p.318

479) Hermann Ridderbos, Paul, *An Outline of His Theology*, 박영희 역, 『바울신학』(서울 : 비전, 1985), p.437

480) H. Conzelmann, op.cit., p.319

481) Ibid., p.317

482) Ibid., p.317

483) R. Bultmann, op.cit., pp.226-227

484) Ibid., p.310

485) Ibid

486) Ibid., p.124

487) H. Ridderbos, op.cit., p.34

488) Ibid

489) W. Steuart Mcbirni, *The Search for The Early Church*(Wheaton Illinois : Tyndale House Publishers, 1978), p.130

490) E. Lohse, op.cit., p.66

491) H. Rikhof, *The Concep of Church*(London and Shepherdstown : Sheed and Ward Patmos Press, 1981), p.193

492) H. Conzelmann, *History of Primitive Christianity*(Abingdon, 1973), p.77

493) 손병호, 『교회정치학원론』(서울 : 그리인, 1984), p.142

494) Ibid., p.146

495) 행20:17,28, 딤전3:2,5,17, 빌1:1, 딛1:7, 벧전2:25.

496) 구약 : 시80:1, 사40:11, 렘31:10, 겔34:8 등, 신약 : 요21:15-17, 엡4:11, 벧전2:25 등

497) Eric G. Jay, *The Church*, 주재용 역, 『교회론의 역사』(서울 : 기독교출판사, 1986), p.44. 각주 6번 참조

498) J. B. Lightfoot, *Studien und Kirkiken*(1947), pp.639-641

499) J. Calvin, Inst. IV.iv,2;IV.xi,1,6

500) Eric G. Jay, op.cit., p.44. 각주 7번 참조

501) J. Wordsworth, op.cit., p.142., 손병호, op.cit., pp.148-150

502) J. L. Neve, *A History of Christian Though*, 서남동 역, 『기독교사상사』(서울 : 대한기독교서회, 1965), p.72

503) 손병호, op.cit., pp.149-150

504) E. G. Jay, op.cit., p.49

505) Ibid., pp.48-49

506) 딤전3:8,12

507) 롬16:1, 빌1:1, 마20:26 등

508) 딤전3:10,13

509) 손병호, op.cit., pp.150-151

510) 손병호, 『예수의 복음』(도서출판 유앙겔리온, 2005), pp.383-385, 416-418

511) 요 13:23

512) 요 19:26;20:2;21:7,20

513) Marvin Meyer, *The Gospel of Mary*, Harper SF., 2004, pp.5-10. 재인용, 손병호, 『예수의 복음』(도서출판 유앙겔리온, 2005), p.383

514) Burton L. Mack, *Who Wrote the New Testament?*(Harper Sanfrancisco, 1995), p.100

515) 계22:13

516) 요1서 1:1

517) 요13:34

518) 고린도전서 13장의 출처에 대하여 1936년 에드몬드 체켈리(Edmond Szekely)가 "The Gospel of Peace of Jesus Christ"를 내어 놓아 세상을 놀라게 하였다. '고린도전서 13장의 사랑장'은 바울이 쓴 것이 아니라 사도 요한이 예수 그리스도로부터 직접 듣고 기록한 것을 에세네파가 간직하였는데 바울이 입수하여 고린도전서에 인용하였다는 것이다. 그리고 요한의 이 '사랑장'은 사도 요한이 아람어로 써준 것을 네스토리안(景教徒) 신부들이 슬라브어로 번역을 하여 중앙 아시아에서 통용한 것인데, 몽고의 징기스칸(A.D.1116-1227)이 서침을 하자 중앙아시아 쪽의 경교도들이 서쪽으로 도망을 하다가 오스트리아 합스부르그 왕가와 로마의 바티칸 궁으로 예수의 아이콘(초상)과 함께 이 '사랑장'을 피신 시킨 것을 체켈리 가문에서 추적을 해 낸 것이었다. 이는 체켈리 가문의 필생의 과업으로서 그들은 2대째 집요하게 오스트리아의 합스부르그가와 바티칸 궁에서 자료를 찾아 먼저 "The Gospel of Peace of Christ by the Disciple John"으로 번역본을 내었다. 이 안에 고린도전서 13장의 사랑장이 들어 있다(Edmond Szekely, The Daniel, 1990, pp.5-6)

519) 손병호, 『복음과 신약』(도서출판 유앙겔리온, 2004), pp.272-276

520) 지금의 교회는 사도 요한의 제자 폴리카프가 주후 620년경 터어키 술탄(왕)이 허락하

여 세워진 교회로서, 1688년에 화재로 소실되었는데 1690년에 재건이 되었다. 1898년에 개축을 하였고 1922년에 다시 화재로 소실된 것을 1929년에 재건하여 오늘날가지 회교권에 남아 있다. 이 교회는 이즈미르의 가톨릭교구의 교회로 사용되고 있다.

521) J. Jeremias, op.cit., p.168

522) G. Lohfine, *Wie hat Jesus Gemeinde Gewolt?*, 정한교 역, 『예수는 어떤 공동체를 원했나?』(왜관 : 분도출판사, 1985), pp.13-23

523) 다락방 교회는 오순절 성령강림으로 탄생된 일명 초대교회라고도 지칭한다.

524) 부르심은 "προσκαλεω" 인데 이는 προς의 기본 전치사(from, at, toward)와 καλεω(새 call)로 εκκλησια와 κλητος적 의미를 나타내고 있다.

525) 받아들임은 "εκλεκτοι" 의 의미로 보아 사도들의 메시지를 받아들임을 말한다.

526) "πιστις" (faith, faithfulness)에서 온 말이다.

527) B.D.T., p.216

528) J. L. Neve, *A History of Christian Though*, 서남동 역, 『기독교교리사』(서울 : 대한기독교서회, 1965), p.71

529) B.D.T., p.216., 교부들의 저작물에 대한 자격을 정통성, 거룩한 삶, 보편성, 고대성으로 언급하고 있다.

530) J. L. Neve, op.cit., pp.78-79

531) Eric G. Jay, op.cit., p.70,103

532) J. L. Neve, op.cit., p.79

533) E. G. Jay, op.cit., p.41

534) Ibid., p.109

535) Ibid., pp.41-42

536) Gnosticism은 그리스 로마 시대에 풍미했던 한 사상으로 영지(gnosis)는 비밀스러운 지식이란 뜻으로 일련의 aenos(영원한 것들)의 존재와 계층질서로서 구원은 물질적 요소에서 벗어날 때 얻어지며, 창조는 aenos의 어리석은 장난에서 비롯된 것이며, 예수는 구원자 중 하나일 뿐이다는 사상이다.

537) E. G. Jay, op.cit., pp.103-107

538) Ibid., p.87

539) Ibid., p.42

540) R. Seeberg, op.cit., p.142

541) L. Berkhof, 고영민 역, op.cit., p.26.

542) E. G. Jay, op.cit., p.48

543) E. G. Jay, op.cit., p.65

544) Ibid., pp.52-53

545) Ibid., p.72

546) Ibid., p.108

547) Ibid., p.79

548) Ibid., p.42

549) E. G. Jay, op.cit., p.109

550) Ibid., p.112

551) Ibid., pp.112-113

552) Loraine Boettner, Romann Catholicism, 이송훈 역, 『로마가톨릭사상평가』(서울 : 기독교문서선교회, 1993), pp.14-15

553) U. P. C., op.cit., pp.8.19-8.21

554) L. Botter, op.cit., pp.177-180

555) Ibid., pp14-15

556) Ibid

557) Ibid., p.179.

558) Ibid., pp.177-178

559) Ibid., pp.180-182

560) Ibid., p.326

561) Ibid., 337-338

562) Ibid

563) J. D. Douglas, op.cit., pp.59-60

564) Council Florent. Sess. xxv. perceval, *The Roman Schism*(London, 1836), p.153

565) J. Moltmann, *The Church in the Power of the Sprit*(London : SCM Press, Ltd, 1977), p.359

566) U.P.C. op.cit., p.3.18

567) R. Newton Flew, op.cit., p.156

568) Ibid., p.43

569) E. G. Jay, op.cit., pp.103-104

570) Bellamin, *Mistici Corporis*(Freiburg, 1947), p.55., J. Moltmann, op.cit., p.72.

571) Wilhelm Neisel, *The Gospel and The Church*, (tr.), David Lewis(Philadelphia : The Westminster Press, 1961), pp.142-143

572) W. Neisel, op.cit., p.140.

573) H. Rikhof, op.cit., p.15

574) J. Moltmann, op.cit., pp.72-73

575) E. G. Jay, op.cit., pp.103-104

576) J. Calvin, *Institutio Christianae Religionis*, III.1.1.vol.1., p.538., Institute of the Christian Religion, ed. J. T. Mcneill, trans. Ford Lewis Battle(Philadelphia and London, 1963)

577) Ibid., III.2.24.vol.1., pp.507-508

578) 황보갑, 『한국무속 세계관이 기독교에 미친 영향』(석사학위논문, 경희대학교, 1991), pp.24-25

579) 한용운, 『불교대전』, 이원섭 역(서울 : 현암사, 1983), pp.47-61

580) L. Boettner, op.cit., pp.20-24

581) Ibid., pp.275-276.

582) A Merriam Webster's, *New Collegiate Dictionary*(Massachusetts : G & C. Merriam Company, 1973).

583) 손병호, op.cit., p.226., H. Henry Meeter, *The Basic Ideas of Calvinism*(Michigan : Baker House, 1975), pp.120-122

584) E. Schlink, *The Lutheran Churches in*, "The Nature of the Church",(1953), p.74

585) E. F. Harrison, op.cit(B. D. T.)., p.439이하.

586) *Luther's Works*(St. Louis and Philadelphia, 1951), p.31,210,230

587) E. W. Gritsched, *Luther's Works*, Vol.41.(Philadelphia, Fortress Press, 1966), p.143

588) Ibid., pp.143-184

589) Ibid., pp.145-146

590) E. F. Harrison, op.cit., pp.335-336. 루터의 성찬론은 공재설의 입장이다.

591) 독일의 팔레티네이트(the Palatinate) 지방의 영주였던 프레데릭 3세의 주도하에 우르지누스(Ursinus)와 올레비아누스(Olevianus)에 의하여 작성되었다. 이 요리문답은 칼뱅적인 신학을 온건히 수용했는데 하나님의 영원한 작정과 이중 예정교리에 입각한 유기된 자의 언급이 없기 때문이다. 이 요리문답은 루터의 소요리 문답(1529)과 웨스트민스터 소요리 문답(1647)의 중간 다리적 역할을 하였다.

592) 제2스위스 신앙고백(1566)은 볼링거(Bullinger)에 의해 작성되었는데 제1스위스 신앙고백(1534)과의 사이에 칼뱅신학과 가톨릭의 트렌트회의의 교리선언을 배치하고 있다.

593) 영국의 웨스트민스터 총회(1643-1647)에서 3년에 걸쳐 작성하였다. 장로교 정치체제를 놓고 30일간 금식, 예배, 기도로 시간을 보내고 마침내 예배모범, 장로교 교회정치, 예배시 사용될 시편 등이 마련되었다. 본 총회는 개혁자들의 개혁의 대통합을 이루었다는 점에서 그 의의가 크다.

594) Calvin, *Institutio Christianae Religionis*, IV.1.1

595) Ibid., IV.1.14

596) Ibid., IV.3.2

597) Ibid., IV.1.1

598) Niesel Wilhelm, *Die Theologie Calvin*, 이종성 역, 『칼빈의 신학』(서울 : 기독교서회, 1981), PP.187-189

599) Calvin, Ibid., IV.1.2

600) Ibid., IV.1.3

601) Ibid., IV.1.7

602) Ibid., IV.1.10

603) Niesel, op.cit., p.189

604) Calvin, Ibid., IV.1.8

605) 개혁교회는 웨스트민스터 신앙고백에 의해 H. Zwingli의 기념설을 따르고 있다.

606) Paul D. L. Avis, *The Church in the Theology of the Reformers*, 이기문 역, 『종교개혁자들의 교회관』(서울 : 컨콜디아사, 1998), pp.9-12

607) Ibid., p.12

608) *Luther' s Works*(St. Louis and Philadelphia, 1955), p.31,210,230

609) Wilhelm Niesel, op.cit., p.66

610) L. Berkhof, op.cit., p.28

611) Luther' s Works, Vol.41.p.156

612) Inst.IV.1.3

613) Inst.IV.1.1

614) Inst.IV.17.12

615) U. P. C., op.cit., p.4.050-056

616) Ibid., p.5.124-128

617) Ibid., p.6.125-130

618) Ibid

619) Ibid., p.3.21

620) Ibid., p.6.131-138

621) Wilhelm Niesel, op.cit., p.72

622) E. G. Jay, op.cit., p.203

623) Wilhelm Niesel, op.cit., p.189

624) Ibid

625) Wilhelm Niesel, op.cit., p.189

626) Ibid., p.6,125-130., 이형기, 『세계개혁교회의 신앙고백서』(서울 : 대한예수교장로회총회, 1991), p.284-285

627) 미국 장로교회 헌법에 있던 '두 가지 장로설' 은 "가르치는 장로(Teaching Elder)와" 다스리는 장로(Ruling Elder)로 구분하였다. 이제는 이러한 말 자체를 폐기하였다.

628) *Confession of Faith and Presbyterial Church Government*(Edinburgh, William Blackwood & Sons Ltd.), pp.172-174. 항존직에 대한 부분을 원문대로 옮겨보면,
[Of the Officers of the Church], The officers which Christ hath appointed for the edificatuion of his church, and the perfecting of the saints, are, some extraordinary, as apostles, evangelists, and prophets, which are ceased.
Others ordinary and perpetual, as pastors, teachers, and other church-governors, and

deacons. 여기서 알 수 있는 것은 후반절에서 "---다른 항구적이고 영속적인 직분으로는 목사와 교사, 그리고 다른 교회의 치리자들과 집사직이다." 라고 되어 있어서 목사직은 당연히 대표적 항존직으로 구분되어 있다.
손병호, 『교회정치학 원론』, pp.166-195

제 4 장

한국교회와 복음적 교회론

한국에 기독교가 전래된 지 천주교는 약 200년이 넘었고 개신교는 약 120여 년이 되었다. 천주교의 전래시기를 1784년 부경사 일행으로 따라갔던 이승훈(李承薰)이 북경에서 신부 그라몽(M. de Gramont)에게 침례를 받고 한국에 돌아온 역사적 사실을 천주교의 전래로 보아야 할 것이다. 물론 8C 신라시대의 당(唐) 나라를 통한 경교(景敎)의 전래나 16C 임진왜란(壬辰倭亂) 때 일본에 있던 세스페테스(Gregorio de Cespedes) 신부의 종군으로 기독교가 한국에 전파되었으리라고 상상할 수도 있고 허균이나 이수광의 천주교를 서양의 학문으로 소개된 바는 있으나 한국교회사의 출발점을 형성하지는 못하였기 때문이다.[629)]

개신교의 전래는 1876년 의주에서 김진기(金鎭基), 이성하(李成夏) 등이 만주(滿洲)에서 선교하던 스코틀랜드 선교사 존 로스(John Ross)와 존 마킨타이어(John Macintyer)를 통해 최초로 세례를 받으므로 프로테스탄트의 신자가 되었다. 그 후 1885년 감리교의 개척자인 아펜젤러(Henry D. Appenzeller)와 장로교 개척자 언더우드(Horace G. Underwood)가 인천에 상륙하므로 실질적인 개신교의 전래로 보아야 한다. 물론 1932년 화란인 그찌라프(Garl A. F. Gutzlaff) 목사가 충청도 연안에서 30여일간 전도한 일이 있었으나 신자를 얻지 못하였고, 영국인 토마스(Robert J. Thomas) 목사도 1865년 황해도 연안에서 전도했고, 1866년 미국함 Gerneral Sherman호를 타고 대동강에서 포교하였으나 신자를 얻지 못하였기 때문이다.[630)]

이처럼 한국에 전래된 기독교는 한국 종교문화접변(Acculturation)을 통해 "얻음"과 "잃음"의 교차 속에서 또는 성전종교, 회당종교, 율법종교, 제사종교, 로마 가톨릭시즘, 개혁교회론의 혼재 속에서도 세계 교회사에 그 유래를 찾아 볼 수 없는 외적인 성장과 더불어 선교의 열의로 선교사를 받았던 한국이 역(逆)으로 전 세계에 선교사를 파송 하는 저력의 교회로 세우심을 받았다.

그러나 오늘의 한국 교회는 어떠한가? 혼재된 종교문화 속에서 유일하고 분명한 복음 선포와 주님의 "에클레시아"에 대한 교회론의 부재 가운데 있다. 따라서 다양한 관점의 교회론은 그 나름대로의 교회의 본질로 추구하여왔다. 그 결과 교회는 하나님 나라의 역동적 임재와 사랑과 용서와 섬김의 복음이 충만한 주님의 "에클레시아"에서 멀어져서 오직 내 교회만 성장하면 된다는 의식의 발상으로 경쟁적, 과시적, 사회공동체적인 방법론으로 프로그램화한 교회로 그 변질을 가져왔다. 따라서 복음화는 요원하며 교회 내의 반목과 갈등은 더욱 심화되었고, 또 한국인의 특유한 종교문화사적인 중층적 혼합심성과 결탁되어 온갖 비복음적인 교회로 변질되면서 교인들은 열매가 없는 잎만 무성한 이중적인 기독교 종교인의 심성으로 그 변질을 가져왔으며, 또 때 아닌 "쥬다이즘"으로 회귀현상마저 초래하였다.

Donald Bloesch는 그의 「The Euangelical Renaissance」에서 현대의 많은 서적들 중에 교회론과 성례에 관한 책은 눈에 띄게 부족한 실정이라고 하였다.[631] 이는 21C를 바라보는 오늘의 시점에서 한국교회가 나아갈 과제요, 본질적 사명이기도 하다.

제1절_한국 전래종교와 한국교회

한국 종교문화사의 특징은 아득한 옛날부터 하늘을 향한 심성과 원시종교인 무속의 기층위에서 외래종교가 시대별로 교차되면서 서로가 종교문화접변을 통해 만남과 소멸의 흔적, 얻음과 잃음의 교차 속에서 중층적 종교 현상을 초래하였다. 유동식 박사는 한국은 마치 "세계종교의 실험실" 처럼 공존해 있다[632]고 언급하였다.

1. 한국 무속(巫俗)과 기독교(基督教)

H. G. Underwood는 1907년 「Korea Review」에서 "한국에서 샤마니즘이 도처에 산재하고 있으나 몇 년 안가서 한국에서는 기독교의 영향으로 사라지게 될 것이다"[633]라고 말하였다. 그러나 한 세기가 지난 오늘날 무속이 사라지기는커녕 한국 민족의 심성과 교회에 무속신앙이 깊은 영향을 미치고 있음을 부인할 수 없으며 이는 무속과 기독교가 여러 분야에서 유사점이 많았기 때문이다. 무속은 한민족의 전통적인 고유한 종교심성의 표리를 이루고 있으며, 외래 종교가 들어오기 이전부터 민간인의 생활을 통해 그 속에서 자생한 생활적 자연종교현상으로 문헌적 최고의 기록은 신라 제2대 남해왕조의 것으로 A.D. 1세기 초 무(巫)를 시베리아를 비롯한 북아메리카 등지의 미개 원시인의 샤만(Shaman)과 비교하면서 고고학상의 자료를 통해 볼 때, 한국 무(巫)의 역사적 배경 근거를 청동기시대까지 소급하여 생각해 볼 수 있다.[634]

무속(巫俗)이란 무(巫)와 속(俗)의 합성어로 형성되어 있다. 무(巫)는 무당을 중심으로 한 종교적 의미이며, 속(俗)은 민간 층에 전승적 문화현상으로 민속적 의미가 또한 있다. 그러므로 무속이란 무를 중심으로 민간 층에 의해 형성된 무속신앙인 동시에 무를 통해 표현된 민속이라 하겠다. 이같은 무속의 기독교에 영향을 미친 유사점이 여러 가지가 있겠으니 대표적인 것을 살펴보면 다음과 같다.

1) 중보자적 구원논리(Soteriology)

한국 무속의 존재는 철저한 중보자적 구원논리를 가지고 있다. 이는 무당을 통해 천(天)과 지(地), 신(神)과 인(人), 영(靈)과 영(靈), 현세와 사후세계와의 중개자이기 때문이다. 그러므로 무속에서의 무당(巫堂)은

"로마 가톨릭 교회"(Roman Catholic Church)의 "사제가 있는 곳에 교회가 있다"는 말처럼 무당이 있는 곳에 현실의 문제와 내세의 문제를 중보하는 "굿"이 형성되고 "신"의 공수를 통한 인간의 "한"이 풀이된다. 한자의 무(巫)를 분석해 보면 상(上)의 "일(一)"자는 천(天) 또는 신령을 뜻하고 하(下)의 "일"자는 지(地) 또는 인간을 나타내며 중(中)에 내리그은 "ㅣ"는 천(天)과 지(地), 신령과 인간의 연결자의 상징이다. 수직양면에 인(人)이 둘 있는데 이는 남왈격(男曰覡) 여(女)왈(曰)무(巫)로서 춤을 추면서 제의(祭儀)의 중보적 기능으로 볼 수 있다.

특히 시베리아 계통의 샤마니즘(Shamanism)은 샤만의 3가지 직능인 사제직(Priest)과 의무직(Medicineman)과 예언직(Prophet)을 들 수 있다. 이는 기독교의 예수 그리스도를 통한 구원의 논리(요14:6, 행4:12)와 예수 그리스도의 메시야의 3직인 왕(Kerygma선포), 제사장(Priest), 예언자(Prophet)와 비유될 수 있다.

2) 내세관(來世觀)의 논리(論理)

무속은 막연한 이승과 저승의 구도로서 "카오스"의 회귀라면 기독교는 현세와 천국과 지옥의 구도로서 "데오스"의 회귀로 볼 수 있다.

3) 신병체험(身病體驗)의 유사성

인간은 종교적 존재(Homo Religiosus)이고, 이는 종교적 경험(Religious experience)을 수반한다. 한국의 무속(巫俗)은 신병체험 즉, 무(巫)의 엑스타시(Ecstasy)를 통해 신과의 만남을 통한 황홀경(Trance)을 가지는데, Mircea Eliade는 그의 샤마니즘이란 책에서 샤만의 소명의 핵심은 황홀경 상태에 들어갔다가 다른 세계의 지식을 가지고 다시 돌아와서 도움이 필요한 사람들을 회복시키고 치유할 능력이 있다. 따라서 샤마니즘은 황홀경의 기술이다. 샤만은 자기의 영이 육체를 떠나서 하늘로 올라가거나 땅 아래 지하세계로 내려갈 수 있는 "황홀경(Trance)의 전문가"라는 것이다.[635] 이는 궁극적 실제에 대한 전체적 반응이라기보다는 강렬함(intenity)에 있으며 헌신과 봉사의 행위적 삶의 의식보다 하나의 기술전문가로 봄이 타당하다.

기독교의 성령체험 역시 종교체험의 하나로서 궁극적 실제인 "데오스"를 통한 만남은 인간 지정의(知情意)의 결단이 수반되나 때로는 불가사이한 영적체험의 은사로 나타나기 때문이다.[636] Walter Hollenweger는 오순절 운동에 참여한 목자들은 "새로운 옷을 입은 샤만"[637]이라고 칭하였음은 이러한 맥락에서 이해될 수 있다.

4) 축복사상의 유사성

기독교의 축복사상은 구약에서 제의적(祭儀的) 축복과 물질적(物質的) 축복, 그리고 시가서(詩歌書)의 정신적(精神的) 축복으로 크게 3가지로 대별되고, 신약에서는 정신적 축복으로 예수 그리스도는 일관하고 있으며, 바울 역시 사죄의 복에 이어 내세 지향적인 부활과 영생의 복으로 나타난다. 반면에 무속(巫俗)의 축복사상은 굿(?)과 축수(祝壽)를 통하여 현세복락과 재앙추방, 그리고 수복장수 등의 개인적, 이기적, 현세적, 축복에 국한되어 있다.

그 외에도 인간은 신에 의해 만들어 졌고, 신의 가호 속에 살아감을 말하는 인간관과 영혼관의 유사점이 있다.

5) "제장(祭場)공동체(共同體)" 로서의 기독교

무속과 기독교의 유사점은 종교문화접변을 통해 서로의 새로움 내지 변질을 가져왔으니 바로 "제장공동체" 적 교회로 변질을 가져왔다. 이 "제장공동체"는 "굿" 판이 벌어지면 그 곳에는 "무당(巫堂)" 이 있고 "기주(祈主)"가 있으며, 구경꾼들이 모여든다. 무당이 신의 공수 때마다 한바탕 웃음과 울음의 장이 되면서 "굿" 이 진행되는 동안 무당과 구경꾼들은 일시에 하나의 공동체가 되는데 이것이 "제장공동체" 이다. 무당에 의해 모이고 그 곳에서 무당과 신과 인간의 교제가 있고 그리고 뿔뿔이 흩어져 가는 제장공동체는 교회와 매우 유사하다 하겠다.

문제의식은 여기에 있다. 한국 무속의 "굿"판은 1회성 엑스타시 상태 또는 문제해결의 장이다. 그들은 "굿 보러 간다" 내지 "굿 본다"는 용어에서 그 본질을 의미할 수 있다. 그것은 윤리적 삶의 자리의 결여에 있다. 한국 교회가 열심히 모인다. 그리고 하나님께 열렬히 기도하며 응답받기도 한다. 그리고 성도간의 교제도 있다. 그러나 교회를 나가면 또는 예배 내지 집회가 끝나면 1회성으로 끝나버리는 소위 제장공동체적 교회로 "예배 보러 간다"는 식의 용어에서 볼 수 있듯이 빛과 소금으로의 삶의 자리가 현저히 결여됨을 부인할 수 없다.

한국 교회는 "굿"화한 "제장공동체"에서 "에클레시아"하여야 하며, 예수 그리스도의 복음과 주님의 "에클레시아"의 본질로 돌아가야 한다.

2. 한국 불교(佛教)와 기독교(基督教)

한용운은 불교는 붓다(Buddha)의 가르침에 따라 인간의 근본을 고(苦)로 보았다.[648] 이는 현세의 고해(苦海)를 단절하고 내세(來世)의 극락왕생(極樂往生)함으로서 문제없는 해답의 세계를 던져 준다. 특히 정토종(淨土宗)은 "붓다"의 가르침을 지적인식의 내용으로 승인 하던가 익히지 않더라도 "나무아미타불"(南無阿彌陀佛)의 일향전심(一向傳心)의 염불만으로도 "아미타불"에 귀의한다는 사상이다.[639] 이는 오직 현세의 고(苦)를 떠난 열반(涅槃)만을 추구하는 "미토스"(mythos)로서 철저한 이원론적 신앙으로 역사화 내지 삶의 자리, 윤리성이 도외시 된 사상이다.

한국 교회 역시 하나님 나라"를 위한 교회 보다 교회를 위한 "하나님 나라"로 역류하는 경향이 있으며, 때문에 교회는 살찌나 하나님 나라는 요원한 상태이다. 그리스도인들은 내세와 현세의 동시적 신앙이어야 하나 현세적 삶의 자리에서 빛과 소금의 사명으로서의 증인보다 오직 자신의 내세적 천국만을 추구하는 이원화된 신앙을 추구함으로서, 교회 내에서의 신앙과 교회 밖에서의 삶의 괴리로 바리새인적 위선적 신앙생활로 나아감을 부인할 수 없다. 따라서 예수 그리스도의 세상의 빛과 소금의 사명과는 먼 " 미토스적 이원론적 교회 "로 변질되고 있다.

3. 한국 유교(儒教)와 기독교(基督教)

유교의 해답의 상징체계는 이른바 실천윤리로 언급될 수 있는 경(經)과 예학(禮學)으로 볼 수 있다. 인생과 우주의 근원을 형이상학으로 해명하려는 노력의 한계에서 예(禮)가 등장한다. 예(禮)는 하늘의 근본을 둔 것이며 몸으로 사는 모습을 통하여 표출된 구체적 행위규범이라 할 수 있다. 그 하나는 현실적인 삶을 위한 치자(治者)의 윤리를 형성할 뿐만 아니라 통치체제의 합리적 타당성 제시와 제도적 마련에 있고, 또 다른 하나는 통과제의(通過祭儀)라고 일컫는 관혼상제(冠婚喪祭)의 정형으로 정착되었다는 점이다.

유교의 로고스[640]는 두 가지 모습에서 하나는 하늘 경험을 차단했다는 사실이고, 또 하나는 제사공동체로서 의식과 형식의 형태로 나타난 사상이다. 이는 기독교와 접변을 통해 하나님 나라의 임재보다 "의식주의", "성전주의", "제사종교"로의 교회로 변질하는데 영향을 미쳤으며, 특히 교회가 하늘의 윤리를 차단하는 인본주의적(人本主義的) 윤리의 교회로 전락됨으로서 복음의 본질인 사랑과 용서와 섬김과 교제가 메말라가는 앙상한 에스겔 골짜기의 마른뼈[641]와 같은 교회와 그리스도인이 됨으로서 수많은 신도가 교회를 떠나는 큰 우(愚)를 범하게 될 것이다.

이는 마치 유대교적 기독교인(Jewish Christian)들처럼 그들이 안고 있는 위선적이고 이중적이며 비복음적인 한계를 노정하게 된다. 기독교인이면서도 복음이신 예수 그리스도 중심적인 사고와 삶을 살지 못했던 예수 시대의 바리새인들과 사두개인들이 바로 오늘 한국교회의 유교적 그리스도인으로 비유될 수 있을 것이다.

제2절_예수 그리스도의 교회와 한국 교회

한국 교회는 타 종교 간의 종교문화접변을 통한 변질된 교회상 뿐만 아니라 성서에 나타난 교회론 가운데서 "예수 그리스도의 교회" 보다는 유전이나 답습하지 말아야 할 비복음적 교회론으로 회귀 내지 혼재현상을 가져왔다.

1. 유대교적 교회론으로 회귀현상

유대교적 교회론은 성전종교, 율법종교, 회당종교를 말하며 이는 그리스도교가 형성되기 전에 형성된 유대 그리스도인(Jewish Christian)의 집단을 말한다.

1) 성전과 제사종교화

예수 그리스도의 성전에 대한 태도는 긍정과 부정이 공존하나 분명한 사실은 예수 자신이 성전보다 큰이임을 분명히 하신점이다(마12:6). 성전은 예수 자신의 신적 신원을 공개한 장소로 사용하였으며, 하나님의 임재의 장소로 또는 하나님의 전으로(마12:4), 기도하는 집으로(막11:17), 하나님께 맹세하는 곳으로(마23:21), 그리고 유대교의 센터로서 가르치는 곳으로(막14:49,요7:14) 사용하였다. 그러나 이 성전이 이권(利權)의 장소로 전락하고(마21:12, 요2:13-15) 의식주의적인 제사종교에 머물러 있고(마9:13) 성전의 완성자인 예수 그리스도 보다 성전 자체의 거룩성에 머물러 있는 유대종교(마26:61-65)에 대해 예수 그리스도는 성전에 대한 정화를 단행하셨고 동시에 성전의 멸망을 예언하였다.(마24:1-2) 주님은 성전이 온갖 거래와 착취와 이권과 의식적 제사와 물리적 성전 자체의 거룩성으로 점철된 성전을 "강도의 굴혈" 이라고 비난하면서 "내 집은 기도하는 집" 임을 선언하였다(마21:13).

그러므로 예수 그리스도의 "에클레시아" 선포는 바로 "강도의 굴혈" 로 형식과 외식과 타성의 대명사로 변질된 성전종교화로부터 나오는 것이다. 오늘의 한국교회는 바로 이같은 성전종교화의 회귀적 현상을 진단할 수 있다. 선교의 이름아래 온갖 매매행위가 성행하므로 교회가 이권의 장소로 전락하고, 이같은 맥락의 연장선상에서 주님의 뜻보다는 다수의 힘과 세력으로 교회를 움직이며 예수 그리스도의 복음과 하나님 나라의 임재를 경험하는 예배보다는 예배의식 자체의 강조와 예물과 숫자에 더 관심이 많으며 따라서 사회공동체적인 혼재된 프로그램 개발에 몰두하고 있음을 진단할 수 있다. 또 물리적 성전 자체에 대한 거룩화, 신성화, 고급화로 본질보다 비본질인 형식과 외식과 타성과 외형적 장식의 교회로 변질되어 감을 부인할 수 없다. 이는 때 아닌 유대 성전종교화의 회귀적 현상으로 볼 수밖에 없다.

다음으로 제사 종교화 현상이다. 유대 제사종교는 회당이 세워지기 전까지는 제사가 중심이 되었다. 제사의 기원은 이미 전술(前述)한 바와 같이 아벨의 단(Altar)에서 시작하여 아브라함의 이동하는 제단을 쌓았던 것으로 볼 수 있으며, 이 제단은 예수 그리스도의 "에클레시아"의 표상적 계시로서 그 본질적인 의미는 때와 장소의 관계를 떠나 그들이 머무는 곳에서 여호와의 이름을 부르며 제단을 쌓았던 것으로 이는 유대인들의 성전만을 고집하는 장소주의를 깨뜨리고 또 형식주의 보다 여호와의 만남과 동행과 인도의 의미를 지니고 있었다.

그러나 예언서를 통하여 볼 때 그 제사의 본질이 왕국시대에서 그 변질을 가져왔다. 특히 아모스(암5:21-22), 호세아(호6:6), 예레미야(렘7:11) 등 예언자들의 빗발치는 책망의 예언에서 제사종교의 타락이 충분히 입증된다. 이사야는 여호와의 목전에서 악행을 행하는 제사종교에 대하여 "너희의 무수한 제물이 무엇이 유익하뇨 살찐 짐승의 기름에 배불렀고 나는 수송아지나 어린양이나 수 염소의 피를 기뻐하지 아니하노라"(사1:15-17)고 언급하였다. 이같은 제사종교의 변질은 예수시대에서도 그대로 전승되었으니, 예수님 당시에도 제사장들이 선량한 백성들이 가지고 온 소와 비둘기들의 흠을 잡았고 바꿔치기를 하였으며 고리로 교환을 하여 폭리를 취하는 제주(祭主)도 있었다.[642]

예수님은 제사의 완성자로 오셨다. 예수님은 "내가 긍휼을 원하고 제사를 원치 아니하노라"(마9:13)고 말씀하셨다. 히브리 기자는 하나님은 제사와 예물을 원치 아니하며(히10:5-9), 그리스도께서 자기를 단번에 제사를 드려 죄를 없게 하시려고 세상 끝에 나타나셨느니라(히9:26)고 언급하였다. 바울은 제사의 본질을 신령과 진리에 있음을 언급한 바 있다(롬12:1).

오늘의 한국교회는 때 아닌 제사종교화의 회귀를 경험하고 있음을 진단한다. 한국교회는 성도들의 신앙의 표준을 때때로 신앙적인 삶 보다 하나님께 드리는 헌금의 액수에서 평가할 때가 있음을 부인할 수 없다. 특히 부흥회는 복음의 본질인 사랑과 용서와 섬김의 가르침 보다 어떻게 하면 헌금을 많이 하게 하는데 그 초점을 두는 경우가 있다. 물론 하나님께 드림을 성도의 의무이다. 그러나 그 드림이 기쁨과 은혜가운데서 드림이 되지 못할 때 그것이 바로 제사종교로 회귀하는 것이며, 또 우리 주님은 그 예물을 받지도 보지도 않으시기 때문이다.

2) 회당 종교화

유대인의 집단적 이기주의 신앙이 쥬다이즘을 태동시켰다. 이들의 이기주의 신앙은 "선민의식"에서 비롯되었으며 이는 특권적 계급의식으로 나타나 초대교회 내에서도 유대인 그리스도인과 이방인 그리스도인의 양분현상이 나타나기도 하였다. 특히 유대인들은 이방인인 사마리아인들은 상종조차 하지 않았다(눅5:30). 이같은 계층의식은 종파적 기원을 가져 왔으니 랍비 계층의 등장이며 포로 이후 서기관으로 개칭됨으로서 제사장과의 강등마저 초래하게 되었다. 또 헬레니즘과 쥬다이즘의 접목은 친 헬라파 또는 헬라주의자(Philhellenes)를 등장케 하였고 이에 대한 반동적 파벌 또한 형성되었으니 하시딤(Hasidim) 또는 앗시리안(Assidians)이며 또다시 바리새파(Pharisee), 사두개파(Sadducee), 에세네파(Essenes), 열심당(Zealots)으로 분파되었다. 예수 그리스도는 회당에서 말씀을 가르치기도 하였으나 회당 자체를 비난하였다(막13:9). 이는 바리새인들의 위선의 기도(막6:5)와 야심의 욕망(막12:39) 그리고 그리스도와 사단의 세력이 싸움이 일어난 곳이기도 하였다(막1:23).

오늘의 한국 교회는 바로 유대 회당주의로 회귀(回歸)하는 현상을 진단하지 않을 수 없다. 교회에 따라 생활수준 내지 사회적인 계층별 모임으로 교회가 특징 되어가고 있다. 따라서 교회내의 가진 자와 가지지 못한 자와의 괴리적 현상마저 초래함으로서 가난한 자의 복음이 요원한 상태이다. 또 사회학적인 공동체적 교회주의는 오직 우리 교회만의 성장에 관심이 있을 뿐 소규모의 지역교회나 우주적인 "하나님의 나라" 에는 관심이 멀어져 가고 있다. 따라서 필연적으로 초거대화의 교회체제를 지향(指向)하게 된다. 여기에 비 복음적인 유대 회당종교로의 변질을 가져온다.

가령 우리 교회만이 예수 그리스도를 가장 잘 믿는 교회이고 심지어 우리 교회만이 구원이 있고 축복이 있는 교회로 가르치고 있다. 물론 소속된 교회의 교인의식을 부정하는 것은 결코 아니다. 오히려 가시적 교회의 교인으로서의 분명한 소속감이 필요하다. 그러나 문제는 우주적인 하나님의 백성의식으로서의 가시적 교회에 속한 교인으로서 보다, 가시적 자기교회 그 자체에만 속한 교인으로 세뇌(洗腦)시키고 있는 데에 그 본질적 변질의 요인이 있다 하겠다.

뿐만 아니라 복음에 대한 의미와 복음화에 관심 보다는 성서를 베끼고 통독케 하는 전형적인 바리새인화로 이를 구원의 보증과 관련시키며 또 이를 통한 성도들의 자위(自慰)와 자만(自慢)의 성도들을 양산케 하며, 역(逆)으로 베끼지 못하고 통독치 못한 성도들의 죄의식으로 이끄는 비 복음적 회당종교현상이 만연되고 있는 점을 지적하지 않을 수 없다. 이는 때 아닌 유대 회당종교의 회귀적 현상으로 진단하지 않을 수 없다.

3) 율법 종교화

유대 율법 아래 태어나신 예수 그리스도는 율법에 대한 배타(排他)가 아니라 율법의 완성자로 오셨다(마5:17). 율법의 완성은 새 계명 곧 예수 그리스도의 사랑의 계명이다.[643] 이는 하나님이 그의 백성을 사랑의 부르심과 선택하심으로 그들의 생활계명으로 십계명을 주셨다(출20:1-17). 이는 궁극적으로 구원에 이르는 사랑의 복음으로 귀착되는 것이다(갈3:24-25). 그러므로 율법의 본질은 "사랑"과 "용서"와 "나눔"과 "섬김"이다. 바울은 남을 사랑하는 자는 율법을 다 이루었다(롬13:8)고 하였다. 그러나 유대 율법종교는 율법만이 하나님의 유일한 계시로 믿고 있으며 특히 문자적 이행만이 율법을 이루게 됨을 이해함으로서 율법주의를 태동케 하였으며, 때문에 언제나 죄의 종으로 또는 형식과 외식(外飾)으로 가득 찬 이중적인 율법아래의 삶을 살고 또 남을 정죄하고 심판하는 자리의 삶을 살 수밖에 없다.

요한복음에 보면 현장에 간음하다 잡힌 여인을 서기관과 바리새인들이 예수께 끌고 와서 "모세의 율법에 의하면 여자를 돌로 치라고 명하였거니와 선생은 어떻게 말하겠나이까?" 하니, 예수님은 "너희 중에 죄 없는 자가 먼저 돌로 치라" 하시고 그 여인에게 이르시되 "나도 너를 정죄하지 아니하노니 가서 다시는 죄를 짓지 말라"고 하셨다(요8:3-11).

율법의 본질은 정죄와 심판과 종교재판에 있는 것이 아니라 사랑과 용서와 구원에 있는 것이다. 마태복음에 보면 안식일 날 예수와 그의 제자들이 밀밭 사이로 가실 새 제자들이 시장하여 이삭을 잘라먹는 것을 바리새인들이 보고 "당신의 제자들이 안식일 날 하지 못할 일을 하였나이다"라고 하였다. 이에 대하여 예수님은 안식일의 본질적 정신을 말씀하셨는데 "안식일은 사람을 위하여 있는 것이요, 사람이 안식일을 위하여 있는 것이 아니니 그러므로 인자는 안식일의 주인이니라"(마12:1-8, 막2:27-28)고 하셨다. 그러므로 율법의 본질적 정신은 법이나 제도나 형식이나 금지사항이 인간을 구원하는 것이 아니라 오히려 인간을 위한 축복임을 분명히 하신 것이다.

우리는 강도 만난 현장에서 참 율법의 정신이 무엇인가를 분명히 발견할 수 있다. 여리고 도상에서 강도 만난 사람에게 제사장도 그냥 지나갔고, 레위인도 피하고 오직 이방인 사마리아인만이 가까이 가서 기름과 포도주로 그 상처를 싸매고 주막으로 옮겨 돌보아주는 모습에서 누가 참된 율법의 정신을 가졌으며 누가 우리의 이웃인가를 분명히 알 수 있다. 예수께서도 가서 이와 같이 하라고 말씀하셨다(눅10:30-37). 이처럼 유대 율법주의 종교는 정죄와 심판, 법과 형식과 제도로 남을 사랑하고 용서하고 섬김의 삶보다 지배와 위선의 왕도적 삶인 것이다.

오늘의 한국 교회는 바로 유대 율법주의 종교로의 회귀현상을 진단하지 않을 수 없다. 구름 떼처럼 교회로 모였다가 밀물과 썰물처럼 흩어져 나가는 교인들, 교회내의 엄청난 반목(反目)과 갈등(葛藤), 수없이 갈라지고 찢어지는 교회의 분열상, 양(羊)을 빼앗고 쟁투하며 온갖 욕설과 모함과 저주로 일관하는 난맥상(亂脈狀), 급기야는 자기 교회를 떠난 교인과는 대화도 인사도 멀리하는 현실이다. 이는 사랑과 용서의 복음이 요원한 상태이며 주님의 우주적 교회와 하나님의 백성이라는 "복음"과 "에클레시아" 정신에서 떠나고 있음을 부인할 수 없다. 뿐만 아니라 교회내의 율법주의화는 하나님이 불러 모은 사람들인 "에클레시아"보다 가시적 물량적 교회 상으로 나아가고 있으니 성도는 안식일 날 기쁨과 감격과 쉼의 안식일이 아니라 안식일을 위한 교회요, 가시적 교회의 운영을 위한 교회로 회귀되어 감을 우려하지 않을 수 없다.

예수 그리스도는 우리에게 대 계명을 주셨다. 하나님을 사랑하고 이웃을 네 몸과 같이 사랑하라[644]고 하셨다. 그러므로 이웃 사랑은 의무요, 사명이요, 계명이다. 사랑을 한다고 해서 스스로 의인으로 생각하지 않는다. 이것이 복음의 사람이다.

그러나 오늘의 교회는 어떠한가? 왼손이 하는 것을 오른손이 모르게 하라는 예수 그리스도의 명령보다 스스로의 과시와 자랑과 자만으로 가득 차 있다. 이것이 바리새인과 레위인의 모습이 아닌가? 예수 그리스도는 오늘도 참된 율법의 사람인 사마리아인을 찾고 있다. 그리고 오늘도 끊임없이 복음인(福音人)을 부르시고 계신다. "수고하고 무거운 짐 진 자들아 다 내게로 오라 내가 너희를 편히 쉬게 하리라 나는 마음이 온유하고 겸손하니 나의 멍에를 메고 내게 배우라 그러면 너희 마음이 쉼을 얻으리라”(마11:28-29). 예수 그리스도의 이같은 부르심은 유대 율법종교로의 회귀로부터 예수 그리스도의 “에클레시아”로 빠져 나오는(Calling out) 것이다.

2. 로마 가톨릭시즘으로의 회귀현상

로마 가톨릭 교회는 교황을 정점으로 한 종교제국이다. 이는 “로마 가톨릭 교회에서 이미 전술(前述)한 바 있다. 종교제국의 관심은 첫째로 종교의식을 통해 교회를 거대화, 지배화, 물량화, 세속화, 우상의 조각화, 신비화를 지향하는 궁중음모의 산실이다. 이와 같이 가장 비복음적인 관심사를 갖고 있는 것이 바로 로마 가톨릭시즘이다.

둘째, 종교제국은 섬김의 도(道)보다 지배의 도(道)가 지배되는 곳이다. 로마 가톨릭 교회의 교황은 언제나 그리스도는 익명화 내지 가리워지고 교황이 전면에 나타나는 교황중심의 교회론으로 이는 교황이 그리스도의 대리자로 나타나기 때문이다. 여기에서 섬김의 원리보다 종교제국의 지배의 원리인 계급화와 계층화가 깔려 있는 것이다.

셋째로, 종교제국은 ”하나님의 나라“의 관심보다 ”땅의 나라“에 관심이 있는 것이다. 로마 가톨릭 교회의 목적은 전 세계의 복음화가 아니라 로마 가톨릭화에 있는 것이다.

특히 종교라는 이름 아래 전 세계에 대사를 파견하며, 종교라기보다는 종교의 왕국이요 제국이다. 오늘의 한국 교회는 바로 로마 가톨릭 교회의 종교제국주의로부터 나온 교회였으나, 또 다시 그리로 돌아가려는 현상을 진단하지 않을 수 없다. 한국 교회와 교회의 지도자들의 관심의 초점은 예수 그리스도의 복음과 복음화 그리고 그의 “에클레시아”를 통한 “증인”의 삶보다 구름 떼처럼 모이는 교회와 경쟁적인 초거대화의 교회당에 관심이 있으며, 언제나 기도할 수 있고 예배드릴 수 있는 지역과 삶 속에 있는 교회당보다는 동서사방에서 모여들게 하는 카리스마적 교회를 지향하고 있음은 한국 교회의 종교왕국주의의 회귀로 진단할 수밖에 없다.

이는 "하나님 나라" 의 관심보다 "땅의 나라" 의 관심이며 욕망일 뿐이다. 여기에 섬김의 도 보다 지배의 도가 나타날 수밖에 없다. 따라서 신비화 계급화 우상화로 전락될 위험의 소지를 안고 있는 것이다. 이에 대해 주님은 "내 나라는 이 세상에 속한 것이 아니라..." (요18:36)고 분명히 말씀하셨다.

주님은 언제나 한 마리의 잃어버린 양에게 관심이 계셨고,[645] 양으로 하여금 생명을 풍성하게 얻도록 하는 선한 목자상이셨다.(요10:10) 주님은 이 땅에 인간을 구원하시기 위하여 섬김의 도로 오셨다. "인자가 온 것은 섬김을 받으려 함이 아니라 도리어 섬기려 하고 자기 목숨을 많은 사람의 대속물로 주려함이니라" (막10:45)고 말씀하셨다.

3. 개 교회주의와 공동체로서의 닫힌 개혁교회론

개혁 교회론에 대하여는 이미 전술(前述)한 바와 같이 이는 반 로마 가톨릭시즘(Anti-Roman Catholicism)에서 사도교회와 바울노선의 교회 본질까지를 말한다. 따라서 주님의 열린 우주적 "에클레시아" 의 본질에까지는 이르지 못하였다. 특히 바울의 "몸으로서의 교회" 는 개 교회의 결속 내지 교제적 삶으로의 교회의 본질을 가시화 하는데 바울이 지대한 공헌을 하였다. 뿐만 아니라 주님의 "에클레시아" 의 본질적 요소 가운데 하나인 "피스토이" 적 의미를 "코이노니아" 로 신학화 하였다.

문제는 주님의 몸은 하나이며 주님의 "에클레시아" 또한 우주적인 하나의 교회요, 그의 백성 또한 우주적인 백성임에 틀림없다. 그럼에도 불구하고 공동체적 개념과 몸의 개념으로서의 교회는 세상을 향한 끊임없이 부르시고 선택하시는 열린 "에클레시아" 보다는, 개 교회만을 위한 내적 지향으로 나아가는 닫힌 공동체로서의 교회론과 반 로마 가톨릭시즘으로 변질되었다. 나아가 변질된 로마 가톨릭 교회의 지배적 계급적 요소의 불식과 더불어 만인제사장으로서 신자 개개인의 신앙의 자유와 체험을 강조하였으며 또한 절제 있는 엄격한 도덕 생활을 준수한 나머지 다양한 교파가 난립하였으며, 동시에 개교회주의적 경향을 띠게 되었다.

이같은 교파난립과 개 교회주의적인 문제를 극복하기 위하여 교회가 서로 연합하여 하나의 교회를 지향하는 운동이 태동되었으니 바로 "에큐메니칼" 운동이다. 이 "에큐메닉"이라는 용어는 희랍어 오이쿠메네(Oikoumene)에서 온 말로서 "세계 전체" 또는 "온 세상"을 의미한다. 이 "에큐메니칼" 운동은 16C에서 비롯되었으나 1910년 스코틀랜드의 에딘버러에서 연합선교사업의 필요성을 느껴 세계선교협의회(World Missionary Conference)가 창설되었다. 이 협의회를 모태로 나라마다 각기 "기독교협의회"(N.C.C.)를 구성토록 촉구하였다. 이 결과의 기초로 1921년에 국제선교협의회(I.M.C.)가 결성되었다.

그러나 보다 실질적인 연합운동은 선교의 연합을 넘어 비록 제도와 교리, 그리고 성례식의 이해가 다른 점이 있다 하더라도 한 분이신 하나님과 예수 그리스도를 구주로 믿는 데는 모두 일치함으로서, 영국의 신학자 윌리암 템플(W. Temple)이 앞장서서 세계선교협의회(World Council of Churches, W.C.C.)의 창설을 보게 된 것이다. 이렇게 하여 W. C. C.는 로마 가톨릭 교회를 제외한 모든 교회가 참가한 세계적 기독교 연합기관으로 오늘에 이른 것이다.

오늘의 한국 개혁교회는 어떠한가? 개신교 전래 1세기에 천만이 넘는 신도는 실로 놀라운 사실이 아닐 수 없다. 때문에 한국 역사에 공헌도 하였고 영향도 끼쳤다. 그러나 지나칠 정도의 교파분열과 개 교회주의는 복음과 복음화의 관심보다 종교 제국주의적인 발상과 비본질적인 교회성장 방법론에 치중함으로서 종교문화접변을 통한 중추적 심성과 결탁하게 되었고 소위 본(本) 성전과 지(枝) 성전까지 두는 성전종교로의 회귀로 진단하지 않을 수 없다. 교회의 본질은 오직 하나님의 나라에 있지 교회의 규모의 크고 작음에 따라 본성전과 지성전의 상(上) 하(下)적 종속관계에 있지 아니하며 또한 장소적 개념에 있는 것이 아니다.[646]

예수님은 사마리아 여인과의 대화 가운데서 예배할 장소에 대하여 예수님께서는 그리심 산의 사마리아인의 하나님도, 예루살렘의 유대인의 하나님도 말며 아버지께 참으로 예배하는 자들은 신령과 진정으로 예배할 때가 오나니 곧 이때라[647]고 말씀하심으로 예배의 참된 본질은 장소주의(Localism)를 깨뜨리고 유대인과 사마리아인의 적의를 깨뜨리고 신앙의 대상은 시공을 초월하신 오직 한 분이신 만민의 아버지이심을 말씀하셨으니 곧 그리스도의 오심으로 성취되신 것이다. 이것이 주님의 "에클레시아"인 것이다.

또 하나의 한국 개혁교회의 비 복음적 현상은 교파(教派)주의와 지나친 개(個) 교회주의의 결과로 "내 교회를 세우리니"라고 선언하신 우주적이며 하나인 예수 그리스도의 교회로의 일치와 화합과 연합보다, 비 복음적인 이권적(利權的)이며 이질적(異質的)이며 분파적(分派的) 교회상(像)으로 나아감으로, 세상에 빛과 소금으로의 증인된 삶과 유리되는 현상을 진단하지 않을 수 없다.

끝으로 기업화 되어가는 한국교회를 비판한다. 사회 공동체적인 개혁교회는 공동체의 목표가 언제나 거대화, 성장화를 지향한다. 따라서 복음화나 하나님의 나라의 관심 보다 눈에 보이는 성전 기업화에 몰두하게 된다. 거대화된 교회는 필연적으로 조직화를 요구하며, 그 조직화는 계층화 계급화를 지향한다. 여기에 온갖 경영 기법의 논리가 나타나고 복음과 말씀의 중심보다 인본주의적인 발상과 방법론이 대두된다. 따라서 교회의 주인은 옛 그리스도가 아니고 가진 자와 직분 자와 세력가들에 의해 인사권 재정권 경영권이 편중됨으로서 교회는 변질되어 간다. 필자는 교회가 복음적으로 성장하기를 바란다. 주님의 "에클레시아"는 변질된 기업화 된 교회가 아니고 복음화 된 교회를 지향하며, 오히려 그 변질된 기업화 교회로부터 나오는데(클레토이) 있다.

제4장_각주

629) 박귀환, 『한국 정교관계에서의 종교의 자유와 종교법에 관한 연구』(미간행석사학위 논문, 장로회신학대학교 대학원, 1993), pp.18-33,

630) Ibid

631) Donald G. Bloesch, *The Evangelical Renaissance*(Eerdmans, 1973), p.41

632) 유동식, 『한국종교와 기독교』(서울 : 대한기독교서회, 1988), p.13

633) H. G. Underwood, *The religion of the East Asia*(New York : Mac Millian, 1910), pp.98-101

634) 김제원, 『한국고대편』(서울 : 을유문화사, 1970), p.576

635) Mirea Eliade, *Shamanism*, "Archaic Techniques of Edstasy" (Princeton, N. J. Princeton University Press, 1964), pp.4-5

636) Ibid., pp.79-80

637) Walter Hollen Weger, *Handbook of Pentecostalism II*(Promotional Flier, n.d.), p.474 이하

638) 한용운, 『불교대전』, 이원섭 역(서울 : 현암사, 1983), pp.211-212

639) Ibid., pp.943-944. 열반(Nirvana)은 무상의 것이 아닌 영원불멸의 세계다.

640) 이 로고스(Logos)는 기독교에서 말하는 *λογός*를 말하는 것이 아니다. 이는 논리성의 논리적 로고스를 말한다.

641) 겔37장

642) 손병호, 『복음신학원론』(서울 : 그리인, 1993), p.93

643) 마22:35-40, 갈5:14, 롬13:8-10

644) 마19:19;22:39, 막12:31,33, 눅10:27 등

645) 마10:16;18:12-14, 눅15:6

646) 손병호, "예수 그리스도의 교회와 복음에서 본 한국교회의 변질과 역행과 사이비 이단" (미간행물 특강 논문, 한국복음신학연구원, 1994), pp.6-8

647) 요4:23-24

제 5 장

결 론

이제까지 "예수 그리스도의 복음적인 교회"에 관한 본질을 연구 하였다. 이 연구를 위해 예수 그리스도의 "복음"(유앙겔리온)과 "교회"(에클레시아)의 본질적인 표상으로 계시된 구약성서에서의 이스라엘 교회들인 아브라함교회, 모세교회, 사사교회, 성전교회, 회당교회를 성서적 역사적 신학적으로 고찰하였다. 그리고 본 논문의 중심인 예수 그리스도의 복음과 예수 그리스도의 교회의 본질을 논급한 후, 예수 그리스도 이후 복음의 증거로 가시화 된 신약성서에서의 사도교회, 교부교회, 로마 가톨릭 교회, 개혁교회, 한국교회에 이르기까지 "에클레시아"의 전승과 변질에 대하여 성서적 역사적 신학적으로 고찰하였다.

이처럼 구약성서에 등장한 여러 이스라엘 종교들은 "에클레시아"의 본질적 요소들을 계시하고 있으나 성전 종교화, 회당 종교화, 제사 종교화, 율법 종교화로 그 변질을 가져왔다. 하나님께서는 이들 이스라엘 종교로는 더 이상의 구원의 자리에 이를 수 없는 지경에 이르렀을 때, 그의 아들 예수 그리스도를 이 땅에 보내셔서 하나님의 "바실레이아"와 예수 그리스도의 "에클레시아"를 선포케 하신 것이다.

예수 그리스도의 "에클레시아"는 그의 영원한 메시야 쉽(Messiahship)으로서 "바실레이아"를 선포하실 때, 권능성의 임재와 더불어 그의 가르침(Teaching)과 의중(Mind)가운데서 가시적(Visible) 또는 불가시적(Invisible)으로 선포되었다.

예수 그리스도의 "에클레시아"의 본질은 저 창세로부터 역사의 종말까지 죄와 죽음과 고통과 우상과 사단과 세력과 변질된 종교와 세상으로부터의 궁극적이며 종말론적인 끊임없는 "클레토이"와 "에클레토이"와 "피스토이"에 있다. 이같은 표상은 아담의 부르심에서 시작하여 갈대아 우르에서 아브라함의 부르심, 애굽에서의 출애굽(Exodus)과 바벨론에서의 남은 자(Remnant)를 부르심으로 그 표상적 계시를 가시화 하였으나, 완전한 계시자인 예수 그리스도를 통해서 궁극적이며 종말론적으로 죄와 죽음과 고통과 세상으로부터의 "에클레시아"의 선포와 더불어 하나님의 "바실레이아"를 선포함으로서 영원한 길과 진리와 생명을 얻는 길을 계시하였다.

예수 그리스도의 전 생애는 "바실레이아"의 삶이었다. 그의 "바실레이아"의 본질은 "권능성" 즉, "로고스"의 권세와 "뒤나미스"에 있음을 필자는 밝혔다. 이 "바실레이아"의 상태성을 바울은 의와 평강과 희락으로 신학화 하였으나, 필자는 예수 그리스도의 전 생애에 나타난 "바실레이아"의 가르침을 볼 때 그가 선포한 "바실레이아"의 상태성은 "자유"와 "평안"과 "믿음"에 있음을 필자는 언급하였다.

예수 그리스도의 "에클레시아"는 우주적이며 가시적인 내 교회(My Church)이다. 이 내 교회는 "베드로" 위에 세운 혈육의 교회인 "큐리아케"나 "처치"(Church)적 의미의 교회와는 다르다. 또 신약에서 가시적 교회를 개척한 예수 그리스도의 복음의 증거자인 바울의 "몸으로서의 교회"나, 구약의 "에클레시아"의 표상인 "카할", "에다", "쉬에르트"와는 근본적으로 다르다. "예수 그리스도의 교회"인 "에클레시아"는 "하나님의 백성"의 근본이 되는 완전히 계시된 "에클레시아"를 말한다. 특히 "에클레시아"는 공동체가 아니다. 필자는 교회를 공동체라는 용어를 쓰는데 반대한다. 왜냐하면 그것은 열림보다 닫음을 지향하는 사회학적인 어휘의 개념이며 성서 어느 곳에도 언급된 것이 없음을 밝혔다.

예수 그리스도의 "에클레시아"는 "피스토이"적 모임으로서 하나님과 믿음의 교제 즉, "피스티스"와 부르심과 택하심을 받은 하나님의 백성들 상호간의 교제 즉, "피스토이"를 전제하고 있음을 밝혔다. 뿐만 아니라 바울의 "코이노니아"의 원형으로서 "영"과 "육"과 "삶"의 삼위 일체적 교제가 예수 그리스도의 삶 속에 있음을 밝혔다.

본 연구를 통해 분명한 사실은 주님은 종결적 계시자이며, 예수 그리스도의 "에클레시아"는 우주적이며, 본질적이며, 궁극적이며 절대적이며 종말론적으로 모든 교회론의 근본이며, 전무후무(前無後無)한 교회의 본질임을 확신하는 바이다. 그의 우주적인 "에클레시아"는 유대인만이 아닌 온 인류의 우주적인 부르심이며, 또 누구든지 주의 이름을 부르는 자에게 구원의 선물을 주시며, 수고하고 무거운 짐 진 자 들에게 쉼을 주시는 부르심이다. 따라서 교회의 시작과 종말은 오직 예수 그리스도와 그의 복음뿐이다.

복음은 단수요 명사로서 성서 가운데서 오직 "예수 그리스도" 뿐이다. 물론 바울이 나의 복음(My Gospel)으로 단수 명사로 사용하였지만 그것은 예수 그리스도의 복음을 자신이 전한 것으로 보아야 옳을 것이다. 뿐만 아니라 구약에서는 예수 그리스도의 복음을 표상적 계시로 가시화 하였다. 이를 필자는 "복음의 요소들"이라고 칭하였으며, 예수 그리스도의 부활 이후 사도들이 전한 복음은 예수 그리스도의 복음의 증거이므로 필자는 이를 "복음의 증거들"로 칭하였다.

예수 그리스도 이후 신약성서의 사도교회로부터 개혁교회에 이르기까지는 "에클레시아"의 본질적 전수와 더불어 로마 가톨릭시즘에서 그 변질된 교회를 태동시켰으나, 개혁교회에 이르러 반로마 가톨릭시즘을 통해 한 줄기의 성서의 빛을 조명하는 개가를 올리게 되었다. 그러나 안타깝게도 사도교회와 "큐리아케"의 교회론에 머물게 되었다. 따라서 예수 그리스도의 "에클레시아"의 본질에까지는 이르지 못했다.

새 천년을 시작한 오늘의 시점에서 이토록 본질적이고 근본적인 예수 그리스도의 복음과 그의 "에클레시아"가 교회론의 근본이 되어야 함에도 불구하고, 오늘의 신학과 교회는 그 교회의 본질을 초대 교회에서 그 출발 내지 본질로 삼는 경향이 있으며, 때 아닌 구약의 이스라엘의 종교로 회귀하려고 함으로서 혼재된 교회론으로 아노미 현상마저 초래되고 있다. 뿐만 아니라 유수한 신학자들의 신학이론과 교리(도그마)가 예수 그리스도의 "유앙겔리온"과 그의 "에클레시아" 보다 더 중요시하는 낡은 고정 관념의 사고와 제도화된 틀에서 벗어나지 못하고 있다. 그러므로 오직 예수 그리스도의 복음과 "에클레시아"는 감추어지고, 예수 그리스도의 복음인 "유앙겔리온"과 "에클레시아"는 제도와 조직과 신학적 이론의 틀 속에 질식하는 시점에 이르고 있는 것이다. 때문에 인류는 여전히 도탄(塗炭)과 반목(反目)과 절망(絶望)과 갈등(葛藤)과 전쟁(戰爭)과 궁핍(窮乏)과 억압(抑壓) 속에 빠져가고 있다.

교회는 예수 그리스도의 복음과 그의 "에클레시아"의 관심보다 왕국화 세속화 경영화 율법화 회당화 관광명소화와 교회 내의 성직자와 평신도 또는 평신도 상호간의 반목과 갈등에 이르게 되었다. 거기다가 때 아닌 성전종교와 회당종교로부터 구별되어 나옴(Calling Out) 아닌 흡수통합(Calling In) 되어가는 오늘의 시점에서 우리는 한 줄기 생명의 빛으로, 사랑의 빛으로, 용서의 빛으로, 섬김의 빛으로, 평화의 빛으로 오신 예수 그리스도의 복음과 그의 "에클레시아"로 되돌아가야(Back to the Basic) 한다. 그리고 비본질적인 교회론에서 "예수 그리스도의 복음적인 교회론"으로 돌아가는 작업을 하여야 한다.

따라서 예수 그리스도의 복음의 재발견과 초대 교회에 머물러 있는 교회론에서 전무(全無)한 "에클레시아" 론의 정립이 시급하다. 그리하여 고착된 신학사고와 신조와 교리와 이즘의 포로 된 고정관념의 틀에서 과감히 벗어나서 열린 마음과 열린 귀로 열린 하늘을 바라보는 열린 눈으로 복음을 새롭게 재발견하는 진정한 기쁨의 소식인 "유앙겔리온"이 "에클레시아"를 통하여 이 땅에 "바실레이아"(하나님의 나라)가 이루어질 것이다.

예수 그리스도는 "너희는 세상의 소금이라. 너희는 세상의 빛이라" 말씀하셨다. 이 말씀은 참으로 깊고 풍부한 의미를 지니고 있으며 두고 두고 성찰의 대상으로 삼아야 하겠지만 "이 세상의 소망으로서의 교회의 사명"을 잘 표현하는 말씀임에 틀림이 없을 것이다. 오늘날 이 사회에서 교회가 세상의 소망이라고 자신 있게 외칠 수 있을지는 매우 의심스

렵게 되었음을 인정해야 할 것이다. 그럼에도 불구하고 주님으로부터 교회에 주어진 이 세상의 소망이 되어야 할 사명은 취소되지 않았고 변경될 수도 없는 것이다. 더구나 갈수록 더 부패하고 암울해가는 이 세상에서 소금과 빛으로서의 교회의 사명은 더욱 절실해질 수밖에 없는 것이다.

교회는 이 세상으로부터 불러내심을 받고 다시 이 세상 속으로 보내심을 받는 하나님의 백성을 가리키는 말이다. 이 세상 속으로 소망의 메시지를 안고 보내심을 받으며 이 세상 가운데 흩어져 소망을 잃은 심령들에게 소망의 불을 지펴야 하는 것이 교회다. 요즈음 급변하는 세상으로 인해 이 땅의 백성은 많이 절망하고 크게 불안해하며 깊이 상심하고 있다. 그 무엇보다 소망을 갈구하는 세대가 되었다. 이때에 한국교회는 국민에게 소망을 주는 교회로 거듭나지 않으면 안 된다. 이제 교회가 이 세상에 소망을 주는 교회로 거듭나 이 사회로부터 잃어버린 신뢰와 사랑과 존경을 되찾는 계기가 되어야 할 것이다.

세상의 소망은 예수 그리스도이다. 그런데 왜 교회가 세상의 소망일까? 교회가 세상의 소망인 것은 교회가 바로 세상의 소망이신 예수 그리스도의 몸이고, 예수 그리스도의 지상적 현존이기 때문이다. 또한 교회만이 세상을 살리는 예수 그리스도의 복음을 갖고 있고, 예수 그리스도께서 이루어지기를 원하셨던 하나님 나라의 선취적 표상이기 때문이다.

교회는 예수 그리스도의 복음을 선포하는 하나님의 도구이다. 예수 그리스도를 고백하고 증언하고, 그의 복음을 선포하지 않는 공동체는 교회가 아니다. 세상 속에서 교회만이 가지고 있는 가장 존귀한 교회의 사명은 예수 그리스도를 증언하고 예수 그리스도의 복음을 선포하는 것이다. 예수 그리스도를 증언하고, 예수 그리스도의 복음을 선포하는 것은 세상에 빛을 밝히고, 세상에 소망을 주는 가장 결정적인 교회의 행위다. 왜냐하면 세상의 소망과 세상의 생명은 오직 예수 그리스도 안에만 있고, 예수 그리스도의 복음 선포와 운명적으로 깊이 묶여져 있기 때문이다.

예수 그리스도의 복음을 선포한다는 것은 예수 그리스도 안에서 인간과 세상을 살리고자 하시는 하나님의 놀라운 긍정(Yes)을 선포하는 것인데, 곧 하나님의 놀라운 은총과 사랑과 자비를 선포하는 것이다. 예수 그리스도의 복음을 선포한다는 것은 인간과 세상이 예수 그리스도 없이는 비참하고 망할 수밖에 없는데, 예수 그리스도 안에서는 다시 살 수 있고 희망을 얻을 수 있고, 기쁨과 생명의 세계가 열린다는 것을 선포하는 것이다. 예수 그리스도의 복음을 선포한다는 것은 예수 그리스도 안에 나타난 하나님의 선하심을 선포하는 것인데 곧 하나님께서 인간의 참된 아버지요, 인간의 도움이요, 구원자요, 흔들리지 않는 요새요 산성이라는 것을 선포하는 것이다. 또한 하나님께서 우리 편이시고, 우리와 함께 계시고, 우리에게 생명과 기쁨과 희망의 미래를 여시는 분이심을 선포하는 것이다.

세상과 세상 속에 사는 인간들은 자신의 곤경과 비참의 참된 원인을 알지 못하고 있다. 세상과 세상 속에 사는 인간들이 망하는 것은 여러 가지 이유들을 언급할 수 있지만, 가장 근원적이고 결정적인 이유는 복음이 없기 때문이고, 예수 그리스도의 복음 속에 존재하는 하나님이 없기 때문이다. 이 하나님을 찾으면 세상은 살고 이 하나님을 찾지 못하면 세상은 죽고 망할 수밖에 없다.

교회가 세상을 살리기 위해서는 우선 예수 그리스도의 복음을 선포해야 한다. 세상은 자신이 살기 위해 예수 그리스도의 복음에 목말라 하고 간절히 기다리고 있다. 세상이 복음에 대해 무지하지만 동시에 복음에 목말라하고 간절히 기다리고 있다는 세상의 양면적 특징을 교회는 유념해야 한다. 세상이 복음에 대해 무지하기 때문에 자신이 살기 위해 세상적인 것들에 기대를 걸고 세상적인 것들을 얻기 위해 힘겨운 노력을 하고, 그것이 얻어지지 않기 때문에 좌절과 절망 속에 있다. 세상의 이 힘겨운 노력은 세상의 참된 구원이요 희망이신 예수 그리스도의 복음 속에 나타난 자비의 하나님을 찾는 몸부림이요, 물에 빠진 자가 살기 위해 허둥대는 허둥댐이다. 세상의 기쁨은 기쁨의 근원이신 예수 그리스도로부터 오고, 세상의 구원은 흔들리지 않는 반석이요 산성이신 하나님으로부터 온다.

교회의 목적은 하나님의 나라에 대한 봉사다. 교회는 하나님의 나라를 이 땅에 이루어가기 위해 존재한다. 예수 그리스도가 전하신 복음의 핵심도 "하나님의 나라"였다. 겨자씨의 비유(마 13:31-32)는 이 하나님의 나라의 성장을 상당 부분 잘 암시하고 있다. 하나님의 나라는 예수 그리스도 안에 현존하고 있었고 성령을 통해 현재 성장하고 있다. 예수 그리스도가 가르쳐 주신 주기도문의 "나라이 임하옵시며 뜻이 하늘에서 이룬 것 같이 땅에서도 이루어지이다"(마 6:10)라는 기도는 이 땅에 존재하는 교회가 무엇을 위해 기도하고 일해야 함을 결정적으로 잘 가르쳐 주고 있다. 교회는 하나님의 뜻을 이 땅위에 이루기 위한 것이다. 하나님의 통치를 이 땅 위에 이룩하고 하나님의 이름을 높이고 하나님의 평화의 나라를 건설하는 것이 교회의 주된 사명이다. 이 하나님의 나라가 세상의 진정한 소망이다. 왜냐하면 이 하나님의 나라가 세워지는 곳에서는 마귀가 쫓겨 나가고, 인간은 해방되고, 질병은 치유되고 폭력은 종식되고, 어둠의 세력은 물러가고, 하나님의 영광이 빛나는 세계가 세워지기 때문이다.

교회의 목표가 "하나님의 나라"라는 것은 우선 교회가 자체의 존속과 성장을 최종 목표로 생각해서는 안 된다는 경종을 우리에게 주고 있다. 교회는 자체 기구의 성장을 주된 목표로 하고 있는 교회 내향성(內向性)의 병에서부터 해방되어야 한다. 교회는 인간의 생명을 교회제도의 성장보다 더 귀하게 생각해야 한다. 교회는 자체 기구의 존속에 어려움이 온다고 해도 인간의 생명을 살리고 하나님의 평화와 정의를 수립하는 하나님의 통치에 봉사해야 한다. 왜냐하면 교회의 종국적 목표가 "하나님의 나라"이기 때문이다.

교회가 세상 속에 행해야 할 세상적 책임의 첫 번째는 가난한 이웃에 대한 책임을 지는 것이다. 성서가 말하고 있는 이웃사랑은 가난하고 소외된 이웃을 사랑하는 데서부터 출발한다. 가난하고 소외된 이웃을 사랑하는 것은 이웃 사랑이 참으로 실현되고 있는가를 판단하는 시금석이다. 잘 살고 화려한 아름다운 사람끼리 사랑하는 것은 이방인들도 할 수 있는 사랑이다. 하나님의 백성인 교회는 자기들끼리 사랑하고 문안하는 이방인들의 사랑의 차원을 넘어서 가난하고 소외된 이웃을 사랑하고 이들에 대해 책임을 져야 한다.

가난한 자, 소외된 자를 살리는 기쁨이 없는 교회는 참 교회가 아니다. 하나님께서 원하시는 하나님의 나라는 이 나눔과 돌봄의 정신이 참으로 구현 될 때 이루어질 수 있을 것이다. 하나님의 나라는 사람의 생명만 존귀하게 여기는 것이 아니고 창조세계 전체의 생명을 존귀하게 여기고 보전하는 세상이다. 하나님의 나라는 인권만을 중요하게 생각하는 것이 아니고 자연의 권리를 인정하고 동물의 권리도 인정하는 나라이다.

하나님의 창조사역의 결정체가 가정(家庭)이라면 예수 그리스도의 구원 사역의 결정체는 교회(敎會)이다. 그러므로 교회가 세상을 살리고 구원하기 위해서는 하나님의 나라를 이 땅에 이루기 위한 예수 그리스도의 복음을 선포해야 한다.

"하나님의 나라"(바실레이아)는 오직 "예수 그리스도의 복음"(유앙겔리온)을 선포하고 실천하는 "예수 그리스도의 교회"(에클레시아)로부터 오는 것이다. 이것이 바로 예수그리스도의 복음적인 교회론이다.

BIBLIOGRAPHY

참고문헌

1. 국외서적(國外書籍)

Alvar Ellegard, *Jesus - One Hundred Years Before Christ*, New York, Overlook Press, 1999

Anderson, H., *Jesus and Christian Origins*, A Commentary on Modern Viewpoints, New York, 1964

Andrews, E., *The Meaning of Christ for Paul*, New York, 1959

Albright, W. F., *From the Stone Age to Christianity*(2nd er.), Garden City, N. Y., 1957

Allegro, J., *The Dead Sea Scrolls*, England, Penguin Books, 1990

Alton, T., Briant, *The New Compact Bible Dictionary*, Michigan, Zondervan Publishing House, 1967

Bachmann, H. und Staby, W. A., *Computer Konkordanz Zum Novum Testament*, New York, 1980

Bannerman, D., *The Scripture Doctrine of the Church*, Edinburgh, 1960

Bannerman, J., *The church of Christ*, London, The banner of Truth, 1869

Barcley, W., *The Acts of the Apostles*, Philadelphia, The Westminster Press, 1953

Barth, K., *Church Dogmatics*, Vol, I, "The Doctrine of the Word of God" ,(Tr.), G. W. Bromiley, Edinburgh, T. & T. Clark Ltd., 1975

Beckwith, R., *The Old Testament Cannon of the New Testament Church*, London, SPCK, 1985

Beecham, N. & Goren, A., *This is Egypt*, Cairo, Egypt Museum, 1994

Bellarmin, *Mystici Corporis*, Freiburg, 1947

Benjamin Blech, *Under Standing Judaism*, Lodon, 1991

Bettenson, A., *The early Christian Fathers*, Oxford, 1956

Bloesch, D. G., *The Evangelical Renaissance*, Eerdmans, 1973

________, *Essentials of Evangelical Theology*, San Francisco, Harper, 1978.,

Bright, J., *The Kingdom of God*, Nashville, Abingdon Press, 1981

Brunner, E., *Das Mibverstanis der Kircher*, Zurich, Zwingli Verlag, 1951

Bultmann, R., *Theologie des Neuen Testament*, London SCM Press Ltd, 1952

________, *Geschichte und Eschatologie*,(tr.), JCB Mohr, Tubingen, 1967

Burton, L. M., *Who Wrote The New Testament?* New York, HarperSanFrancisco, 1995

Calvin, J., *Institutio Christianae Religionis*, Philadelphia & London, 1961

Calvin, H., *History of Primitive Christianity*, Abingdon, 1973

Cerfanx, L., *The church in The Theology of St. Paul, N. T.*, Herder, 1959

Coleman, R. E., *The Master Plan of Evangelism*, New York, Fleming H. Revell Company, 1963

Connolly, P., *Living in The Jesus of Nazareth*, London, Oxford University, 1983

The General Assembly of The United Presbyterian Church in U. S. A., *Constitution*, New York, 1966

Conzelmann, H., *Jesus Christus*,(tr.), J. Raymond Lord and John Reumann, Jesus, Philadelphia, Fortress Press, 1973

______, *History of Primitive Christianity*, Abingdon, 1973

Cullmann, O., *Christ and Time*, London, 1951

______, *Salvation in History*, 1967

______, *The Christology of The New Testament*,(tr.), Shirley, C., Guthrie and Charles A. M. Hall., Philadelphia, The Westminster Press, 1957

______, *Christus und die Zeit*, Zurich, Zollikon, 1946

Dalman, G., *The Words of Jesus*, 1938

Dodd, C. H., *The Sacrament of the Lord's Supper in the New Testament*, *"Christian Worship"*, N. Mickelm, 1980

______, *The Parables of Kingdom*, 1936

______, *The Interpretation of the Fourth Gospel*, London, Cambridge University

Press, 1953

Douglas, J. D., *The New International Dictionary of the Christian Church*, Paternoster Press, 1977

Drane, J., *An Illustrated Documentary*, Herts, Lion Publishing, PIC, 1979

Eichrodt, W., *Theology of O. T.*, 1986

Eliade, M., *Shamanism*, Princeton, N. J. Princeton University Press, 1964

Elwell, Walter, A., *Evagelical Dictionary of Theology*, Michigan, Baker House, 1991

Erickson, M. J., *The Evangelical Mind and Heart*, Michigan, Baker Book House, Grand Rapids, 1993

Ernest, L. Schusky and T. Patrick Culbert, *Introducing Culture*, Englewood Cliffs, N. J. : Prentice-Hall, 1967

Evans, G. R., *Managing the Church?* Sheffield, Sheffield Academic Press, 2000

Feine, P., *Theologie des Neuen Testaments*, 1936

Fitzwater, P. B., *Christian Theology A Systematic Presentation*, Eerdmans, 1956

Flew, N. R., *Jesus and His Church*, London, The Epworth Press, 1938

Fohrer, G. *Geschichte der Israelitis chen Religion*,(tr.), D. E. Green, History of Israelite Religion, Philadelphia, 1980

Forster, W., *From the Exile to Christ*, Hamburg, 1940

Furnish, V. P., *The Love Command in the New Testament*, London, SCM Press, Ltd, 1973

Gren, J. B., Scot Mcknight, Howard Marshal, *Dictionary of Jesus and The Gospels*, 1992

Gritsched, E. W., *Luther' s Works*, Vol. I. 36. 41. 55., Philadelphia, Fortress Press, 1966

Hans Küng, *The Church*, London, Burns and Oates, 2001

Haran, M., *Temple and Temple-Service in Ancient Israel*, London, Oxford University, 1978

Harnack, A. Von., *The Mission on Expansion of Christianity*, New York &London, William & Norgate, 1908

Harrington, D. J., *God' s People in Christ*, Philadelphia, 1980

Harrison, E. F., *Baker' s Dictionary of Theology*, Michigan, Baker Book House,

1960

Hegermann, H., *Die Vorstellung Vom Schopfungs mittler im Hellenistischen Judentum und Urchristentum*, TU 82, 1961

Hermann Hoeksema, *Reformed Dogmatics*, Grand Rapids, 1976

Herst, F., Gottes Recht, *Gesammelt Studien Zum Recht in Alten Testament*, Munchen, 1961

Herwi Rikhof, *The Concept of Church,* London and Shepherdstown, Sheed and Ward/Patmos Press, 1981

Herman Ridderbos, *The Coming of the Kingdom*, The Presbyterian and Reformed Publishing Company, 1973

James, M., *The Presbyterian Church*, London, Methuen, 1928

Jay, E. G., *The Church*, SPCK, 1978

Jeremias, J., *New Testament Theology*, London, SCM Press Ltd, 1971

______, *The Parables of Jesus*, London, SCM Press Ltd, 1954

Joel, G. B., Mcknight, S., Howard Marshall., *Dictionary of Jesus and The Gospels*, U. S. A., InreVarsity Press, 1992

John, G. S., *Evagelical Futures*, Resent College, Baker Books, 2000

Kasper, W., *The God of Jesus Christ*, London, SCM Press Ltd., 1982

Kerr, R. P., *Presbyterianism for the people*, Philadelphia, 1926

Kirsopp, *The Apostolic Fathers*, London, 1959

Kittel, G., *Theological Dictionary of the New Testament*(tr.), Geoffrey W. Bromiley, Michigan, Grand Rapids, Eerdmans, 1976

Kung, H., *Structureof the Church*, (tr.), Salvator Attanasio, London, Burns and Oetes, 1964

Ladd, G. E., *The presence of the Future*, Michigan, Eerdmans, 1974

Lee, J. Y., *Paul and The Historical Jesus*, Seoul, Pilgrim Publishing Co., 1998

Loader, W., *Jesus and the Fundamentalism of His Day*, Michigan, Eerdmans, 2001

Lohse, E., *The First Christians*, (tr.), M. Eugene Boring, Philadelphia, Fortress Press, 1979

Major, Manson and Wright, *The Mission and Message of Jesus*, New York, E. P. Dutton & Co., 1938

Manson, T. W., *The Servant Messiah*, 1936

Mcbirni, W. S., *The Search for the Early Church*, Wheston Illinois, Tyndale House Publishers, 1978

McGavran, D. A., *Effective Evangelism*, New Jersey, Presbyterian and Reformed Publishing Company Phillipsburg, 1988

M' cheyne Edgar, *Presbyterianism*, Belfast, W. Mullan & Son, 1894

Michael, C., *Evangelism*, Moody Press, 1984

Michael, G., *Evangelism New & Then*, Combridge, 1973

________, *Jesus*, New York, Touchstone, 1977

Michael, H., *Temple & Temple Service in Ancient Israel*, London, Oxford University, 1978

Mitchell, S., *The Gospell According to Jesus*, New York, Happer Collins, 1991

Moltmann, J., *The Church in the Power of the Spirit*, London, SCM Press Ltd, 1977

Moule, C. F. D., *The Origin of Christology*, Cambridge, University Press, 1977

________, *The Birth of The New Testament*, London, Adam & Charles Black, 1981

Niesel, W., *The Gospel and Churchs*, (tr.), David Lewis, Philadelphia, The Westminster Press, 1961

Packer, J. I., *Evangelism and the Sovereignty of God*, Illinois, Intervarsity Press, 1991

Pannenberg, W., *Revelation as History*, London, 1969

Parker, G. H., *The Morning Star*, The Pater Noster, 1976

Pfeiffer, R. F., *History of New Testament Times*, New York, 1949

Piper, O., *Biblical Theology of the New Testament*, New York, Macmillian, 1946

________, *God in History*, New York, Macmillian, 1946

Piper, J., *Love Your Enemies*, Cambrige University, 1979

Posterski, D. C., *Reinventing Evangelism*, Illinois, Intervarsity Press, 1989

Ratz, C., Tillapaugh, F., Augsburger, M., *Mastering Outreach and Evangelism*, Published by Multnomah Press, 1990

Robert, W. F., Roy, W. H., The Jesus Seminar, *The Five Gospels*, HarperSanFrascisco, 1993

Robin, G. J., *The Four Witnesss*, HarperSanFrancisco, 2000

Ross Tooley, *A Practical Guide To Heart To Heart Evangelism*, Washington, YWAM, 1971

Rowley, H. H., *Worship in Ancient Israel*, London, SCM Press, 1959

Sanderson, L. & Johnson, R., *Evangelism for All God' s People*, Broadman Press, 1990

Schaff, F., *History of Church*, Scribners, New York, 1916

Schmidt, W. H., *Einfuhurng in das AT*, 1979

Schlink, E., *The Lutheran Churchesin*, "The Nature of the Church", 1952

Schrage, W., *Ekklesia und Synagoge*, ZThK 60, 1963

Seeberg, R., *Text Book of History of Doctrine* VOL.I, Philadelphia, 1971

Schweitzer, A., *Das Messianitats und Leidensgeheimnis*, Eine Skizze des Leben Jesus, (tr.), W. Lowrie, *The Mistery of the Kingdom of God*, New York, Schochen, 1964

Shanks, H., *Judaism in Stone*, New York, 1979

Spong, J. S., *Liberating the Gospels*, HarperSanFrancisco, 1996

Staton, G. N., *Jesus of Nazareth in New Testament Preaching*, Cambridge University Press, 1974

Stauffer, E., *New Testament Theology*, New York, Macmillan, 1955

Stinespring, W. F., *Temple Jerusalem*, IDB, V. 4, New York, 1962

Strong, A. H., *Systematic Theology*, Judson, 1976

Swete, H. B., *Introduction to the Old Testament in Greek*, Cambridge university, 1902

Thayer, J. H., *Greek-English Lexicon of the N. T.*, New York, 1975

The General Assembly of The United Presbyterian Church in U. S. A., *Constitution*, New York, Inter Church Center, 1966

Under Wood, H. G., *The Religion of the East Asia*, New York, 1910

Vermes, G., *The Dead Sea Scrolls in English*, Penguin Books, 1970

Walter Oetting, *The Church of the Catacombs*, Concordia, 1964

Webster, A. M., *Websters New Collegiate Dictionary*, Massachusetts, Merrian Co., 1975

Westermann, C., *Das At und Jesus Christus*, Tuttgart, 1973

Wheeler Robinson, H., *The History of Israel*, 1938

Woodward, J., Pattition, S., *The Blackwell Reader in Pastoral and Practical Theology*, Oxford, Blackwell, 2000

Wordsworth, J., *Ministry of Grace*, London, 1959

Wrede, W., *Paulus*, (tr.), Lummis, Paul, Boston, American Unitarian Association, 1907

2. 국내서적(國內書籍)

고영근, 『한국교회는 무엇을 하고 있는가』, 목민출판사, 2004

김광식, 『조직신학 I, II, 대한기독교서회』, 1990

김균진, 『기독교 조직신학, 연세대출판부』, 1984

김기홍, 『이야기 교회사(상, 하)』, 도서출판 두란노, 1994

김동호, 『생사를 건 교회개혁』, 규장문화사, 1999

김득룡, 『개혁파 교회의 정치신강』, 총신대출판부, 1984,

김명용 외 11인 공저, 『개혁신학 한국교회 한국신학』, 도서출판 대학촌, 1991

김서택, 『부흥을 기다리는 사람들』, 홍성사, 2002

김영한, 『바르트에서 몰트만까지』, 대한기독교출판사, 1990

김의환, 『개혁주의 신앙고백집』, 생명의 말씀사, 1984

김철현, 『하나님의 나라(상, 하)』, 이문출판사, 1985

______, 『예언자 연구』, 이문출판사, 1983

목창균, 『현대신학논쟁』, 도서출판 두란노, 1995

박기삼, 『거꾸로 사는 삶』, 도서출판 대장간, 1990

______, 『방황하는 그리스도인에게』, 도서출판 대장간, 1992

박귀환, 『한국 정교관계에서의 종교의 자유와 종교법에 관한 연구』, 미간행 석사학위논문, 장로회신학대학원, 1992

박명수, 『근대 복음주의의 주요 흐름』, 대한기독교서회, 1998

성종현, 『공관복음서 대조연구』, 장로회신학대학 출판부, 1992

손병호, 『예수의 복음』, 도서출판 유앙겔리온, 2005

______, 『복음과 신약』, 도서출판 유앙겔리온, 2004

______, 『복음과 구약』, 도서출판 유앙겔리온, 2003

______, 『기독교와 복음』, 도서출판 유앙겔리온, 2000

______, 『장로교회론』, 도서출판 그리인, 1993

______, 『장로교회의 역사』, 도서출판 그리인, 1993

______, 『교회정치학 원론』, 그리인, 1984

______, 『교회행정학 원론』, 도서출판 유앙겔리온,

______, 『목회경영학 원론』, 도서출판 엠마오,

______, 『교회헌법학 원론』, 도서출판 유앙겔리온,

______, 『복음신학 원론』, 도서출판 그리인, 1992
______, 『에클레시아 & 유앙겔리온』, 한국복음신학연구원, 1997
______, 『목사직과 장로직의 원리』, 한국복음신학연구원, 1993
______, 『한국 장로교회의 정치개혁의 원리와 실제』, 한국복음신학연구원 미간행 연구강의록, 1999
______, 『한국장로교회의 근본적인 문제』, 한국복음신학연구원 미간행연구강의록, 1999
______, 『교단 헌법이 개정되어야 한다』, 한국복음신학연구원 미간행연구강의록, 2000
______, 『한국 장로교회의 새 천년의 과제는 헌법개정』, 한국복음신학연구원 미간행연구강의록, 2000
신성종 외, 『한국교회성장연구원 편, 이런 목회자가 교회를 변화시킨다』, 도서출판 하나, 1995
안병무, 『갈릴레아의 예수』, 한국신학연구소, 1998
양병무, 『감자탕 교회 이야기』, 김영사, 2003
열린신학 바른목회 연구회 편, 『신앙고백 전통과 바른목회』, 미간행물, 1994
______, 『바른목회와 에큐메니칼 운동』, 미간행물, 1994
오덕호, 『교회 주인은 사람이 아니다』, 규장문화사, 2000
오성춘, 『멍든 가슴을 치료하시는 예수님』, 쿰란출판사, 2002
우희영, 『개혁의 망치소리가 들린다』, 도서출판 심언, 2000
유동식, 『예수. 바울. 요한』, 대한기독교서회, 1992
유호준, 『역사와 교회』, 대한기독교서회, 1993
은준관, 『신학적 교회론』, 대한기독교서회, 2000
이기반, 『예수의 도』, 홍성사, 1997
이근호 , 『교회를 넘어서』, 도서출판 대장간, 2002
이동휘, 『깡통교회 이야기』, 도서출판 두란노, 1997
이여호수아, 『교회다운 교회를 향한 갈망』, 도서출판 대장간, 2003
이종성, 『교회론 I. II.』, 대한기독교출판사, 1987
이종윤, 『신구약 개설』, 도서출판 엠마오, 1989
이평소, 『교회가 살아야 나라가 산다』, 도서출판 대장간, 2002
이형근, 『예수 그리스도의 복음』, 한들, 1999

이형기, 『세계개혁교회의 신앙고백서, 예장총회, 1991
______, 『종교개혁신학사상』, 장로회신학대학출판부, 1988
______, 『전통과 개혁』, 대한예수교장로회총회출판국, 1990
유동식, 『한국종교와 기독교』, 대한기독교서회, 1988
장로회신학대학 학술부, 『한국신학』, 미간행물, 1990
장재국, 『고대 이집트』, 한국일보 타임라이프, 1978
전경연 외 4인, 『신약 성서신학』, 대한기독교서회, 1963
전용복, 『한국장로교회사』, 성광문화사, 1992
정용섭, 『세계구원 교회구원』, 쿰란출판사, 1999
조찬선, 『기독교 죄악사(상, 하)』, 평단문화사, 2000
조태연, 『예수운동』, 대한기독교서회, 1996
주영숙, 『하나님 안 계신 교회』, 도서출판 대장간, 1999
최덕성, 『일본기독교의 양심선언』, 본문과 현장 사이, 2000
______, 『한국교회 친일파 전통』, 본문과 현장 사이, 2000
최병곤, 『종으로서의 교회』, 쿰란출판사, 2000
최창모, 『이스라엘 역사』, 대한교과서주식회사, 1995
한완상, 『저 낮은 곳을 향하여』, 도서출판 뉴스엔조이, 2003
한국교회문제연구소 편, 『우리 시대의 하나님 나라』, 한국로고스연구원, 1994
한국기독교사연구회, 『한국기독교의 역사 I, II』, 기독교문사, 1989
한국성서학연구소 편, 『한국적 신학의 모색』, 도서출판 한국성서학, 1995
호남신학대학교편, 『교회란 무엇인가?』, 한국장로교출판사, 1999
황보갑, 『에클레시아』, 도서출판 다리, 1996

3. 번역서적(飜譯書籍)

Avery Dulles, S. J., *Models of The Church*, 김기철 역, 『교회의 모델』, 조명문화사, 1992

E. G. Jay, *The Church*, 주재용 역, 『교회론의 역사』, 대한기독교출판사, 1986

Avis, D. L., *The Church in the Theology of the Reformers*, 이기문 역, 『종교개혁자들의 교회관』, 컨콜디아사, 1987

Barclay, W., *The Old Law &The New Law*, 이희숙 역, 『세속도시』, 대한기독교서회, 1994

Berkhof, L., *Systematic Theology*, 고영민 역, 『조직신학』, 기독교문사, 1979

Boettner, L., *Roman Catholicism*, 이송훈 역, 『로마가톨릭 사상평가』, 기독교문서선교회, 1992

Bonhoeffer, D., *Christ The Center*, 조성호 역, 『본회퍼의 그리스도론』, 종로서적, 1991

Bright, J., *A History of Israel*(3rd ed.), Philadelphia, 1981, 박문재 역, 『이스라엘 역사』, 크리스찬 다이제스트, 1993

Braun, H., *Jesus*, 김광식 역, 『예수와 그의 시대』, 대한기독교서회, 1997

Charles M. Sheldon, *In His Steps*, 조항래 역, 『예수라면 어떻게 할 것인가?』, 예찬사, 1992

Christian, A. S., *Natural Church Development*, 윤수인, 정진우, 오태균 역, 『자연적 교회성장』, 도서출판 NCD, 2000

Conzelmann, H., *Grundriss Der Theologie Des Neuen Testaments*, 김철손, 박창환, 안병무 공역, 『신약 성서신학』, 한국신학연구소, 1984

Cox, H., *The Secular City*, 구덕관 외 5인 역, 『세속도시』, 대한기독교서회, 1993

De Vaux, R., *Ancient Israel*, 이양구 역, 『고대 이스라엘』, 1992

Donald G. Dawe, John B. Carman, *Christian Faith in a Religiously Plural World*, 한숭홍 역, 『종교다원주의와 기독교 신앙』, 나눔사, 1993

Edmund P. C., *The Church*, 황영철 역, 『교회론』, IVP, 1998

Fohrer, G., *Geschichte Israels*, 방석종 역, 『이스라엘 역사』, 성광문화사, 1986

Forster, W., *From the Exile to Christ*, 문희석 역, 『신구약 중간사』, 컨콜디아사, 1975

Frank Viola, *Pagan Christianity*, 이영목 역, 『교회가 없다』, 도서출판 대장간, 2003

Goldsworthy, G., *Gospel and Kingdom*, 김영철 역, 『복음과 하나님의 나라』, 성서유니온, 1988

Herman Ridderbos, *Paul an Outline of His Theology*, 박영희 역, 『바울신학』, 비젼, 1985

Hoekendijk, J. C., *The Church Inside Out*, 이계준 역, 『흩어지는 교회』, 대한기독교서회, 1991

James O' Halloran, *Living Cells*, 이기우 역, 『살아 있는 교회 세포』, 성바오로출판사, 1993

Jay, E. G., *The Church*, 주재용 역, 『교회론의 역사』, 대한기독교출판사, 1986

Jeremias J., *Die Gleichnisse Jesus*, 허혁 역, 『예수의 비유』, 분도출판사, 1974

John H. Leith, *An Introduction to The Reformed Tradition*, 황승용, 이용운 역, 『개혁교회와 신학』, 대한예수교장로회총회출판국, 1989

John Calvin, *Instruction in Faith 1537*, 이형기 역, 『기독교강요 요약(1537)』, 크리스챤 다이제스트사, 1990

Jose Marin, Teolide Trevisan, Carolee Chanona, *The Church from the Root*, 성찬성 역, 『뿌리에서 올라오는 교회』, 성바오로출판사, 1993

Jurgen Moltmann, *Theologie der Hoffnung*, 전경연, 박봉랑 역, 『희망의 신학』, 대한기독교서회, 1989

______, *Kirche in der Kraft des Geistes*, 박봉랑 외 4인 역, 『성령의 능력 안에 있는 교회』, 한국신학연구소, 1990

Justo L. Gonzalez, *A History of Christian Thought*, Vol.I, 이형기, 차종순 역, 『기독교 사상사 I, II, III』, 대한예수교장로회총회출판국, 1988

Karl Barth, *Einfuhrung in die Evangelische Theologie*, 이형기 역, 『복음주의신학 입문』, 크리스챤 다이제스트, 1992

Kim Chul-Hyun, J., *Quis Es Domini*, 한국복음신학연구원, 미간행물, 1993

Kung, H., *Was ist Kirche?*, 이홍근 역, 『교회란 무엇인가?』, 분도출판사, 1970

Ladd, G. E., *A Theology of the New Testament*, 이창우 역, 『신약신학』, 서울 : 성광문화사, 1983

______, *A Theology of the New Testament*, 신성종, 이한수 역, 『신약신학』, 대한기독교출판사, 1983

Lohfink, G., *Wie hat Jesus Gemeinde Gewollt?*, 정한교 역, 『예수는 어떤 공동체를

원했나?』, 분도출판사, 1985

Neve, J. L., *A History of Christian Thought*, 서남동 역, 『기독교 교리사』, 대한기독교서회, 1965

Niesel, W., *Die Theologie Calvins*, 이종성 역, 『칼빈의 신학』, 기독교서회, 1981

Norman Solomon, *Judaism*, 최창모 역, 『유대교란 무엇인가』, 동문선, 1999

Pfeiffer, R. F., *The Intertestamental Period*, 조병수 역, 『신구약 중간사』, 한국기독교교육연구원, 1982

Peter Scazero, Warren Bird, *The Emotionally Healthy Church*, 최종훈 역, 『정서적으로 건강한 교회』, 도서출판 이레서원, 2004

Peter, C. H., *Revisioning The Church - Ecclesial Freedom in the New Paradigm*, 박근원 역, 『교회론의 새 지평』, 도서출판 진홍, 1996

Philip Jacob Spaner, Pia desideria, 엄성옥 역, 『경건한 소원』, 은성, 1994

R. Paul Stevens, *The Equippper' s Guide to Every-Member Ministry*, 이철민 역, 『평신도가 사라진 교회?』, IVP(한국기독학생회출판부), 1992

Richard, E. F., *Who Wrote The Bible?,* New York, HarperSanFrancisco, 1987

Rick Warren, *The Purpose Driven Church*, 김현회, 박경범 역, 『새들백 교회 이야기』, 도서출판 디모데, 1997

Russell, D. S., *Between The Testaments*, 임택수 역, 『신구약 중간사』, 컨콜디아사, 1977

Siegfried Herrmann, *Geschichte Israels*, 방석종 역, 『이스라엘 역사』, 나단출판사, 1989

Song, C. S., *The Compassionate God*, 이덕주 역, 『대자대비하신 하느님』, 분도출판사, 1988

______, *Third-Eye Theology - Theology in Formation in Asian Settings*, 주재용, 이정희 역, 『아시아의 고난과 신학』, 대한기독교출판사, 1982

Stantton Graham N., *The Gospel and Jesus*, 김동건, 『복음서와 예수』, 대한기독교서회, 1996

Stuhlmacher, P., *Vom Verstehen des Neuen Testaments Eine Hermeneutik*, 전경연, 강한표 역, 『신약성서 해석학』, 대한기독교출판사, 1979

Surbug, R. F., *Introduction to the Intertestamental Period*, 김의원 역, 『신구약 중간사』, 기독교문서선교회, 1984

Vaux, R. De., *Ancient Israel*, Vol.III, 이양구 역, 『고대 이스라엘』, 1992

Westermann, *The Old Testament and Jesus Christ*, 문희석 역, 『구약성서와 예수 그리스도』, 컨콜디아사, 1976

Winter, R. D., *The Twenty-Five Unbelivable Years 1945-1969*, 손병호 역, 『선교의 운명』, 혜선문화사, 1974